本书属于"绍兴文化研究工程课题成果文库"。

本书是绍兴文化研究工程2021年度立项重点课题"东亚文化之都绍兴文旅融合发展模式比较研究"(编号21WHYB10)成果。

文旅融合产业区域发展创新
与绍兴东亚文化之都研究

袁建伟　张　恬　叶文静　张森蓉　著

浙江工商大学出版社
ZHEJIANG GONGSHANG UNIVERSITY PRESS
·杭州·

图书在版编目(CIP)数据

文旅融合产业区域发展创新与绍兴东亚文化之都研究/
袁建伟等著. —杭州:浙江工商大学出版社,2023.6
ISBN 978-7-5178-5500-2

Ⅰ.①文… Ⅱ.①袁… Ⅲ.①地方文化－文化产业－
产业发展－研究－绍兴②区域旅游－旅游业发展－研究－
绍兴 Ⅳ.①G127.553②F592.755.3

中国国家版本馆 CIP 数据核字(2023)第 103101 号

文旅融合产业区域发展创新与绍兴东亚文化之都研究
WENLV RONGHE CHANYE QUYU FAZHAN CHUANGXIN YU SHAOXING DONGYA
WENHUA ZHIDU YANJIU

袁建伟 张 恬 叶文静 张森蓉 著

责任编辑 唐 红
责任校对 韩新严
封面设计 朱嘉怡
责任印制 包建辉
出版发行 浙江工商大学出版社
(杭州市教工路198号 邮政编码310012)
(E-mail:zjgsupress@163.com)
(网址:http://www.zjgsupress.com)
电话:0571-88904980,88831806(传真)
排 版 杭州朝曦图文设计有限公司
印 刷 杭州宏雅印刷有限公司
开 本 710 mm×1000 mm 1/16
印 张 29.5
字 数 438千
版印次 2023年6月第1版 2023年6月第1次印刷
书 号 ISBN 978-7-5178-5500-2
定 价 78.00元

目 录

第一章

中国文旅融合的理论创新研究

一、文旅融合的基本形态

文旅融合的本质是文化和旅游通过产品融合、业态生成、要素集聚,在共同市场中实现价值耦合。[①]市场需求的提升与资源供给的多样化,对文旅融合的要求逐步提高,深度的文旅融合及高质量的文旅融合成为当今时代的新方向。

高质量的文旅融合是推进文化和旅游在更广范围、更深层次、更高水平上实现深度融合,通过更好地满足人民群众日益增长的文化和旅游生活需要,助推中华文化走向世界,加强国家形象的国际亲和力和民族文化的国际影响力,从而提升国家文化软实力。[②]

文旅融合从深度融合到高质量融合,从最初的"强调旅游体验与文化获得",到"强调旅游创新与文化认同",再到"强调旅游模式变革与文化活力",最终强调文旅可持续发展与文化软实力,以实现"旅游"和"文化"两大元素的共同发展,最终为国家综合国力与国际竞争力的提升做出贡献。

---

① 王秀伟.从交互到共生:文旅融合的结构维度、演进逻辑和发展趋势[J].西南民族大学学报(人文社会科学版),2021(5):29-36。

② 郑雪莲,田磊.以高质量文旅融合提高国家文化软实力[N].中国社会科学报,2022-02-17(7).转引自湖南智库网。

(一)文化旅游

旅游业作为一种服务行业,对国民收入与个人生活都产生了重要影响。从全球旅游趋势来看,自2005年起全球旅游人数持续攀升,2019年全球旅游人次突破了120亿,如图1-1所示。若没有新冠疫情等不可控因素的影响,全球旅游业有逐步繁荣的趋势。旅游业对经济收入及就业的作用是显著的。以旅游业较为繁荣的2019年为例,当年全球旅游总收入5.8万亿美元,相当于全球生产总值的6.70%。全球有3亿多的人口是依赖旅游业生存的,占就业人口的近十分之一。[①]

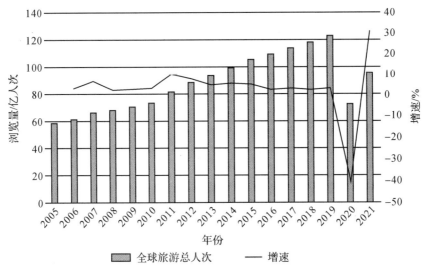

图1-1 2005—2021年全球旅游总人次及增速变化情况

在全球旅游业发展过程中,有五大区域对全球旅游业的贡献较大,分别是欧洲、亚太地区、美洲、非洲和中东地区。而在亚太地区中,中国对旅游业发展的助力作用持续增强。2013—2020年,中国一直是旅游总收入排名前20的国家,如表1-1所示。

---

① 数据来源:世界旅游经济趋势报告(2020)。

表1-1 2013—2020年旅游总收入全球排名TOP20国家

序号	2013	2014	2015	2016	2017	2018	2019	2020
1	美国	美国	美国	美国	美国	美国	美国	美国
2	中国	中国	中国	中国	中国	中国	中国	中国
3	德国	德国	德国	德国	德国	德国	德国	德国
4	英国	英国	英国	英国	英国	英国	英国	印度
5	日本	日本	日本	日本	日本	印度	印度	英国
6	法国	法国	印度	印度	印度	日本	日本	日本
7	意大利	意大利	法国	法国	意大利	意大利	意大利	意大利
8	印度	印度	意大利	意大利	法国	法国	法国	法国
9	墨西哥	墨西哥	墨西哥	墨西哥	墨西哥	墨西哥	墨西哥	墨西哥
10	西班牙	巴西	西班牙	西班牙	西班牙	澳大利亚	澳大利亚	澳大利亚
11	巴西	西班牙	澳大利亚	澳大利亚	澳大利亚	西班牙	西班牙	西班牙
12	澳大利亚	澳大利亚	巴西	巴西	巴西	巴西	巴西	巴西
13	加拿大	加拿大	加拿大	加拿大	加拿大	加拿大	加拿大	加拿大
14	俄罗斯	俄罗斯	韩国	韩国	泰国	泰国	泰国	泰国
15	土耳其	韩国	土耳其	泰国	韩国	韩国	韩国	韩国
16	韩国	土耳其	泰国	土耳其	菲律宾	土耳其	土耳其	土耳其
17	泰国	奥地利	俄罗斯	菲律宾	土耳其	俄罗斯	菲律宾	菲律宾
18	瑞士	瑞士	瑞士	俄罗斯	俄罗斯	菲律宾	俄罗斯	俄罗斯
19	瑞典	瑞典	奥地利	瑞士	瑞士	奥地利	奥地利	奥地利
20	阿根廷	马来西亚	菲律宾	奥地利	奥地利	瑞士	瑞士	瑞士

中国旅游收入排名居前列,一定程度上与中国庞大的人口基数有关,但这无法掩盖中国旅游业蓬勃发展的态势。自2004年起,中国的旅行社数量不断增加,从2004年的14927家增长到2020年的40682家,增长率高达172.54%,如表1-2所示。旅行社群体的壮大是中国旅游需求量扩大的体

现。中国旅游需求量扩大的同时,旅游的形式与内容也在不断丰富,从基础的旅游逐步发展到文化旅游。

表1-2 2004—2020年中国旅游业相关数据[①]

年份	旅行社/家	星级饭店/家
2004	14927	10888
2006	17957	12751
2008	20110	14099
2010	22784	13991
2012	24944	12807
2014	26650	13226
2016	27939	11685
2018	36002	10375
2020	40682	9717

　　文化旅游是旅游业发展过程中的一种旅游类型。它的出现是大众追求旅游品质的表现。如何定义文化旅游这一概念?目前主要有三种观点。第一种观点是从市场学角度出发,认为文化旅游是一种产品,具体表现为旅游过程中所获取的各种文化产品,如文化纪念品等。这种观点具有片面性与局限性,仅从市场角度去理解文化旅游,从而忽略了文化旅游过程中的体验。第二种观点则是从旅游利益相关者的角度出发,认为文化旅游是一种"意识",是旅游经营者设计旅游产品时的一种创新思维,是旅游者从事旅游活动的一种方法。第二种观点与第一种观点有些类似,都较为片面地将文化旅游看作某一产品或某一思维的体现。第三种观点较好地弥补了前两种观点的不足,将文化旅游看作精神上与文化上享受的全方位活动,涵盖了历史文化旅游、民族文化旅游、饮食文化旅游、园林文化旅游等多种类型。简单来说,文化旅游就是通过旅游这个过程感受或体验文化,既包括有形文化,也包括无形文化,涵盖了多个层次:历史文化层、现代文化层、民俗文化层、道德

---

① 数据来源:中华人民共和国文化和旅游部 http://zwgk.mct.gov.cn/zfxxgkml/447/465/index_3081_1.html.

伦理文化层等。[①]

　　旅游业的蓬勃发展,带来了旅游的多元化,文化旅游成为新的需求点,文化旅游中的民族旅游因其具有少数民族的特色而成为旅游新热点。文化旅游落实到旅游实践中,少数民族旅游的特色最为鲜明。民族旅游是以民族文化为核心、以民族村寨为空间载体的特色旅游。[②]基于其民族文化的特性,民族旅游成为少数民族地区的主要旅游形式。民族旅游相比其他旅游形式,能够吸引游客的点主要在于民族旅游资源。民族旅游资源又可分为自然旅游资源、人文旅游资源和社会旅游资源。将民族旅游作为文化旅游的一种,则更强调其人文旅游资源,具体表现为少数民族的历史文化资源,比如藏语等。

　　民族旅游基于其少数民族特性,在中国西南地区发展较好,比如海南的椰田古寨、云南的西双版纳等。

　　椰田古寨以黎族、苗族为特色。黎族人是海南最早的居民,之后苗族人也逐步迁徙至此,两者共同丰富了海南的民族文化。椰田古寨较好地还原了黎族、苗族的生活场景,如图1-2所示。目前古寨中有230多名少数民族员工,传承着海南黎族、苗族优秀的传统手工艺。黎族原始的交易方式(游客自取瓜果自放零钱)、制陶工艺、鼻箫、织棉以及苗族的银饰等都可以在椰田古寨看到,成为古寨民族旅游的特色资源,如图1-3所示。

图1-2　椰田古寨[③]

① 任冠文.文化旅游相关概念辨析[J].旅游论坛,2009,2(2):159-162.
② 辛利波.民族旅游开发与文化自觉:以新平沙漠镇南村花腰傣为个案[D].昆明:云南大学,2011.
③ 本书中有关景点景物的图片如无特别注明,摘自相关景点、文旅公司或旅游集团的官网,主要用以本书中对相关景点的介绍,不作其他用途。

图1-3　黎族交易方式和制陶工艺

由于当地拥有丰富的民族旅游资源，椰田古寨构建了五大区域，即"古老文化"区、"奇特风情"区、"椰风椰香"区、"椰风神秘傩蛊"区和"小锤叮当"区，来增强其民族旅游的吸引力。"古老文化"区对应的是苗族文化博物馆，借助实物、图片等载体展示海南苗族居住、服饰、宗教信仰等文化；"奇特风情"区展现的是谷仓、晒谷场、吊脚楼、图腾广场等极具民族特色的建筑或场景；"椰风椰香"区则展现美食文化——椰子的各类衍生产品；"椰风神秘傩蛊"区是神秘文化的空间，该区域的傩蛊屋是苗族的神秘文化，体现相生相克的观念；"小锤叮当"区则更受女性游客的欢迎，其中大多展示苗族精致大方的手工银器。

如果说椰田古寨让游客感受到的是神秘舒适的民族文化，那么云南西双版纳则体现出活跃生动的民族文化。西双版纳给大家最深刻的印象是傣族，是泼水节，如图1-4所示。傣族在中国、印度、越南等国家均有分布；它也是西双版纳的主体民族，占其人口的1/3左右。傣族最为出名的是泼水节，每到4月，陆续有国内外的游客慕名而来，只为感受泼水节的美好与吉祥。身着傣族民族服饰，尽情泼水迎接新的美好日子，是云南民族旅游中的靓丽景色。

图1-4　西双版纳泼水节

(二)多产业融合

随着大众需求的多元化、市场需求的多样化、技术等的快速发展,文化元素与旅游元素的结合逐步变为文化相关产业与旅游产业的融合。文旅融合就是文化产业、文化事业(包括文博事业)与旅游产业的融合,是两个原本关联相对松散的行业走到一起进行资源整合、发挥整体优势、共同发展的过程。[①]曹晋彰进一步深化了文旅融合的含义,认为文旅融合之"文"是指以精神为价值核心的"文化艺术"领域,主要包括视觉艺术、表演艺术、文学艺术及非物质文化遗产、文化遗产等内容;"旅"主要指以休闲为价值核心的现代旅游产业,包括休闲度假、运动探险、康养医疗以及考察研学等类型;[②]而所谓"融合",其实是一种回归,即以文化艺术与旅游产业的逻辑关联为出发点,去重构一种全新的文旅产业生态体系。此后,吴理财和郭璐则强调了文旅融合不仅是产业融合、理念融合、效益融合,同时还包含基础设施融合和服务融合。[③]

产业的交融很早就开始了,文化产业与旅游产业也不例外。从实践来看,文化与旅游很早就有相互融合的趋势,比如各种文化主题酒店及文化特色鲜明的故居游推出。随着国家政策的逐步推进,文旅融合开始了更加规

① 易军.文旅融合下的博物馆文创共享平台创新——以博物馆参观护照为例[J].长江文明,2020
(4):83-88.

② 曹晋彰.文旅融合的底层逻辑[J].人文天下,2020(19):35-37.

③ 吴理财,郭璐.文旅融合的三重耦合性:价值、效能与路径[J].山西师大学报(社会科学版),2021,
48(1):62-71.

范、有序的发展。自2009年起,国家便开始有计划地引导文化与旅游相适
应。2009年发布的《文化部 国家旅游局关于促进文化与旅游结合发展的指
导意见》积极引导文化与旅游的融合发展。2017年修订的《旅游景区质量等
级的划分与评定》将"特色文化"单独列为评估大项,引导旅游景区更加重视
文化建设,通过培育文化主题、提升文化内涵、丰富文化活动,促进景区转型
升级。2018年,新成立的文化和旅游部以推进理念、职能、产业、市场、服务
和对外交流等领域融合为重点,推动文旅融合进入更加全面、有序和深化的
新阶段。之后,党的十九届五中全会审议通过的《中共中央关于制定国民经
济和社会发展第十四个五年规划和二〇三五年远景目标的建议》又明确提
出"推动文化和旅游融合发展,建设一批富有文化底蕴的世界级旅游景区和
度假区,打造一批文化特色鲜明的国家级旅游休闲城市和街区"的要求,将
"文化底蕴"和"文化特色"作为景区、街区的修饰定语进一步强调,让融合发
展的目标更加明确、方向更加清晰、载体更加具体。如果说国家的介入是文
旅融合规范化的开端,那么市场需求则是推动文旅融合不断发展的驱动力。
熊海峰和韩浩月指出,文旅融合的产生与发展主要是国家政策与市场需求
两者共同作用的结果。[1]从市场需求层面来看,群众对文化诉求的提高助推
着文旅融合的发展。进入小康社会以来,人们的生活水平、文化素养和审美
趣味都在不断提高,对旅游也提出了更多要求,比如更强调旅游产品的独特
性、文化性和体验性。旅游需求正从"游览观光"走向"休闲体验",服务的重
心也从"吃住行"转向"游购娱"。

国家与市场需求的共同作用推动着文旅融合的目的从经济拓展到文
化、国家等更深的层面。最初,文旅融合更多的是产业间的交融,以经济收
益为最终目的。此后,文旅融合在理念、职能、资源、产业、技术等领域开展
了深层次的融合。[2]从国家层面看,文旅融合是新时代提升国家文化软实
力、文旅产业国际竞争力的需要,是促进多国文化与文明交流的重要途
径。[3]从战略层面看,文旅融合是深化文化旅游供给侧结构性改革、增进高

---

① 熊海峰,韩浩月.践行文旅融合的路径探析[J].中国国情国力,2020(12):19-21.

② 范周.文旅融合的理论与实践[J].人民论坛·学术前沿,2019(11):43-49.

③ 王建芹,李刚.文旅融合:逻辑、模式、路径[J].四川戏剧,2020(10):182-184,200.

品质旅游供给、推进文旅产业高质量发展的重要战略部署。从产业转型层面看,文旅融合发展是践行党中央、国务院提出的"宜融则融、能融尽融"的产业融合发展指导思想的需要,也是经济新常态下我国旅游业发展的必然要求和实现旅游业产业转型升级的必由之路。[①]从城市品牌价值角度看,文旅融合介入城市更能够产生积极的耦合效应。[②]总的来说,文旅融合因其在文化与经济层面的独特作用,在文化、经济、社会等多个层面具有巨大潜力和价值。

文化产业与旅游产业早期的融合以及文旅融合的潜力与价值都为文旅融合的发展提供了助力,但也存在多重挑战,比如相关利益者的目标差异等。文化利益相关者主要是政府、文化传承人,他们的目标是弘扬与传承文化。以鲁迅故里为例,这个景点的文化是"鲁迅",是名人文化,是鲁迅精神,是爱国主义文化。政府希望借助鲁迅故里向大众传达鲁迅的斗争与牺牲精神,传达爱国主义文化,因此重在维护好鲁迅故里的相关建筑,维护里面的百草园、三味书屋等。但这些区域的维护是与旅游产业需求相矛盾的。作为文化方,政府的目标限制了该区域旅游的辐射范围——仅在鲁迅故里周围,由于文化空间限制与文化建筑保护的要求,很多旅游设施无法随意投入,导致鲁迅故里周边只能主要发展文创产品与小型餐饮业。文化区域场地的限制与小型餐饮业、文创产业的发展并不能满足旅游产业利益相关者的目标。这两个利益相关者目标的差异会影响文旅融合的发展。随着科技与信息的介入,利益相关者目标的差异开始逐步缩小。信息的发展突破了文化载体的空间限制,而技术的创新则给文化赋予了现代化的印记,让传统的文化具象化的"产物"更迎合当前大众的需求,空间限制的突破与文化的现代化展现使文旅融合面临的挑战变成机遇。

(三)世界文旅与中国文旅

世界文旅融合开始的时间难以确定,也未曾像中国一样专门成立文化

---

① 李茜燕.吉林省文旅融合发展的基础与模式研究[J].江苏商论,2020(12):56-60.
② 宗祖盼,蔡心怡.文旅融合介入城市更新的耦合效应[J].社会科学家,2020(8):38-43.

和旅游部大力推动文旅融合,但并不缺文旅融合的影子。

1. 古希腊奥林匹克运动会

古希腊奥林匹克运动会可算作较早的文旅融合范本。"反对战争,追求和平"是古希腊精神的一部分。最早的奥林匹克运动会是和平的象征。公元前884年,伊利斯和斯巴达两国签订了《奥林匹克神圣休战条约》,明确规定奥运会举办期间,各国必须休战,即使有战争发生,交战双方也必须宣布停战。2017年,联合国也通过由中国提出、186个会员国联署的《奥林匹克休战决议》,要求遵守自奥运会开幕前的7天到奥运会闭幕后的第7天休战的规定,并应根据联合国宪章规定的宗旨和原则和平解决所有的国际争端。"休战条约"的持续进一步说明古希腊追求和平的精神文化逐步演变为如今的奥林匹克精神,即"相互理解、友谊长久、团结一致和公平竞争"。

随着奥林匹克运动会的不断演变,其文旅融合也逐步深入。最初是文化与旅游的融合,而今则是文化产业与旅游产业的融合。奥运赛事逐步与新兴科技、新媒体融合,体育明星IP及奥运会场馆等也成为旅游发展的助力剂。以北京奥运会为例,其开幕式中融入的中国文化(古琴、水墨画、活字印刷术、京剧木偶戏、昆曲、武术等)足以吸引世界各地的人来到中国,如图1-5、图1-6所示。除了奥运会中蕴含的中国文化对游客极具吸引外,与奥运会赛事相关的建筑也成为文旅融合的重要因素。作为北京奥运会主体育场的鸟巢在2009年国庆期间接待的中外游客超22万人次。

图1-5　北京奥运会开幕式 　　　　图1-6　北京奥运会开幕式
　　——京剧木偶戏 　　　　　　　　——昆曲《春江花月夜》

如果说奥运会是从古希腊发展到世界的文旅融合案例,那么迪士尼就是从美国发展到世界的文旅融合范本。

2. 美国迪士尼乐园

美国迪士尼可算作文旅融合的代表。迪士尼是世界上知名度最高的主题乐园。到目前为止,世界上共有6家迪士尼乐园:美国加州的安纳海姆迪士尼乐园、美国佛州的奥兰多迪士尼乐园、日本的东京迪士尼乐园、法国的巴黎迪士尼乐园、中国的香港迪士尼乐园和上海迪士尼乐园,如图1-7、图1-8所示。

迪士尼本身就起源于美国文化——崇尚自由。从迪士尼动画开始,比如《白雪公主和七个小矮人》《阿拉丁》,再到动画片、卡通片衍生的卡通人物,最后到动画片与游乐园结合形成的主题乐园,这一系列内容构成了极富美国文化的迪士尼。

图1-7　中国上海迪士尼乐园VS中国香港迪士尼乐园

图1-8　日本东京迪士尼乐园VS法国巴黎迪士尼乐园

迪士尼的文旅融合主要是通过IP和技术实现的。其IP又分为好多系列,比如漫威系列、卢卡斯系列等,每个系列又进行细分。迪士尼乐园中最著名的是迪士尼公主系列,比如《冰雪奇缘》中的安娜和艾莎。每一个迪士尼 IP 都来源于迪士尼电影,最终成为迪士尼乐园中的 IP 形象,再由 IP 形象延伸到这些人物的文创产品,如表 1-3 所示。

表 1-3　迪士尼 IP 系列

序号	系列	具体 IP
1	迪士尼本部	《迪士尼公主》系列、《加勒比海盗》系列、《疯狂动物城》、《无敌破坏王》系列、《超能陆战队》、《创战纪》
2	漫威	漫威电影宇宙(MCU)
3	卢卡斯	《星球大战》系列、《夺宝奇兵》系列
4	二十世纪福克斯	《阿凡达》、《神奇四侠系列》、《死侍系列》、《X 战警系列》、《异形》系列
5	皮克斯	《超人总动员》系列、《赛车总动员》系列、《玩具总动员》系列、《寻梦环游记》、《勇敢传说》

　　每一个迪士尼 IP 背后都是不同的迪士尼动漫和故事,这些故事与迪士尼乐园的体验项目相融合,加之迪士尼文创产品,有效地将文化与旅游融合,不断吸引世界各地的游客。而随着迪士尼动漫的增加,迪士尼乐园也不断新增 IP 人物,以此实现文旅融合的可持续发展。

　　如果说迪士尼最初是源于美国文化,那随着迪士尼乐园在其他国家的开放,其蕴含的文化也随之发生变化,上海的迪士尼乐园便是典型。从园区设计看,上海迪士尼融入了更多中国文化元素,比如"十二朋友园"(图 1-9)。"十二朋友园"有十二幅大型马赛克壁画,对应的是中国的十二生肖,并且园区内还有中国园林园区,融入了中国的建筑文化。从迪士尼表演看,上海迪士尼乐园中迪士尼 IP 人物的表演更具中国特色,比如"打太极"的唐老鸭(图 1-10)、中文版的狮子王表演(掺杂着中国方言)。

图1-9　上海迪士尼"十二朋友园"

图1-10　"打太极"的唐老鸭

　　上海迪士尼乐园的美食更具本土化气息,其中70%是中国美食,涵盖了中国的八大菜系,从烤鸭比萨、米奇包子到烤鱿鱼配上海菜饭、大圆蹄、黄豆煨猪肘,再到红烧牛肉面,呈现出丰富的中式美食与中国美食文化。

　　世界性的文旅融合一直在发展,从奥运会到迪士尼,从单个国家的文化到世界文化的汇聚,再到文化产业的发展,最终推动着与之相关的旅游业,乃至体育产业的发展。相比世界的文旅融合,中国的文旅融合更有体系,其发展更加明显。

二、文旅融合的创新发展

(一)文旅融合的发展现状与产业趋势

1. 文旅融合的发展进程

　　中国的文旅融合有较为明显的阶段划分,如图1-11所示。2009年之前文旅融合的发展可以视为第一阶段,即市场需求下文化与旅游产业的交融。第二阶段是自2009年文化部与国家旅游局发布《文化部与国家旅游局关于促进文化与旅游结合发展的指导意见》起,国家层面重视文旅融合发展。该阶段内,国家开始有组织、有规划地对已经发展起来的文旅融合进行引导,确保文旅融合发展的方向准确。第三阶段则是以2018年文化和旅游部组建为起点。中华人民共和国文化和旅游部的设立,意味着文化产业与旅游产业的发展有了规划统筹者,文化与旅游行业也逐步趋于信息化、标准化。第四阶段的发展则是以"互联网+"模式为重点。2020年11月底,文旅部等十部门联合印发《关于深化"互联网＋旅游"推动高质量发展的意见》，该意见中明确提出要持续深化"互联网＋旅游"。本阶段由于互联网的驱动，涌现出"Z时代""90后""95后"等文旅产业新主体。文旅融合的第五阶段是以"十四五"规划和新冠疫情为转折点。"十四五"文化和旅游规划是机构改革以后编制的文旅融合发展的第一个工作规划，为中国文旅融合的进一步发展指明了正确方向。与此同时，在新冠疫情危机下，依托5G、VR技术的云旅游、云演艺应运而生，中国文旅开启了居家旅游新模式。

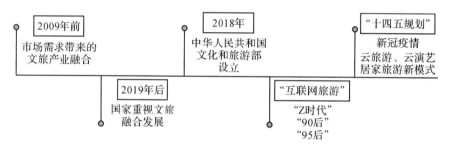

图 1-11　文旅融合发展进程

2. 文旅融合的发展现状

我国的文旅融合还处于起步阶段，文化与旅游的融合发展还有很大的合作空间。[①]具体而言，国有文化单位的文艺作品、演艺作品以及传统文化保护与传承都能与旅游展开有效的深度融合。此做法一方面可以丰富旅游业的文化内涵，提升旅游产品经济附加值；另一方面，通过旅游业可以放大文化的社会效益，满足人们的精神需求和游客的文化获得感，提升社会治理水平。

文旅融合进程的加快推动了现有企业的文旅化，也催生了一批新兴文旅企业，如华侨城集团、北京首都旅游集团、复星旅游文化集团、锦江国际酒店（集团）、杭州市商贸旅游集团、开元旅业集团等，其中华侨城集团发展较为突出。2020年中国文化与旅游企业品牌价值前20家企业中，华侨城名列第三，如表1-4所示。

---

① 吴理财,郭璐.文旅融合的三重耦合性:价值、效能与路径[J].山西师大学报(社会科学版),2021
　（1）:62-71.

表1-4　2020年中国文化与旅游企业品牌价值前20名[①]

序号	类别	品牌价值/百万元	企业名称
1	数字文化	414330.18	腾讯
2	数字文化	54287.44	网易
3	文化旅游	35715.83	华侨城
4	文化旅游	15103.43	中国中免
5	广播影视	11922.11	东方明珠
6	文化旅游	9651.73	美团
7	新闻出版	8596.11	凤凰传媒
8	数字文化	7445.62	浙数文化
9	文化旅游	6792.01	宋城演艺
10	数字文化	6351.08	完美世界
11	数字文化	6268.31	芒果超媒
12	文化旅游	5956.29	复星旅游文化
13	工艺美术	5865.25	老凤祥
14	数字文化	5716.84	三七互娱
15	数字文化	5603.69	蓝色光标
16	新闻出版	5438.61	新华文轩
17	新闻出版	5404.98	中文传媒
18	文化旅游	5146.6	利亚德
19	文化旅游	5130.95	华强方特
20	数字文化	4980.39	腾讯音乐

----

① 数据来源:中国品牌总网 http://www.ppzw.com/.

　　从中国文旅融合多年的发展历程来看,依然存在着制约其高质量发展的问题。刘治彦认为,中国文旅融合还面临着地域文化消失、人才大量流失、旅游业发展质量不高等一些突出问题。①熊海峰和韩浩月认为,对文旅融合的认识高度有待提升、融合深度有待增加、创意亮度有待强化和协同广度有待扩展是当前中国文旅融合的问题所在。②杨絮飞则聚焦中国东北文旅融合发展,指出被动文旅融合存在以下几大问题:缺乏全域旅游意识,文旅融合发展视域狭窄;文化资源挖掘深度不够;文化产业的产业化和创新程度较低;缺乏文化旅游产品的特色和理念。与此同时,孔凯和杨桂华关注民族地区乡村文旅融合,指出民族地区乡村文旅融合创新意识弱、民族地区乡村的文旅融合层次浅和民族地区乡村的文旅融合品牌文化建设意识匮乏是制约乡村文旅融合的主要问题。李宇军认为,中国文旅融合中存在重规划、轻实效的问题。③王笑宇指出,当前文旅市场存在投融项目错配、资产属性不清、投资专业性不足等问题。④柯平则认为,当前文旅融合中图书馆建设层面主题不明确是主要的问题,要积极发展"主题＋"模式。⑤因此,文化与旅游的融合必须坚持民族性、时代性和人民性原则,打造具有中国特色的文化旅游产业体系。⑥

　　除了各位学者从中国文旅融合整体层面出发指出的问题,中国文旅融合发展的体制机制也需要进一步健全。体制机制的问题主要表现在四大方面:统筹协调的力度需进一步加强;各类专业人才较为短缺;产业集群效应较为薄弱;文旅融合发展的质量水平有待提升。

3. 文旅融合的发展趋势

　　从发展逻辑来看,中国的文旅融合其实可以看作从嵌入到融合的发

① 刘治彦.文旅融合发展:理论、实践与未来方向[J].人民论坛·学术前沿,2019(16):92-97.

② 熊海峰,韩浩月.践行文旅融合的路径探析[J].中国国情国力,2020(12):19-21.

③ 李宇军.中西部民族地区的文旅融合发展:现状、问题与对策分析[J].贵州民族研究,2020,41(7):121-125.

④ 王笑宇.经济新发展格局下中国文化旅游投资变化及趋势[J].旅游学刊,2021,36(1):7-9.

⑤ 柯平.主题图书馆建设中的若干问题与发展思考[J].图书馆杂志,2020,39(3):41-47.

⑥ 黄永林.文旅融合发展的文化阐释与旅游实践[J].人民论坛·学术前沿,2019(11):16-23.

展。①其融合可以分为资源的挖掘与整合、技术与规划融合、产品与市场融合三个主要环节,而可以选择的融合模式主要有"文化＋旅游""旅游＋文化""文旅＋其他"三种。而从产业链的角度来看,中国文旅融合的模式主要有三种:互动延伸型融合模式、重组型融合模式、渗透型融合模式。从融合的类型来看,中国文旅融合又可分为六大类型:文旅新区、文旅小镇、文旅产业园、文旅综合体、文旅景区/度假区、文化旅游带。

文旅新区——四川巴中文旅新区。2021年11月巴中市光雾山诺水河文旅融合发展示范区(简称"文旅新区")正式授牌授印,成为专注于文旅康养产业发展,致力于践行"绿水青山就是金山银山"理念的区域。巴中文旅新区涵盖了1656平方千米的土地,滋养着6.76万人,关坝镇、贵民镇、两河口镇等7个乡镇都在区域内。巴中文旅新区发展文旅融合最大的优势是生态资源。该区的森林覆盖率高达63%,城市环境空气质量优良率为96.7%,且有5A级光雾山-诺水河世界地质公园。现有的丰富生态资源加之国家"绿水青山就是金山银山"理论的机遇,对其发展文旅康养产业十分有利。在接下来的文旅融合进程中,该区发展的方向是由文旅带动农旅、工旅、康旅、研旅、体旅的发展,形成"文旅、农旅、工旅、康旅、研旅、体旅"全产业融合发展的新区,如表1-5所示。

表1-5　巴中文旅新区"文旅、农旅、工旅、康旅、研旅、体旅"全产业融合发展

类　型	发展路径
文旅	融入巴蜀旅游文化走廊、成渝地区红色旅游走廊和川陕旅居旅游环线建设
农旅	借文旅发展后便捷的交通以及互联网优势,打通农产品销路
工旅	将光雾山诺水河的水、石、空气等资源转化为饮料、调料、酒、工艺品、保健品,并结合康养文化,把产品从研发到最终实物的全环节公开,成为景点之一
康旅	借助极佳的生态环境与养生产品发展康养产业
研旅	借助光雾山-诺水河世界地质公园的研学优势,打造景镇特色教育基地
体旅	借助森林、水源等资源发展森林山地运动和水上休闲运动,如漂流

---

① 王建芹,李刚.文旅融合:逻辑、模式、路径[J].四川戏剧,2020(10):182-184,200.

文旅小镇——空港文旅小镇。空港文旅小镇位于广州凤和村,距白云国机场仅3千米,是全国首个空港小镇。该小镇以文旅为核心,依托机场资源,以当代艺术为载体,"微改造"小镇现有的建筑,独创"i＋翼体系",构建集航空产业配套、文化旅游、生活社区、休闲娱乐于一体的空港文旅小镇综合群落。到目前为止,已有WE＋酷窝、烙驿(中式会馆)、桃花湖民宿等文旅项目入驻,此后会结合艺术美学活动、岭南乡村人文特色、航空科技等,打造中国一流空港文旅小镇。

文旅产业园——宏济堂中医药文旅产业园。该园区位于济南市力诺科技园内,园区内包含中药研究院、乐镜宇纪念馆、中医药博物馆、阿胶手工制作展示坊、宏济堂医院、养生堂等古典建筑群。相比其他园区或小镇,宏济堂中医药文旅产业园侧重发展中国医药文化,将明清仿古建筑风格与中国传统中医药文化、园林文化融合,打造世界中医药文旅品牌(图1-12)。

图1-12　宏济堂中医药文旅产业园之宏济堂医馆和宏济堂博物馆

文旅综合体——千岛湖城市文旅综合体阿尔法城(图1-13)。千岛湖作为浙江省旅游城市,岛群资源与水域生态本就具有良好的文旅融合发展基础。千岛湖城市文旅综合体打造"气球IP",围绕地标建筑阿尔法塔,构建"1+1+6"全龄度假游乐体系,并结合千岛湖原有元素——鱼、水、山、岛,打造文旅创意空间。

图1-13　千岛湖文旅综合体——阿尔法城

　　文旅度假区和文化旅游带相比文旅小镇、文旅产业园等,产业的融合更为明显。迪士尼乐园、杭州宋城乐园等都可以看作文旅度假区的一部分,除了与文化相融合的乐园外,还会配套酒店、餐饮等,形成综合文旅度假区。而文化旅游带更多是基于文化(特别是有形文化)而发展的,比如大运河扬州文化旅游带、齐长城文化旅游带。

　　随着文旅融合的不断发展,这些类型与模式也在不断更新以满足市场需求。接下来的文旅融合将呈现新的趋势。受疫情影响,文旅产业开始重构格局,寻找文旅融合可持续发展之路,具体体现在:提高所供文化产品的质量,以社会效益带动经济效益;数字化赋能,打破文旅融合界限;文旅与区域发展结合,融入区域协同发展;以国家战略为导向,助力乡村振兴。

　　(1)提高所供文化产品的质量,以社会效益带动经济效益

　　与普通旅游业相比,文旅融合产业的最大特点就是强调精神与社会层面的满足,而这份满足的载体就是文化产品。因此,要提高文旅发展中文化产品的质量,让其中的文化消费品可以直抵精神和心灵。武汉的光影演出《夜上黄鹤楼》便可以看作这一趋势的代表。该作品融合了大鼓、二胡、琵琶等多种乐器,并结合了5D技术,将黄鹤楼之景、黄鹤楼之文精彩呈现,从而成为武汉的文旅地标。

　　(2)数字化赋能,打破文旅融合界限

　　时代发展和旅游主体的年轻化,推动着文旅融合适时而变。如图1-14所示,从2021年春节旅游预定客群分布情况来看,占比最大的是19—25岁

这一群体,这一群体对应的是"90后"与"00后"。可见当前,"80后""90后""00后"是文旅产业的主要消费群体。他们同时也是互联网的主要消费群体。因此,为了更好地匹配这些年轻群体,数字化赋能是极其重要的。

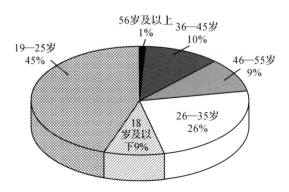

图1-14 2021年春节中国旅游客群年龄分布图

新冠疫情的暴发再一次强调了数字化赋能对文旅融合的关键作用。疫情限制了"出户",倒逼各大产业进行数字化转型,如最初的线上会议,后期的云论坛、云展出、云旅游。深圳欢乐谷虚拟排队机、北京欢乐谷6期的天光夜谭以及江苏无锡灵山小镇的拈花湾微笑广场都是使用数字技术手段来打造全新的消费场景,全方位吸引消费者参与文旅融合的进程中。数字化赋能这一文旅融合发展的趋势是与国家导向相适应的。"十四五"规划也提出,要实施文化产业数字化战略,加快发展新型文化业态、文化消费模式。

（3）文旅与区域发展结合,融入区域协同发展

文旅融合对文化产业及旅游产业都能起到增值的作用,对地区的建设也能发挥关键性作用。文旅融合在长三角一体化建设及京津冀协同发展中都起着一定的作用,如表1-6所示。粤港澳大湾区更是出台《粤港澳大湾区文化和旅游发展规划》（2020年末印发）,强调要通过文旅专栏与项目的形式,推动文化繁荣、优化旅游市场供给,以此塑造湾区人文精神,以推动粤港澳大湾区的新发展。大湾区将通过打造四大文旅IP（澳珠极点IP、港深极点IP、广佛极点IP、深惠大亚湾IP）,建设集休闲游乐、都市生活与文化体验旅游于一体的国际性、特色化的大湾区文旅版图。

表1-6　文旅融合融地区建设的政策

时间	政策/规划	涉及区域
2019年	《沪苏浙皖三省一市文化和旅游厅(局)共同推动长三角文化和旅游高质量发展战略合作框架协议》	长三角
2019年	《京津冀文化和旅游协同发展2019年—2020年工作要点》	京津冀
2020年	《粤港澳大湾区文化和旅游发展规划》	粤港澳
2021年	《"十四五""一带一路"文化和旅游发展行动计划》	"一带一路"

主题鲜明的文旅融合可以在推动地区经济建设的同时,鲜明地展示文化特色,并形成不可替代的竞争力,以此推动各个地区的可持续发展。

(4)以国家战略为导向,助力乡村振兴

文旅融合最终的走向是要服务于中国的强国建设,助力中国梦的实现。文化作为软实力的重要组成部分,影响着中国综合实力及国际形象。从国际形象层面看,"十四五"规划要求,以讲好中国故事为着力点,创新推进国际传播,加强对外文化交流和多层次文明对话。文化是地区的标记,所有文化的合集则是中国的标记。文旅融合将经济与文化相融合,使"走出去"有了新的途径,比如:四川实行驻地式模式,在海外设立20多个文旅驿站推广四川旅游特色;浙江宁波东钱湖镇推进全域景区化,积极构建"开放、活力、智慧"的国际化文旅融合新标杆,致力于打造生态优先的世界级文化湖区,重点关注国际会议、文化创意、旅游度假、科教医体等功能发展。从中国实力层面看,文旅融合要更多地与乡村建设等战略相结合。"十四五"规划中专门提到要"发展红色旅游和乡村旅游",文旅部也推出了全国1000多个乡村旅游重点村,希望通过乡村旅游精品线路的设计及优质乡村旅游品牌的培养来带动乡村建设,促进乡村繁荣,从而带动中国的发展。

(二)中国文旅融合发展新路径

为了有效应对中国文旅融合中存在的问题,国家及学者们都指出了文旅融合可发展的路径。

从国家层面看,2018年国务院办公厅印发《关于促进全域旅游发展的指导意见》,指出文旅融合的具体措施是"科学利用传统村落、文物遗迹及博物馆、纪念馆、美术馆、艺术馆、世界文化遗产、非物质文化遗产展示馆等文化场所开展文化、文物旅游,推动剧场、演艺、游乐、动漫等产业与旅游业融合开展文化体验旅游"①。在国家意见的指导下,学者们也对中国文旅融合进行了深度研究,提出了各个层面的路径建议。易军认为,可以通过创新博物馆文创共享平台来促进文旅融合的发展。②博物馆作为中华民族的历史圣殿,承载着无限的民族文化、艺术、科技和人文精神,是文旅融合下重要的文化旅游目的地,它具备历史文化的传承、传播、创新等多项功能。裴超认为,发展数字文旅是文旅融合发展的有效路径,但要注重数字文旅与区域发展一体化布局,加强大数据运用以提升数据价值。③数字文旅是以网络为载体,通过数字技术和信息通信技术与文旅业的深度融合而形成的新产业形态。借助数字文旅,可以将当地深厚的历史、民俗文化通过 VR、AR、互动小游戏等数字化手段融入旅游项目。相似的是,钟栎娜也认为科技可以赋能文旅融合,并且她指出科技对文旅产业的赋能,可以通过以下五条路径来实现:①从媒介上,转化科学技术为产业要素。将虚拟现实技术融入文旅产业,虚拟旅游在疫情期间大放异彩。②从供给上,用科技激活目的地消费场景。③从需求上,以科技释放新消费需求。④从服务上,以科技赋能公共服务与行业监管,提高效能。构建旅游监管服务平台,做好行业监测与治理。将监测、监控和指挥管理集中于一个体系之内,完善产业运行监测与应急指挥系统,实现全域旅游目的地的智慧化监管。⑤从政策上,配合出台科技推动文旅融合发展的相关政策。④王志刚和宋薇则认为,"讲故事"是文旅产业高质量发展的重要路径。⑤"讲故事"就是将文化旅游核心要素提炼加工成为故事,通过"讲故事"来吸引游客并展现文化传承进而提升文化旅游产业

---

① 马鑫艺.文旅融合背景下城市品牌形象传播探究[J].当代旅游,2020,18(36):69-70.

② 易军.文旅融合下的博物馆文创共享平台创新——以博物馆参观护照为例[J].长江文明,2020 (4):83-88.

③ 裴超.文旅业的潮流——新时期文旅业发展新趋势[J].中国会展(中国会议),2020(24):48-51.

④ 钟栎娜.科技赋能文旅高质量融合发展[N].北京日报,2020-09-28(14).

⑤ 王志刚,宋薇."讲故事"助力文旅融合[N].山西日报,2020-12-22(12).

水平的过程。薛君莎进一步指出,在文旅融合过程中要积极挖掘文化原动力,实现对自然资源的文化展现,以此探索文旅融合的深度。[①]吴理财和郭璐认为,可以通过以下三个举措来发展文旅融合:文化理念注入,发挥文化要素的治理效应;打造文化品牌,发挥产业聚合效应;引导多元参与,发挥政府、社会与市场的互补效应。[②]聚焦中国文旅融合,熊海峰和韩浩月提出了践行文旅融合路径的模型——"金三角模型"[③]。该模型以顶层设计为引领,以优质内容为龙头,以营销传播和模式创新为支撑,通过三者间良性循环,促进文旅高质量融合。

　　基于市场主体的差异性,任国才也提出了文旅融合的路径。他认为,文旅产业要注重文化资源的旅游产品化开发(对还没有产品化的地方文化资源,从面向旅游市场、服务旅游者的角度,按照旅游产品的开发思维进行创作和开发)、注重文化产品的旅游市场化开发(开发旅游版本的文化产品,增加文化产品的旅游衍生消费)、注重旅游产品的文化营销与文化再开发(按照文旅融合IP思维,对旅游产品的文化体验进行开发和提升,打造文旅IP)。[④]

　　范玉刚则认为,要通过文化体验新场景的塑造来助推文旅融合高质量发展,比如苏州盘门、无锡清名桥、常州青果巷、镇江谏壁船闸、扬州三湾、淮安中洲岛、宿迁运河大桥、徐州窑湾古镇以及上海的"5G大运河沉浸式体验馆"等,都是"文旅体验新场景"塑造的典型,[⑤]如图1-15所示。与此同时,潘立勇强调要在文旅融合实践基础上,增强大家对文旅融合的学理认识。[⑥]一方面,文旅企业要重新认识文化和旅游的存在关系及产业融合发展的意义,并对文化旅游与旅游文化、文化资源与旅游资源、文化产业与旅游产业、公共文化服务与旅游公共服务、文化遗产保护与旅游资源开发等相关概念及其关系进行系统梳理、分析和定位;另一方面,文旅产业要从都市、乡村、遗

---

① 薛君莎.文旅融合背景下旅游节目的模式创新[J].西部广播电视,2020,41(24):134-135.
② 吴理财,郭璐.文旅融合的三重耦合性:价值、效能与路径[J].山西师大学报(社会科学版),2021,48(1):62-71.
③ 熊海峰,韩浩月.践行文旅融合的路径探析[J].中国国情国力,2020(12):19-21.
④ 任国才.基于市场主体的文旅融合方法与路径[N].中国旅游报,2020-11-18(3).
⑤ 范玉刚.文旅融合:塑造"文旅体验新场景"[N].社会科学报,2020-11-05(6).
⑥ 潘立勇.文旅融合及长三角一体化发展刍议[J].江苏行政学院学报,2020(5):28-35.

产、文创、研学等相关领域和载体系统研究和实践文旅融合。

图1-15　5G大运河沉浸式体验馆vs窑湾古镇

中国文旅融合有很多发展路径,其中的乡村文旅融合也存在着有效的发展路径。周慕超认为要构建乡村文旅融合全产业链,具体而言包括十个方面:因时因地挖掘资源;产业体系构建有的放矢;要素集聚打通产业链条;依靠龙头企业示范引领;与时俱进推动数字化转型;扶贫扶智相辅相成;双效助力高质量发展。[1]孙以栋和俞强则认为,要从以下几个方面来发展乡村文旅:开展区域文化资源普查;提升乡村人居文化空间建设;强化文旅市场要素的文化表达;拓展乡村文旅产业模式,利用乡村文旅的地貌人文环境,推动"文旅＋生态、文旅＋农业、文旅＋研学、文旅＋康养、文旅＋体育、文旅＋红色、文旅＋自驾房车、文旅＋摄影影像、文旅＋休闲、文旅＋节庆"等多种文旅模式;推动智能运营传播模式发展;创新公共文化运营服务模式;提升文旅市场治理能力。[2]孔凯和杨桂华认为,中国乡村文旅融合可以走以下七条具体路径:①加强民族特色文化的保护、传承及可持续利用;②挖掘民族乡村特色文化,打造文旅融合内涵;③构建文旅融合的基础,创新文旅产业;④政府提供规范标准、权益保障、政策支持等公共服务功能;⑤突出村民主体性,提高村民参与度;⑥文化公司进行专业化标准化的开发和运营;⑦第三方的个体、媒体、组织、专家等进行监督。

---

① 周慕超.构建乡村文旅融合全产业链[J].民生周刊,2020(25):74-75.
② 孙以栋,俞强.长三角地区乡村文旅融合高质量发展策略[J].江苏行政学院学报,2020(5):36-41.

　　国家与学者提出的路径为地区的文旅融合发展提供了思路。各地区以地方特色为基础,挖掘出文旅融合发展的新路径:数字文旅、科技赋能、"讲好故事"、"旅游＋"、文化新场景、文旅IP、文旅新品牌。

　　在数字文旅与科技赋能方面,湖北、上海和重庆最为突出。湖北在打造A级景区促进文旅融合的同时,将数字经济与云产业有效融入其中。具体来说,湖北不断繁荣晚间经济,打造"错时差消费集聚区";抓住"数字化"先机,学习构建数字景区、数字文博、"云展览"等文旅新型业态。上海则将AR技术融入文旅产业,以促进文旅高质量融合。2020年9月8日,《上海在线新文旅发展行动方案(2020—2022年)》正式出台,为上海在线新文旅发展指明方向:一是公共服务"数字赋能"专项行动;二是城市数字"文化旅游名片"专项行动。重庆则是注重"短视频＋"。该区域在发展过程中探索出新的文旅扶贫模式,以"短视频＋"增强贫困地区的造血功能,促进脱贫攻坚的有效落实。①

　　在"讲好故事"方面,山西和江苏是典范。山西注重对地方故事的叙事化改编,以此展示鲜活文化,戏曲旅游便是其"讲好故事"的载体。山西创新戏曲旅游发展路径,提出晋北戏曲旅游发展策略,丰富晋北戏曲旅游产品内容,全力推进观光型、休闲型、体验型旅游产品开发。江苏则借助"地名口袋宣传册"这一载体来讲好江苏故事,促进文旅融合。

　　在"旅游＋"方面,吉林是典范。吉林省通过以下模式创新发展文旅:①"演艺＋旅游"模式;②"工业＋旅游"模式;③"生态农业＋旅游"模式。吉林将旅游与各类产业或地区特色相结合,实现"1＋1＞2"的成效。

　　在文化新场景方面,河南在发展文化创意产业过程中,充分借助文化人才与文化资源打造特色的文化场景,为文旅融合发展助力。与之相似的是四川。四川借助戏剧等演艺形式和演艺品牌,塑造别致场景,以吸引游客这类"消费者"。峨眉山云上旅游公司精心打造的《只有峨眉山》戏剧幻城,就是这一路径的具体表现。云南也有类似的做法。云南的丽江重构公共文化服务空间,打造具有地方感与体验性的场景。①

　　在文旅IP方面,江西和四川是领航者。江西重点通过催生集古色生态、绿色生态与红色文化于一体的"三色融合"产业新业态②来塑造红色旅游IP。四川则是借助熊猫在全球的影响力,建立以熊猫文化为核心的成都文旅IP。③

　　在文旅新品牌方面,广东的举措值得借鉴。民族节日与民俗文化是一种结构遗产,是实现文旅融合发展的根本所在。广东基于这一理念打造了番禺水色旅游文化节(图1-16)、省级非遗名录沙湾飘色、鳌鱼舞以及乞巧节、北帝诞等一系列民俗文化和节庆文化品牌,将民间艺术和民俗文化以展览、表演等新颖、活态的方式融入旅游开发,擦亮文旅品牌,彰显"粤韵番禺",让传统古老的岭南文化在新时代焕发出新的活力。

图1-16　番禺水色旅游文化节④

①　耿达,饶蕊.文旅融合背景下公共文化服务的内涵拓展与模式创新[J].图书馆,2021(2):1-7.
②　王雄青,胡长生.文旅融合背景下红色文化旅游高质量发展路径研究——基于江西的视角[J].企业经济,2020,39(11):100-107.
③　林溪,廖若兰.以熊猫文化为核心的成都文旅IP塑造与推广[J].四川戏剧,2021(1):165-168.
④　图片来源:https://www.sohu.com/a/421412319_615815.

三、文旅融合的实践研究

文旅实践经历了从深度融合到高质量融合的过程,每个阶段的文旅融合对旅游和文化的影响均有所差异。本节将沉浸式文旅、古城文旅、主题公园文旅等多种文旅模式与文旅融合的不同阶段相结合,论述文旅实践。

(一)深度融合:旅游体验与文化获得

旅游体验感是"全景式的视觉、嗅觉、触觉、听觉交互体验"带来的身临其境的感觉。而文化获得感则是旅游者在文旅融合过程中获得文化熏陶后的满足与幸福,会经历知识层面的文化获得感、情感层面文化获得感、价值层面文化获得感和行为层面文化获得感的四个阶段。[①]

1. 沉浸式文旅

沉浸式文旅是指借助多样化的技术,如全息、虚拟、混合、投影灯技术等,强化视觉效果,营造非物质化的空间世界,使旅游受众近距离参与甚至融入各类旅游文化表演中,满足受众亲身体验的心理需求的一种模式。[②]在沉浸式的文化旅游体验中,旅游者的主体认知力和对象识别力会呈现弱化的状态,沉浸于旅游过程中由旅游吸引物组成的符号场域内,尤其是在参与互动性的体验过程中,旅游者会忘记参与之外的固有身份,被文化旅游对象的符号意义所"淹没"。[③]沉浸式文旅最主要的特征是体验感、互动性、叙事性等,通常会通过表演节目来实现。最早的沉浸式表演是2004年的《印象·刘三姐》,这是大型桂林山水实景演出,也是中国第一部山水实景演出。

随着沉浸式文旅的不断传播与发展,各城市都涌现出了沉浸式文旅表演,比如:杭州的《印象·西湖》,展现许仙与白娘子的浪漫爱情;《宋城千古情》,了解良渚文明;横店的"图像迷恋",了解不同历史时期的建筑文化;西安的长安十二时辰主题街区与《寻梦·芙蓉里》,了解唐朝市井生活与仕女文

① 胡继冬.大学生文化获得感的基本内涵、生成逻辑及其提升路径[J].学校党建与思想教育,2021(17):52-55.
② 邹驾云."沉浸式"体验助力文旅消费提质升级[J].人民论坛,2020(15):84-85.
③ 王列生.创意时代"沉浸"概念所指化与"沉浸"功能技术化(下)[J].内蒙古艺术,2018(2):4-10.

化,感受仕女的乐观与自信。

沉浸式文旅在深化旅游体验的同时,传递着不同历史时期的建筑文化、经济特色及人文特色。如果说《宋城千古情》中的良渚文化是在知识层面丰富文旅消费者的文化获得感,那么《印象·西湖》中的"许仙与白娘子"便是在情感层面丰富文旅消费者的文化获得感;《金戈铁马》中精忠报国的岳飞则是在价值层面丰富文旅消费者的文化获得感;《寻梦·芙蓉里》的仕女文化则是在行为层面丰富文旅消费者的文化获得感——女性应更加自由开放、独立洒脱。

(1)《印象·西湖》

杭州的《印象·西湖》可以说是继《印象·刘三姐》后的又一沉浸式演出,充分体现了沉浸式体验的特点:科技手段与演出元素充分创新,舞台边界逐步消解,观众自然而然融入舞台与故事场景中,深入文化空间内部。[1]演出台搭于西湖水域,北面是岳王庙,南面有玉带晴虹景点,西面有曲院风荷景点,东面有苏堤春晓景点,西湖之景成为《印象·西湖》演出的天然背景。天然背景与隐于水中的升降舞台相结合,结合映照于水面灯光的"幻影",舞台的边界逐步弱化,观众在《西湖印象雨》歌曲的烘托下感受着一幕幕"相见""相爱""离别""追忆"与"印象"场景。从最初对"许仙白娘子"爱情故事的了解,到沉浸于《印象·西湖》表演中感受到的凄美爱情,观众经历了从知识层面文化获得感到情感层面文化获得感的转变。

(2)《宋城千古情》

《宋城千古情》与《印象·西湖》略相似,是杭州宋城旅游景区打造的立体全景式大型歌舞表演。它以杭州的历史典故、神话传说为内容基础,结合歌舞、杂技、戏曲等多种艺术形式,并运用高科技手段营造如梦如幻的意境,给人以强烈的视觉震撼。[2]

《宋城·千古情》共分五幕,分别是《良渚之光》《宋宫宴舞》《金戈铁马》《西子传说》和《魅力杭州》。序幕《良渚之光》讲述夏商周文明的重要构成要

---

① 钟晟,代晴.文旅融合背景下旅游演艺沉浸体验的演化趋势[J].文化软实力研究,2021,6(5):
64-74

② 都辉.杭州"宋城千古情"艺术表演的现代商业模式[J].知识经济,2015(11):96.

素。以杭州良渚古城遗址为文化核心圈的良渚文化,是华夏文明的基础。第一幕的《宋宫宴舞》则展现了繁华的南宋。开场华丽的民族服饰、歌舞以及杂技柔术表演都彰显着南宋王朝的鼎盛。那个时候的杭州,人口百万,经济发达,茶楼酒肆一应俱全,一派歌舞升平景象。第二幕的《金戈铁马》,更多是通过沉浸式的表演让观众在了解大宋与金之间的战争的同时,从情感乃至价值层面去感受这个时期民族英雄的伟大,比如精忠报国的岳飞。在当今和平时代,如岳飞般报效国家的人仍然很多,缉毒警察、在疫情"前线"的医务人员等,都表明《金戈铁马》中的"爱国"价值观在当今依旧适用,也应适用。第三幕的《西子传说》是如《印象·西湖》般的"新白娘子传奇"与"梁山伯与祝英台"的回忆,断桥爱情,西湖浪漫。第四幕的《魅力杭州》展现的是杭州姑娘手捧龙井茶热情迎接五湖四海的朋友,呈现开放包容的杭州文明。《宋城千古情》的五个篇章通过沉浸式表演让游客了解了不同时期杭州的文明与文化,良渚文明、英雄故事、凄美爱情,在传递文化知识的同时,也传递着价值观,增强了知识、情感乃至价值层面的文化获得感。

(3)东阳横店

横店使文旅游客沉浸于此,不同于《印象·西湖》与《宋城千古情》,它更多是借助"图像迷恋"来实现沉浸式体验与文化获得的目的。"图像迷恋"是游客对于影视城景观的图像以及游客自身的"仿像"的迷恋,这种迷恋主要体现在影视城中的仿拟时空消费、饮食消费以及微电影体验消费三方面。[①]"图像迷恋"会使现实与虚拟融合,实现对浸入式旅游的探索。

横店中有秦王宫等13个不同时期的仿真建筑群(图1-17),以及随处可见的仿古代宫廷风格的食物和古装剧照,身着古装的游客在横店仿佛回到了历史中,成为历史中的一部分。随着文旅消费者的需求不断提升,横店的沉浸式体验逐步深化,从最初身处古代宫廷拍照,演变为可以为游客拍摄微电影,让游客成为历史的主角,深入体验历史文化的魅力。

① 徐开阳.试论横店影视城影视旅游消费中的图像迷恋现象[J].电影文学,2020(5):46-50.

图 1-17 横店古代宫廷建筑群

（4）西安的曲江文旅

曲江位于西安的南部,在文旅融合市场需求提升的过程中,开启了文旅融合新模式,主要以沉浸式体验为主。

大唐芙蓉园(图1-18)是感受盛唐仕女文化最真实的方式,其构建了芙蓉庭院、芙蓉衣肆、芙蓉花坊、芙蓉酒肆四大演艺场景,游客在观看演艺的同时,以演艺中的宾客身份,沉浸于大唐仕女生活中,感受大唐的人文风貌。与此类似的还有长安十二时辰街区。长安十二时辰街区是网剧《长安十二时辰》与西安城市消费相融合的典型,也是全国首个沉浸式唐朝市井生活街区。①街区注入了电视剧《长安十二时辰》IP,12个长安场景、12个长安街区、12道长安经典菜品、12个时辰让游客感受不同的长安生活。街区中还打造了六大沉浸式场景("唐食嗨吃、换装推本、唐风雅集、微缩长安、情景演艺、文化盛宴"),游客穿上汉服,便可与NPC(非玩家角色)沉浸式互动,做一日唐朝人。

图 1-18 大唐芙蓉园

---

① 张婧文."十二时辰长安秀"文化IP赋能城市新消费模式[J].当代旅游,2021,19(31):16-18.

长安十二时辰街区通过仿唐建筑、仿唐美食,并给文旅游客提供汉服,让游客在街区中感受十二时辰中唐朝人的生活,游客沉浸于唐朝市井生活的同时,可深入了解唐朝的服装文化、唐朝经济与唐朝历史人物。街区的形象与西安这个历史古城的形象形成良好的互动,展现了西安的时代风采。

2. 研学文旅

研学旅行自2013年开始便成为旅游发展的新方向,是"旅游+"模式下旅游与教育结合的产物。[①]随着文旅融合的深入,研学旅行逐步转变为"文化研学旅行",即研学文旅。

研学文旅相比其他类型的旅行,消费主体特定(学生),消费内容明确(在旅游中获取知识),再加之文化的融入,形成"文化+教育+旅游"的新模式。此种模式下的旅行,不单是教育知识的学习,更是全面素质的培养。文旅部门、教育部门参与建设的文化研学旅行,有利于促进学生素质提升,践行社会主义核心价值观,激发学生对党、对国家、对人民、对家乡的热爱之情,有利于引导学生主动适应社会,促进书本知识和生活经验的深度融合。[②]

文化研学旅行最典型的可谓京杭大运河旅行与浙东唐诗之路之旅。两者都是"遗产廊道"理论支撑下的文旅深度融合的典范。"遗产廊道"理论是一种针对拥有特殊文化资源集合的线性文化景观,关注其由线到面的组合保护与综合利用,注重区域合作创新,结合遗产保护和绿色廊道理论而提出的保护理念与措施。[③]这类线性遗产区域有三个方面的创新之处:在意识形态层面上强调历史溯源和国家文化身份;在保护理念上倡导"文化、自然与非遗"三位一体,在延续原有功能的基础上持续增值,并强化"活态传承"的多目标保护体系;在方法层面上提出遗产区域性和整体性的综合保护策略。[④]

① 严钰帆,杨靖源,马倩怡.文旅融合时代下我国研学旅行的发展和展望:以上海市为例[J].地理教学,2020(11):60-64.

② 史春云,陶玉国,李嘉炜.文旅融合视角下研学旅行研究进展与发展思路[J].中国名城,2021,35(6):1-6.

③ 柳国伟,赵旎娜.浙东唐诗之路文化创新实践路径探索[J].佳木斯大学社会科学学报,2022,40(3):164-168.

④ 李飞,宋金平.廊道遗产:概念、理论源流与价值判断[J].人文地理,2010,25(2):74-77,104.

（1）京杭大运河

京杭大运河是活态廊道遗产，是世界上开凿最早、最长的一条人工河道，也是最古老的运河之一，北起北京，南达杭州，流经北京、河北、天津、山东、江苏、浙江等6个省市，贯通五大水系、30余座城市。党的十九大指出，要将京杭大运河打造为中华民族伟大复兴的标志性文化品牌。京杭大运河对"一带一路""京津冀协同发展""场景经济带发展"等战略都起到了关键作用。

在这条运河带上，苏州的虎丘风景区和木渎古镇，嘉兴的嘉兴博物馆、南湖烟雨楼、月河历史文化街区和海宁盐官古镇，杭州的西湖风景区、茶叶博物馆、京杭大运河博物馆、拱宸桥、中国扇博物馆一个个都是文化研学点。京杭大运河旅行既可以依托沿线物质与非物质文化遗产同水体资源打造旅游产品谱系，又可以发挥遗产廊道的连带作用，整合不同区段的旅游资源，展示与运河相关的人物、故事、诗歌，以此来促进"旅游＋教育＋文化"模式的创新，实现文旅深度融合。[①]

京杭大运河可以分为七段，分别是北京段的通惠河，天津段的北运河，河北至山东段的南运河，山东段的鲁运河，江苏段的中运河和里运河，苏州至杭州段的江南运河。每一段均有不同的文化景观与非物质文化遗产，比如苏州段有山塘街、虎丘塔、全晋会馆、平江路、盘门、宝带桥、吴江古纤道等观景点，将每一段中的景点与历史相串联，形成集历史文化、文学艺术、地区美食、历史诗歌等于一体的文化研学游，能够增强文旅消费者对历史文化学习的兴趣激发他们对本土文化、本土精神的自豪感。

（2）浙东唐诗之路

浙东唐诗之路以萧山—柯桥—越城区—上虞—嵊州—新昌—天台—仙居（临海）为主体，起于钱塘江西兴渡口，沿古运河行至绍兴，过鉴湖至若耶溪，向南经曹娥江入剡溪，再经新昌沃江、天姥山，终至天台、仙居。浙东沿线山水与唐代诗歌结合，是文化传承与活化的实践。数据显示，全唐诗中收录的2200余位诗人中，有451位诗人游览过"浙东唐诗之路"风景线，留下了

---

① 杨昀.大运河遗产廊道的保护传承与活态利用：以苏州段运河为例[J].中国名城，2020（4）：76-81.

不少唐诗"印记"。①起点渔浦,有孟浩然《早发渔浦潭》云"卧闻渔浦口,桡声暗相拨";途经越中(绍兴),有贾岛《送僧归天台》云"辞秦经越过,归寺海西峰";途经沃洲山,有刘长卿《送方外上人》云"莫买沃洲山,时人已知处";到天台、仙居结束,有孟浩然《寻天台山》云"歇马凭云宿,扬帆截海行"。除了诗歌,浙东唐诗之路还融合了儒学、佛道、书法、茶道、陶艺、方言、传说等多样化的内容。

浙东唐诗之路文化研学游主要的线路分为东线和西线。西线,起点东山,途经剡溪、唐诗公园,到天姥山;东线,起点鉴湖,经若耶溪到东白山。以西线为例,起点东山,背后是两大历史人物的故事——"东山再起"的东晋宰相谢安,屡次称疾归隐东山的山水诗鼻祖谢灵运;中途经过的剡溪背后则有嵊州特有的越剧文化、名人文化;唐诗公园背后则是众多诗人留下的历史"瑰宝"——唐诗文化;终点天姥山的背后是山水文化,游客登高远眺,所以感受自然的壮观。

浙东唐诗之路与京杭大运河一样,都是浙江传统文化的金名片,将其与浙江文化相结合,在文化研学游过程中,旅游者能够学习中国唐诗文化,感受浙东山水与民俗文化,增强对优秀传统文化的获得感。

3. 红色文旅

红色旅游是在红色旅游地进行的具有爱国主义教育内涵的特殊旅游形式。②它是指以中国革命纪念地、纪念物及其承载的革命精神为吸引物,组织接待旅游者进行参观游览,学习革命历史知识、接受革命传统教育和振奋精神、放松身心、增加阅历的旅游活动。不同于其他旅游,红色文旅是基于文化动机而产生的对"异质"事物的瞬间消费。③伴随红色旅游的是红色旅游演艺,两者均是红色文旅的重要组成部分。红色旅游演艺是指基于旅游

---

① 邱德玉.基于浙东"唐诗之路"的剡溪山水文化旅游产品开发[J].宁波大学学报(人文科学版),2010,23(6):67-71.

② 毕剑,李忠.新时代背景下延安红色旅游演艺高质量发展研究[J].焦作师范高等专科学校学报,2021,37(2):31-34.

③ 谭娜,万金城,程振强.红色文化资源、旅游吸引与地区经济发展[J].中国软科学,2022(1):76-86.

产业与文化产业、演出产业及其他产业的深度融合大背景,以旅游者为主要观众,以红色旅游地的红色文化为主要表现内容,辅以其他的地域特色文化的,在红色旅游城市、红色旅游景区或其附近选址推出的,能对当地旅游业发展及红色文化、红色精神传播与传承带来积极影响的中型及大型演出活动。[1]

(1)延安红街

谈起红色旅游,人们都会想起延安。1935年中共中央和中央红军顺利到达吴起镇,延安成为中国革命的落脚点和出发点,是全国革命根据地城市中旧址保存规模最大、数量最多、布局最为完整的城市,也培育了延安精神,成为爱国主义、革命传统的教育基地,拥有革命遗址445处。延安在文旅融合的浪潮中形成了独具特色的延安模式(以红色旅游为基础),传递着延安精神——不畏艰难,自强不息。延安红色文旅景点以延安红街为代表。

延安红街(图1-19)由红色主题街区、窑洞主题酒店群和延安室内湖延湖组成,设置了沉浸式演艺、特色非遗、红培基地等。整条街长1.5千米,涵盖了5个红色主题广场、148个红色业态商户、12个红色文化业态项目和8个线下场景植入自有版权的红色培训研学课程。红色主题突出、红色业态聚集的红街为了更好地促进文旅深度融合,采用科技手段,创造了大型沉浸式情景体验剧《再回延安》,其中包括一个拥有24条弹道的互动式军事乐园。

图1-19 延安红街[2]

---

① 毕剑.新时代背景下河南红色旅游演艺发展研究[J].洛阳师范学院学报,2019,38(4):23-27,36.
② 图片来源:www.wanda.cn/special/yananhongjie.

（2）井冈山

井冈山是"中国革命的摇篮"和"中华人民共和国的奠基石"。1927年，毛主席在井冈山开创了中国第一个农村革命根据地，开辟了"以农村包围城市、武装夺取政权"的具有中国特色的革命道路，也培育了"坚定信念，敢闯新路"的井冈山精神。

在红色文旅的发展过程中，井冈山基于深厚且独特的红色文旅资源，推出集体验式、参与式、互动式于一体的"井冈模式"，开创了干部教育培训、爱国主义和革命传统教育培训的"井冈路径"。[①]该路径与模式注重红色文化传承的温度、红色教育管理的力度与民生发展的厚度。所谓"温度"，是指在开展红色文旅活动的过程中，在原有常规教育宣导的基础上，创新了模式，通过AR场景体验教学吸引红色文旅消费者积极参与，学习红色文化知识，不忘历史，不忘初心；所谓"力度"，是指统一了井冈山红色教育培训纪念标志，让文明更有序；"厚度"则指在红色与文旅融合的基础上，融合了乡村建设，以红色文旅推动乡村振兴，实现红色文化、旅游、经济建设的共生。

红色文化与旅游深度融合，实现红色文旅共生，其内涵在于具有共生性的红色文化、旅游共生单元，通过共生界面进行物质、能量、信息的交换共享，建立至少对一方有利、对各方无害的正向利益相互关系。[②]不论是延安红街还是"井冈模式"的红色文旅，均在促进红色文化与旅游的共生，在实现经济属性的同时，更实现了教育功能，传递了红色文化遗产中的革命时代精神。这些精神在当今同样具有现实意义。通过红色文旅，在模式创新下游客深入其中，感受伟人艰苦奋斗的精神，感受那份坚定不移的信念，获得的不仅是红色文化层面的内容，更是结合当今时代，自我感知到价值层面的内涵，这份价值感知可以是坚定不移为自己的理想奋斗，也可以是用于开创新路的创新价值。

4. 名人文旅

名人是人文旅游的重要资源。作为民族优秀文化的重要组成部分，名

---

① 红色力量在这里迸发——井冈山红色旅游发展典型案例[J].宏观经济管理,2020(12):94.

② 柴寿升,孔令宇,单军.共生理论视角下红色文旅融合发展机理与实证研究——以台儿庄古城为例[J].东岳论丛,2022,43(4):121–130.

人文化最能体现文化的历史方位、社会生态与地域特色。①随着文旅融合的不断深入,名人资源快速融入,各地逐步依托名人故事、名人故居等打造名人文化IP。名人文化IP承载的是名人文化记忆、精神追求和价值取向,是文旅融合过程中传承与发展中华优秀传统文化的重要抓手。②

(1)曲阜古城

历史名人作为一种独特的文化现象,自出现始便与某个地方联系在一起,名人也因此被视为某一地域文化的代表。③孔子,作为中国古代伟大的思想家、政治家、教育家、儒家学派创始人、"大成至圣先师",其出生地曲阜自然成为儒家文化的代表之地。儒家文化资源特指以孔子为核心文化符号,随着历史发展所形成和遗留下来的历史遗存及其环境,按照形态可以分为物质文化遗产和非物质文化遗产。④2013年11月,习近平总书记视察曲阜时也提出了"使孔子故里成为首善之区"的期许,为曲阜建设指明了发展方向。

近些年来,曲阜古城以"孔子"为主题,将传统文化与现代教育、现代产业相结合,弘扬儒家优秀传统文化,推出"开笔礼""成人礼""孔庙祈福""背论语,游三孔""孔庙朝圣""颜府文化体验""三孔古建筑研学""鲁国故城考古"等文旅融合项目,促进文化与旅游的深度融合。⑤这些传统项目,甚至可算作产品,之所以受到文旅消费者的青睐,是因为名人与产品的匹配度高,这是名人代言营销理论的"一致性假说"。该假说认为,名人是一种营销工具,商家在选择名人代言产品时,必定会考虑两者的一致性。因为一般认为,消费者所感知到的名人与产品越是匹配,营销效果就会越好。⑥孔子,作

① 郭燕.让名人文化报道鲜活起来[J].传媒评论,2022(3):52-53.
② 项迪燕.文旅融合视角下绍兴名人文化IP开发策略研究[J].旅游与摄影,2022(2):82-85.
③ 马遵平,谢泽氡,艾晓玉.基于一致性假说的争议名人故里旅游行为意向——以四川江油"李白故里"为例[J].资源科学,2021,43(8):1700-1710.
④ 张中华.全域旅游视角下曲阜儒家文化资源整合与创意开发[J].济宁学院学报,2018,39(5):40-45.
⑤ 李翠芳,姜爱华.发展孔子研学旅行 弘扬优秀儒家文化——浅谈曲阜孔子故里研学旅行[J].人文天下,2018(18):48-51.
⑥ 马遵平,谢泽氡,艾晓玉.基于一致性假说的争议名人故里旅游行为意向——以四川江油"李白故里"为例[J].资源科学,2021,43(8):1700-1710.

为古代名人,是"免费的营销"。在游览曲阜过程中,孔子的生平事迹、故居、遗物等都会基于文旅消费者对名人经历、场景的想象,激发出对曲阜历史儒家文化的真实感知。[①]

在曲阜,"三孔"——孔府、孔庙、孔林(图1-20)是其最重要的文旅资源。孔庙是祭祀孔子的本庙,始建于公元前478年,是中国最大的封建贵族府第之一;孔府不同于孔庙,是中国传世最久、规模最大的封建贵族庄园,是孔子嫡长孙的府第;孔林为世界上延续时间最长、埋葬人数最多、面积最大的氏族墓地。[②]在文旅融合的需求之下,曲阜不再单一依靠"三孔"文化资源实现文旅新发展,而是逐步通过区域联动与内部链接打通儒家文化资源脉络,以多模式、多形式创意开发儒家文化资源,并且以"孔子"文化品牌衔接多种类型产品,讲好孔子文化故事。

图1-20　"三孔"——孔庙、孔林、孔府

曲阜古城,承载着以名人——孔子为代表的儒家文化。游客对曲阜古城这类文化胜地的期望主要是"学到文化知识和接受文化教育"[③]。这种期望反映的是文旅消费者对知识层面文化获得感的期望。当文化与旅游深度融合,借助自媒体打造年轻化的三孔旅游品牌,能够促进文旅消费者在旅游过程中学习并践行优秀的儒家文化(如"孝""礼""信"等),感知到行为层面

---

① Herbert D T. Artistic and literary places in France as tourist attractions[J]. Tourism Management, 1996, 17(2): 77-85.

② 侯凌超,邓晗,赵伟.浅谈现代旅游发展模式下的曲阜古城[J].遗产与保护研究,2017,2(5): 55-58.

③ 张金洋.游客视角下文化旅游资源的感知维度研究——以曲阜三孔为例[J].三门峡职业技术学院学报,2021,20(4):106-112.

的文化获得感。

(2)绍兴王阳明故居

王阳明是明朝杰出的思想家、文学家、军事家、教育家,以其为代表的阳明文化是一种对中华文化乃至全球文化具有深远影响的品牌文化。[1]根据国家标准《旅游资源分类、调查与评价》(GB/T 18972—2017),以及借鉴名人文化旅游资源的分类研究成果,并结合阳明文化的内涵和特点,构建阳明文化旅游资源分类标准,可将阳明文化旅游资源划分为4个主类、13个亚类、30个基本类型,其中"A居住场所"类、"B纪念场所"类、"C遗迹遗址"类为物质性旅游资源,"D非物遗产"类属非物质性旅游资源。[2]而绍兴的阳明文化资源更多归属于"C遗迹遗址"类,是基于故居遗址逐步延伸扩展的阳明文化。名人故里或故居遗址与历史内涵、民俗习惯、宗教信仰、文物建筑等物质因素与非物质因素一起,形成当地的人文底蕴。[3]名人故居或故居遗址对文旅融合的发展具有一定的促进作用:提升名人遗址所在地区的知名度,丰富城市文旅融合资源,创造经济效益,促进名人文化的传播。[4]

王阳明故居遗址位于绍兴越城区上大路以南、西小河以东、王衙弄以西、吕府以北。该故居遗址依旧保留着伯府大埠头、石坊残基、碧霞池、石门框、饮酒亭、观象台等,结合阳明洞天、阳明墓,构成绍兴的阳明遗存,使绍兴成为心学圣地。除了故居遗址外,为更好增强文旅融合过程中的体验感与获得感,绍兴还打造了极具"古城"特色的"阳明文化"主题书房,使本地市民与文旅消费者在阅读阳明文化图书过程中,学习乃至践行阳明文化。随着文旅融合的不断发展,阳明文化的传播途径不断丰富。在影视传媒视角下,当前阳明文化传播的途径主要有:以戏剧形式呈现,如京剧《王阳明龙场悟道》;以广播形式呈现,如喜马拉雅上可以收听到《五百年来王阳明》《王阳明心学:修炼内心的神奇智慧》等节目;以电视剧形式呈现,如电视剧《王阳明》;以讲座形式呈现,如《百家讲坛》上董平讲的《传奇王阳明》;以自媒体形

① 肖良武.阳明文化品牌构建与价值提升研究[J].王学研究,2018(1):353-365.

② 黄平芳,林远方.赣南阳明文化旅游资源评价及开发利用[J].赣南师范大学学报,2022(4):24-28.

③ 李国庆.名人故里:独具魅力的旅游景观[J].人民论坛,2019(5):128-129.

④ 庞羽.名人故居旅游传播研究[J].新闻战线,2015(2):77-78.

式呈现,如抖音上播放的《中国通史》第81集《王阳明》;以巡讲巡展形式呈现,如绍兴市文化广电旅游局主办的阳明文化巡讲巡展活动等。①除此之外,为了迎合当今文旅消费者的需求,促进名人文旅的时尚化与年轻化,绍兴与国风旗舰游戏《忘川风华录》联动,以"传统文旅×国风游戏"为核心,打造数字新文创战略联动。联动的第一期便是明代思想家王阳明,将其人设细节、言行举止、剧情等合理演绎,让消费者沉浸于游戏的同时,学习阳明文化,践行格物致知、知行合一的精神。

5. 户外文旅

户外旅游是21世纪一种新型旅游方式,具有自由、开放、多样的特点,这也是人们精神追求的一种体现。②这种类型的旅游是指包含自助游、自驾游、野营、徒步、飞行、水上运动、登山、攀岩、探险、滑雪、轮滑、小轮车运动、极限运动等在内,注重体验和感受的旅游与运动休闲的结合。随着文旅融合的不断深入,户外旅游逐步与文化相结合,也延伸了很多户外文旅的新概念,如生态旅游、可持续旅游、负责任旅游、无碳旅游、零碳旅游、漂绿、碳足迹等,具体涉及的文旅地区主要有西藏、新疆、青海、贵州等。

西藏是中国面向东南亚开放的重要通道,更是国家的生态安全屏障。作为高原地区,其有着独特的自然风光,构建了林芝生态旅游圈、康巴文化旅游圈、雅砻文化旅游圈、羌塘草原文化旅游圈、象雄文化旅游圈、珠峰生态旅游圈、藏文化体验展示旅游圈等多种文旅模式。③由于西藏拥有独特的自然风光,徒步户外旅游成为较热门的旅游形式。徒步是人类个体重新找回与自然相连接的独特且有效的户外运动方式,在西方是人们追寻个体幸福和身心快乐的一种方式。④徒步的旅游体验相当于一种通过仪式,这种通过

---

① 任健,罗梅.影视传媒视角下的阳明文化传播及其价值展望[J].电影评介,2021(12):94-98.

② 刘晓曼.关于如何发展我国户外旅游的探讨[J].当代旅游,2019(11):78-79.

③ 张世雯,钟一博.钻石模型视角下的西藏文化旅游产业发展分析研究[J].阿坝师范学院学报,2020,37(2):61-67.

④ BERGER R. Therapeutic aspects of nature therapy[J]. Therapy through the Arts—The Journal of the Israeli Association of Creative and Expressive Therapies, 2004(3): 60-69.

仪式发生在逆转阈限中,包含个体通过与人际通过。①个体通过是指旅游者经历原始的生存体验、未知体验、沉浸式体验等获得的个人成长;人际通过则是指在旅游过程中人与人的互相协助、群体激励、逆转人际交往后所实现的人际关系上的积极或消极变化。在西藏徒步旅游,感受最原始的自然景观与民俗风情,从多雄拉雪山到冈仁波齐、甘丹寺、桑耶寺、雅鲁藏布江等,一路上感受最原始的景观,穿上藏服,虔诚朝圣,在户外旅游过程中熟悉了解藏文化。与之相似的还有新疆。新疆有着独特的丝路文化、民族文化、红色文化及军事文化,这些文化记载着历史,承载着感情,讲好丝路故事,传播好地方声音,是新疆户外文旅发展的重要目标。②而要充分感知甚至体验到新疆的文化,可以自驾甚至徒步,从琼库什台牧业村、琼达坂、包扎墩达坂、天堂湖等到黑英山山口,抑或从贾登峪、喀纳斯河,沿禾木河、小黑湖、喀纳斯湖、双湖到白哈巴村,感受大自然的壮观与沿途文化。

青海作为户外文旅新概念"生态文旅"的著名省份,其目标是打造国际生态旅游目的地,积极探索以生态优先、绿色低碳为导向的文旅高质量发展之路。③青海拥有三江源、可可西里、青海湖、昆仑山等世界级的生态旅游资源,打造了世界屋脊之旅、三江源生态之旅、高原湖泊之旅等一系列生态文旅品牌。④与此同时,青海还是多民族聚集的省份(有54个民族),也是多宗教并存(佛教、伊斯兰教、道教、基督教和天主教)的省份,形成了集上古文化、历史文化、民俗文化、革命文化等于一体的多元文化。⑤贵州,同样也是多民族聚集的省份,聚集了17个少数民族;但相比青海,其生态旅游更侧重于森林资源,打造森林生态文旅。森林生态文旅以森林、森林公园为旅游目

---

① 卫银栋,徐英,谢彦君.西藏徒步旅游中的情境体验与人际互动:一种通过仪式[J].旅游学刊,2021,36(9):28-45.

② 杨妮.文旅融合背景下新疆巴州文化旅游深度发展对策研究[J].农村经济与科技,2020,31(19):102-104.

③ 陈奇.青海,山高水阔生态游——青海打造国际生态旅游目的地纪实[J].青海党的生活,2021(11):8-11.

④ 芳旭,王雅琳,罗云鹏.青海,世界级的生态旅游资源[J].青海科技,2016(4):2-5.

⑤ 张俊英.青海打造国际生态旅游目的地SWOT分析与发展对策[J].青海社会科学,2021(3):103-109.

的地,利用特色化、生态化的自然风光、人文风光,满足旅游消费者观赏、享受、体验的多样化旅游目的。①

　　文旅深度融合的第一阶段,主要有沉浸式文旅、研学文旅、红色文旅、名人文旅以及户外文旅等模式,这些模式促使文旅消费者在旅游过程中能沉浸于此,感受旅游快乐的同时获取文化知识,逐步在情感、价值以及行为层面增强文化获得感。

(二)深度融合:旅游创新与文化认同

　　文旅融合的内在价值表现为既能产生巨大的经济效益,为旅游目的地带来福祉,也能增加基于理解和体验的文化创造、旅游分享价值,有利于文化遗产保护与创意产品开发;更为重要的是,在强化民族形象的塑造、增强文化认同和文化自信方面所发挥的作用。②文化自信是用自己的文化去引导和统摄其他文化,又期待他者的积极回应;而文化认同是从"唯我"到"合群"生成文化自信。③

　　文旅深度融合的第二阶段,主要涉及古镇文旅、古城文旅、文遗文旅、宗族文旅和华侨文旅等模式,这些模式依托的是中国的传统民俗文化,在旅游的过程中通过对文化的深度了解逐步形成对中华优秀文化的认同,以文化自信反哺旅游创新。

1. 古镇文旅

　　古镇是非物质文化遗产依托的地理空间,也是非物质文化遗产赖以依存的文化空间。古镇与旅游相融合,一方面可以促进古镇非遗资源的有效整合,另一方面可以呈现古镇的文化内涵与精神气质。古镇文旅,拓展了古镇的文旅空间域,使文旅消费者自觉地成为具有丰富非遗资源、承载传统文化空间的古镇的热爱者、造访者与自觉传播者。④

---

① 平洪柳.生态旅游视角下贵州森林资源的保护与利用[J].现代园艺,2022,45(12):181-183.
② 柴焰.关于文旅融合内在价值的审视与思考[J].人民论坛·学术前沿,2019(11):112-119.
③ 唐代兴.文化自信走向文化认同的逻辑[J].深圳大学学报(人文社会科学版),2022,39(4):26-36.
④ 张吕,李小旭.文旅古镇的空间重塑与媒体旅游——以湘江古镇群为例[J].长沙大学学报,2022,36(3):39-45.

　　谈起古镇,首先会想到江南水乡古镇。江南水乡古镇是江南地域社会经济活动的高度聚合体,而空间作为功能的载体,是古镇保护与发展中的关键一环。[①]其中最著名的江南六大古镇是周庄古镇、同里古镇、甪直古镇、西塘镇、乌镇、南浔古镇。下面以苏州的周庄和浙江的西塘为例做介绍(图1-21)。

　　(1)周庄古镇

图1-21　周庄古镇与西塘古镇

　　周庄古镇位于苏州,四面环水,因河成镇,还保存着14座建于元、明、清各代的古石桥,是吴地文化的摇篮。[②]周庄古镇在文旅深度融合下,对原有文化进行创新,聚焦本镇的阿婆茶文化,构建周庄阿婆茶文化旅游体验、传承、创新融合发展之路,提出以阿婆茶为主题设计一条完整的周庄文化旅游路线,以吸引文旅消费者来周庄旅游,感受茶文化魅力,体验中国传统文化,推动周庄经济发展。[③]与此同时,周庄还借助外来艺术——三毛文学,并将其创新改造为稳定的文学艺术场——三毛茶楼,使之成为古镇新的地方文化。[④]文旅消费者在茶文化这一传统文化的体验中,形成对中国传统文化的认同,实现文旅深度融合。

　　(2)西塘古镇

　　西塘古镇隶属于浙江嘉兴,位于江浙沪三省市交界处,自古以来就有

① 王勇,朱雅琴.行动者网络视角下江南水乡古镇空间演化路径——以周庄为例[J].人文地理,2020,35(6):76-84.
② 贾云龙.凝固的艺术之周庄古镇[J].中国国情国力,2017(5):2.
③ 邵昕月,张芳.周庄阿婆茶文化旅游发展对策与路径[J].旅游纵览,2022(8):191-193.
④ 姜辽,李甜甜.旅游目的地外来艺术的地方成长机理——周庄古镇三毛文学案例[J].旅游学刊,2016,31(2):109-115.

"吴根越角"之称,是吴越文化的发祥地之一,保存着25万平方米的明清古建筑群,原汁原味地保留着上千年的人文习俗。①并且,西塘1平方千米的老镇区内保存着27座石桥、122条古弄和千余米长的廊棚,拥有西园、种福堂、石皮弄、根雕馆、纽扣博物馆、圣堂、七老爷庙、倪天增祖居等文化景点近20处。随着影视剧《碟中谍3》《我的青春谁做主》《别爱我》《像雾像雨又像风》的取景,古镇的古建筑与人文习俗也在不断传播。在各古镇掀起文旅融合浪潮的同时,西塘依托其独特的吴越文化,建设"平川文化礼堂—西塘小学爱越社团—古镇景区—顾锡东戏剧艺术馆—荷池村文化礼堂"礼堂精品线路,整合文化资源,让文旅消费者在游西塘的过程中,品味吴越文化,感受认同汉服文化,形成对中国传统文化的认同与自信。

2. 古城文旅

古城文旅是文旅深度融合下的一种创新。建筑遗产是文化遗产的重要组成部分,而古城作为古建筑的一个重要组成部分,也是传统文化的活标本,其所承载的古城文化是传统文化的有力见证者。②如何借助文旅融合的契机,激发古城活力,推动对古城历史文化遗产的长效保护,成为古城文旅重要思考点。

谈起古城,会想到扬州、大理、绍兴、镇江、凤凰古城等。江苏扬州,古称广陵、江都,是首批国家历史文化名城,有着中国大运河、海上丝绸之路等文化遗产,也承载着观音山香会等民俗风情,更是与刘濞、董仲舒、张若虚、白居易、吴三桂等历史著名人物息息相关。而大理古城,则是云南最早的文化发祥地之一,早在公元前4世纪,白族祖先便在此繁衍生息,创造了新石器文化。如今的大理,少数民族文化丰富(如本子曲、诵经调、洞经古乐等)。另一古城绍兴,拥有2500多年的历史,如今整体风貌依旧如故,古桥、名人故居、街巷、台门、民居等大量历史文化遗存保留完好,散落在古城中。③

镇江古城与凤凰古城作为古城文旅中的典型,在文旅深度融合过程中

---

① 李新.西塘镇:保护历史遗存 建设现代城镇[J].城乡建设,2012(12):7-8.
② 白霞,赵振江.文旅融合背景下山西古城旅游的发展[J].旅游与摄影,2022(3):64-66.
③ 尹政威,陈军.绍兴古城保护与利用的探索及思考——兼以孙清简祠为例[J].中国名城,2021,35(12):88-92.

不断创新,促进文旅消费者对中国优秀文化的认同。镇江,是中国历史文化名城,在春秋时被称为"朱方",战国时改称"谷阳",秦朝时称"丹徒",三国时称为"京口"。为突出镇江古城的特色,镇江大力发展夜间旅游,给文化"加码",又为旅游"赋能"。一方面,镇江有着"长江国际音乐节""白蛇传"水景秀表演等夜间旅游产品;另一方面,其有"十字黄金水道"的区位条件,这些都为镇江创新发展夜间经济提供了良好的条件。①以镇江西津渡历史文化街区为例,街区有夜间观光游憩、文化体验、特色餐饮、时尚购物等夜间旅游经济产业,有星空电影、网红月亮打卡等系列夜间创新活动,游客在夜间活动中感受古城不一样的风情与魅力。而凤凰古城,作为少数民族聚居区,建于清康熙四十三年(1704),城内多为吊脚楼,其中朝阳宫、古城博物馆、杨家祠堂、沈从文故居、熊希龄故居、天王庙、大成殿、万寿宫等建筑均为典型的古城风格。为有效打造凤凰古城的特色,当地有针对性地强化凝视风格,打造富有质感的旅游意象原色,关注游客的感知范畴。所谓旅游形式,是指旅游诉求、动机与行为相融合的产物;而凤凰古城的典型意象元素有动静之分,整体形象也因动静相偕而变得立体和饱满,不同的意象元素寄寓着旅游者的不同认知,由此可借由旅游凝视使旅游者产生对凤凰古城紧密的情感依附,形成对古城文化的认同,推动古城文化的传播。②

3. 文遗文旅

文化遗产本质上是一种文化记忆,文字、图像、建筑等媒介体现了文化记忆的成形性,具有存储、唤醒、回忆的功能;技艺、仪式、组织活动等实践体现了文化记忆的能动性,具有沟通、重构、认同的功能;体制机制、政策规划、鼓励培育等体现了文化记忆的约束性,具有规范、引导的功能。③文化遗产的独特性对文旅的价值有较大的影响。

---

① 高远.文旅融合背景下镇江夜间旅游发展研究[J].黑龙江生态工程职业学院学报,2021,34(2):28-30.

② 孔令怡,吴江,魏玲玲,等.旅游凝视下凤凰古城旅游典型意象元素分析——基于隐喻抽取技术(ZMET)[J].旅游学刊,2018,33(1):42-52.

③ 王婵,张继焦.潜在与现实:文化记忆视角下文化遗产传承与建构的三个特性[J].思想战线,2022,48(3):87-95.

　　而文遗文旅则是以文化遗产为基础开展的文旅模式。中国共有37项世界文化遗产,涵盖长城、故宫、承德避暑山庄、平遥古城、龙门石窟、福建土楼、青城山—都江堰等,基于这些文化遗产,文旅模式不断创新,实现价值共创。

　　拓兆兵强调,文遗文旅要侧重进行区域文化资源普查,以挖掘和整理优秀文化遗产作为旅游的基础;[①]王玺则对文遗旅游中的非物质文化遗产进行研究,提出文遗旅游的第一步应开展整体的非遗普查,建立非遗数据库,再创建非遗产业化开发模式;[②]亓逸晨强调,通过非遗产品的跨界创新来提升文遗文旅活力,如将当下年轻人钟爱的盲盒与当地非遗文创产品结合,或将信用卡封面作为非物质文化遗产的物质载体,以便在文旅融合过程中对非遗进行有效的推广;[③]莫非提出了非物质文化遗产在文旅融合背景下的发展方向:生活的回归再造与立体传播。[④]不论是物质文化遗产还是非物质文化遗产,在文旅融合背景下,两者发展情况都与"价值共创"关系密切。

　　价值共创是指消费者与企业共同创造服务生产与交付,核心要素是价值体验。消费者在价值共创过程中投入了自身在该领域的资源与能力。[⑤]对于非物质文化遗产而言,"传承人与企业"层面的价值共创是当前文遗文旅的一种创新;而对于物质文化遗产,主要是"政府与企业"层面的价值共创。

　　(1)物质文化遗产

　　物质文化遗产相对静态,主要是"政府与企业"的价值共创,典型的是长城与青城山(图1-22)。

---

① 拓兆兵.文旅融合要用好文化遗产[N].经济日报,2022-08-13(7).

② 王玺.文旅融合发展背景下非物质文化遗产旅游开发——以南京市秦淮河流域为例[J].市场周刊,2022,35(8):52-55.

③ 亓逸晨.文旅融合视域下潍水流域非物质文化遗产品牌赋能路径研究——以杨家埠文化为例[J].美术教育研究,2022(13):54-56.

④ 莫非.文旅融合背景下非物质文化遗产的保护与发展——基于文化认同视角[J].齐鲁艺苑,2022(3):114-119.

⑤ 胡宏东,邹愿,张宇琪,等.价值共创视角下体育非物质文化遗产与旅游资源融合研究[J].科技和产业,2022,22(6):84-89.

图1-22　长城&青城山

　　长城是世界上规模、体量最大的线性文化遗产,是中国旅游业中的重要资源和品牌。对它的文旅资源开发,不仅会带动长城周边地区的旅游经济发展,同时对长城建筑实体也起到了积极的保护作用。[①]长城,作为最具中国意义与价值的代表,通过"政企价值共创"实现文旅融合的创新发展。这里的"企业"更多是旅游类企业主体,是有效聚集消费者的主体;政府则更多是推动举办国际性活动等;长城文化是中华民族的主流文化,承载了丰厚的历史信息,延续了民族文脉与民族精神。2019年,习近平总书记强调要做好长城文化价值发掘和文物遗产传承保护工作,弘扬民族精神,为实现中华民族伟大复兴的中国梦凝聚起磅礴力量。为激活长城文遗资源,八达岭长城景区每周五、周六开展"夜游长城"活动,与此同时景区减少商业味道,增加文化气息;宁夏回族自治区境内长城遗址则每年开展"夯筑长城　探秘历史"活动;山西长城遗址则是举办国际徒步大赛、长城摄影大赛等活动……不同省份都对各自省内的长城文化资源进行了不同程度的创新,结合旅游业的发展,让文旅游客在爬长城、听长城、看长城等过程中了解民族融合与文化交流的意义,感受军事建筑的壮观,产生对长城文化、长城精神、中国文化的自豪感。

　　青城山是世界文化遗产青城山—都江堰的主体景区,是中国四大道教名山之一、五大仙山之一。它是中国道教的发源地,有建福宫、天然图画坊、天师洞等历史古迹。道教文化作为有着两千多年历史的传统文化,在中华

① 王峰,王华,史千云,等.山丹汉明长城的文化价值与旅游开发思路研究[J].旅游与摄影,2022(8):36-41.

文化的传承中具有重要的地位和独特的象征意义。^①基于青城山独特的自然资源与文旅资源,其发展文遗文旅重点聚焦道文化。道教的"贵生"理论强调道教的理想是修道成仙、长生久世,因此"生"(生命存在)在道教思想中具有重要的地位。^②对道教而言,修道即养生,养生即修道。^③道教的思想,加之青城山丰富的自然资源,使其成为发展道教养生旅游的良好地区。青城山借助养生文旅的推广,进一步强化游客对中国传统文化的认同。

（2）非物质文化遗产

除了对长城、青城山这类物质文化遗产的文旅创新外,基于非物质文化遗产引发的文旅创新也同样有助于增强文化认同与文化自信。而非物质文化遗产的创新,主要体现在"传承人与企业的价值共创"。企业依旧是能有效聚集消费者的组织,而传承人则是非物质文化遗产的有效传播推广者。提起非物质文化遗产,我们通常想到的是曲艺与方言,比如江苏昆曲、绍兴越剧、苏州评弹、华北相声、泉州南音等。这些非物质文化遗产,相比长城等物质文化遗产,其传承更令人担忧。随着商业经济等的繁荣,对传统曲艺的传承中缺少"继承",更多的传承者偏爱从事商业,走向繁华都市,而且当前的传承者年纪往往较大,如何让中国传统非物质文化遗产得以传承是关键的话题。文遗文旅则是解决该问题的一种途径。将旅游与非物质文化遗产相融合,使游客在旅游过程中感受昆曲的细腻与优雅、越剧的抒情与灵秀、评弹的柔缓与悦耳、相声的欢快与幽默、南音的委婉与深情,他们沉浸其中,品味中国文化遗产的独特魅力,从而推动对非物质文化遗产的传承与创新。

4. 宗族文旅

宗族文旅主要以宗族文化为核心,在闽南地区较为显著。古代的宗族是父系同一祖先为一族,共同生活,即"父之党为宗族"^④。宗族是以亲情为

---

① 王颖梅,陶长江,胡家镜,等.基于游客认同的文化遗产景区安全标识系统研究——以青城山—都江堰景区为例[J].地域研究与开发,2017,36(2):78-82,112.

② 王旭瑞.道教的养生思想及其时代价值[J].中国宗教,2021(11):78-79.

③ 辛雪红,蒋力生,王琨翎子.浅析道教独特的养生观与中医养生的关系[J].陕西中医药大学学报,2021,44(3):53-55.

④ 舒梦蓉.宗族聚落建筑活化研究——以福州永泰县白云乡陈家村祠堂修缮为例[J].美与时代(城市版),2020(4):13-14.

纽带,凝聚、互助、教化聚落成员,维系家族情感的文化符号,宗族文化也是中华传统文化的重要组成部分,认祖归宗、慎终追远,是中华民族的优秀品质。闽南宗族文化是宗族组织内在基因的呈现,既传承着中华传统乡土文化的秉性,又兼备闽南地区的特质。[①]虽然在现代社会中,宗族的政治功能几乎消失了,但人民崇宗敬祖、凝聚人心的心理需求仍然存在。

(1)三坊七巷下的宗族祠堂

回归现实,宗族祠堂日渐破损,宗族文化传承日趋困难,这都影响着宗族文化的发展。宗族祠堂作为宗族文化延续的一种建筑形态,代表着家族内涵,比如福州的陈家祠堂。陈家祠堂是明代建筑风格,坐东朝西,北临白云中学,南面狮子岩,东背大山,西面眺望姬岩风景区,占地408平方米,内部的木雕、彩绘等都具有较高的艺术价值,但整体建筑存在多处破损。[②]为了更好地保护宗族祠堂,推动宗族文化的传播,福州的三坊七巷逐步发展。三坊七巷是目前国内规模较大的历史文化街区,涵盖了衣锦坊、文儒坊、光禄坊、杨桥巷、郎官巷、塔巷、黄巷、安民巷、宫巷、吉庇巷、南后街等。在这里,游客除了能感受里坊制度外,还能感受到宗族文化。目前遗存的宗族祠堂日渐没落,但在三坊七巷还有郎官巷的陈氏宗祠(图1-23)、衣锦坊的汪氏宗祠、林文忠公祠等。

郎官巷的陈氏宗祠建于清代乾隆年间,是举人陈国铨与其侄清嘉庆进士陈柱勋,被朝廷特准在福州郎官巷建立的宗祠——"陈氏宗祠"。陈氏宗祠福华堂坐北朝南,为三进堂加两侧大厢房结构。东边主座第一进正门门顶有青石板横梁,横梁正上方镶嵌着一块青石匾,匾上用宋体刻有"陈氏宗祠"四个大字;第二进同样有一石门框,框上无横匾、无遮雨飞檐;第三进在杨桥路扩建时被占用,今仅余两进。原本的陈氏宗祠也存在多处破损,随着三坊七巷的发展,开展对宗祠的保护与修复,才有了如今的陈氏宗祠,文旅游客在游览三坊七巷过程中才得以感受宗族文化的魅力。

① 黄健元,骆旭峰.闽南农村宗族互助养老:内在基因、现实困境及功能发挥[J].长白学刊,2022
(3):120-129.
② 舒梦蓉.宗族聚落建筑活化研究——以福州永泰县白云乡陈家村祠堂修缮为例[J].美与时代(城
市版),2020(4):13-14.

图1-23　福州的三坊七巷与陈氏宗祠

（2）土楼下的宗族文化

作为"闽南金三角"之一的漳州，也有着宗族文化的底色。宗族是由若干个家族组合而成的，是以血缘关系为纽带的亲属群体，同样也是聚族而居的地缘单位[①]，而土楼就非常适合聚族而居。漳州有800余座土楼（图1-24），这里的土楼一般高3—5层，可居住200—700人，具有聚族而居等特点。一座土楼便是一个家族的凝聚中心，同宗聚居，反映的是强烈的家族伦理制度。

土楼内的宗族往往内部亲属不紊、长幼有序、辈分分明，宗族内辈分高的人成为族长，族长等长辈有一定的权威。虽然强调辈分，但也尊崇平等。当宗族成员聚集在厅堂或宗祠议事时，无论男女老少都有平等说话的权利。土楼内还会设置学堂，强调尊师重教的传统；注重"兴诗立礼"，激励后辈积极上进等。借土楼这一建筑载体，传递宗族文化中尊师重教、求学上进等优秀中华传统。

如今，随着现代化进程的加快，宗族文化虽然受到了较大的冲击，但也创造了能容纳数百人的大型土楼等世界奇迹：宗族成员因封建道德伦理观念和家长制观念自觉或不自觉地团结在血缘宗族核心的周围，在成百上千个自然村和成千上万个土楼里形成相对稳定发展的单姓血缘宗族聚居单位。[②]宗族文化留给世界和中国的，还有其中"认祖归宗"等的宗族精神，这也牵引着华侨文化的发展。

---

① 张佑周.血缘聚居与宗族管理：永定土楼客家传统宗族社会[J].地方文化研究,2017(5):74-80.
② 张佑周.血缘聚居与宗族管理：永定土楼客家传统宗族社会[J].地方文化研究,2017(5):74-80.

图1-24　漳州土楼

5. 华侨文旅

华侨是中华文化的传播者,也是促进侨居国同中国各领域交流合作的"桥梁"。在中国,尤其是闽南地区,华侨文化主要体现在建筑与美食层面。陈施敏强调,侨乡建筑空间见证了侨乡文化从封闭走向开放的历史过程,也反映了华侨在中西文化交流环境下形成的包容、开放、勇于创新的文化心理。[①]

(1)建筑中的华侨文化

谈起华侨,会想到陈嘉庚先生,会想起厦门。厦门的"南陈北薛",是最早开发厦门的陈氏家族与薛氏家族。受宗族文化认祖归宗的影响,华侨文化对厦门的发展也起到了积极的作用。厦门独特的地理位置,使其成为华侨出入国的重要门户。早期的华侨大多是为了谋生而前往海外,待处境好转、卓有成效后会想着回报家乡、回报祖国,像最著名的厦门大学,便是由著名华侨陈嘉庚先生于1921年创建。著名爱国华侨陈嘉庚先生除了创建厦门大学外,还于1913年倾资创办了集美学村。

集美学村的建筑风格受南洋殖民地及西方古典主义影响较深,西式屋身和中式屋顶相结合,气势磅礴,形成"中西融为一体"的建筑风格——嘉庚建筑风格,来展现侨乡风貌。不论是厦门大学还是集美学村,其嘉庚建筑风格,既充分体现了闽南特色,又反映了陈嘉庚先生独特的建筑理念和爱国主义情怀,有着深厚的地域特色和艺术、文化价值。[②]

---

① 陈施敏.空间视域下台山侨乡文化景观与华侨文化认同的建立[J].广东省社会主义学院学报,
2022(2):98-101.

② 龚崧源,翁飞帆,周恬仪,等.探析华侨文化视阈下的城市视觉形象更新策略——以厦门集美区为
例[J].美与时代(城市版),2021(2):90-91.

如果说厦门大学和集美学村是华侨创建的,那鼓浪屿算得上是基于华侨文化衍生的文旅特色目的地(图1-25)。从19世纪80年代开始,鼓浪屿就逐步成为福建归侨侨眷的主要聚居地,成为东南亚各国的金融服务网络及跨国经贸网络中的重要节点;而华侨留下的建筑遗产、华侨精神以及华侨故事,是鼓浪屿文化的基本要素。[1]鼓浪屿岛上居住的居民大多是东南亚华侨,他们建造了一座座中西结合的住宅(如容谷别墅、瞰青别墅、黄荣远堂等),如今这些建筑已成为文旅建筑景点;与此同时,鼓浪屿的华侨精神也成为民族精神的缩影,具体表现在林文庆等鼓浪屿华侨对社会的贡献上,一批批海外华侨将先进的技术装备、管理模式等引入,投资创办银行、自来水公司等,助力实业发展。华侨的文化、历史、精神(不畏艰险的开拓精神与海洋文化精神)、情怀(捐资办学的爱乡情怀),借助鼓浪屿华侨文化展馆中的各种载体和如今遗存在鼓浪屿上的建筑传承。

图1-25　厦门的集美学村与鼓浪屿

(2)美食中的华侨文化

广东可谓南方的美食省份,其多元的饮食文化与茶文化是文旅中不可错过的"风景"。谈起美食,潮汕的牛肉火锅、牛肉丸、春饼、反沙芋头,顺德的清水打边炉、顺德鱼生等,都足以让文旅消费者享受美食带来的乐趣。尤其是牛肉丸(图1-27),它有上百年的历史,是潮汕最为大众化的民间小吃,既可作点心,又可作为一道筵席汤菜。[2]广东的饮食可以归纳到"粤菜"之

---

① 卢泽楷.鼓浪屿华侨文化传承研究[D].厦门:华侨大学,2020.

② 王正莲.潮汕美食牛肉丸[J].黄河·黄土·黄种人,2019(23):61.

中。广义的粤菜便涵盖了广州菜、潮汕菜、客家菜等,是中西饮食文化与地域特色相结合创新而形成的。而茶文化,既是民俗文化,又是华侨文化的重要组成部分。广东一直保留着茶文化,早茶、午茶、晚茶成为人们一天中不可或缺的部分。在华侨的传播下,饮茶也成为华侨社会交往的一种方式。

图1-26　饮食文化之牛肉丸和早茶

华侨对闽南地区的影响不仅仅在建筑和美食,还有对妈祖文化的传播。妈祖文化是沿海地区的传统民间信仰,具有海洋文化的特征,传递的是爱国、和平、博爱、回归自然的思想与精神,具有极强的包容性,在海内外影响深远,其文化自觉的过程是自身扬弃、兼收并蓄的过程。[①]一方面,妈祖文化是海外华人华侨的精神旗帜,帮助他们融入当地社会;另一方面,华侨也借助他们的力量,把天后宫作为社群活动的主要场所,形成具有显著地域特色的妈祖文化圈,推动妈祖文化的传播,促进全球沟通交流。

不论是宗教文化还是华侨文化,都是多元文化的组成部分。宗教文化及华侨文化中的土楼、饮茶风俗、妈祖文化等,都是文旅创新中不可或缺的元素。多元文化下的文旅,与"一带一路"紧密关联,借助华侨与世界力量推动中国传统文化传承与创新,增强文旅消费者对中国传统文化的自觉传承与担当意识。

(三)高质量融合:旅游变革与文化活力

高质量的文旅融合是在深度融合的基础上,文化与旅游在更广范围、更

---

① 宋建晓.文化自觉视野下的妈祖文化与"一带一路"建设[J].福建论坛(人文社会科学版),2018
　(6):171-177.

深层次、更高水平上的整合；是在文化体验与文化认同的基础上，通过产业要素集聚，促进旅游变革，增强文化活力，形成新的发展业态。

相比红色文旅、户外文游、古镇文游等文旅形式，融合商业生态、公共资源，涉及多方利益共同体的文旅模式更能有效满足市场需求侧的受众需要，以此带动文化消费，并反哺旅游发展。

1. 主题公园文旅

主题公园是体验经济时代游客偏爱的旅游目的地，也是展现当地特色的重要载体，主题公园文旅是高质量文旅融合下的一种文旅模式。相比沉浸式文旅、文遗文旅等单一的模式，主题公园则是多文旅模式的聚集，比如迪士尼、长隆野生动物园及上海豫园等。

（1）迪士尼

迪士尼，作为世界上知名度最高的主题乐园，已被世界多个城市引进。以上海的迪士尼为例。上海迪士尼将丰富的全球化内容与本土化特色相融合，从IP打造、沉浸式场景、线上场景驱动三个方面来促进营销。[①]从文旅融合的文化角度看，迪士尼乐园的基础文化是"迪士尼文化"——满足客户需求。[②]比如为缓解高峰时段人员的道路分流难题，游客时刻都能在院内看到微笑着的IP人物等，这都体现出人性化的服务，一切以客户为先。除了基本满足客户需求，迪士尼在不同国家还会融入本土文化，以更好满足不同消费者的需求。这些文化都离不开载体，迪士尼的载体则是丰富的IP。迪士尼在IP的培育与变现方面有其特有的创新。在IP培育层面，一方面，IP的打造以迪士尼影视制作为源泉，反映出某一时期社会的面貌；另一方面，不断创新，通过成功IP的模式复制与多重变奏以及超级IP的垂直细分，覆盖受众的共鸣点，从而吸引受众。[③]在IP变现层面，迪士尼乐园和乐园的衍生品——各类迪士尼标签的产品起到了重要作用，比如迪士尼发饰、星黛露包

① 吴丹.主题乐园场景化营销策略研究——以上海迪士尼乐园为例[J].经济研究导刊,2021(16)：70-72.

② 蔡敏瑜.迪士尼文化的心理认同机制探究——基于迪士尼乐园的经营之道[J].现代商业,2019(29)：22-23.

③ 宋楚乔.IP视域下迪士尼娱乐产业的实践与探索[D].长沙：湖南师范大学,2019.

等。迪士尼利用其强大的IP产业链,在传播迪士尼文化与本土文化的同时,借助乐园中的沉浸式体验项目与随处可见的联名产品,促进游客的消费。

(2)长隆野生动物园

与迪士尼类似的另一主题乐园是广州长隆野生动物园。它被誉为"中国最具国际水准的野生动物园",是目前全球动物种群最多、最大的野生动物主题公园。长隆野生动物园也集聚了"沉浸式文旅模式"。一方面,开创自驾车观赏模式,游客可乘坐观光小火车或私家车游览,近距离亲近野生动物;另一方面,首创空中缆车模式,从空中720°无遮挡俯瞰动物的生活环境,真正体验"与兽同行、与鸟齐飞"。除此之外,参观高仿真实景恐龙园"侏罗纪森林"以及体验保育员面对面观察考拉等都是沉浸式体验的一部分。除沉浸式体验外,长隆野生动物主题乐园也将自有IP与开发式IP结合,来满足受众需要。自有IP如长隆的代言——"卡卡虎"家族与熊猫三胞胎;开放式IP则是指与《奔跑吧,兄弟》《爸爸回来了》《中国好声音》等热门IP联动。

不论是迪士尼、长隆野生动物园,还是他主题乐园,都是聚集IP、沉浸式体验、研学等多种模式,借助商业与资本的运营来满足市场的需求,促进多方利益关系者的平衡,推动文化适应当前消费者的需求,以此增强文化活力,带动旅游新业态。

2. 商业地产文旅

商业地产是城市机能的重要组成部分,在城市发展战略中起着举足轻重的作用,对城市文化会产生自发性的影响。[①]在新消费时代下,商业地产创新发展,完善产业生态链,增加文化植入,形成商业地产文旅模式。[②]商业地产文旅模式的典型是上海新天地和成都远洋太古里。

(1)上海新天地

上海新天地位于太平桥地区,原本的太平桥地区是上海最大的成片石库门里弄之一,由于长期超负荷使用,居住条件非常恶劣,但此地区承载了厚重的历史记忆——中共"一大"会址。因此,如何创新改造,让住宅区"活

---

① 余世姣.现代商业地产营销对城市营销的影响研究[D].广州:暨南大学,2015.
② 杨洋.新消费时代下商业地产创新发展思路[J].现代商业,2021(36):6-9.

起来"显得尤为关键。在此背景下,新天地经历了三轮改造:第一轮,将街区内的文化、餐饮、购物、旅游进行创新性集中,打造综合功能街区;第二轮,以旅游为主,建设具有上海本土特色的景点;第三轮,结合上海建设大都市的目标,将新天地地区改造为"国际交流和重要聚会的场所"。①三轮改造后,新天地最终将中共"一大"会址、上海特有的传统石库门旧里弄与充满现代感的新建筑群相结合,打造中西合璧、新老交替的新范式,成为集历史、文化、时尚和休闲于一体的商业地产文旅新地标。

上海新天地聚焦讲品位、有个性、追品质、懂潮流的"新奢"一族所代表的年轻活力群体,从内到外都侧重于打造潮流社交新地标。从外部看,新天地时尚Ⅰ与新天地时尚Ⅱ相连,借助大面积的玻璃幕墙,营造社交空间;从内部看,通过线与线、线与面、线与点的抽象提取及放大,打造一个个特色场景,映射人与人、人与产品、人与场景之间的互动。从具体内容来看,新天地的商城是潮流人士购物的极佳选择。100多个品牌(聚集众多潮牌),还有Tom Dixon内地首家旗舰店、Lenôtre雷诺特法式西点中国首店、PUBLIC TOKYO和UNITED TOKYO上海首店、上海唯一一个"黑科技Onyx"影厅等均在此地,充分验证其社交潮流的标签。除了原有的潮流购物、美食等,上海新天地还侧重创新时尚,注重建设可持续的商业空间。比如,在聚集高能级商业的基础上,活化旧建筑;探索未来办公的综合解决方案;以24小时社交目的地实现全时活力与功能迭代;以无界空间构筑多元社群;通过特色街区和文化赋能打造极具活力的公共空间等。

上海新天地的成功发展中,"城市触媒"影响较大。"城市触媒"是指有策略地引进新元素,现有的元素将会被复苏但不会被彻底改变,而触媒激发的连锁反应,会使城市的构造逐渐被改变。②对上海太平桥地区而言,新天地一方面通过触媒作用,活化了红色文化,保留了历史场所记忆与文化特征,促进了太平桥地区的复兴;另一方面,将商业、居住与旅游融合,革新旅游,

---

① 黄婧婷.基于触媒理论的历史街区保护与更新的城市设计实践探究——以合肥老十字街区、台儿庄古城、上海新天地与太平桥地区、旧金山"渔人码头"片区为例[J].旅游纵览,2021(13):128-130.

② 王丰慧."城市触媒理论"指导下的古城保护策略研究[D].济南:山东建筑大学,2014.

创新文旅,使得该地区变得繁华与时尚。

(2)成都远洋太古里

城市触媒理论的另一应用是成都远洋太古里。太古里的政治、历史、文化软媒介互相协调,共同着力于太古里触媒载体,在公共空间、主要建筑群、街巷交通上发生触媒反应,增强了对历史街区的创造性保护,强化了成都的城市印象,同时提升了区域的商业价值与文化氛围。[①]远洋太古里处于大慈寺历史文化保护区的核心保护区域,与大慈寺仅一墙之隔。它将历史文化街区改成融合传统与现代的时尚消费场所,可看作上海新天地的"影子"。远洋太古里的"里",不仅蕴含着一种独特的低密度、开放式购物街区的理念,同时也传达出项目试图沿袭中国古老街巷制理念、重现传统街巷文化与市井生活的思想。[②]如今的成都远洋太古里是开放式、低密度的街区形态购物中心。一方面,远洋太古里比邻千年古刹大慈寺,在修缮建筑群落后,将成都文化融入其中;另一方面,快慢融合,使人体验不同层次的生活气息(快,汇聚一系列国际一线奢侈品牌、潮流服饰品牌等,提供畅"快"淋漓的逛"街"享受;慢,汇集世界顶级设计产品、文具、精选书籍、百年茗茶、花店、美食等,把玩生活趣味)。

能体验不同层次生活气息的成都远洋太古里(图1-27),也是具有城市亲切感与归属感的平等空间。首先,是"在地化"的打造:"寺市合一",保护旧有街巷肌理脉络,仿制川西风貌修缮6座古建筑。其次,是用当下年轻人喜爱的"自拍点"思维增加场域的情感黏度。透明的大橱窗、颇具特色的艺术装置、别样时尚的场景,都可以为朋友圈打卡提供"支持"。再次,是给品牌提供PK舞台。Hermès、Gucci、Cartier等知名品牌都通过差异化的内外部装饰,打造自身品牌下的体验氛围。最后,创造本土品牌的IP价值。远洋太古里每个月都会举办文化活动,比如成为全城艺术话题焦点的展览"永恒经典:奥黛丽·赫本";或者将本土元素融入创作,如邀请了1001位成都女

---

① 麻卡阿芝.城市触媒视角下的城市更新——以成都远洋太古里为例[J].建筑与文化,2020(4):151-152.

② 刘彬,陈忠暖.权力、资本与空间:历史街区改造背景下的城市消费空间生产——以成都远洋太古里为例[J].国际城市规划,2018,33(1):75-80,118.

性参与自拍画廊的创作,展示千变千面,将成都这座城市的DNA融入所有来成都远洋太古里的文旅游客记忆中。

　　不论是上海新天地,还是成都远洋太古里,都是商业地产模式与城市触媒理论共同作用下的成功案例。在原有文化印记下,将文化与商业有效融合,打造集购物、文化、时尚等于一体的文旅新体验。

图1-27　成都远洋太古里

3. 度假文旅

　　旅游度假型城市是我国未来城市化发展的一个新方向。度假文旅逐步成为新的模式,以海南为典型。

　　海南作为中国自由贸易新领地,"零关税",与粤港澳互补共进,与世界接轨又有中国特色,加之优越的地理位置与气候,拥有多方面的发展机遇。度假型文旅,便是机遇与市场需求共同作用下的产物。当前海南省在规划的维亚康姆尼克世界旅游度假区,融合中外文化,结合动漫、音乐和影视三大板块的国际型度假区便是度假文旅的典型例子。除了规划中的国家度假型酒店,现有的三亚亚特兰蒂斯也可称为度假文旅典范。

　　亚特兰蒂斯度假酒店(图1-28)坐落于国家海岸海棠湾,是集度假酒店、娱乐、餐饮、购物、演艺、物业、国际会展及特色海洋文化体验八大业态于一体的旅游综合体,也是海南唯一一家七星级酒店。该酒店的特色是将原本旅游涉及的表演、游玩、文化体验相结合,提供"吃住行"一体化的服务;与此同时,还有购物的便利之处,从酒店出发几分钟的车程就可到达免税店。与其他度假型酒店相比,亚特兰蒂斯主打海洋文化,有多种海洋体验类项目,比如海神塔的"鲸鱼穿越",体验者在透明甬道内顺水而下,周围全是真实的海洋生物。

图1-28　亚特兰蒂斯度假酒店

作为高质量文旅融合的一种模式,度假文旅更多是借助商业运行,将旅游与文化相融合,打造国际化的文旅业态。

4. 博物馆文旅

如果说主题公园、度假文旅更多是商业经济元素融入带来的创新,那文旅融合下博物馆的创新则更多是政府公共元素的融入。不论是沉浸式文旅,还是古镇文旅,抑或是度假文旅等,虽有文旅的融入,在不断获取文化、传播文化并认同文化,但更多强调的依旧是经济元素,而博物馆文旅则更多为精神层面的需求。博物馆文旅作为文化类旅游市场的重要组成部分,以博物馆文化资源为基础,以深度挖掘博物馆丰富的文化资源为核心,创新文化旅游融合发展,加快创新公共服务理念和方法,提升公众的文化审美能力,最大化规避文旅融合发展中存在的潜在风险,进一步促进博物馆公共服务水平和质量的提升。[1]

相比其他形式的文旅体验,博物馆的文旅体验相对较弱。博物馆的文旅体验价值由认知性价值、功能性价值和情境性价值三个维度构成,其中功能性价值与情境性价值是目前较缺失的,但也是博物馆文旅创新发展的关键。[2]以苏州博物馆文旅为例。苏州博物馆的馆址是太平天国忠王府,是集

---

① 塔依尔江·力提甫.文旅融合背景下的博物馆公共服务创新研究[J].文化产业,2022(19):100-102.

② 张磊玲.基于旅游体验价值的博物馆旅游研究——以苏州博物馆为例[J].中国市场,2022(10):31-34.

现代化馆舍建筑、古建筑与创新性山水园林于一体的综合性博物馆。该博物馆通过IP授权模式与文旅直播间模式进行创新,吸引了大批文旅消费者。

　　IP授权属于艺术授权领域,是指文博机构将藏品、研究成果、品牌和商标等知识产权资产进行交易的行为。此举既可以产生版税收入,还可以借助社会机构的力量,为受众提供丰富的产品与服务,推广宣传博物馆的品牌形象。①在苏州博物馆,IP授权模式具体表现为在不同城市举办不同的巡回展,比如在上海世纪汇广场举办的"复苏——幸会!苏博"教育文创巡回展;又或者是《博物馆里的通识课·贝聿铭的建筑密码》解谜立体书,呈现了世界建筑大师的景点建筑等。除了IP授权外,苏州博物馆还借助媒体等推出"再造·云课堂"线上平台,以馆藏精品文物为基础内容,以重点临展、特展、讲座和论坛成果为主要素材,构建趣味性强、易于传播、全民参与的"动手、动眼、动听、动心"线上数字美育课程体系,进一步提供公众零距离接触美、认识美、爱好美的机会和提升创造美的能力。②

　　文旅融合的第三阶段,逐步走向高质量的融合,主要涉及主题公园文旅、商业地产文旅、度假文旅与博物馆文旅等。相比前两个阶段,此阶段的文旅模式更多以商业运营与政府导向为主,以推动文旅变现。在旅游变革、文旅变现的同时激活原有文化。

(四)高质量融合:旅游可持续与文化影响力

　　高质量的文旅融合通过增强文化自信,促进社会主义核心价值观的践行及有效传播,提升中华文化在全球化舞台上的位置,在社会文明程度提高中构建中国形象,增强中国文化影响力,提升文化软实力。③通过文化与旅游深度的融合,在旅游体验中学习文化,增强文化获得感;再不断创新旅游模式,通过古镇文旅、非遗文旅等文旅形式,增强文化认同与文化自信;再在

①　蒋菡,郁颖莹.IP授权模式下博物馆发展文化传播新业态的探索——以苏州博物馆为例[J].博物院,2021(2):47-51.
②　茅艳.基于聚合媒体的博物馆线上服务创新与实践——以苏州博物馆"再造·云课堂"为例[J].东南文化,2020(4):177-182.
③　郑雪莲,田磊.以高质量文旅融合提高国家文化软实力[N].中国社会科学报,2022-02-17(7).

社会经济机构、政府等主体的协同下,革新旅游模式,以商业生态激发文化活力;最终借助数字经济、新媒体时代等推动文旅无边界化的发展,以形成文旅可持续发展模式,增强文化的影响力。

1. 数字赋能文旅

文旅产业数字化是基于物联网、云计算、AI和5G等新型信息技术应运而生的、对传统文旅产业进行全面提升的一种新发展模式。[①]文旅数字化自1993年起,已经历三个阶段:第一阶段即"初创"期是在1993年至2008年,该阶段注重硬件建设与软件的初步探索,从供给端完善旅游产业链;第二阶段"成长"期是在2009年至2017年,涌现了大量新兴的数字化技术和手段,互联网、云计算技术的发展为文旅的推广提供了必要条件,进一步搭建旅游产业链;最后一阶段"成熟"期是2018年至今,人工智能、大数据、区块链、5G来临,数字技术在文旅产业融合发展中快速渗透,对文旅产业的融合方式、融合路径进行全方位、多角度、全链条的升级改造,逐步建立和推广文旅数字化新模式,使文化传播更多元,旅游出行更智能,旅游管理更高效。[②]而如今,数字化文旅在元宇宙的助推下,有效推动了文旅可持续发展,扩大了影响力。

元宇宙是与现实世界相映射和交互的虚拟世界,它让文旅产业不拘泥于现场和瞬时,实现去脆弱性,如任何一个现实景区都可以在元宇宙中拥有一个没有时空边界的内容空间,随时随地可进入;它也使文旅目的地的扩展在虚拟世界和现实世界得以同时实现;最终它实现了新社交的集合,如在元宇宙中,所有对某个IP或主题有兴趣的分子,都可围绕这个IP进行不局限于时间和空间的创作,以提升文化体验的丰富度。[③]在元宇宙赋能下,数字文旅的传播空间等不断扩展,与此同时创新开发并推广数字文旅产品,如数字绘画、数字雕塑、数字音乐、数字动漫、数字游戏、数字影视和数字文创产品等,以满足市场需求端的内容。以"山东民间音乐+旅游"数字文旅产品为

---

① 陈丽,程伟娣."钻石模型"视角下辽宁省文旅产业数字化转型对策研究[J].太原城市职业技术学院学报,2022(6):19-21.

② 刘静,曹艳英.文化旅游数字化建设价值共创模式研究[J].鲁东大学学报(哲学社会科学版),2021,38(4):85-90.

③ 李玮,鲁娜.文旅元宇宙将会走向何方[N].中国文化报,2022-02-17(7).

例。"山东民间音乐＋旅游"数字文旅产品的开发,实质上是将某一首山东民间音乐的文化资源经过挖掘、提炼形成具有区域优势特征的文化内核,据此设计文旅产品的IP形象,并延伸到与产品相关的其他领域,从而形成具有IP品牌文化特色和符合大众用户需求的数字文旅产品。①在开发后,借助商业运营,产出交互式农业生产虚拟体验、历史故事虚拟现实体验、数字音乐、数字动漫业、数字游戏、数字教育学习、伴手礼销售、文创产品销售、工艺品销售等,实现山东民间音乐文化资源的增值应用与无边界推广。

2. 新媒体助力文旅

新媒体具有传播速度快、传播范围广、成本低、交互性强等特征,是文旅营销的重要工具。并且作为精准影响的重要载体,新媒体还能够针对受众年龄段、地区、消费习惯等,实现文旅内容的精准传播。②如果说数字文旅是进一步强化了文旅的技术属性,为其快速传播提供了硬件基础,抖音、快手等新媒体则是重新诠释了旅游资源、文化内涵、城市形象等,直接推动了文旅的传播。

随着Web3.0的快速发展,新媒体对文旅的助力作用更为显著。Web1.0是PC互联网,主要是借助互联网浏览、搜索等以获取内容;而2.0时期则是移动互联网,腾讯、抖音等网络平台成为中心,可以有效进行信息的创造、传播与共享,但无法保障消费者的权益;Web3.0正好解决了2.0的问题,此时的互联网被称为价值互联网,可借助区块链、数字水印等形式,保护用户的权益与价值。Web3.0,在确保维护媒体用户权益的同时,推动用户合法、自由地分析自己的文旅历程。而作为接收方的"新媒体平台观众"对于他人分享的内容也更加信任,更愿意相信他人分享的文旅历程与经验是值得去尝试的。

微博较早便有了数字水印的形式,在微博上发布的内容会带有"微博号水印";2022年3月,微博则是增加了IP功能,实时显示用户的IP属地,进

---

① 李慧玫,肖建红.民间音乐文化与数字文旅产品开发——以山东民间音乐为中心的考察[J].东方论坛,2022(3):137-146.

② 周柏希,隋欣.新媒体在文旅融合中的应用——以铁人纪念馆为例[J].艺术研究,2022(4):139-141.

一步加强了新媒体平台的真实性。随着微博IP属地功能的开启,微信、QQ音乐等也效仿开启了IP功能,以便公众能更好地区分信息的真实性。如果说微博等平台IP属地功能开启等举措旨在通过"媒体平台内容真实性"鼓励更多消费者信赖新媒体发布的内容,那抖音等平台则是从供给端为内容提供者助力,两者双向助力,推动文旅融合的深入,加强其影响力。

抖音主要是从两个方面来助推文旅融合。一方面,抖音通过短视频、云旅游等形式,让更多文旅目的地进入大家视野,成为"网红目的地";另一方面,抖音短视频中无缝添加对应文创产品等,推动文旅衍生品的营销。简单来说,抖音短视频对文旅的影响是短视频内容创作者、抖音短视频平台、抖音用户、旅游者对旅游目的地的感知、旅游动机、旅游目的地六大要素交互作用的结果。[①]

当前较火的文旅类短视频创作者房琪,便是抖音中提供优质文旅内容的典型。她擅长用独特的文案来介绍文旅目的地,并衔接流量影视剧等,引发用户的共鸣,如在厦门旅游的抖音文案——"原来张万森和林北星看的那片荧光海真的存在","南川的荧光海重现了,张万森,你看见了吗"。独特的文案内容,与《一闪一闪亮星星》的时空连线,结合短视频创作者近2000万的粉丝和抖音平台的传播,强化了粉丝与用户对旅游目的地的感知,带动了厦门"追泪"的浪潮,有效吸引了文旅用户。

3. 平台经济助推文旅

数字化赋能文旅融合,通过技术的加持推动文旅的变革;抖音等新媒体通过粉丝效应与抖音效应助力文旅相关视频的推广,以吸引文旅消费者进行"冲动消费";而携程等平台经济则是文旅消费者实现"冲动消费"的助推器。

平台经济是数字经济下的新经济模式,是以现代信息技术为基础,由数据驱动、平台支撑、网络协同的经济活动单元所构成的新经济系统,是基于数字平台的各种经济关系的总称,能够促成双方或多方的供求交易。[②]以其中的携程平台为例。携程是大数据构建的旅游平台,主打"最佳的旅游景

---

① 罗润,张胜武.旅游目的地抖音短视频营销的蜂窝理论模型建构[J].旅游论坛,2022(3):78-86.

② 宋丽萍.平台经济下企业创新路径——海尔、华为、阿里巴巴创新模式特征分析[J].企业管理,2022(9):18-22.

点、最佳的价格、最佳的服务"。虽然新媒体平台上优秀的内容会吸引文旅消费者,他们想要"效仿",来一场类似的文化之旅,来体验文化与旅游深度融合后的魅力;但落到实处,却很容易受通行不便、旅游日程规划难以实施等影响。平台经济很好地解决了这一文旅痛点,能有效整合各类资源,使"文旅冲动消费"成为可能。以抖音为例,抖音等新媒体只能让文旅消费者明确旅游目的地,然而其他的衣食住行需要通过携程等平台得以满足。携程全域的交通线网,可提供最适合的出行价格,在交通方式选择后,平台会推荐适合的酒店、美食,并结合平台上文旅消费者发布的旅游文案,为用户提供一体化、一条龙的文旅服务,进一步激发"说走就走的旅行"。

综上,文旅融合的最后一个阶段——文旅高质量融合,通过数字赋能文旅,形成以互联网为载体,利用数字和信息通信技术等手段推动文化和旅游产业融合的新兴产业形态。该业态的本质是数字技术和文旅产业的融合,形成新一代沉浸式、体验型文化旅游消费模式。在该业态的基础上,逐步融入区块链技术,为文旅融合新阶段的发展助力。首先,在区块链间建立连接景区、供应商、旅客、政府相关部门等主体的联盟链,构建线上服务平台和商业体系;并通过在区块上标记旅游信息等实现资源整合,形成自然资源、文化资源与旅游资源的共享数据库,以实现文旅内容与文旅消费者的精准匹配。其次,借助区块链构建的公正透明的生态,激励原创优质文旅内容的创新与发展,例如NFT(Non-Fungible Token)。最后,区块链也可赋能"元宇宙＋文旅"新模式,打造文化、旅游、场景、消费、时尚等多维度集合的文旅模式,拓展文旅融合的深度与广度。数字赋能、区块链的助力,以及抖音等新媒体的有效推广和平台经济的资源整合,能让原本独立的各行业资源主动融入文旅融合的浪潮,并自主寻找契机,反推文旅模式不断创新变革,并不断向外传播;在传播过程中,以新颖的形式活化并推动中国文化与旅游一同走向世界,逐步对国家文化软实力与竞争力的提升起到促进作用。

第二章

中国文旅融合的地方特色实践

一、华东地区:浙江文旅融合发展模式

浙江作为长三角一体化中的重要省份,有效整合了科技赋能、"讲好故事"、"旅游+"、文旅IP等多个文旅发展路径,开启文旅融合新征程。

(一)浙江各地文旅融合的发展特点

浙江湖州借助公共图书馆来为文旅融合助力。习近平总书记在湖州提出了"绿水青山就是金山银山"的理念,带来了生态旅游的繁荣,而此后湖州的各级公共图书馆也牢牢把握文旅深度融合的发展机遇,充分发挥书香服务"融旅""塑旅""促旅"作用,以更加丰富厚重的文化内涵和精彩多元的文化体验,不断开辟文旅融合发展新路径,开拓文旅联合筑梦的新空间,具体表现在以下四个方面:①城市书房,装点小镇。湖州市于2017年底启动"城市书房"建设项目(图2-1)。截至2020年10月,全市已建成并投入使用的城市书房达29家,打造了主题化、个性化的"文化新地标"。②特色分馆,点睛景区。湖州市公共图书馆聚焦旅游景区,着力搭建特色鲜明、别具一格的主题分馆集群,如德清莫干山景区的民国图书馆、下渚湖景区的湿地图书馆、长兴陆羽茶文化主题分馆等,共计12家。③经典书吧,"联袂"民宿。④特藏资源,传承文明。特藏资源是不可替代的,它是文旅融合背景下图书馆以自身专业文化资源融入旅游和提升社会影响力的发力点。

图2-1　湖州城市书房

浙江余姚则注重挖掘地域文化来促进文旅融合。地域文化资源是乡村旅游赖以发展的重要基础，是文旅融合发展取之不尽、用之不竭的动力之源。从历史渊源看，地域文化是发展乡村旅游的根；从文旅融合看，地域文化是发展乡村旅游的魂；从传承保护看，地域文化是发展乡村旅游的基。余姚借助历史名镇——梁弄，以扶植"老区革命样板镇"为理念，立足于城镇优势，构建"旅游＋历史＋会展＋农业"的综合智能化古镇（图2-2）。与之相似的是，浙江丽水通过打造汤公文化，构建文旅融合国际平台。

图2-2　余姚梁弄红色基地

浙江宁波则是积极推进文旅融合，开启"新玩法"。张逸龙和葛丽娜指出，浙江宁波通过"宁波人游宁波"计划、"春归大地 乡约宁波"乡村旅游季、"换个星家享宁波"旅游饭店健康生活消费季、"疫去春来·悦甬游心"惠民消费券发放等惠民文旅活动直接拉动了文旅消费的增长，使文化与旅游产业的深度融合发展逐渐成为宁波城市经济增长的重要引擎。徐铭怿认为，

2020年后,宁波应不断加大文旅融合力度,将非遗、曲艺、特色技艺等文化基因逐渐渗透到旅游中,做到"以文促旅、以旅彰文、融合创新",让人们"静"游宁波。宁波的象山依据本土文化,创新跨界融合新模式,带来了文旅融合的新发展。该地以象山旅游与本地其他特色文化的最大交集点为基础,研发各类"新玩法",孵化出"海洋非遗文化游""海洋休闲游""影视文化游""历史人文游"等各类主题特色游(图2-3),助推多产业融合与转型升级,进一步深化文化与旅游的"共享效应"。

图2-3　宁波象山民俗文化、海景、休闲游

　　浙江台州将文旅融合定位为"建设长三角最向往的山海休闲旅游目的地"。台州一方面持续塑造"山海台州"文旅品牌;另一方面,推进"台州地方文化解码"工程,以台州地方文献保护和研究为契机,借助台州的山海生态优势,注入唐诗之路、古城文化、渔家石屋、海岛风情等文化要素,彰显台州魅力,提高其文旅产品的品牌影响力,推进文旅深度融合。基于此,台州市文广旅体局在2020年提出要构建"一带两圈"文化旅游空间格局,实施"台州100"旅游空间布局,推进台州高等级旅游景区文旅融合。在这些大环境的引导下,台州仙居通过"文化+美景""标准+个性""非遗+旅游"三种新型模式推动其迈入文旅融合新时期。

　　浙江义乌不断加大改革创新力度,积极推进文化和旅游的融合,使文旅融合朝着国际化、全域化、品质化方向发展。具体而言,浙江义乌通过实施四大举措来实现这一目标:①文旅会展开先河,加速文旅产业发展。2019年4月,第十四届中国义乌文化产品交易博览会和第十一届中国国际旅游商品博览会在义乌国际博览中心同期举办。这是文化和旅游部组建之后的首个国家级文旅融合会展,展会充分发挥义乌"世界小商品之都"的优势,将文化和旅游"展品"转化为"商品"。②多元文化共融,带动文旅产业差异化发展。义乌依托文化馆、外国人集聚社区悦读吧等公共文化场馆,着力建设"一站一特色"的丝路文化驿站,组织举办万国音乐节、外国人诗词朗诵会、外国人社区文化节等品牌活动,大力推广中华优秀传统文化,并促进多国文化交融,构建了独具特色的"万国文化"。③差异化产业驱动,形成可持续发展的新业态。差异化打造至美大陈、赤岸西海、画里南江、千年古镇、望道信仰、人文上溪、红糖飘香、德胜古韵、慢养龙祈、多彩华溪十条各具风情的美丽乡村文化和旅游精品线。④利用特色"网红打卡地",打造文旅休闲目的地。

浙江衢州则注重文旅IP的创建,其中衢州开化的文旅IP创建最为典型。文旅IP是指文化与旅游要素融合下,具有文化特质、品牌内核、独特价值体现的知识产权体系。文旅融合时代,文旅IP建设有利于提升旅游产品的附加值、促进文旅深度融合和各类旅游品牌建设,对于放大并传承地方文化、树立文化自信、建设文化强国有着非常重要的意义。首先,开化借助书籍、表演等载体使文旅IP展示动感化;其次,开化将IP内容重新组织,将旅游和文化无缝链接;再者,开化逐步拓展IP产业链,提升IP附加值,全力构建具有影响力的地方文旅IP。

(二)浙江文旅融合的典型城市:绍兴

绍兴是著名古城,它将水、桥、酒、书法、名士五者巧妙"混合",构建出五种独特的文化,印证着"绍兴文旅融合正当时"的宣传语。水文化是绍兴文化的根,桥文化则是构建了没有围墙的绍兴古桥博物馆,酒文化营造了"小桥流水连酒家"的美景,书法文化带来了"曲水流觞"的意境,名士文化丰富了绍兴的人文精神。将这五大文化融入绍兴的品牌视觉形象中,体现出绍兴"江南·人文·文明"的城市定位。

绍兴坚持"以文促旅、以旅彰文、文旅融合"的工作思路,把握"创新"与"融合"两大关键词,围绕"重塑城市文化体系、打造最佳旅游目的地和争创文旅融合样板地"三大目标,明确文化、古城、风情三大文旅特色,丰富绍兴文旅内涵,形成游客对绍兴文旅融合的记忆点。绍兴要围绕推进"全域旅游"、助力构筑"江南文化圈"和全力创建"东亚文化之都"三大核心工作持续推进全市文旅融合发展。

1. "东亚文化之都"：以城市品牌定文旅融合基调

绍兴在文旅融合进程中打造了"东亚文化之都"这一城市品牌，希望以鲜明的城市品牌形象凸显绍兴文旅融合的基调。城市品牌是城市内在文化底蕴与外在城市形象的综合体现，它不仅体现在城市规划建设方面，也体现在城市历史文化、地域自然特征、城市人文景观、经济发展状况等方面。[1]绍兴明确"东亚文化之都"这一城市品牌策略是基于绍兴文化名城这一城市品牌的定位。而绍兴文旅融合的具体表现则是将城市品牌符号化。绍兴将城市品牌符号化为绍兴文旅过程中的文化产品、地标风景、民俗民风等，向游客传递着独属于绍兴的精神文化。

绍兴若想用"东亚文化之都"这一城市品牌来打造国际文旅融合城市，还需在以下几个方面进行完善：承办大型国际性文旅活动，提升城市品牌的国际声誉与影响力；依托绍兴文化产业的国际传播，给城市品牌注入情感基因；基于文旅特色的国际传播，构建城市品牌差异化形象；创新性地利用社交媒体，制造城市话题形成口碑传播。[2]从实践来看，绍兴在构建城市品牌差异化形象层面已有所进展。绍兴将重点放在城市品牌视觉形象上，构建差异化形象，吸引文旅"消费者"。

城市品牌视觉形象的内容基本由基础系统中的城市标志、城市色彩及城市品牌视觉形象应用系统构成。[3]以绍兴为例，绍兴越文化主要聚焦于水文化、桥文化、酒文化、书法文化和名士文化。水文化是绍兴文化的根，桥文化则是构建了没有围墙的绍兴古桥博物馆，酒文化营造了"小桥流水连酒家"的美景，书法文化带来了"曲水流觞"的意境，名士文化丰富了绍兴的人文精神。将这五大文化融入绍兴的品牌视觉形象中，充分体现出绍兴"江南·人文·文明"的城市定位。为了深化绍兴城市品牌形象，绍兴在打造绍兴"东亚文化之都"品牌的同时须坚持四个原则：第一，坚持以文塑旅，以旅彰

---

① 廖秉宜,任凯伦.城市品牌国际传播的策略创新[J].对外传播,2020(2):48-50.

② 廖秉宜,任凯伦.城市品牌国际传播的策略创新[J].对外传播,2020(2):48-50.

③ 俞荣标,何湉.城市品牌形象视觉化研究——以绍兴为例[J].工业设计,2019(4):82-84

文,化"沉睡文化"为"经典产品"。第二,坚持融合创新。积极推进"文化＋"
"旅游＋",加强旅游与文博、新型城镇、现代农业、教育研学、特色工业、商
贸、康养、体育、信息化、生态经济等相关产业的相互渗透,不断拓展旅游发
展空间,催生旅游新产品和消费新方式,通过文旅深度融合带动绍兴社会经
济转型。第三,坚持产业集聚。按照产业集聚、要素集约、产城融合、功能集
成的要求,大力推进浙东唐诗之路、浙东大运河、古越文明等三大文化带建
设,把旅游度假区、A级景区、特色(风情)小镇作为主平台,着力推进旅游产
业集聚区建设,打造文旅融合发展的千亿级产业集群。第四,坚持区域协
同。紧扣长三角一体化和浙江省"四大建设"两大战略,坚持区域协同,实施
三大文化带"三年行动计划",加强与亚运文化的衔接与融合,深化绍兴市与
长三角一体化区域城市的文化旅游合作,围绕文化旅游政企联动、文化旅游
公共服务、文化旅游线路产品、文化旅游市场营销等方面,促进长三角文化
旅游一体化建设。

2."文化·古城·风情":绍兴地方特色的文旅融合内涵

文旅特色层面,绍兴明确了三大特色,借文化、古城和风情,使绍兴文旅
内容"饱满",创建游客对绍兴的记忆点。

江南文化看绍兴。江南文化涵盖了黄酒文化、名人文化等。黄酒文化
催生了"黄酒之旅",延伸为如今的"黄酒小镇"。黄酒小镇推出了黄酒手工
作坊、特色风情民俗区和黄酒风情体验小街等项目,使游客在旅行中更深入
感受并体验到黄酒文化的内涵。除了基础的体验项目,中国黄酒历史文化
博物馆和中国黄酒文化会议中心也正在建设中,只为打造集"产业、旅游、文
化、社区"于一体的绍兴黄酒小镇。除了黄酒文化,江南文化引申出的名人
文化也成为绍兴文旅融合的关键。弘扬名人文化是目前绍兴文旅融合体系
建设的重要内容。绍兴的名人馆就是通过两大举措来为文旅融合助力的。
一方面,绍兴搭建网络智慧平台,形成以绍兴名人馆为中心的游览线路集
群,为外地游客提供完备而精准的服务信息;另一方面,绍兴分析"吃、住、
行、游、购、娱"旅游业的六大要素,在名人馆内重点关联"游"和"娱"的文化
支撑,使"吃""购""住""行"的文化体验得到相应提升。例如,绍兴名人馆在
挖掘名人历史文化时,鼓励分散各处的名人故居、名人景区联合企业与绍兴

名人馆共同开发特色商品,实现资源共享;鼓励文创部门利用绍兴官媒和自媒体开发开放式的特色文化旅游线路;利用平台优势加强人才队伍建设,实现"文商旅"的融合发展,等等。作为首批中国优秀旅游城市和长江三角洲南翼重点开发城市,绍兴充分利用名人资源展示名人文化,扩大名人效应,这无疑是高效、方便、因地制宜的较好路径。

江南古城看绍兴。绍兴有2500年的历史,旅游资源单体共有1861个,这些都是绍兴市在促进文化与旅游产业融合过程中可加以利用的"天然资源"。作为历史文化的载体,古城在绍兴文旅融合过程中的作用显著。绍兴可以从以下两个方面来助推文旅融合。一方面,绍兴要将水乡民居转化为民宿,将游客转化为常客,以此促进综合体的构建;另一方面,以"和合共生"为核心,创建符合地域特色的文旅专题,比如寻根专题、访乡专题、回望古都专题等。

江南风情看绍兴。绍兴风景风情起源于绍兴之水,清凉与灵性并存。"坐乌篷、喝黄酒、看社戏"是只有在绍兴才能领略的赏心悦事和江南风情。绍兴将历史文化与特色风光相连接,打造自然化生态游等文旅融合板块,如鲁迅故里研学主题文化旅游片区、八字桥民宿主题文化旅游片区、书圣故里艺术家创意主题文化旅游片区、西小河心学及黄酒主题文化旅游片区、越子城越国古都主题文化旅游片区。

3. "旅游·品牌·IP":以创新实践塑造文旅融合模式

要打造绍兴"东亚文化之都"品牌,首先要实施"文旅+"工程,促进文旅+美丽乡村、文旅+农业、文旅+工业、文旅+商贸、文旅+教育、文旅+康养、文旅+体育等的融合发展,形成全域化旅游产业和业态。

"文学+旅游"。2016年绍兴图书馆推出"走读人文绍兴"这一活动品牌,倡导读者读文学作品,走本地景点,实现从读者到游客的身份转变。[1]绍兴借助活动品牌这一载体,将耳熟能详的本地景点与民间故事相结合,与历史经典相辉映,激发了人们旅游探索的热情,形成了"图书馆+旅游"这一文

---

[1] 陈琦.图书馆+旅游:绍兴图书馆"走读人文绍兴"案例研究[J].图书馆研究与工作,2019(9):13-15.

旅融合新模式。与之类似的是,2019年4月,绍兴围绕"文学+旅游"主题打响中国首个文学旅游之城品牌。小说《孔乙己》与咸亨的百年传承就是"文学+旅游"很好的案例。

"非遗+旅游"。绍兴连续五年举办"非遗集市",举办了"非遗进景区""百工展百技""非遗兴乡游"等活动,推动绍兴水乡社戏、乌篷船制作技艺、花雕制作工艺、夹塘大糕制作技艺、嵊州竹编、王星记扇、圆木制作技艺、棕榈叶编结工艺、绍兴面塑等非遗项目及2个教学性非遗传承项目进入景区平台进行展演和展示,让更多游客真切感受绍兴2500多年的优秀历史文化和民俗风情的魅力,进一步增强绍兴文化的吸引力和影响力。

打造红色旅游品牌。当前,绍兴有红色遗址180多处,已开发成红色旅游景区(图2–4)的有10处,爱国教育基地82处,市级以上文保单位46处,全国重点文保单位7处,党史学习教育基地30处。为了更好地促进文旅融合,盘活红色资源,绍兴于2020年将红色旅游与研学游融合,加大引导宣传力度,力争让绍兴每个学生、机关干部、企业职工都走入红色旅游,进而引导更多国内外游客将绍兴作为中国红色旅游目的地。

图2–4 绍兴红色旅游基地——周恩来纪念馆、秋瑾故居

打造文旅融合IP。"十四五"期间绍兴将建设绍兴古城文商旅集聚区、天姥山·十里潜溪旅游度假区、嵊州温泉旅游度假区、五泄旅游度假区、浙东运河文化公园、镜湖文化休闲园、曹娥江旅游度假区、鉴湖旅游度假区、兰亭文化旅游度假区和会稽山旅游度假区等十大标志性文旅集聚区,以文化旅游融合发展平台为着力点、以文化内容为切入点、以消费变现为落脚点,打造文旅融合发展品牌IP集群。绍兴先后在"深圳·绍兴周"和"北京·绍兴周"的

城市推介会上发布了"绍兴十二时辰"和"绍兴七十二时辰"。作为绍兴文旅融合总的品牌IP,其展示了绍兴多彩的文化旅游资源和丰富的旅游产品。同时,绍兴逐步打造出"没有围墙的博物馆""绍兴有戏""古城过大年""跟着课本游绍兴""越剧全球嘉年华""老绍兴·金柯桥""上虞四季仙果""西施故里·好美诸暨""中国越剧小镇""诗意新昌·唐诗名城"等特色IP集群,深入挖掘了品牌IP的文化内涵,提炼了文化价值,积极开发衍生品促使特色IP消费变现。

"五力共推"。绍兴充分运用艺术、文学、故事、地图和项目五种力量激活一个山村、一个古镇、一座古城、一条运河和全域资源。艺术力量层面,绍兴新昌将书画刻于建筑上,打造网红基地。文学力量层面,以绍兴原创网络小说《狼毫小笔》引申网络文学IP"跟着小笔游绍兴",精心设计了"书乡兰韵花香线"和"唐诗之路遗韵线"两条游览线,大大拓展了文学旅游发展空间。故事力量层面,绍兴制订了"故事激活古城计划",重点筛选100个故事,并将故事编上二维码,通过"扫码听故事"来唤醒古城的历史点位。地图力量层面,绍兴出版发行了《浙江禹迹图》。这是我国第一张以省为单元编录大禹文化遗产的分布图,人民网、光明网、中国社科网等权威网站第一时间转载、解读。浙江大学和哈佛大学也准备联手将《禹迹图》纳入文化地图平台。项目力量层面,绍兴制订了运河文化带建设"三年行动计划",通过打造绍兴运河园和"江南文化"古镇集群等项目来激活浙东运河。

"文旅＋美丽乡村"。实施乡村旅游提升工程,打造乡村振兴绍兴样板,画好新时代绍兴"富春山居图"。绍兴重点构建浙东唐诗之路乡村旅游带、浙东运河文化乡村旅游带、古越文化乡村旅游带三大乡村旅游集聚带和以绍兴主城区为依托的城郊乡村休闲游憩环,推进乡村旅游连线成片集聚发展。

"文旅＋绿色农业"。依托绍兴特色农业产业优势,培育和打造一批以田园综合体、农旅特色小镇、现代农业园、农业示范区等为依托的乡村经济示范项目。绍兴加大对世界农业文化遗产会稽山古香榧群的保护利用力度,讲好绍兴乡村故事;实施地理标志农产品保护工程,构建农产品区域公用品牌,全面推进地方优质绿色农产品进景区、度假区、商业街区、旅游集散中心,创新农特产品线上销售模式。

"文旅＋品牌工业"。绍兴依托黄酒、丝绸、珍珠、青瓷、袜业、智能制造业、电器厨具等特色工业企业,注重工旅融合和业态创意,形成一批体验性强、产业链长、影响力大的创新型工业旅游示范点;注重工业创意设计和时尚品牌塑造,形成一批具有绍兴特色和市场竞争力的工业文化旅游商品品牌。

"文旅＋特色商贸"。绍兴依托产业优势和生态优势,发展会展旅游和特色购物旅游,推进商旅融合发展,创新产品类型和旅游商品包装,多元素融合发展,提高产品附加值,形成特色突出、优势互补的杭州"商旅"产品链。

"文旅＋体育休闲"。绍兴以杭州2022年亚运会召开为契机,整合绍兴市体育旅游资源,加快建设国家登山步道、水上运动旅游休闲基地、山地户外旅游休闲基地、汽车房车露营基地等,打造一批具有重大影响力的运动休闲旅游基地。坚持以赛兴旅的发展理念,重视赛事经济发展,举办马拉松、越野跑、徒步、骑行等参与型赛事,举办赛车、赛艇等竞技水平高的观赏型赛事。

4. 以文化圈层开启绍兴文旅融合新征程

绍兴将围绕推进"全域旅游"创建、助力构筑"江南文化圈"和全力创建"东亚文化之都"三大核心工作,持续推进全市文旅融合发展。

在构筑"江南文化圈"层面,绍兴将实施三方面的举措来促进文旅融合。首先,积极筹拍古越文化主题宣传片或微电影进行轰炸式营销,加快推进越文化研究中心建设,积极申办江南文化论坛、江南文脉论坛等高端学术会议,将保护绍兴方言计划纳入城市文化发展战略。其次,创新绍兴城市文化旅游宣传推介品牌,持续放大绍兴优秀传统文化品牌效应,继续办好绍兴文旅品牌活动,牵头建立"江南文化圈"城市文旅融合发展交流机制,促进江南城市文化交流。最后,利用经典文化古城和水城特色优势,在绍兴文创大走廊、浙东古运河、浙东唐诗之路、古越文明带等重点通道沿线规划布局,打造江南生态文旅线路;联合举办"江南文化城市联盟——文旅创意产品设计比赛"等活动,培育文创产品和文旅商品品牌,打造一批文旅网红打卡地。

在创建"东亚文化之都"层面,绍兴将结合两方面的具体举措助推绍兴文旅融合发展。一方面,绍兴紧紧围绕国家"一带一路"倡议,利用创建东亚文化之都契机,制定创建方案和工作机制,促进绍兴文化旅游品质化、时尚化、国际化,重点通过文化旅游交流与合作、文化产业合作、非物质文化遗产保护与传承、公共文化服务体系建设经验交流与共享等,更加积极地参与东亚区域文化旅游合作;另一方面,绍兴大力实施"文旅国际化"工程,积极谋划具有国际影响力的文化活动,促进文化"走出去"。以创建"东亚文化之都"为抓手,对日韩开展推介营销,创办英、日、韩语文旅网站,积极对接日韩九大城市的九大产业,打造中日韩绍兴专题文化经济产业合作平台。绍兴要积极响应国家"一带一路"倡议,打造文化交流项目和品牌节目。绍兴要加强国际交流,加强与东亚城市的密切合作,全力打造具有绍兴味、江南韵、中国风、国际范的文化旅游目的地城市,进一步展示绍兴历史文化魅力。

绍兴借助"东亚文化之都"建设成效以及"江南文化圈"成果,持续推进"文化与人""文化与产业""文化与城市"三位一体的"绍兴文创大走廊"建设,全面实施《文创大走廊建设三年行动计划》和《绍兴"三大文化带"三年行动计划》,严格按照行动计划,紧紧围绕"一廊三带"布局,全面落实项目、游线、活动,融合古城、水城、景区、运河、古镇、风情小镇和乡村旅游,全方位推进绍兴文旅融合。绍兴坚持"以文促旅、以旅彰文、文旅融合"的工作思路,把握"创新"与"融合"两大关键,围绕"重塑城市文化体系、打造最佳旅游目的地和争创文旅融合样板地"三大目标,塑造"东亚文化之都"城市品牌,挖掘"绍兴文旅地方特色",打造"一廊三带"空间布局,深度推进全市文旅融合发展。

作为一座历史古城,绍兴丰富的文化资源与深厚的文化底蕴使之在文旅融合过程中有着天然的优势。绍兴要借助大数据和新媒体传播平台全方位、多角度地宣传推介绍兴,打造绍兴文旅IP,增强绍兴"东亚文化之都"的文旅品牌国际影响力。

二、华南地区:广东文旅融合发展模式

广东作为中国第一个经济大省,拥有多种可供文旅融合发展的资源,比如文化资源——岭南文化(广府文化、客家文化、潮州文化、雷州文化)。

在文化资源的支撑下,广东的文旅融合不断发展,特征逐步鲜明:①城

乡文旅融合不平衡性突出;②文旅融合总体处于低端,以单要素的浅层次发展为主。与此同时,也涌现出一些问题,比如经济大省的广东受传统岭南重商务实的影响,对文旅融合产生错误认知。

基于以上问题,中共广东省委宣传部、广东省文化和旅游厅2020年正式印发《广东省加快推进文化和旅游融合发展三年行动计划(2020—2022年)》(表2-1)。该计划统筹指导广东省文旅融合的发展,希望以有效的举措来改变广东文旅融合发展受限的现状。在计划的指导下,广东省的文旅融合落到实处,从"全域旅游""文旅+科技""夜游品城市"等路径着手,寻求新发展。

表2-1 《广东省加快推进文化和旅游融合发展三年行动计划(2020—2022年)》①
中的重点工程和重点项目

序号	重点工程	重点项目
1	实施红色文化和旅游提质升级工程	传承弘扬红色文化、大力发展红色旅游
2	实施岭南特色文化传承利用工程	保护利用岭南文化遗产、深度开发海洋文化旅游
3	实施粤美乡村文旅振兴工程	推动乡村文化旅游提质升级、推进南粤古驿道活化利用
4	实施文旅基础设施融合升级工程	完善文化设施旅游服务功能、提升旅游产品文化内涵
5	实施文旅公共服务效能提升工程	深化文旅智慧服务、优化文旅发展环境
6	实施文旅企业做强做大工程	高水平建设文化旅游重大项目、高标准打造文化旅游骨干企业、高起点建设文旅融合发展示范区
7	实施文旅新业态新动能培育工程	培育"文旅+""+文旅"新业态、推动文化旅游消费升级
8	实施文旅品牌推广工程	建立健全全省文旅宣传推广体系
9	实施"粤港澳大湾区世界级文化旅游目的地"打造工程	加快建设国际一流的人文湾区和休闲湾区、深化国际文化和旅游交流合作

---

① 数据来源:广东省文化与旅游厅 http://whly.gd.gov.cn/open_newjcgk/content/post_2890140.html.

全域旅游是打破传统景区景点的限制,将整个区域综合构建成一个完整的旅游目的地,从旅游活动的基本要素出发,与信息技术相结合进行统一规划布局,整合区域内的旅游资源,融合发展区域内产业,最终实现经济社会协调发展的一种科学、系统的区域发展模式和理念。

广东省主要通过几大举措来完成全域旅游的建设,以促进文旅融合的繁荣。首先,广东对全域旅游的大格局进行了优化,形成集一核(珠三角都市旅游核)、一带(滨海旅游产业带)、一区(北部生态旅游区)和一湾(粤港澳世界级旅游休闲湾区)于一体的全域旅游格局。其次,广东积极打造六大全域旅游大品牌:"粤美乡村"旅游品牌、"风情岭南"旅游品牌、"毓秀山水"旅游品牌、"魅力都市"旅游品牌、"食在广东"旅游品牌和"康养胜地"旅游品牌。再次,广东充分认识到龙头企业对行业发展的带动作用,以培育20多家国家级文旅企业为目标来发展全域旅游大产业。仅2020年,广东省就通过对1200多家文旅企业进行贷款贴息和补贴等措施来扶持企业,助其发展壮大,以培育出龙头文旅企业。最后,广东构建与之匹配的公共服务新体系,具体落实到四大举措:建设"快进"全域旅游交通网络、完善"慢游"公共服务设施建设、提升旅游综合服务智慧化水平和完善旅游市场综合监管体系。随着这些举措的落实,截至2021年8月,广东省已设立19个全域旅游示范区,带动整个省文旅融合的可持续发展。

"文旅+科技"是将科学技术与文旅相结合,是当前各个省份都在实施的举措。2021年,广东利用移动支付,发放总值近千万元文旅消费惠民补贴券,把文旅消费嵌入广东旅博会的各类活动场所和展位,进一步挖掘、带动市民游客的文旅消费意愿,增强群众文旅消费的获得感。广州则是重点打造智慧化旅游服务平台,开启文化产品的"云销售"、科技主题的"云体验"等。

"夜游品城市"精准对接了当代消费者夜生活的文化需求,借文化地标打开夜间旅游新业态,促进了广州文旅的深度融合。广州识别到快节奏生活下年轻群体的夜生活需求,探索文旅的"夜间繁荣",如夜间开放孙中山大元帅府与广济楼(图2-5)。人们在工作之余"逛夜间博物馆",形成一种新的生活方式,从而在"打卡"的过程中提升对文旅的追求。

图2-5　夜间开放的孙中山大元帅府VS夜间广济楼

最初,中国共产党第三次全国代表大会会址纪念馆、毛泽东同志主办农民运动讲习所旧址纪念馆(以下简称农讲所旧址纪念馆)、广州起义纪念馆、西汉南越王博物馆、广州艺术博物院等11家博物馆实行夜间开放,基于开放的夜间博物馆又探索出6条夜游广州的精品路线(表2-2),在实现文旅深度融合的同时,进一步促进了文化、旅游资源配置从空间拓展到时间的延展。

表2-2　夜游广州精品路线

序号	精品路线	内容
1	"夜游广州"红色传承之旅	农讲所旧址纪念馆—广州起义纪念馆—中共三大会址纪念馆—新河浦历史文化街区
2	"夜游广州"千年古迹之旅	广州博物馆—越秀山五羊雕塑—西汉南越王博物馆—达扬原味炖品
3	"夜游广州"珠江魅力之旅	西汉南越王博物馆—北京路文化旅游区—珠江夜游
4	"夜游广州"都市寻味之旅	广州艺术博物院—麓湖—白云山—老西关濑粉
5	"夜游广州"活力都市之旅	大元帅府—广州塔—花城广场—海心沙—正佳广场
6	"夜游广州"西关风情之旅	广东民间工艺博物馆(陈家祠)—荔枝湾—永庆坊—上下九步行街

珠海作为广东省内的一个城市,有百岛之市、浪漫之城的美称。它与香港隔海相望,与澳门陆地相连,优越的地理位置使珠海在粤港澳文旅融合发展中发挥着重要的作用。

1. 创新旅游业态

旅游业态创新是当前多省份促进文旅融合普遍使用的举措,但珠海独特的地理位置以及经济特区的地位为其推动旅游业态的创新提供了天然条件。

珠海"旅游＋"的新业态层出不穷,具体表现为通过优化产品组合,丰富产品类型,将旅游与艺术、生态、美食、民俗、体育、文化等结合,最终促进文旅的深度融合。

"旅游＋音乐",在音符中体验平淡生活。"2018斗门·莲江乡村音乐节"以"稻田间里听音乐"为主题,将晚上的音乐元素与当地田园生活巧妙融合,借音符感知当地的风土人情。与此同时,珠海还举办斗门乡村作曲大赛。斗门乡村作曲大赛结合斗门乡土文化、地域风情、生产生活等进行歌曲创作,成为传承传统文化和繁荣乡土文化的一道文旅大餐。

"旅游＋媒体",在视频直播中感受文旅魅力。为迎合当代消费者的需求,珠海传媒城市更新项目进入大众视野,即将建成的珠海传媒大厦是关键。珠海传媒大厦主要有四大功能:媒体深度融合新标杆、传媒产业升级加速器、湾区文创资源聚集地、文化科技融合示范园。当今的文旅发展不仅要靠文旅资源,还需媒体的营销与推广,而珠海传媒大厦可看作珠海文旅融合发展的助推器。该大厦在搭建全产业链共享平台,聚焦文旅资源的同时,打造"网红工作基地",借助数字视频,以VR直播的形式将丰富的文旅资源进行整合推广,吸引文旅消费者。

"旅游＋古镇",在历史长河中品旅游之乐。珠海的唐家湾镇(图2-6)是该业态模式的典型代表。它是中国首个以近代历史遗迹成功申报历史文化名镇的古镇,被誉为"与近代文明伴生的南中国海第一湾"。近代史中的珠海是民族意识觉醒与文化觉醒的先发地。在该镇,走出了实干家、教育家、革命家等,在创新中推动着中国的发展。如清末民初著名政治活动家、外交家、山东大学第一任校长唐绍仪;中国第一位近代企业家、民族实业家和慈善家、清代洋务运动的代表人物唐廷枢;清华大学创始人、首任校长唐国安等。而如今这里是文旅新业态的创新之地。唐家湾镇的故居、建筑均清晰展现出浓厚的地域文化,比如:唐家三庙(图2-7),汇聚了岭南建筑的精华——三雕(石雕、木雕、砖雕)、两塑(陶塑、灰塑)、一彩(彩绘),2010年5月唐家三庙被列入第六批广东省文物保护单位;绵始寄庐(图2-8),集中西文化于一体,正面为凹式外廊,仿古罗马塔司干柱式,室内过道内有西式罗马柱、彩色水磨石地面;苏兆征故居(图2-9),系英雄之地,传承革命传统。基于这些现有的故居、建筑,唐家湾镇更是将现代元素逐步融入古镇,升级改造,激活古镇,使其在文旅融合过程中焕发新机。

图2-6　唐家湾镇

图2-7　唐家三庙

图2-8　绵始寄庐

图2-9　苏兆征故居

　　"旅游＋文体",打造具有国际影响力的文体旅游品牌。全国帆船帆板锦标赛(图2-10)、WTA女子网球精英赛、国际赛车节、太极拳展演(图2-11)、沙滩音乐派对、北山国际音乐节等均落户珠海,借国际赛事弘扬中国文化,吸引旅游资源,扩大中国的国际影响力。

图2-10　全国帆船帆板锦标赛

图2-11　海峡两岸暨港澳太极拳展演

　　"文旅＋IP"，以沉浸式体验助推文旅项目的双赢。横琴是珠海这一新业态最典型的代表。横琴创新方（图2-12）是横琴的旅游新地标，它通过引进与打造一系列具有国际知名度的IP，为游客带来耳目一新的国际化娱乐旅游休闲新体验。①电影IP：横琴创新方融入电影IP，以狮门影业旗下6部风靡全球的系列电影作为背景故事（《饥饿游戏》《暮光之城》《分歧者》《神战：权力之眼》《惊天魔盗团》《金蝉脱壳》），提供超过30项娱乐体验，打造沉浸式娱乐场馆。②地理IP：横琴融入地理IP，将其与游戏、探险、互动体验、手工制作、VR和AR任务等相结合，赋予横琴国家地理探险家中心以娱乐和教育的双重含义，吸引家庭旅游以及研学游等多群体。③文化IP：横琴创造文化IP，汲取传统文化资源，打造横琴乃至粤港澳大湾区的文化特色鲜明的高质量旅游休闲地。④奇幻功夫夜IP：作为珠海首个大型沉浸式光影互动体验项目，奇幻功夫夜（图2-13）将互动体验项目贯穿于室内和室外，以横琴创新方户外花园为核心，布置了奇琴幻境、手环市集、功夫村落、日暮炊屋、石头物语等十余个体验区域，每天为游客开启超长游玩模式。同时，通过对IP的延伸与沉淀，赋能创造更具价值观和生命力的旅游项目，让游客轻松"日夜潮玩"，助力点亮横琴夜间经济，提升大湾区旅游新活力。

图2-12　横琴创新方夜景　　　　　图2-13　"奇幻功夫夜"项目

　　"旅游＋民俗",打造多元旅游文化品牌。作为岭南文化的传承地,珠海有着丰富的民俗文化,将民俗文化融入旅游活动中,增强旅游的"代入感"。比如:斗门水上婚嫁集体婚礼活动,增强了斗门水上婚嫁品牌文化的辐射力;民间艺术人巡游活动(图2-14),全方位地展现珠海民俗文化的吸引力;农历三月三外伶仃岛北帝诞(图2-15)、三月二十三大万山岛天后诞、四月二十三桂山岛妈祖诞等活动,也助力打造万山群岛民俗文化节品牌。

图2-14　斗门水上婚嫁　　　　　图2-15　外伶仃岛北帝诞

　　"旅游＋夜景",点亮夜间风情。香洲是珠海市打造夜间文旅的亮点。香洲主要通过四类活动来带动夜景旅游消费:"香洲街头艺人"会定时定点为城市夜生活献艺(图2-16);香埠味道活动是通过整合特色美食资源,强化餐饮对旅游的作用;"海上生明月"2019首届香洲区沙滩帐篷文化节暨中秋节晚会、香洲区第四届风筝节活动则是将文化与海域文化相结合,推动夜间文旅新繁荣。除了结合地区特色开展的夜景文旅活动,香洲还在发展夜间经济的同时进一步强化文化对游客的吸引力,具体表现为博物馆的夜间开放。杨匏安陈列馆(图2-17)、容闳博物馆等博物馆每周至少安排一天开放至夜间十点。

<table>
<tr><td>图2-16　"香洲街头艺人"开展街头艺术表演</td><td>图2-17　杨匏安陈列馆</td></tr>
</table>

2. 打造文旅精品项目

文旅精品项目是聚焦各方资源、系统性构建的项目,可以极大地提升文旅品牌价值。珠海著名的精品文旅项目主要是横琴国际旅游休闲岛项目和情侣路项目。横琴项目更多是通过IP的形式来发展的,情侣路则更贴合珠海的"浪漫"。

(1)情侣路

珠海是2020年最具幸福感城市(地级市)之一,加之其"浪漫之城"的美称,使其在情侣路项目的推行中更具特点。

情侣路全长28千米,北起繁华闹市拱北关闸口岸广场,南至中国第一人文小镇唐家湾,是世界上最长的海滨观光路,被誉为珠海的"万里长城"寓意"情侣一同走过的路,从年轻走到年老"。情侣路被分为三段,穿过珠海三个相对繁华的区域——香洲、吉大、拱北。沿着情侣路,可以看到珠海渔女、香炉湾、菱角嘴等景点,在这里,自然资源与人文资源相互交融(图2-18)。

由于情侣路沿途有着丰富的人文、生态资源,将这些资源进行整合,为传统旅游注入了新活力。珠海主要从两大方面着手对情侣路项目进行优化,以推动珠海文旅融合的发展。一方面,珠海整合沿线优质资源,以滨海旅游休闲街区打造、滨海文化氛围营造、旅游公共服务体系完善为重点,将情侣路打造成珠海滨海城市风貌展现的重要风景长廊;另一方面,将丰富的滨海路上活动与海上活动共融,实现情侣路亲水性、公共性与功能的多样性,展现珠海丰富的海洋文化。[①]

图2-18　情侣路与珠海渔女

(2)横琴国际旅游休闲岛

横琴是珠海146个海岛中面积最大的一个,南北长8.6千米,东西宽7千米,海岛岸线长76千米,而横琴国际休闲旅游岛范围为横琴岛及所辖海域,全部开发后将达106.46平方千米。

横琴国际旅游休闲岛项目自2019年3月国务院批复其建设方案后开始作为重点项目建设。在国家政策的指引下,横琴国际旅游休闲岛项目重点做好三方面工作,即立足本土优势、创新休闲旅游行业标准、打造区域性旅游合作机制,以此来推动珠海的文旅融合新发展。基于三方面的发展指引,横琴也制定了三个阶段目标:第一阶段,2020年把旅游休闲产业培育成为经济支柱产业,初步建成国际海岛旅游目的地。实现澳门与横琴两地旅游资源要素互通互融、旅游产业错位互补,产业外溢效益持续增强,与港澳互联互通的旅游综合交通体系趋于完善,国际化旅游经营管理和服务标准初步形成,配合澳门世界旅游休闲中心建设初见成效。旅游产业的综合带动作用逐步提升,第三产业增加值占地区生产总值比重达75%。第二阶段,2025年旅游休闲产业规模进一步扩大,以旅游休闲产业为主导的产业体系进一步完善,携手港澳打造"一程多站"旅游线路基本成型,对澳旅游通关便利化水平全面提升,对横琴新区经济社会发展的带动作用进一步增强。配合澳

---

① 张怡.粤港澳大湾区背景下珠海文旅融合发展研究[J].老字号品牌营销,2019(5):4-6.

门世界旅游休闲中心建设取得明显进展。旅游产业的综合带动作用显著提升,第三产业增加值占地区生产总值比重达80%。第三阶段,2035年建设成为生态优美、景观丰富、配套完善、特色鲜明的国际休闲旅游岛,全域旅游产业体系基本形成,旅游休闲产业对经济社会发展发挥更加重要的龙头带动作用。具备较强的旅游产业竞争力和国际知名度,与"一带一路"共建国家旅游合作进一步加强,配合澳门建设世界旅游休闲中心成果丰硕。从2020年到2025年再到2035年,逐步将旅游与国家区域战略相结合,在文旅融合的进程中脱颖而出。

横琴岛在横琴国际旅游休闲岛项目推出之前,已经通过长隆国际海洋度假区获得了极大的社会影响力与国际影响力。长隆国际海洋度假区连续创造5项吉尼斯世界纪录,荣获全球"主题公园杰出成就奖",已累计接待游客超过5900万人次。在此基础上,横琴国际旅游休闲岛项目要重点抓好两大任务:助力打造粤港澳世界级旅游大湾区和培育高品质休闲旅游产品体系(表2-3)。

表2-3　横琴国际旅游休闲岛项目重点任务

重点任务	内容
助力打造粤港澳世界级旅游大湾区	加强与港澳旅游规划和标准的衔接
	探索合作开发旅游产品:重点发展健康疗养、文化创意、体育休闲、滨海游乐等文旅业态,与港澳旅游实现错位互补,共同形成完善的旅游产业链
	无缝对接旅游基础设施:探索联合港澳对旅游交通标志体系进行统一化建设,实现横琴—港澳旅游休闲产业的集聚和无障碍化流动
	打造大湾区精品旅游线路: 依托港澳历史城区文化旅游资源、多样化娱乐设施和良好的旅游购物环境,与横琴长隆国际海洋度假区等项目有机串联,丰富三地旅游线路
培育高品质休闲旅游产品体系	大力发展休闲度假旅游:充分发挥横琴丰富的自然资源优势,打造露营地乐园等精品旅游项目,形成全空间、全产业、全市场的休闲度假旅游产品体系
	积极发展文体休闲旅游:以创新方项目为载体,建设狮门娱乐天地、国家地理学习体验中心、高端健检医美中心等

续 表

重点任务	内容
培育高品质休闲旅游产品体系	创新发展城市休闲旅游:依托天沐河城市水体,打造滨水、亲水平台和慢步系统。建设芒洲和二井湾红树林湿地公园,打造现代文明与田园风光和谐统一的新兴滨海城市型湿地休闲游憩区
	积极发展商务休闲旅游:依托十字门中央商务区、口岸服务区等载体,整合周边地区会展、商务、酒店、文化休闲等资源,积极培育3—5个国内外知名的大型会展活动
	着力发展养生休闲旅游:以粤澳合作中医药科技产业园为依托,借助中医药产业优势,创建集中医医疗、养生保健、旅游博览、娱乐休闲、科技转化、健康产品研发等于一体的绿色、智慧、国际化的新型中医药健康旅游基地

珠海作为广东省文旅融合的代表,在国家政策的指引下,从创新旅游业态和打造精品文旅项目两方面着手,融合艺术、建筑等元素,打造出多个特色IP,打造出横琴旅游休闲岛等多个文旅融合的载体,推动着广东省文旅融合的发展,也推动着中国文旅融合的国际化。

三、华北地区:北京文旅融合发展模式

华北涵盖了北京、天津、河北、山西、内蒙古,而北京作为其中的一部分,不只是华北文旅融合的典型,更是中国文旅融合的典型。

(一)北京文旅融合的典型特点

在北京的文旅融合发展进程中,有两大关键性政策发挥着重大作用,分别是《北京培育建设国际消费中心城市实施方案文旅消费潜力释放配套方案》和《关于推进北京市文化和旅游融合发展的意见》。

2019年发布的《关于推进北京市文化和旅游融合发展的意见》(以下简称《意见》),表明北京是全国首个在省级层面出台推进文化和旅游融合发展总揽性规范性文件的城市,代表北京在文旅融合的进程中是走在前列的。该《意见》从文化旅游空间布局、文化旅游公共服务、文化旅游产品体系、文化旅游国际影响力、文化和旅游市场监管、市场秩序治理等多方面对北京文

旅融合的发展提出了方向指引。

在文化旅游空间布局层面,北京做出构建"一城三带一区一圈"融合发展格局的布局:"一城"指北京老城,"三带"指大运河文化带、长城文化带、西山永定河文化带,"一区"指世界级文化旅游典范区,"一圈"指世界级文化旅游圈。在该布局中民宿发挥着重要作用。该布局推出的当年,北京就重点开展了35个旅游项目,主要为高端民宿,并且开发了500余家乡村精品民宿。到2020年底,北京已有乡村民宿699家。

在文化旅游公共服务层面,公共服务设施共建、公共活动共享及公益服务共促是北京市落实文旅融合的三大重点工程。北京作为中国的政治与文化中心,公共服务的建设一直被重点关注。如何以社会化营运的形式来创新公共服务以吸引文旅消费者是公共服务建设层面的痛点所在。北京近年来结合文创园、餐厅、工坊等来整合文化资源,打造文旅网红打卡地,推动文旅消费升级,如北京郎园文化创意园(图2-19)。

图2-19　北京郎园文化创意园内的公共服务中心

在文化旅游产品体系层面,北京以古都文化、红色文化、京味文化、创新文化等四大文化构建文旅体系。

古都文化是基于北京悠久的建都历史,如今则延伸为与北京建都相关的物质文化、制度文化及精神文化,比如建都时考虑的"天时地利"、建都的取名与宗教。古都文化具体到载体则是北京故宫、颐和园、天坛等。红色文化的载体则有天安门、人民英雄纪念碑、李大钊纪念馆、中国人民抗日战争纪念馆等。京味文化更多是北京的民俗风情,可以是胡同,也可以是北京的豆汁,是极具地域特色的文化体现,可使文旅消费者在旅游的过程中记住北京故事,记住北京。创新文化则是新时代下北京的创新的产物,比如基于奥运文化遗产开发出的文体旅融合,中关村可以视为北京创新文化的典型。从以上四大文化中可衍生出各个独具特色的文化旅游产品,从而构建专属北京的文旅产品体系。

在文化旅游国际影响力层面,更多是借助北京的国际地位,开展国际性活动,通过拓展对外交流综合平台、推广对外交流国际品牌、拓宽对外交流层次渠道等3个措施来实现。在提升文旅国际影响力的过程中,世界旅游城市联合会发挥着关键作用。该国际组织由北京牵头成立,举办了2021年北京香山旅游峰会、奥运纪念品展等数项国际活动,助推中国文旅国际影响力的提升。

在文化和旅游市场监管、市场秩序治理层面,政府在文旅市场的工作机制、资金支持、政策保障等层面加大支持力度,营造良性的文化和旅游市场秩序。

2021年发布的《北京培育建设国际消费中心城市实施方案文旅消费潜力释放配套方案》通过10项行动推动北京文旅融合进一步深化。这10项行动分别是:消费新地标打造行动、消费品牌矩阵培育行动、数字消费创新引领行动、文旅消费潜力释放行动、体育消费质量提升行动、教育医疗消费能级提升行动、会展消费扩容提质行动、现代流通体系优化升级行动、消费环境新高地创建行动、消费促进机制协同保障行动。

从10项行动中可看出,数字消费、文体消费等与其他区域有相似之处,而消费品牌矩阵培育是区别于其他地区的。北京强调的消费品牌矩阵培育是指吸引国际国内品牌在北京开设首店、创新店、旗舰店,打造"北京老字号"和老字号聚集区,以此孵化100个以上的文旅消费品牌。

(二)北京文旅融合的典型:通州

北京市是直辖市,其区域内的文旅融合典型是北京市政府及各区域共同作用下打造的。而通州被认为是文旅融合的典范,是基于2021年打造的

"北京环球度假区"。

北京环球度假区是中国第一家环球主题公园,融入了大量中国元素。北京环球主题公园一方面推动着通州区内的国际文娱演出活动和体育用品、艺术品展会开展,另一方面更多发挥溢出效益,促进北京文旅融合的深化。

从北京环球度假区2021年9月20日正式开园运营后的情况看,该度假区预计辐射半径30千米内的区域,每年预计接待游客数量在1000万至1200万人次,直接拉动本地近千亿元的文旅消费市场。从北京环球度假区内的设置来看,区内大多为中国文化要素,借助数字科技等技术,通过动漫、电影、文创产品等形式来表现中国文化,吸引文旅消费者。

1. 构建文旅生态圈

北京环球度假区的建立是餐饮、酒店、娱乐、交通、商业、文创等多细分产业的融合,将不同行业、不同品牌、不同资源打通融合,构建文旅生态圈。该度假区内有24家店铺,涵盖皮爷咖啡店、萌萌牛鱼寿司汉堡餐吧、红炉比萨烘焙坊、外婆家、泡泡玛特等国内外知名品牌。这些品牌发挥集聚效应,共同推动着文旅产业的高质量发展。除了这些品牌外,2021年9月北京环球度假区与银行业合作,与中国工商银行牵手,以金融科技赋能文化旅游,进一步壮大了该文旅生态圈。

从战略合作伙伴的层面来看,北京环球度假区与北京观光国际旅行社、北京神舟国际旅行社、中国旅游集团、中青旅遨游国际旅游有限公司、凤凰旅游集团与驴妈妈、去哪儿、携程、同程、途牛等数十家旅行社合作,又在园区内开设餐饮娱乐设施,吸引文旅企业数百家,将多方资源聚集于此,构建可持续发展的文旅生态圈。

2. 科技赋能丰富体验

谈及科技,绕不开阿里巴巴。北京环球度假区在2019年就与阿里巴巴集团达成了合作。阿里巴巴集团提供数据设备、人脸识别设备,并通过数字运营将高德、支付宝、飞猪、天猫等与旅游相关的平台打通,构建数字化园区。除了园区内服务设施的科技化、数字化、智能化,园区内的演出、场景设置更是将科技元素融入进去,打造沉浸式体验,比如:功夫熊猫盖世之地主题景区,便是融合了360度光雕投影技术以及艺术手段,实现了桃树在春、夏、秋、冬四季不断更替神奇的转变(图2-20);园区内翼龙园假山使用了3D扫描技术;园区内"黑暗骑乘"项目中应用了光影系统、特效系统,以营造沉浸式体验的效果。

图2-20　北京环球度假区——智慧桃树

3. 重构文旅时尚

北京环球度假区作为中国第一家环球主题公园,其"首家"效应对中国文旅融合的发展影响是巨大的。文旅融合不断深入,具有体验式情境、特色空间、独特主题氛围的文旅产业逐渐成为文化旅游的新业态。而北京地标之下,建立环球度假区,开展招商引资活动,对接包括旅游、文创、演艺等上下游配套产业,引入创意设计、动漫游戏、演艺娱乐、文博非遗、影视制作、国际交往、艺术品交易、高端服务、文化融合、休闲度假等相关企业或品牌,构建综合性的文旅集聚地。

从业务上来看,北京环球度假区实现了由单一景区向综合旅游目的地的转型,打造稀缺的旅游内容。从园区景点来看,该度假区内有国际国内知名电影制作以及经典IP,根据不同IP打造了3000多种零售产品,部分产品还融入北京本地设计,重构带有中国特色、北京元素的文旅时尚。比如,度假区内好莱坞景区内的环球辉煌剧院(图2-21)就是中国式建筑,园区城市大道的景观水系是从萧太后河引水改造的。

图2-21　北京环球度假区好莱坞景区中的中国风格的环球辉煌剧院

北京环球度假区是北京文旅融合进程中最关键也是最新的一环。它在吸引国内外品牌积聚、构建文旅生态圈的基础上,借助数字技术,打造具有北京特色、中国特色的文旅IP,营造沉浸式体验场景,实现了文旅产品、文旅产业的创新,建立了国际化新地标,助推中国文旅融合的内涵式、开放式发展。

4. 明星效应捧红环球影城

如果说重构文旅生态圈、科技赋能和重构文旅时尚是北京环球度假区助力北京文旅融合过程中的基础,那媒体策略——明星效应则是加速器。

北京环球度假区内的环球影城主题公园(以下简称环球影城)在开园前有一段时间为试运营阶段。试运营阶段除了园区工作人员的内测打卡外,更多是影视演员的游玩打卡,从杨幂、邓超、高露到歌手王源再到超模刘雯等,娱乐明星的打卡效应掀起了环球影城的热度。

娱乐圈影视演员作为环球影城试运营的主要群体,其粉丝效应对于环球影城的推广是极为有利的。自2021年9月1日开始试运营起,有演员陆陆续续打卡环球影城,微博上也掀起了关于环球影城的热度:明星的环球影城打卡照、网友上传的偶遇视频/图片等,关于偶遇的热搜也有几十条。明星数千万乃至数亿的粉丝,加之微博几万乃至十几万的相关话题阅读量,都为环球影城这一文旅综合体的发展提供了热度与流量,而环球影城在一定程度上也可以看作媒体/流量下的文旅融合发展的典型。

四、华中地区：湖南文旅融合发展模式

(一)湖南全省文旅融合发展情况

湖南省作为国家支持中部崛起中的一个省份，在经济、文化等各方面发展较快，不断促进各要素的积聚、科技的创新以及服务能力的提升，推动其加速现代化和提升国际化水平。

"十三五"期间，湖南在文旅的各方面成效显著（表2-4）。文艺作品、文化遗产以及公共文化服务体系的建设都是文旅融合发展的基础，带来了文旅市场的有序管理，也使得文旅产业成为推动湖南省高质量发展的新引擎。

表2-4　湖南省"十三五"期间文旅成效

板块	成效
文旅环境	出台《关于推动文化和旅游深度融合　促进湖南高质量转型发展的实施意见》《湖南省智慧文旅发展指导意见》《全域旅游促进条例》等政策，为湖南省文旅融合的发展提供了良好的政策环境
产品供给	构建五大旅游板块、13条乡村旅游精品线路、7条文化旅游精品线路
文艺作品	创作140多台大型优秀剧目，159个项目入选国家艺术基金支持项目；推出《天门狐仙·新刘海砍樵》《炭河千古情》《中国出了个毛泽东》等作品
公共文化服务体系建设	123个县(市、区)基本完成全省现代公共文化服务体系建设三年行动计划的任务目标，优秀率为53%；新建/改建旅游厕所993所；31家单位入选国家全域旅游示范创建单位名单
文化遗产保护	国家文物保护专项资金近25亿元，投入省级文物保护专项资金约5亿元，实施省级以上文物保护利用项目1463个，第五批国家级非遗代表性项目新增19项

在"十三五"规划的指引下，湖南省有效结合地区特色，通过创建文旅小镇、打造古城IP、文旅模式创新、瞄准世界性倡议等路径推动了文旅融合的发展。

特色文旅小镇的创建是湖南省文旅融合的重要举措，对于湖南建设文旅强省、促进乡村振兴、建设新型城镇都起到了重要作用。2020年湖南省创

建了湘西州龙山县苗儿滩镇(土家族)等10个特色文旅小镇(表2-5)来突出民俗风情,提升文化内涵,推动文旅融合。其中有一半是有少数民族特色的小镇,涵盖了土家族、苗族、瑶族、白族,借助少数民族浓郁的风情及特色化的旅游活动打造特色化小镇品牌,推动少数民族文化与其他地域文化的融合,以吸引文旅消费者;其余的特色小镇有红色文化、湘江文化等特色文化内涵,并基于文化内涵打造符合小镇品牌形象的文化地标,发挥特色文旅小镇的典型性、示范性、引领性作用,以推动文旅的深度融合、文旅产业的蓬勃发展。

表2-5 湖南省特10个色文旅小镇情况

名称	品牌影响	成效
湘西州龙山县苗儿滩镇(土家族)	国家3A级景区惹巴拉	推进三大古村寨提质改造,推进惹巴拉官影视城基地、土家织锦公园等建设,将惹巴拉打造成"中国土家族第一寨"
湘西州凤凰县山江镇(苗族)	武陵山片区苗族文化旅游中心、全国苗族文化寻根游目的地	打造神山圣寨精品景区,打造《苗寨故事》文化演艺节目,成为山江镇脱贫攻坚、乡村振兴主导产业
永州市江华瑶族自治县水口镇(瑶族)	被评为中国民间文化艺术之乡	以瑶都水街旅游项目发展为龙头,推进花海、观光索道、旅游码头、瑶寨民俗酒店等全链条式的旅游产业
怀化市溆浦县北斗溪镇(瑶族)	获评全国美丽宜居村庄、湖湘风情文化旅游小镇荣誉	民宿旅游、研学旅行、特色农产品上线正有序推进
张家界市桑植县洪家关白族乡(白族)	贺龙纪念馆4A级景区,全国100个红色旅游经典景点之一	推进红色文化、白族文化与旅游有机融合
邵阳市新宁县崀山镇	世界自然遗产地,有国家3A级旅游景区刘氏宗祠	精品民宿30余家、特色农家乐和家庭旅馆200余家、文化演艺中心2家、特色购物街区3处,产业链条十分完整

名称	品牌影响	成效
株洲市炎陵县鹿原镇	中华全国归国华侨爱国主义教育基地、海峡两岸交流基地	以炎帝陵景区为龙头,举全域之力把文化旅游业打造成为推动高质量发展的主导产业
郴州市资兴市黄草镇	举办了6届东江湖鱼文化旅游节	开展少数民族艺术展演、香火龙表演、旅游产品推介、瑶歌祝酒等主题活动
长沙市长沙县开慧镇	"2018旅游业最美中国榜"之"首批文旅融合最佳特色品牌小镇"	推进红色研学游,加快推进休闲观光、赏花采果、农耕民俗、户外体验等乡村旅游业的发展
常德市石门县壶瓶山镇	湖湘风情文化旅游小镇创建单位	引入品牌旅游开发公司入驻,打造文化旅游产业发展新格局,积极打造以宜红茶文化、土家文化为主题的演艺活动

古城的保护是如今各省普遍的文旅发展路径。湖南永州在古城的保护之余,打造古城IP,使古城在新时代焕发新活力。永州有着丰富的历史文化资源,但缺少综合性的IP来推动地区的产业转型、文旅的融合。基于此现状,湖南永州充分挖掘地区特色——柳宗元故居所在的柳子街,来创建地区性乃至国际性的文旅古城IP。

首先,永州对古城中的古桥、古路、古街、古巷等古城内建筑进行"抢救式"修复、修缮与保护,以突出其历史文化元素。基于历史元素,通过"一轴、两带、三核、五街、七巷"模式对古城的布局进行创新式改造,营造"一处一韵、一街一景、一店一画"文化体验。

其次,创新历史元素对应的历史故事、文化故事的形式。比如引入高源土陶、乐塘皮鼓、零陵渔鼓等非物质文化遗产作为历史故事的载体,开展永州特色文艺演出、大唐古风夜游、玩转大唐极乐夜等活动,引入"火宫殿""花美时"等品牌商家,来讲好"潇湘文化、柳子文化、怀素文化、仙姑文化"。

图2-22　零陵古城

再次，考虑到古城建设的经济效应，还引入了湖南网红名片的"文和友·董顺桃""庭旺湘"和广西驰名餐饮"达记·猪肚鸡"等30余家特色商家，以文化、美食来推动古城IP的全面发展，引领零陵古城文旅融合再升级（图2-22）。

最后，迎合自媒体发展的浪潮，零陵古城借助抖音、快手、小红书、携程等互联网平台，邀请自媒体大咖前来感受古城，推广古城IP，实现文旅的共享化。

在文旅模式创新层面，湖南省开启"（文化＋科技＋金融＋N）×旅游需求"融合发展模式。这个模式强调的是场景的特色化，突出开发文化创意、金融资本、科技创新结合下的旅游需求，引领政府资本、产业资本、消费资本和金融资本进入旅游领域，形成全域旅游发展新格局。"N"指n个相关领域，比如农业、工业、体育、教育、健康等。早在2018年，湖南省就出台了《湖南省建设全域旅游基地三年行动计划（2018—2020年）》，强调了湖南省全域旅游的"5＋7"。"5"是指五大旅游板块的优化：长株潭旅游板块（以"锦绣潇湘·快乐之都"为区域品牌，打造国际知名都市旅游目的地和旅游装备制造高地）、环洞庭湖旅游板块（以"锦绣潇湘·天下洞庭"为区域品牌，打造国际知名湖泊度假旅游目的地）、大湘西旅游板块（以"锦绣潇湘·神秘湘西"为区域品牌，打造以世界遗产为核心的国际生态文化旅游目的地）、雪峰山旅游板块（以"锦绣潇湘·神韵雪峰"为区域品牌，打造国内外知名的山地旅游目的地）、大湘南旅游板块（以"锦绣潇湘·休闲湘南"为区域品牌，打造国际知名休闲度假旅游目的地），通过旅游板块的优化来布局湖南省文旅融合的品牌；"7"是指7条跨区域的旅游线路（张崀桂旅游走廊世界遗产旅游线、"伟人故里"红色旅游线、长江黄金水道和环洞庭江湖度假旅游线、桃花江·桃花源美丽乡村旅游线、"心愿之旅"祈福寻根旅游线、"神韵雪峰"山地度假旅游线、"快乐之都"长株潭都市旅游线),通过跨区域的旅游线路来全面打破区域间的空间格局,融合景区特色,实现全域旅游的深层次目标。结合五大旅游板块与7条跨区域旅游线路,湖南的全域旅游实现了较快速的发展,也出现了长沙市宁乡市、衡阳市衡南县、株洲市炎陵县、湘潭市湘乡市、邵阳市新邵县、岳阳市岳阳县、怀化市芷江县等全域旅游示范名单。

在瞄准世界性倡议层面,湖南省重点瞄准"一带一路"倡议,从三个方面来深化文旅融合。首先,注重挖掘、提炼湖南地方特色。"一带一路"倡议连接了65个国家和地区,创造了极大的文旅需求。因此湖南省深入研究"一带一路"沿线国家游客的偏好,找准结合点,在营销策略上实行一国一策,增强精准性。湖南的文旅优势主要表现在五个方面:红色文化、地质文化、历史文化、茶文化、少数民族文化。红色文化是以毛泽东故居为代表。毛泽东作为世界名人、伟人,在非洲等第三世界国家中拥有较高知名度,可以吸引"一带一路"沿线发展中国家的游客。地质文化是以张家界为代表,张家界独特的地貌吸引着其他地区的游客前来观赏。历史文化是以马王堆、岳麓书院、岳阳楼为代表。岳麓书院作为中国历史上四大书院之一,有较强的教育意义,适合发展研学游;《岳阳楼记》中的"先天下之忧而忧,后天下之乐而乐"可以吸引"一带一路"沿线国家中对中国历史文化有极强兴趣的游客。茶文化是以安化黑茶为代表,安化黑茶在中亚国家中有着较重要的地位。湖南益阳是中国黑茶的重要产地,是18世纪中期欧亚大陆"万里茶路"中的一个节点。黑茶自几百年前就已经到达中亚国家,很多中亚国家当前都有饮用黑茶的习惯,比如哈萨克斯坦。少数民族文化指以凤凰为代表的土家族苗族风情文化,湖南除了苗族等还有很多少数民族,基于少数民族构建的特色文旅小镇就是该优势的显现。其次,创新融合,精准精细开展合作、推介和招商活动。精准精细表明湖南要与"一带一路"沿线重要客源国开展长期友好的合作,信息互通、资源共享,减少文旅合作进程中语言、风俗的障碍。精准精细合作带来的信息互通,有助于湖南省及时根据市场需求调整文旅融合的产品供给,以及走出国门建立国际化文旅发展体系。最后,着眼旅游全要素,多措并举,提升文旅行业供给实力。"一带一路"的国际化背景意味着湖南在瞄准"一带一路"沿线国家发展文旅融合过程中需要配置国际化的人才与技术。因此湖南省需要吸引全国乃至全世界一流的旅游方面的专家,组建高水平的文旅发展人才队伍,着力提高文化旅游行业人员,尤其是直接参与对外文旅交流合作工作人员的业务能力和水平,更需要借助5G技术、人工智能等技术来深化文旅融合,为文旅融合提供智慧化的平台。

在"十三五"规划指引下,湖南开展的古城IP、文旅小镇创建等行动给该省的文旅融合带来的成效较为显著。"十四五"时期,湖南将重点实施"25553"工作思路(表2-6),整合两项工程、五大体系、五大板块、五大协作区和三个走廊,打造万亿产业来推动文旅产业发展,提升文旅的综合效应。

表2-6　湖南"25553"文旅工作思路

方向	内容
两项工程	艺术创作精品工程、文旅人才培养工程
五大体系	现代公共文旅服务体系、现代文旅资源保护利用体系、现代文旅产业创新体系、现代文旅市场管理体系、现代文旅传播推广体系
五大板块	长株潭伟人故里文化旅游融合发展板块、环洞庭湖湿地生态文化旅游融合发展板块、大湘西民族文化生态旅游融合发展板块、雪峰山抗战文化旅游融合发展板块、大湘南休闲文化旅游融合发展板块
五大协作区	湘赣边区红色旅游协作区、湘鄂赣天岳幕阜山文化旅游协作区、湘鄂渝黔武陵山文化旅游协作区、湘粤南岭文化旅游协作区、湘桂崀山文化旅游协作区
三个走廊	大湘西民族文化旅游走廊、大湘东红色文化旅游走廊、长征文化旅游走廊

(二)湖南文旅融合的典型城市:长沙

长沙作为湖南省会,近几年成为"网红城市",吸引了国内外游客。2020年湖南省旅游总收入为8261.95亿元,排名中国第二,旅游总人数6.93亿人次,其中长沙是湖南省各区中接待国内外游客最多、旅游总收入最高的区,如表2-7所示。

表2-7　2020年湖南省旅游总收入及人数[①]

地区	接待国内外游客总数/万人次	旅游总收入/亿元
长沙市	15194.31	1661.32
株洲市	5935.21	578.06
湘潭市	5800.24	532.22
衡阳市	6479.77	573.26
邵阳市	4300.74	421.37
岳阳市	5792.07	579.31
常德市	5482.49	479.53
张家界市	4949.21	568.95
益阳市	3735.45	341.76
郴州市	6899.7	634.1
永州市	5943.59	519.49
怀化市	5847.69	471.09
娄底市	4771.1	424.59

　　长沙旅游的庞大基数使之在文旅融合的发展中有着较大的优势。长沙强调理念的融合、功能的融合和产业的融合。理念的融合是让融合成为"化学反应",甚至是"基因重组",也就是强调了文化对旅游是消费动因、资源支撑、创意附加,旅游对文化是建设驱动、传播推广、交流互鉴。功能的融合是指提供多种供给,构成城市功能的融合。比如长沙音乐厅,带来了文化供给的多元化,引入高雅艺术作品的同时将高雅艺术和市民的距离拉得更近。产业的融合是指景区园区街区、夜间乡间网间的"三创",最典型的是"文和友"的繁荣。

1. 立足红色资源

　　如果说长沙的茶颜悦色是其成为网红城市的标签,那么长沙的红色资

---

① 数据来源:湖南省文化旅游厅。

源则是其近现代历史的渊源。革命领袖毛泽东是长沙红色资源中最靓丽的一部分,铸就了敢为人先和忠诚担当的红色精神与当下丰富的红色资源。

长沙共有红色旅游景区景点93处,其中伟人足迹26处、名人故居22处、工农革命热土26处、革命烈士纪念地19处,被称为"革命摇篮、领袖故里"。岳麓山、杨开慧故居和纪念馆、秋收起义纪念馆、中共湘区委员会旧址、何叔衡故居、湖南省立第一师范学校旧址等这些红色景区是爱国主义教育的资源,有助于推广敢为人先的红色精神。

为了盘活红色资源,长沙一方面将红色资源与周边的自然生态文化相结合,整合红色资源、民俗风情,形成红色与其他色彩的融合与对接,建设综合性文旅体验区,将绿水青山变成金山银山、将红色资源变成致富资源。比如开慧镇的建设,开慧镇依托杨开慧故居4A级景区,将红色旅游与绿色田园完美融合,发展特色项目,优化旅游配套,打造一个让本地人眷恋、外地人向往,年轻人邂逅爱情、中年人放松心情、老年人颐养性情的浪漫温馨田园小镇。另一方面,长沙积极组织开展红色文旅年系列活动,围绕提升红色旅游服务水平组织开展了全市性的红色讲解员培训、景区讲解拉练讲评、导游词创作大赛、红色故事讲解比赛等活动,推出红色旅游精品线路,满足多元红色文化的消费需求。

2. 建立公共文化机构文旅融合示范点

2021年长沙建立30个公共文化机构文旅融合示范点,其中典型的是福临驿站(图2-23)。福临驿站是文化站的升级,是通过"政府搭台＋公司运营"的模式,引入本地文化旅游企业湖南福影旅游管理有限责任公司入驻驿站,发挥旅游集散中心和综合服务的功能,负责全镇旅游资源的整合、包装、策划,实现各种分散资源的整合统筹和利用。这种"政府搭台＋公司运营"的模式可以将文化资源转换为百姓需要的经济资本,也可以营造地区的文化氛围,是可持续的模式,并且驿站还开发了个性化的旅游线路和产品,即针对不同群体、不同主题、不同需求,提供度假、研学、会议、拓展、干部培训、爱国主义教育以及乡村旅游、农事体验等各类旅游线路,供游客自主选择。总体而言,建立福临驿站等公共文化机构文旅融合示范点对于提升基层综合文化效能、点亮乡村文化起着关键的作用。

图2-23 福临驿站

3. 文创作品赋能文旅融合

文创产品是指文化创意产品,是依靠创意人的智慧、技能和天赋,借助现代科技手段对文化资源、文化用品进行创造与提升,通过对知识产权的开发和运用而产出的高附加值产品。长沙的文创产品种类繁多,深受大众喜爱。

长沙的文创产品更多出现在红色旅游中。2020中国红色旅游博览会中展示的文创产品充分表明该市文创产品对文旅融合的推动作用。文创产品相比文旅是更为实际化的载体,其多样的形式、独特的风格对于文旅消费者有较大的吸引力。"红星小宝"和"小兵阿荣"是长沙代表性文创产品,通过动漫IP形象,形象传达文化产品背后的文化故事。"红星小宝"以红军军帽上的红星为原型,既是革命战士头上的信仰之星,也是新一代接班人心中的赤子之心。"小兵阿荣"则表现出生在和平年代的年青一代,他们对于军旅文化的向往,是一种红色传承和情感寄托的形象化。

除了红色文化的文创产品外,长沙还有很多文创产品传达陶艺等带有地区历史的文化。比如以湖南隆回的滩头年画为题材的"非遗版秘密花园"、长沙窑的"随身茶室"和"筷乐伴手礼""鸾凤双飞"等(图2-24)。

图2-24 长沙文创产品

4. 打造湘间夜间经济

相较广东夜间经济更多集中于博物馆等文化载体,长沙的夜间经济则是覆盖全城,是城市灵魂。长沙的美食、湖南电视台,都是这个城市夜间繁华的一部分。

长沙通过树立三大品牌来打造湘间夜间经济。第一大品牌,强调将美食、游玩、购物、娱乐等活动有效整合,构建带有湖湘地方特色的夜间产业生态圈;第二大品牌,强调基于某一知名历史地标,结合科技、国际、文化等多种元素,构建夜间IP,拉动夜间文旅消费;第三大品牌,强调基于革命历史文化开发现代化时尚文旅项目,将本土的花鼓戏、相声、非遗作为夜游文化输出的重点。

五、西北地区:青海文旅融合发展模式

(一)青海省文旅融合的路径

青海作为西北的省份,相比浙江、广东等东部省份在旅游吸引力上有些许弱势,但其一直坚持"宜融则融、能融尽融"的原则,不断整合文化、旅游资源,逐步实现文旅融合整体发力,在推动文旅融合的同时也促进了地区的发展。

青海省当前有文旅企业6000多家,主要依托青海省中国国际旅行社、青海省康辉国际旅行社、青海旅游投资集团、青海省青海湖旅游集团、青海省中国旅行社这五大企业,聚集资金等各类发展文旅产业的资源,通过七方面的路径来实现文旅的深度融合,如表2-8所示。

表2-8　《青海省进一步激发文化和旅游消费潜力的实施方案》重点内容

总体要求	提出了推进文化和旅游消费提质转型升级、推动全省文化和旅游消费规模保持快速增长态势、助推经济社会高质量发展的目标
重点任务	推出消费惠民措施,释放文旅消费活力;着力丰富产品供给,不断满足消费需求,鼓励打造演艺、娱乐、旅游、文创等文化旅游产品和服务,建设省级网络视听产业园,增加有效供给;突出文旅特色资源,促进产业融合发展;推进消费试点示范,促进文旅消费升级;推动景区提质扩容,扩大优质消费供给;持续激活假日经济,创新发展夜间经济;持续优化消费环境,提高消费便捷程度;提升入境旅游环境,持续扩大消费规模
保障措施	涉及加强组织领导、加大投入保障、加强金融支持、严格市场监管四个方面

第一,推动"文旅+"的发展。"文旅+"侧重的是各类要素的聚集与重组,比如"文旅+扶贫"。在"文旅+扶贫"层面,青海省签订支持深度贫困地区文化建设工作实施方案,将文旅融合与脱贫攻坚有效结合。青海省的班玛县作为国家深度贫困县,借助文旅融合的趋势,挖掘"红、金、绿"三色产业。"红"代表红色旅游。班玛县是红军长征唯一经过青海的地方,是青海红色资源和长征文化资源的胜地。青海省联合该省的企业、组织,寻找该县发展的定位——发展综合性酒店产业,基于此给资金、给资源,不断推动该县红色教育中心、纪念馆、纪念碑等旅游基础设施的建立,在提供岗位需求的同时,红色产业发展迅速。"金"代表金色文化、宗教文化。班玛县具有特色的格萨尔文化、藏家碉楼建筑等民族文化遗产以及唐卡、雕塑、泥塑、格萨尔面具、石刻、根雕等手工艺制作。基于这些民族特色,青海省推动该县发展民间艺术,并对相关人员开展点对点的培训,提高该县人员的艺术水平,以便开展各类文艺表演、制作各类手工艺产品,以此脱贫致富。"绿"代表绿色生态。发展班玛县藏雪茶。班玛县有玛柯河、多柯河原始森林,是自然保护区,自然环境优越,药材资源丰富。利用自然环境与资源,该县重点发展茶业,通过"公司+基地+农户"的模式培育班玛县藏雪茶,以带动产业的发展。在重点培育班玛县藏雪茶的基础上,班玛县结合游客的需求,不断推出红茶、绿茶、茶饼等藏雪茶,共18个系列产品,提升产品的附加值,推动产业的深度发展。在"文旅+体育"层面,青海省有效捕捉当前体育旅游需求的转变:观看体育休闲项目转变为参与体育休闲项目,结合该省景区建设,推动徒步、骑行、钓鱼等户外休闲运动的发展。比如龙羊峡景区,承办环青海湖国际公路自行车赛、青藏高原沙漠热身赛等,吸引文旅消费者的参与。通过各类体育赛事的举办或承办,吸引游客参与体育休闲活动的同时感受青海省的风土人情,不断将"文旅+体育"拓展为"文旅+体育+商贸"的模式,以有效促进地区经济的发展。

第二,激发文旅消费潜力。青海省出台了《青海省进一步激发文化和旅游消费潜力的实施方案》,针对消费者、企业、行业都提出促进文旅发展的举措和指引,需求、供给共同发力,形成文旅产业链的闭环,以使文旅消费成为稳增长、惠民生的"生力军"。在政策的指引与政府的推动下,青海省举办

"黄河·河湟文化"惠民消费季活动,通过推行发放惠民卡、创建文旅体验点和创客基地等举措来刺激文旅消费。

第三,建立区域合作机制。相比东部地区,青海省在各方面略有不足,因此青海省通过区域合作的形式,建立对口援青、西北协作区、沿丝绸之路、青藏铁路沿线,以及长江、黄河、澜沧江流域文化旅游合作机制,将文化作为合作的桥梁,聚集发展文旅的资源,实现文旅大融合与大联动,如表2-9所示。

表2-9　青海省区域合作具体表现

区域合作	内容
青海联合四川、重庆、陕西、宁夏、甘肃省	打造"环西部火车游""1+5"跨省旅游合作新模式
青海联合湖南、宁夏等7省(区)	线上发起"凝心聚力抗击疫情"美术、书法、摄影网络微展活动

第四,综合执法营造良好的文旅发展环境。青海省整合文化、旅游、文物等行政执法的职能,成立文化市场综合行政执法监督管理局,从文化意识的维护、文化市场的规范、文化建设的联动等方面为青海省的文旅发展营造良好的市场环境。管理局职责包括维护国家文化安全和意识形态安全;加强队伍建设,充分发挥省级文化市场综合执法队伍的示范、引领、带头作用,指导、监督、协调全省各级文化市场综合执法队伍开展综合执法工作,切实维护健康繁荣的文化市场经营秩序;建立健全跨部门跨区域执法协作联动机制,特别是加强与涉及执法职责的文化和旅游、文物、出版、广播电视、电影等有关行政管理部门间的密切协作,推进综合执法监管的信息化建设,使全省文化市场综合执法工作再上新台阶。

第五,注重艺术创作吸引文旅消费者。青海省在艺术创作的数量与形式上都倾注心血。青海省创排大型剧目20多台,文艺团体演出1.8万余场,新冠疫情暴发期间专业艺术团体及群众团体创作作品共120余件,涌现出《生如夏花》(京剧)、《唐卡》(舞剧)、《藏羚羊》(少儿京剧)等出彩的作品。创作不仅涵盖了诗歌、戏曲、音乐、曲艺、美术、书法等艺术形式,还借助自媒体平台,拓宽艺术创作的覆盖群体。比如,青海省在青海省文化和旅游厅官方网站、视讯青海以及"学习强国"等多种媒体和平台上刊发宣传抗击疫情优秀文艺作品;利用微信群与微博宣传优秀文艺创作,如公益歌曲《照亮生命的旅途》、曲艺《众志成城抗疫情》等,以艺术创作的影响力来提升大众对青海省的文化形象,以此吸引文旅消费者的到来。

第六,聚集文旅产业,以集聚效应提升青海文旅影响力。文旅产业的聚集,一方面可以形成规模效应,促进资金、人才等资源的共享;另一方面,可以形成示范效应,带动其余地区的产业发展。青海省注重建设一批具有示范带动效应的文化产业集聚区、特色村镇和重点项目,大力推进海东河湟文化、海西昆仑文化、黄南热贡文化产业等集聚区的建设,形成有较大影响力的省级文旅品牌,使文旅产业成为青海经济的重要增长点。

第七,将非遗传承纳入文旅融合的进程。青海省的非物质文化遗产有国家级57项、省级93项,比如那达慕、格萨尔、锅庄舞。如表2-10所示。基于丰富且优秀的非遗成果,青海省一方面通过振兴计划,推动土族盘绣等11个项目纳入国家传统工艺振兴目录,借助国家资源保护传统文化与非遗成果,并且还成立非遗保护协会;另一方面,青海省举办与非遗成果相关的各类大赛和论坛,加强文化交流的同时推广青海省的非遗成果,以构建青海省文旅形象。

表2-10　青海省非物质文化遗产(部分)情况

类别	项目
民间文学	格萨尔、拉仁布与吉门索
民间音乐	老爷山花儿会、藏族拉伊
民间舞蹈	锅庄舞(玉树卓舞)、土族於菟
民间美术	土族盘绣、塔尔寺酥油花、热贡艺术、灯彩(湟源排灯)
民俗	土族纳顿节、土族婚礼、撒拉族婚礼、那达慕
传统戏剧	藏戏(青海马背藏戏)、皮影戏 (河湟皮影戏)
传统医药	藏医药(藏医药浴疗法、藏药阿如拉炮制技艺、七十味珍珠丸赛太炮制技艺)

在非遗传承融入文旅融合的进程中,湟源县丹噶尔古城景区的做法是较为成功的(图2-25)。丹噶尔古城,是藏语"东科尔"的蒙语音译,意为"白海螺",始建于明洪武年间,距今已有600多年历史,是商业、军事、宗教、民俗等多元文化交融的重镇。在文旅融合的进程中,该古城开展非遗项目进景区活动,将湟源排灯制作技艺、河湟刺绣、湟源皮绣、湟源陈醋酿造技艺、严酿皮、余甜醅等带入湟源丹噶尔古城景区,还投资200万元建设明清老街河湟刺绣湟源皮绣展示销售及体验中心,让非遗传承与旅游深度融合,扩大非遗传播的社会影响力。

图2-25　湟源县丹噶尔古城景区

2021年,青海省在以上七大路径指引下,还设置了该省文旅发展的三大目标:目标一,修炼好看的"外表"和有趣的"灵魂";目标二,打造生态文化旅游目的地,自然美才是真的美;目标三,把握"网红"的热度,机会只留给有准备的人。目标一强调的是基于该省丰富文化和旅游资源,打造文旅精品,让文旅有诗意也有远方。目标二则是构建共融共建共享的生态文旅发展新模式,重点发展生态旅游等形态。目标三是青海迎合数字化潮流,建设数字文旅大数据平台,落地智慧景区、语音导览等项目,加快旅游区的数字化升级,并加大该省"网红"景点的整体营销力度,提升网红景点的文化内涵,以提高青海文化产业发展的能力。

(二)青海文旅融合的典型城市:西宁

西宁作为青海省会城市,在地理位置、历史文化等多方面具有推动文旅融合发展的优势。西宁是青藏高原的东方门户,是古"丝绸之路"南路和"唐蕃古道"的必经之地,也是世界高海拔城市之一,有湟源峡、南凉虎台遗址公园、明长城遗址公园、日月山景区、丹噶尔古城、塔尔寺、南山公园等著名景点。

西宁在文旅融合的过程中已取得了良好的成绩。在产业发展方面,建成10条乡村旅游示范带,推出第三极看海洋、高原观熊猫等文旅产品,连续举办5届中国西部自驾车旅游联盟年会;在公共服务方面,全市公共文化服务场馆全部实现免费开发,年均开展"文化志愿走基层"移风易俗文艺宣传演出1000余场;在文化保护方面,申报评定55个市级非物质文化遗产保护项目及106名代表性传承人。西宁主要是通过"乡村+文旅""博物馆+"复合型融合等路径来实现文旅融合的。

1. "乡村+文旅"

西宁乡村较多,且具有特色文化底蕴,有较大的发展潜力,比如拦一村(图2-26)。拦一村是鲜卑慕容后裔聚居地,是鲜卑慕容中华酩馏非物质文化遗产的产地。基于这一独特的历史资源,拦一村以"鲜卑慕容文化"为中心,延伸发展出与它相关的民俗体验、乡村餐饮、影视文化、博物馆、农业基地,构建多元一体的乡村特色旅游生态圈。农业基地方面,拦一村形成"旅游基地+农户土地+农户工人+农户旅游产品加工"的发展模式,将土地流转、农产品收购与鲜卑慕容文化景区融合,丰富文化的同时,发展该地农业。民俗体验层面,该村打造慕容府,并推出醉历史、醉文化、醉乡村、醉酩馏、醉生态、醉日出、醉晚霞、醉星空"八大醉景",以诗情画意的醉景配合历史悠久的慕容文化,并将美食贯穿其中,塑造"慕容古寨"的文旅品牌。

图2-26 青海西宁拦一村

2. "博物馆＋"复合型融合

西宁在实行"博物馆＋"复合型融合模式之前,先对文化载体的各类馆进行修缮与重建,其中最为重要的是"四馆"的建设。"四馆"是指西宁市博物馆、美术馆、图书馆、文化馆。这四大馆汇集了文化展览、文物展览、多媒体视听、书画展览、学术报告会、文献藏书、数字服务、器乐培训、剧场演出等多种功能。基于这些功能,西宁依托沈那遗址公园打造出集博物、展示、教育、休闲等多项功能于一体的具有地域特色的城市文化艺术活动交流中心,提升"四馆"建设后的品牌影响力与吸引力。

在四馆建设成功后,西宁从中获取灵感,正式开始"博物馆＋"复合型融合模式的运行。"博物馆＋"模式最初选定藏医药文化博物馆(图2-27)。该博物馆涉及了藏医文化、藏族特色,本就具有一定的吸引力。因此,西宁以藏医药文化为主题,以藏文化为特色,通过基地申报(全国爱国主义教育基地、全国科普教育基地、国家级文化产业示范基地),实现"博物馆＋基地"模式的建设。具体而言,首先,借文物讲好西宁故事。博物馆中的各类文物代表的都是历史潮流中的某个阶段或者某个时期。西宁深度挖掘文物背后的故事,将故事与西宁、与青海相融合,借文物故事讲西宁故事、讲青海故事、讲中国故事。通过文旅消费者传入各地,在促进文化传播的同时,也为该地的文旅产业发展提供了引擎。其次,借文创产品促地区发展。西宁基于青海藏医药文化博物馆创造出颇具特色的藏医药文创产品。这些文创产品中蕴含西宁元素、青海元素。将文创产品的消费与文化历史的获取相结合,创新文创产品,吸引文旅消费者驻足并带走,最终促进当地经济的繁荣。最后,借科技赋能文旅产业。西宁引导博物馆与藏医药国家重点实验室等机构合作,既通过科技手段的运用来保护博物馆文物,又通过科技赋能强化文化展览的沉浸式效果,最终打造可看、可学、可医、可养、可买的可持续文旅新业态。

图2-27　中国藏医药文化博物馆

3. 数字赋能下的智慧旅游

智慧旅游是利用云计算、物联网等技术,通过数字化的运营模式将旅游信息、旅游活动、旅游资源聚集在一起,从而实现有效的旅游管理、旅游服务与旅游营销。它是一种全新的旅游生态模式,自2010年江苏省提出智慧旅游概念起,智慧旅游在北京、江苏等多个省市都得到了应用。随着数字化的深入与各种新技术的发展,智慧旅游有了更新、更全面的发展。

西宁为了实现智慧旅游,强调加强全链数字化,将"构建以移动应用和信息主动推送为特色的智慧旅游服务体系"作为文旅发展的目标,运用可视化管理模式,推动文旅产业上下游形成战略联盟,促成行业整合、产业整合和资源整合。

数字化赋能下形成的智慧旅游最终是为了实现西宁的四大目标:提升旅游整体形象;服务域内景区持续化运营;多渠道、多手段服务游客,形成客户黏性;实现涉旅企业共赢。目标一是通过数字化平台,实现旅游信息与资源的互联互通,并对接政府调度指挥中心、旅游网站,塑造安全、可靠、有质量的西宁文旅形象。目标二重点在于挖掘文旅热点,制定个性化的文旅主题,创造特色化的文旅产品,实现景区营销精准化,并通过数字化平台的量化分析来确定文旅营销渠道,优化景区服务的同时,形成营销合力,带动景区文旅消费。目标三是借助数字化平台直接可实现的文旅咨询定向推送、文旅路线的个性化定制,以此获取文旅消费者的信赖与喜爱,形成文旅消费黏性。目标四强调企业的合作与聚集。西宁希望通过数字化赋能将企业、市民、出租车、旅店等都纳入文旅生态网络,以构建一体化、综合性的文旅生态网,带动文旅融合的同时实现各方的共赢。

　　在四大目标的指引下,西宁"乐游西宁"智慧旅游平台在2019年正式上线运营。该智慧旅游平台采取"旅游＋文化＋金融＋互联网"的模式,涵盖政策资讯、公共服务、旅游监督、游客投诉、旅游攻略、美食介绍、门票预订、酒店预订、线路预订等多项功能,为游客提供全过程、全方位、全游览周期的综合性服务,实现"一部手机畅游西宁"。

　　4. 老字号助推文旅融合

　　老字号企业往往有着悠久的历史文化,在民族特色、技艺传承等方面有不可比拟的优势。西宁有青海省大部分老字号企业,比如青海高原酩馏影视文化村(图2-28)、青海湟源日月山醋业有限责任公司、西宁城中区马忠食府等,这些企业的背后是独特的老字号品牌,对文旅消费者有着自然的吸引力。

图2-28　青海高原酩馏影视文化村

　　西宁借助老字号品牌自带的历史价值与文旅吸引力,围绕老字号企业构建文化旅游城,实现文旅的深度融合。其中最为著名的是青海高原酩馏影视文化村的打造。高原酩馏影视文化村是基于慕家村酩馏酒这一老字号品牌发展而来的。每一年该村都会举办隆重的祭酒典等酩馏酒文化活动,吸引青海省乃至国内外的民俗专家、摄影家以及文旅消费者慕名而来。慕家村酩馏酒背后是酩馏酿造技艺,该技艺是湟中区首批非物质文化遗产。为了将该非遗项目做大成文旅品牌,西宁将酿造技艺与农业生产有效结合,汇集农业生产基地、天然林场、农业采摘等休闲旅游资源,陆续投入资金建设民俗馆、酩馏酒生产体验基地、河湟民居、特色农家院等基础设施项目,打造辐射周边30平方千米的青海高原酩馏影视文化村。

六、东北地区：黑龙江文旅融合发展模式

（一）黑龙江省文旅融合的路径

黑龙江相比于其他省份，特色相对单一，主要是冰雪与森林。因此在省级层面，黑龙江重视顶层设计，以《黑龙江省全域旅游发展总体规划（2020—2030年）》和《黑龙江省冰雪旅游产业发展规划（2020—2030年）》两大政策为指引，以100个文化和旅游产业项目为重点，推动本省的文旅融合发展。2019年以来，黑龙江省旅游产业发展大会更是将文旅融合作为突出主题，围绕"新业态""新模式""新体验"三个理念来强化对文旅融合的重视度，在文旅服务体系建设、文化遗产保护、文旅发展工程建设等各方面均取得了不错的成效。

从黑龙江省近几年的文旅融合发展来看，该省主要是通过跨界融合助力红色旅游开发，提升冰雪旅游的含新量、含金量、含绿量，变旅游为漫游，民宿图书馆寻文旅契合点等路径来推动文旅的融合。

跨界融合助力红色旅游开发。黑龙江省红色旅游开发从2004年开始，此后便不断充实红色旅游内容，开发红色旅游精品路线，深挖红色旅游价值内涵，实现了文化与经济的共赢。据不完全数据统计，黑龙江当前共有抗联遗址遗迹386处，涵盖了县级以上文保单位的遗址、未定级的抗联遗址。这些分散在省内各区域的遗址是发展红色旅游的资源。基于这些资源，黑龙江通过三大举措来发展红色旅游：重构与抗联有关的纪念设施、发挥抗战遗址爱国主义宣传教育作用、开展主题纪念活动。在重构与抗联有关的纪念设施层面，黑龙江省基于抗联遗址遗迹形成了5条抗战主题红色旅游精品线路，并将这些红色路线与冰雪旅游、边境旅游相结合，提升红色旅游吸引力。在发挥抗战遗址爱国主义宣传教育作用层面，黑龙江投入资金加强对革命场馆和革命文物专项保护工程的建设，建设教育基地和纪念馆，比如林口县八女投江遗址纪念馆、汤原县东北抗联密营陈列馆，这些场馆成为研学游的必然选择。在开展主题纪念活动层面，黑龙江有效利用"抗战胜利、改革开放、新中国成立"这些关键时间节点，开展对应的主题纪念活动，比如开展

"红色记忆——革命文物的述说"专题展览,实现文旅与旅游、革命的跨界融合。

　　提升冰雪旅游的含新量、含金量、含绿量,强调的是黑龙江冰雪旅游的创新性、平民化与环保性。《中国冰雪旅游发展报告2021》指出,2020年到2021年冰雪季中国冰雪旅游休闲旅游达到2.3亿人次,冰雪休闲旅游收入超过3900亿元[①],并用十大关键词概括了中国冰雪旅游的现状与趋势,如表2-11所示。从十大关键词上可以看出,冰雪旅游的创新、环保及平民化是当前发展最重要的特点。从创新性层面看,黑龙江的冰雪大世界与王者荣耀合作,发展粉丝经济,来促进冰雪旅游的二次消费。与此同时,黑龙江也关注冰雪旅游的媒体传播。比如该省注重冰雪IP核心要素的打造,与省电视台、网络媒体以及自媒体深入合作,实时向文旅消费者推送该省的冰雪旅游资源与活动,并设计制作冰雪周边产品,提升游客重游率。从平民化层面看,黑龙江的冰雪旅游逐步走入"百姓家"。这主要是借助活动的形式来实现的。比如,瞄准游客与市民对冰雪旅游的需求,开展中外音乐会、歌剧、儿童剧、芭蕾舞剧等,开发冰雪产品,设计冰雪路线和街区,将冰雪旅游与传统乡村风俗相结合,使冰雪旅游更加接地气。从环保性层面看,黑龙江充分利用自身丰富的森林和山地资源,构建冰雪特色小镇或冰雪体验区,提供沉浸式冰雪旅游服务。

表2-11　中国冰雪旅游发展现状与趋势的十大关键词

序号	关键词	内容
1	信心	新冠疫情给冰雪旅游带来冲击,但中央和地方政府已纷纷出台综合性扶持政策,让冰雪旅游企业受益很大,市场信心恢复迅速
2	新民俗	玩冰雪成为冬季老百姓的时尚新民俗;冰雪文化的氛围已经形成;被压抑的国内旅游需求会延续黄金周的增长态势;冰雪旅游主要客源地,变成了冰雪旅游目的地
3	实惠	冰雪旅游全要素产品的价格下降非常显著

---

① 数据来源:《中国冰雪旅游发展报告2021》。

续表

序号	关键词	内容
4	引擎	冰雪旅游成为众多目的地冬季消费的新动能
5	差异	南方冰雪休闲娱乐与北方冰天雪地均有巨大的市场
6	演变	冰雪旅游整个需求结构有一些变化:亲子家庭游、智能化、定制化、散客化等成为旅游新的方向
7	融合	冰雪旅游产品创新更加注重的是在场景营造、文化引领、科技赋能三个层次上实现融合
8	产业兴	全国将近7000家冰雪旅游企业推动冰天雪地变成金山银山,境内注册的经营冰雪旅游相关业务的企业有6540家,近三年每年以15%的速度增加
9	投资热	2018年到2020年3年间我国冰雪旅游的重资产投资项目总投资规模将近9000亿元
10	生态红利	冰雪冷资源变成旅游热经济,全国冰雪资源最丰富的区域还是在东北等区域

慢游寻找文旅诗意,是黑龙江文旅融合过程中综合性的路径,具体落实在黑龙江海林的文旅融合中。海林位于黑龙江牡丹江市,是中国雪乡,也是著名侦察英雄杨子荣战斗和牺牲的地方,是集红色旅游资源、冰雪旅游资源与绿色旅游资源于一体的地方。基于其综合性资源,海林在寻找文旅诗意层面实施了"1234"提升行动,即一个核心(以横道河子为核心)、两翼(海林—长汀—雪乡和环莲花湖旅游带为两翼)、三色(提升白色冰雪游、红色经典游、绿色生态游"三色海林"形象)和四大工程(实施旅游景区、旅游城市、旅游营销、旅游环境"四大提升"工程)。在"1234"提升行动的指引下,黑龙江省开始进行红色文化宣导、慢游体验的构建以及文创产业的赋能。在红色文化层面,林海雪原风景区开设森林观光小火车、林海雪原剧场、白桦营地、夹皮沟屯等项目,并将经典红色剧目《林海雪原》《红灯记》选段的沉浸式演出和实景演出贯穿在项目中。与此同时,该区还改造东北抗联馆等,搭建大型实景演出舞台,为室外红色京韵演出做支撑。在慢游体验的构建层面,海林丰富每一个景点的内涵与活动,将一个个景点变成旅游目的地,比如:

海林的景点之一——油画村,以前只是做油画展,如今改造升级,加入手工体验项目;杨子荣烈士陵园原本只是纪念参观之地,如今借助"角色映射"技术和智慧导览系统,依靠"白山黑水+通往革命胜利道路"的理念,构建沉浸式体验。在文创产业赋能层面,海林借助自有的文化资源,与企业合作,创造文化衍生品,比如:海林市与上海英雄钢笔联名推出五款"穿林海跨雪原英雄笔",充分体现其"红色文化+绿色文化"内涵;设计城市 IP 立体形象——虎娃、雪妞、不倒虎、呜呜、黄黄、彤彤,以可爱逼真的人物形象传达海林文化底蕴。

民宿图书馆寻找文旅契合点,是黑龙江省贯彻落实省文旅厅《关于开展"公共服务进景区"活动的通知》后的具体举措。黑龙江首个民宿图书馆是在林都伊春市桃山桃源湖风景区。该景区发展民宿图书馆也是因为几大契机:第二届黑龙江省旅游产业发展大会在伊春召开,伊春有"祖国林都""红松故乡""天然氧吧"的美誉,旅游资源丰富且知名度高;该景区民宿建设已形成一定规模,有较完整的产业链;民宿游客有较强烈的文化需求。基于以上契机,黑龙江首个民宿图书馆在此建成,并不断完善。当前该民宿图书馆已有 2 万多册图书、公共文化一体机等硬件设备,之后还将不断开展文旅融合的专题培训,以促进民宿图书馆的可持续发展,发挥其在文旅融合过程中的关键作用。

(二)黑龙江文旅融合的典型城市:哈尔滨

哈尔滨是东北唯一获得"东亚文化之都"称号的城市。"东亚文化之都"是中日韩领导人机制下创建的三国文化领域的重要品牌。哈尔滨获此殊荣也印证了其在文旅融合方面的成就。

哈尔滨的多元文化是其发展文旅融合的底气。从哈尔滨大剧院到哈尔滨交响乐团、哈尔滨话剧院、哈尔滨歌剧院、哈尔滨儿童艺术剧院、哈尔滨芭蕾舞团,都彰显着这个城市的文艺气息。2020 年哈尔滨在国际冰雪节推出的全息芭蕾舞《冬日梦幻》还借助了高科技手段,为其表演增添了别样色彩。

文化幸福则是其发展文旅融合的心气。冰雪是哈尔滨的底色,音乐则是哈尔滨的背景色。在哈尔滨遍布着各类演出舞台,开展着各类高参与度的文化活动,比如"欢乐四季"原创大型广场舞比赛、哈尔滨合唱艺术歌会、"冰晶雪舞"欢乐季等活动,吸引着市民以及游客驻足。

文化传承是哈尔滨发展文旅融合的潜在目标。哈尔滨的历史文化资源丰富,涉及犹太文化遗存、中东铁路建筑、使领馆类建筑等。截至目前,哈尔滨共认定公布不可移动文物2014处、珍贵文物3900件(套)、一般文物8438件(套)、备案博物馆70家。博物馆作为文化传承的载体,在文旅融合过程中也起着重要作用。哈尔滨将音乐博物馆设置为免费开放,在不消费中提升游客对哈尔滨、对黑龙江的文化感知,提升哈尔滨在文旅融合中的品牌影响力。

在未来的文旅发展中,哈尔滨会重点贯彻落实习近平总书记关于"绿水青山就是金山银山,冰天雪地也是金山银山"的理念,结合习近平总书记、党中央关于"一带一路"的倡议,以及东北振兴、深哈对口合作等系列决策的部署实施,并以两大节会(哈尔滨国际冰雪节和迷人的哈尔滨之夏)为引擎,推动哈尔滨文旅融合发展。

1. "文化＋旅游＋体育"

哈尔滨的冰雪旅游自1963年举办冰灯艺术博览会开始便得到了快速发展。通过打造冰雪核心产品来塑造城市冰雪文化IP形象,以冰雪主题公园、滑雪度假胜地、冰雪旅游网红线路为主体,吸引八方宾朋来到哈尔滨体验浪漫和梦幻的冰雪文化(图2-29)。自1985年举办首届冰雪节,哈尔滨至今已经举办了36届,冰雪节连续获评中国十大冰雪节庆之首,形成了强大的吸引力和传播力,成为哈尔滨冰雪文化核心品牌和重要城市名片。2001年哈尔滨冰雪节升级为国际性节日。总的来看,哈尔滨的冰雪旅游开了中国冰雪旅游的先河。

图2-29　哈尔滨冰雪大世界

基于冰雪旅游文化，哈尔滨开始创新文旅发展路径，走"文化＋旅游＋体育"的模式。哈尔滨抓住 2022 年北京冬奥会的契机，大力发展冰雪经济，释放文旅体融合的潜能，塑造世界级冰雪 IP。文化，更多强调冰雪文化。冰雪文化不同于红色文化、历史文化，是更年轻化、更易创新的文化。基于冰雪文化，哈尔滨不断开发冰雪产业，打造冰雪景观，开展冰雪节日。在冰雪文化的创建层面，哈尔滨还从塑造冰雪文化 IP 到扩大 IP 的影响力再到推动冰雪文化 IP 升级步步推进，从三个维度来强化哈尔滨冰雪文化的国际影响力与吸引力。"文化＋旅游＋体育"主要表现为将体育活动融入文旅发展过程中。哈尔滨每到冬季都会举办各类冰雪运动或冰雪赛事，比如伏尔加庄园内的"中芬滑雪马拉松"，冰雪大世界的"冬季铁人三项世界杯"，沿松花江两岸的"冰雪嘉年华""速度滑冰世界马拉松"等。体育赛事一方面聚集了来自各地的运动员，他们是哈尔滨的间接代言人，他们的参与也是一种文化与旅游的传播；另一方面，体育赛事往往能够吸引各大媒体的眼球，对于哈尔滨的文旅宣传是极佳的。哈尔滨已通过打造"体育＋"和"＋体育"融合发展平台，让体育成为拉动哈尔滨消费、促进经济业态调整的新推手。

2. 打造特色小镇 IP

哈尔滨的特色小镇以一面坡镇为典型。一面坡镇，原名唐氏参营，其历史可追溯到北宋时期。该镇特殊的地理位置，使其与俄国有所关联；此后列强的侵夺，宗教和文化也逐步发展，俄文、佛教、道教、天主教、东正教、伊斯兰教、基督教以及酒文化都开始在这个地区发展。一面坡镇自有的资源主要是自然资源，比如矿产资源、山水资源。镇内有国家级森林公园绿海山庄、哈一漂游乐园以及同哈尔滨极乐寺齐名的东北三大寺之一的普照寺等旅游景区，其内的一面坡国家森林公园还是自然景观游览区和"天然植物博物馆"。

哈尔滨将一面坡镇打造成特色文旅小镇，主要基于其中东铁路历史文化及酒文化的底蕴。一面坡火车站始建于 1898 年，是中东铁路东线的折返站。130 余幢历史建筑留存在该镇，具有东北乡镇的鲜明特点，且蕴含着俄罗斯文化。一面坡镇是中国最早种植啤酒花和黑穗醋栗（黑加仑子）的地区。从 1903 年起，俄国、波兰、日本等国侨民在该镇开设酒厂，生产啤酒、果酒等。在文化底蕴的支撑下,一面坡镇被列为文旅特色小镇建设重点项目,地方政府致力于打造以中东铁路文化为灵魂、以越野滑雪为核心、以特色产业为支撑的国家级文旅特色小镇。[①]但从当前小镇的建设来看,文化挖掘有待加强,还没有形成有竞争力的文旅IP,对文旅融合的发展所发挥的作用有限。接下来,哈尔滨更多会从政府层面对其进行推动,将政府、企业融入该小镇的建设中,形成资源的集聚效应,以推动该文旅特色小镇的可持续发展。

3. 金源文化助力文旅融合

哈尔滨有着女真文化的烙印,女真人的狩猎、锻造、餐饮、萨满歌舞、女真音乐等"金源文化"随着哈尔滨的发展不断传承。基于文化的烙印,哈尔滨在借助金源文化助力文旅融合的进程中主要从三方面着手。首先,深入挖掘与女真族相关的金源文化。女真人曾经是北方民族的统治者,骁勇善战,创造了特有的金源文化。而女真人遗留下的历史文化、诗歌、萨满舞蹈、萨满服饰、特色餐饮都是如今可深入挖掘的资源。基于这些艺术文化,哈尔滨建成9座非遗博物馆、4处园区(如萨满风情园)、举办5届国际金源文化节、3届金史研讨会,以交流的形式深挖金源文化内涵,并将该文化融入城乡建设中,打造金源文化主题公园等,使其成为金源文化不断传承的载体。其次,串联产业来传承金源文化。当前共有金源文化遗址景点24处,主要有"四山、四园、八遗址",需要政府与企业的合作来投入资金、人才等资源,在维护遗址的同时寻找传承人。最后,多方联动培育文化龙头企业,使其带动金源文化持续发展。哈尔滨金源文化产业培育已见一定成效,已形成"阿什河流域民俗博物馆"、海古寨满族民俗文化传习所、满族火锅文化博物馆、哈尔滨三五非遗博览馆、亚沟黏豆包文化博物馆、玉泉酒业文化博物馆、松峰山道教非遗展示项目、木雕重彩博物馆、丁敏安泥塑、葫芦博物馆等非遗博物馆产业,但产业集聚效应并不显著,仍需政府在政策上给予大力支持,需要龙头企业进行商业化运营。

---

① 吴雪娇.文旅融合背景下哈尔滨特色小镇发展对策研究——以一面坡镇为例[J].学理论,2019
　(7):101-102.

七、西南地区:四川文旅融合发展模式

(一)四川省文旅融合的路径

四川省位于西南腹地,北连陕西、甘肃、青海,南接云南、贵州,东邻重庆,西邻西藏,是西南、西北和中部地区的重要接合部。独特的地理位置以及优美的风光都为其赢得了游客的喜爱。

四川省为了推动文旅融合发展,从2013年起就出台各种政策来推动旅游的转型升级。2018年四川省委十一届三次全会明确提出要促进文旅深度融合发展,并将其纳入全省发展的顶层设计中。2019年《关于大力推动文旅融合发展 把四川加快建设成为文化强省旅游强省的意见》发布后,文旅融合成为四川旅游的主方向,四川也在不断创新文旅发展,实现由文旅资源大省向文旅经济大省的转变。

2019年四川省基于对文旅环境的敏锐性感知,指出当前文旅事业处于黄金发展期:国家政策环境优化;文旅大市场在加快形成;要素驱动更加多元化。基于良好的文旅发展环境,《关于大力推动文旅融合发展 把四川加快建设成为文化强省旅游强省的意见》明确指出了四川文旅融合的五大路径与方向,如表2-12所示。

表2-12 《关于大力推动文旅融合发展 把四川加快建设成为文化强省
旅游强省的意见》

板块	内容	具体要求/内容
目标	把四川建设成为文化旅游产业深度融合的文化高地和世界重要旅游目的地	旅游总收入超过2万亿元,接待入境游客达到700万人次,旅游外汇收入实现30亿美元,分别比2018年翻一番
		国家和省级旅游度假区达到100个、生态旅游示范区达到100个、A级旅游景区达到1000个、上市挂牌文旅企业达到50户,分别比2018年增长1倍左右
		总资产和总收入"双百亿"文旅企业达到5家,文旅融合发展示范园区达到30个,培育一批有重大影响的国际性文旅会展和活动品牌

续表

板块	内容	具体要求/内容
路径	优化完善全省文化旅游发展新格局	实施"一核五带"的总布局:"一核"是指建设成都文化旅游经济发展核心区;"五带"是指建设以大熊猫文化、古蜀文明等为主要特征的环成都文化旅游经济带,以长江文化、民俗文化等为主要特征的川南文化旅游经济带,以蜀道文化等为主要特征的川东北文化旅游经济带,以彝文化等为主要特征的攀西文化旅游经济带,以藏羌民族文化、长征文化等为主要特征的川西北文化旅游经济带
	精心打造标志性文旅品牌	打造"十大"知名文旅精品;大力推进古蜀文明传承创新;实施精品线路推广工程,打造9条精品线路
	聚焦文旅融合推进业态创新	大力推进"文化+""旅游+""文旅+",创新文旅业态;培育互联网文化生态;大力发展"月光"经济
	做大做强引领发展的市场主体	实施文化旅游优秀龙头企业培育工程,打造本土文旅领军企业;深化文化体制改革,打造具有四川特色的艺术商圈和文艺川军
	推进重点文旅设施建设补齐短板	着眼于"通达",完善"快旅慢游"服务体系

在这些政策带来的路径、方向指引下,四川省的文旅融合通过"唤醒非遗""讲好四川故事""互联网热潮"等来实现。

在"唤醒非遗"层面,四川创造性转化、实施非遗传承发展工程来深化文旅融合。四川省非物质文化遗产丰富,有国家级非遗代表性项目153项,省级非遗项目611项,这些非遗项目都可为四川的文旅融合增添发展活力。首先,四川省构建非遗保护格局。政策在保护格局的构建中起到了重要指引作用。四川陆续出台《四川省非物质文化遗产条例》《四川省级非物质文化遗产代表性传承人认定与管理办法》《四川省传统工艺振兴实施计划》《四川省非物质文化遗产传承发展工程实施方案》等政策或方案,为非遗的保护提供了方向上的指引。其次,四川开展非遗资源的普查,深度挖掘非遗资源,并完善非遗名录,对非遗资源制定个性化的保护举措。再次,为非遗寻找传承。非遗的传承过程中,人才起到了重要作用。因此四川省不断强化对人才的培养,不仅组织传承人赴各地高校学习专业知识,更通过高校的专业设置、传承基地的扩建等来扩大非遗传承人的群体,使得非物质文化遗产得以持久传承。最后,推动非遗的创新融合。四川有川菜烹饪技艺、青城武术、彝族刺绣等国家级非物质文化遗产代表性项目153项,有7项被列入联合国教科文组织非遗名录。一方面,四川省推行"非遗+旅游"模式,推出10条"非遗之旅"路线,在全省推出首批171个非遗体验基地,打造崇州竹艺村、绵竹年画村、蒲江明月村、川菜博物馆等非遗目的地,提升四川非遗的国际影响力;另一方面,四川对非遗实行综合性创新。比如,将非遗美食(德阳糯米鹅蛋、温江滴窝油、潼川豆豉)、非遗文创产品(瓷胎竹编、绵竹年画、蜀绣、唐卡)与非遗购物节相融合,实现非遗产品的"可观赏、可体验、可品尝",拓宽非遗的附加值。

在讲好四川故事层面,四川省深挖本土文化资源,借文化IP讲四川故事。"故事"强调的是听后的留存,是游览四川后的"二次旅游"。四川最著名的是大熊猫,其历史文化内涵也是极为丰富的:古蜀文明、大熊猫文化、红色文化、三国文化、蜀道文化。如表2-13所示。除了这些文化,还有很多自然景观背后的文化有待挖掘。因此四川省强调对峨眉山、青城山这类自然景观与文化并存之地,要深入挖掘文化内涵,比如普贤文化、道家文化,将自然景观与文化相融合,并附之对应的演艺项目,如《下里巴人》《巴山恋歌》,增强文旅消费者的体验感与参与感,实现从文旅资源到文旅经济的转变。在将文化资源变现之余,更重要的是打造各类文旅IP,以文旅IP的国内外影响力来带动该省的文旅发展。当前四川共有5处世界性遗产,它们是打造文旅IP的重点。世界遗产本身具备一定的国内外影响力,将其打造为文旅IP的难度较小。四川省可将世界遗产元素,比如大熊猫、乐山大佛等与游戏、动漫、影视融合,以打造极具遗产地特色的超级文化IP,提升这五大世界遗产影响力的同时也提升四川省文旅融合的影响力;也可将五大世界遗产与四川其他文化资源进行融合,比如以大熊猫文化为主题,结合其他文化,如三国文化、都江堰文化等,来传达四川文化的不同内涵。四川故事可以是一个个文旅IP背后的故事,可以是一个个文旅景点背后的历史故事,也可以是多个历史故事融合成的四川故事。借文旅点,讲四川故事,讲中国故事,传四川文化,传中国之情,以"真情真景"吸引文旅消费者驻足,带来文旅的二次消费,推动文旅融合的新发展。

表2-13　四川文化资源(部分)

文化	内容
古蜀文明	古蜀文明是中国上古三大文明之一,指从远古时期到春秋时期早期,产生于中国四川地区的文明。其留存的遗址主要有成都金沙遗址、三星堆遗址
红色文化	安顺场景区、泸定桥旅游景区、两河口会议纪念地、邓小平故里、陈毅故里
三国文化	成都作为三国时期蜀汉政权所在地,除武侯祠外的三国文化遗存目前还有36处。四川著名三国遗迹成都武侯祠唯一君臣合祀
蜀道文化	蜀道,是古代由长安通往蜀地的道路,是中国修凿时间最早、使用时间最长、历史影响最大的古驿道之一,有2000多年的厚重历史,连接了巴蜀文化和三秦文化,在中华民族的交流融合中发挥了重要作用

在互联网热潮层面,四川的文旅融合发展是契机与选择的共同发展。2020年意外走红的丁真,成为四川省的"形象"。他加盟"中央广播电视总台2021网络春晚",担任表演嘉宾,出演的《丁真的世界》入选国家广播电视总局组织开展的2020年第四季度优秀网络视听作品推选活动,出席"捍卫自然:Time#For Nature"青年影像征集中国区活动,获得了联合国开发计划署颁发的"捍卫自然倡导人"称号及感谢证书等。丁真是藏族男孩,出生并生活在四川,因一脸纯真朴素的笑容在2020年11月走红,之后其流量逐步攀升,成为四川文旅发展的潜在引擎。当时关于丁真的家乡引发了网民的猜测,并一次次登上热搜。最终"丁真的家乡在四川",给四川带来了一波"流量"。丁真的影响力使得四川文旅的消费者不断扩大。丁真的笑容是环境所孕育的,而环境则是四川的自然环境、文化环境,这些都成为文旅消费者来到四川的目的。

如果说丁真是文旅时代给四川省创造的契机,那四川省的各种举动则是应契机而生的,比如把丁真作为四川理塘县的旅游大使,邀请丁真拍摄四川的宣传片《丁真的世界》,邀请丁真与四川甘孜州民族歌舞团参加"脱贫攻坚感恩致谢——甘孜州赴广州市群众文艺交流演出",聘丁真为四川文旅宣传推广大使,担任首批四川生态环境保护大使。从丁真到目前为止参与的活动、综艺来看,丁真的影响力仍在扩大,其吸粉量不断攀升,并且从其参与的综艺活动来看,已涉及抖音等自媒体以及咪咕、优酷等视频平台,其影响力在网络世界与现实世界都较大。而这一现状对四川的文旅融合来说,是个极好的契机。四川省借此契机,加强对本省文旅资源的宣传推广,推出四川冬季"阳光康养"系列主题,借自媒体、数字化运营来吸引文旅消费者。作为四川窗口的"丁真",以"丁真热"带动了四川的"文旅热",且这波热潮并在持续发酵中。

(二)四川文旅融合的典型城市:成都

成都是四川省会城市,是国务院批复确定的中国西部地区重要的中心城市,也是国家历史文化名城、古蜀文明的发祥地,中国十大古都之一。基于其历史地位与当前战略地位,四川省一直将成都的文旅融合视为省文旅融合的发力点。

2019年,成都通过三个方面的举措实现了文旅的融合:构建需求牵引、线上线下结合的精准服务机制(搭建"文化天府云""成都市公共图书馆数字资源共享平台")、采用"线上+线下"相结合模式、建立服务品质体验反馈工作机制。通过这三方面的机制,成都在文旅融合方面取得了一定的进展。

2021年,成都在文旅融合的发展中将重点放在扩大优质供给、激发市场活力、促进文旅消费、增强人们获得感和幸福感层面,具体表现为四大文旅融合路径的探索:开拓文旅创新融合发展新路径、营造全域化体验式文旅消费场景、塑造高能级品牌化世界旅游产品体系、打造国际化智慧化旅游服务环境。如表2-14所示。

表2-14 2021年四川省文旅融合路径探索

序号	路径	内容
1	开拓文旅创新融合发展新路径	以创建国家文化产业和旅游产业融合发展示范区为牵引,发展城市休闲游和乡村度假游;引导博物馆、艺术文创项目、非遗等入驻古镇乡村,把成都乡村旅游打造成为以文化为魂、以田园为景、以人文为韵的世界休闲旅游目的地

续表

序号	路径	内容
2	营造全域化体验式文旅消费场景	以全域旅游格局为目标,打造文旅新场景新业态,依托街区、社区、绿道推出100个彰显文化之韵、富含烟火之气的"最成都·生活美学新场景";打造一批"潮成都""慢成都""最成都"周末和夜间旅游消费场景,打响成都周末和夜游经济品牌,争创首批国家级夜间文化和旅游消费集聚区;大力发展数字化文旅消费,开发高品质旅游演艺
3	塑造高能级品牌化世界旅游产品体系	努力创建一批国家全域旅游示范区、国家5A级旅游景区、国家级旅游度假区、国家级旅游休闲街区等高等级旅游品牌;加快挖掘和开发"三国""诗歌""古蜀"等具有成都传统文化内涵的文旅IP
4	打造国际化智慧化旅游服务环境	构建旅游交通、应急救援体系,规范国际旅游标志,完善国际旅游购物离境退税和便捷支付体系,推行智慧景区和智慧文旅,以游客的需求为中心,提供人性化的温馨周到服务,加强旅游市场管理,不断提升旅游服务质量

1. 创造文旅消费场景

在文旅融合各类路径的指引下,成都通过创造文旅消费场景来推动文旅的深度融合。成都的锦江区,打造夜间消费场景与网红打卡地。如锦江区开发锦江夜游、追溯历史再现十二月市等活动,同时以浪漫爱情场景吸引文旅消费者,比如一条"1.314"爱情专线串联锦江网红打卡地标。该专线连接太古里、东门码头、合江亭、九眼桥等标志性文旅IP,整体长1314米,形成区域间的联动,吸引了大批游客。

2. "工业+文旅"

成都的成华区拥有丰厚的工业文明底蕴,有价值的工业遗迹有14处,占全市的50%。基于其工业的基础与历史,成华区以"工业遗存+文创园区+文旅地标"为文旅发展的理念,引入工业产业、工业创意与设计,对14处工业遗存进行保护和修缮,并对其区内的产业进行改造升级,已初步形成了东郊片区"工业风+文创范"的泛娱乐体验场景。相比浪漫、自然的文旅场景,工业化的文旅场景并不常见,以"稀有性"引流量,效果显著:2020年,成华区实现全年游客接待量1846.37万人次,旅游收入272.02亿元。在"工业＋文旅"模式的发展之下,成都成华区以工引商,打造区域文娱商旅新坐标,增强地区文旅实力。

3. 流动阅读新阵地

文化与旅游深度融合,不局限于历史文化、红色文化、乡村振兴,成都还将文旅融合引申到图书馆,依托成都图书馆馆藏资源和City Tour城市旅游观光巴士打造"流动阅读新阵地"。该流动阵地的打造不仅能提升全民的阅读水平,更是让成都文化"走出去"的一种形式。"城市流动阅读新阵地"概念覆盖到杜甫草堂、武侯祠、宽窄巷子、熊猫基地等成都重要的文旅场所。成都流动阅读新阵地的打造其实也是一种文旅IP的创建。成都图书馆的纸质文献有300多万册,而将其转为流动感巴士上的数字化阅读资源,既切合了文旅消费者"时间短"的实际,又创新了阅读的形式,以碎片化的阅读来丰富文化内涵。通过乘坐铛铛车,游客不仅可以通过手机扫码获取天府推荐书单、地方特色文旅信息、成图品牌活动锦城讲堂精品讲座等成图数字阅读资源,还可以获得City Tour城市旅游观光巴士提供的旅游优惠,进一步刺激了文旅消费(图2-30)。城市流动阅读新阵地打造的成都文旅新IP是成都街头的文化符号,也是文旅进程中的新尝试,形成风景流动、书香流动的城市文化。

图2-30　"城市流动阅读新阵地"启动仪式在铛铛车上举行

第三章

产业经济视野下区域文旅融合发展模式比较

一、现场演艺产业

我国的现场演艺行业总规模已经超过500亿元,票房收入超200亿元。根据中国演出协会联合灯塔研究院发布的《2019年演出行业洞察报告》,疫情前中国的演出票房持续稳定增长,增幅超过电影行业。疫情下演艺行业面临重压,倒逼旅游演艺和城市演艺加速转型,在后疫情时代迎来新的变革。

(一)现场演艺行业表现形式与发展特点

1. 城市演艺的主要特点及代表城市

城市演艺和旅游演艺是目前中国现场演艺市场的主要表现形式(图3-1)。城市演艺多集中在经济发达城市及其周边地区,区域分化明显。其演出形式多为以明星IP为营销核心的专业剧场和驻场演出,客单价较高且差距明显,主要吸引本地客群。相较于旅游演艺而言,城市演艺在演艺主题和模式上拥有更高的包容度和多样性,且更容易形成圈层效应。

就竞争格局而言,城市演艺市场相对分散。在演唱会、音乐会方面,不同明星IP市场差异化明显,周杰伦、五月天等成名歌手明星拥有累计票房量断层登顶,而新生代歌手也在不断涌现。在话剧演出方面,开心麻花占据头部市场的半壁江山,不眠之夜先发优势显著,儿童剧市场潜力受到广泛关注。在音乐剧方面,疫情刺激了海外IP的分化,更多本地创作开始涌现。

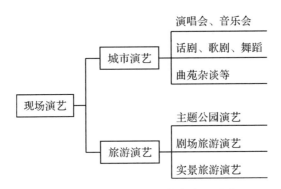

图 3-1　旅游演艺行业基本表现形式

在"十四五"时期,先发城市如上海、苏州,已经开始了在城市演艺方向的布局。上海在2019年推出"演艺新空间运营标准",将商场、地铁、书店隔间等城市生活场所纳入其中,实现了演艺走出剧院、贴近生活的质的转变。2021年,上海宋城的破局开幕标志着旅游演艺大变局的旅游演艺新时代的来临。苏州于2020年出台了《关于加快苏州夜间经济发展的实施意见》,提出通过10场小剧场演出来打造"江南小剧场"品牌。

从目前趋势来看,城市演艺呈现出演出剧目体量缩小、票价亲民且周边设施完备的转变态势。它不再是单单引流促销,而是成为城市民俗文化的展览,成为传递城市文化的载体。

2. 旅游演艺的主要类别和特点

旅游演艺多扎根于一线旅游目的地,以完善的营销体系和特质化的产品为支撑,服务于外地客源。根据内容和形式的不同,旅游演艺可以分为剧场演艺、实景演艺和主题公园演艺。其中主题公园演艺市场份额增长最快,从2015年就完全超过了剧场演艺和实景演艺的份额,并且在2018年份额接近50%,成为市场上的主流旅游演艺形式,如图3-2所示。一方面,剧场演艺市场份额近年来增长稳定,到2018年其占比已经超过了实景演艺。实景演艺作为前些年国内盛行的演出形式,依赖真山真水和当地民俗进行艺术创作,但因为其存在创作团队单一、舞台美术雷同以及缺乏与其他产业交互的弊端,使得观众和市场对于这类演艺的期待不断下降。另一方面,主题公园演艺凭借自身形式和内容的多元化以及创作和运营的一体化,确保表演内容和形式能根据市场的需求和技术的更迭进行不断的调整升级,保持新鲜感和时尚感,从而确保市场高期待和市场高份额。

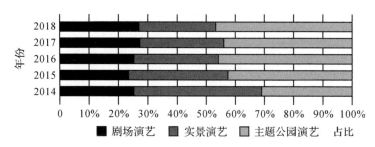

图3-2　2014—2018年中国旅游演艺行业三大类型市场份额占比图

3.现场演艺产业发展特点

在长期的发展过程中,我国的现场演艺行业呈现出鲜明的发展特点:商业IP溢出效益显著;成熟演艺项目马太效应明显;商业规模化差异化;本土与国际齐开花。

(1)主题公园溢出效益显著

在我国持续拉动内需的情况下,主题公园成为连接旅游产业链上游供应商、下游游客以及内部产业群的重要着力点,也成为旅游景点和目标城市吸引游客、拉动收入的重要引擎,如图3-3所示。

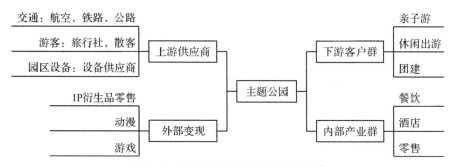

图3-3　主题公园的产业链基本结构①

---

① 张晓霖.主题公园专题报告:主题公园溢出效应显著,北京环球影城开园在即[R/OL](2021-07-19)[2022-12-21].http://baijiahao.baidu.com/s?id=1705496880944155126.

主题公园所形成的演艺集群不仅通过演出赚取丰厚的收益,还为周边提供了诸多就业岗位,创造巨大的经济效益。比如,在2011—2016年建设期间,上海迪士尼项目就为上海全市年均拉动新增就业6.26万人次。2016年迪士尼开业后,上海全市旅游产业同比增长6.9%,远超2011—2015年的平均增速2.1%。

该溢出效应还蔓延到同类主题乐园、工程建设、文化及服务业等产业。环球、乐高等国际知名主题乐园加快了开拓中国市场的进度。迪士尼自带的BIM技术审批监管模式和完善的公共信息化系统管理经验为其他主题乐园提升乐园品质、应对大客流提供了范本。与此同时,为应对客流,乐园周边基础设施得到进一步完善。迪士尼的溢出效应加快了长三角区域旅游产业的联动发展,实现了长三角城市互为客源地、目的地、延伸地、旅客中转枢纽地。

(2)成熟演艺项目马太效应明显

城市演艺中的演唱会因受到明星IP影响,其盈利能力相对难以比较。但在话剧领域,龙头企业开心麻花持续保持盈利,且受到其每年一部的喜剧电影影响,扣非净利率在10%—45%之间波动。

我国旅游演艺盈利二八分化严重,80%的旅游演艺项目呈亏损状态,11%处于收支持平状态,真正盈利的不到9%。在经历了长时间的优胜劣汰之后,宋城千古情、长隆、华夏三大本土演艺品牌凸显了出来。千古情系列整体盈利能力优秀,在旅游演艺市场里票房一家独大,占比高达67%,并呈持续上升趋势。

(3)商业模式规模化,IP差异化

目前我国的现场演艺IP都呈现出鲜明的由单一运营模式转向综合的系统的品牌体系运营模式。如表3-1所示。从城市演艺来看,大多实现了演艺内容和产业链的延长。比如开心麻花从单一的舞台剧拓展到音乐剧、网络剧、电影等板块,已形成一个专业、全方位的娱乐产业体系。德云社通过综艺和影视拓宽其德云产业链。而旅游演艺方面,各大龙头企业均通过完善配套设施和开发新项目来实现综合型规模化转型。

与此同时,不同商业IP在具体的经营模式上也各有差异。城市演艺因其表现形式不同,会呈现向综艺和影视两方面延长产业链的发展趋势。而同属主题公园＋旅游演艺模式,宋城主张全产业链运作,华夏文旅主张配套服务盈利,而广州长隆则以马戏杂技为主要吸引点。印象和山水系列同为民族色彩浓厚的山水实景演出,但是前者主要负责创作,后者在创作之余也参与企业的运营。

表3-1　我国现场演艺龙头企业的商业模式[①]

企业	商业模式
宋城集团	采取主题公园＋演艺的模式,集景区设计及建造、演艺内容编创、项目运营于一体的全产业链运作,千古情系列是整个商业IP的核心
观印象艺术发展有限公司	艺术感较强,区域民族特色鲜明,结合山水实景给人以感染力;观印象主要负责创作分成,投资运营等由当地政府或企业进行
山水盛典文化产业股份有限公司	艺术特色和区域民族特色鲜明,结合山水实景给人以感染力山水系列早期以项目输出为主,后期与当地企业成立合资公司,由公司负责项目投资和运营,风险共担
华夏文旅集团	结合华夏历史,反映地域民俗文化,集歌舞、杂技、灯光特效于一体,通俗易懂,受众较广采取景区＋演艺模式,以室内演出传奇系列为核心,并兼顾配套旅游服务
广州长隆集团	超大型主题公园＋演艺的模式,主要由主题公园项目带来的上千万级的客流支撑,演艺包括马戏、动物互动及杂技等多种形式,受众面较广,客单价较高
开心麻花	起初主打舞台剧,后拓展至音乐剧、网络剧、电影、艺人经纪等业务板块和商务营销及跨界项目的开发和运营,致力于形成一个专业、全方位的娱乐产业体系
德云社	以作品为载体打造IP生态闭环,通过排名制度形成家庭式发展结构,通过影视和综艺力量拓宽和发展"德云生态链"

(4)本土与国际齐开花

城市演艺市场中,海外IP领衔音乐剧领域,《猫》和《巴黎圣母院》占据票

① 曾光,钟潇,姜甜.宋城演艺:疫情加速行业变革 城市演艺的破局者[R/OL](2021-03-09)[2022-12-20]https://pdf.dfcfw.com/pdf/H3_AP202103091470122722_1.pdf?1615323576000.pdf.

房排行榜的前二。疫情期间,海外剧目所占的市场份额出现变化,更多本土创作涌入市场,比如在上海上演的音乐剧《飞天》。

2016年迪士尼落户上海,2021年环球影城落户北京,乐高、梦工厂等各大国际主题公园纷纷加速在中国市场落户。外资在国内旅游演艺市场的加入提高了游客对于票房的接受上限,激发了主题公园的市场潜力,也激化了该领域市场的竞争。从整体来看,虽然近些年我国原创主题公园加快了IP化进度,但其整体的知名度和运营能力仍然落后于海外IP。但基于本土品牌规模化的布局,在和海外IP进行市场竞争时仍占了很大市场份额。如图3-4所示。

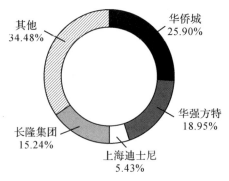

图3-4　2019年国内头部主题公园客流量市场占比图

(二)现场演艺产业市场机遇与发展制约因素

1. 需求驱动

基于演艺对于人口密度的需求,城市演艺和主题公园大多分布在人口密度高的一线城市或者高热度旅游目的城市。我国人口密度144人/平方千米,位列世界第13,且在2020年的世界城市稠密度排行榜上,我国深圳,台北、上海、北京以及天津均位列前20,确保了演艺市场的客户群体基础和未来开拓潜力。

近年来,我国正在逐步进入文化娱乐消费增长快车道。据统计,2021年全国居民人均教育文化娱乐消费支出2599元,增长27.9%,占人均消费支出的比重为10.8%。在文化娱乐消费支出稳步增长的同时,消费观念也实现转型,个性化、定制化成为新的消费潮流,人们期待更具体验感和互动感的线下娱乐方式。

2. 政策支撑

旅游业的快速发展为现场演艺提供了发展机遇,现场演艺的持续升级则深化了游客的旅游体验。如今我国现场演艺市场繁荣发展,商业IP持续涌现,文旅融合趋势日趋显著。"十四五"期间,持续的供给侧结构性改革驱动产业需求,进一步健全的基础管理体系保障产业平稳发展,数字科技以及不断涌现的创新产品不断丰富现有演艺体系,促进国民经济增长和文旅产业融合升级。为进一步优化现场演艺产业布局,完善基础管理设施和体系,推动文旅融合进程,国家颁布了一系列法律法规,如表3-2所示。

表3-2 国家对现场演艺产业发展的支撑政策[①]

政策	主要内容
《"十四五"文化和旅游发展规划》	丰富人民精神生活,加强精品文艺制作,完善非遗保护传承,优化城乡公共文化空间配置,加强对外交流与国际合作,突出创新、科技、传承与开放思维
《关于促进消费扩容提质加快形成强大国内市场的实施意见》	扩内需促消费,形成需求牵引供给、供给创造需求的更高水平动态平衡
《关于持续推进完善国有景区门票价格形成机制的通知》	持续推动景区门票降价,完善门票价格形成机制,规范景区价格行为
《关于推动数字文化产业高质量发展的意见》	对文化资源进行数字化转化和开发,支持互联网企业进行内容创作,打造新兴数字文化资源传播平台,发展产业链金融
《关于促进特色小镇规范健康发展意见的通知》	避免特色小镇房地产化,推动特色小镇"优胜劣汰"
《关于促进旅游演艺发展的指导意见》	这是我国目前首个促进旅游演艺发展的文件,具有纲领性意义

① 数据来源:中华人民共和国国家发展和改革委员会、文化和旅游部。

3. 科技赋能

在文旅4.0体验时代,游客更加关注游览过程中的互动感和景区文化内涵,沉浸式体验成为现场演艺持续吸引游客的重要手段。科技在实现沉浸式体验以及改善观影感受中起到了举足轻重的作用。

一方面,在舞台表演上,多媒体、虚拟现实、增强现实等技术的应用,打破了传统舞台的限制,强化了游客的视觉和体验感受。部分文化旅游休闲商业综合体还在演出过程中加入了购物、餐饮等活动,实现了视觉、听觉、味觉、嗅觉、触觉的全面激活。在观影关系上,科技通过虚拟现实提升了表演过程中游客的自由度,使游客从被动地观看转变成主动推动故事发展,使其在互动过程中成为剧情的一部分,大幅增加游客的游玩乐趣。

与此同时,得益于国家数字化经济的推进,数字文旅也吸引了大小互联网巨头玩家入局,竞争格局日趋明显。BAT(百度、阿里巴巴、腾讯)、TMD(头条、美团、滴滴)新旧三巨头中,除了百度只占地图份额外,其余企业均凭借其客流和平台进驻旅游业务板块。

另一方面,在疫情限制线下演出的时候,线上虚拟演出平台逐渐受到市场追捧,大批大牌明星和互联网巨头也尝试涉猎这个庞大的市场蓝海。比如小提琴家林赛·斯特林运用动作捕捉技术在Wave上成功开展虚拟音乐会和真人舞蹈表演。2021年3月8日,爱奇艺正式推出我国首个互动虚拟演唱会。随着后期资本的持续涌入,该领域市场有望得到进一步激发和扩展。

4. 发展制约因素

我国现场演艺产业整体处于快速发展状态,海外IP的涌入、科技赋能的加持在刺激市场的同时也拓宽了产品领域,推动了我国现有演艺IP的规模化和集群化。但是,市场分布不平衡、同质化以及营销渠道单一等问题都制约了行业内部企业的高质量发展,加剧了马太效应中亏损企业的生存压力。

(1)市场分布不均衡

首先,就空间层面而言,我国大量演艺公司集中在经济发达区或者热门旅游城市。华东、华南和西南区域的旅游演艺票房收入和主题公园项目数量远远高于我国其他区域,且未来随着演艺项目及主题公园项目的不断增加,该差距会进一步加大。张家界作为湖南一个热门旅游地级市拥有超过10个旅游演艺项目,但黑龙江和青海等省却不到5项。市场分布的不平衡使得部分城市形成了明显的演艺项目溢出效益和产业集聚效应,竞争优势越发明显。

其次,就市场份额分布而言,少量龙头演艺企业,比如宋城占据了演艺市场过半的收入。其在演艺市场的强大地位和市场份额在确保自身企业平稳发展的同时,也会对其他新兴项目的进入形成一定的壁垒,增加新兴项目进入该市场领域的难度。

(2)演出产品质量不稳定

优秀的演艺项目往往需要专业团队对文化进行采集、创新和表达。但我国目前大量演艺项目轻内容、重形式,为了提高其产品的市场认可度,直接对热门演艺作品进行了模仿和借鉴,导致演出产品出现严重同质化。这不但不能吸引游客,还会使得游客失去对新的演艺项目的期待和对旧的演艺项目二次消费的欲望。

与此同时,为了营造舞台效果,大量演出通过技术、特效强化视觉冲击,但却忽视了对内容实质的提升。这类表演往往会呈现出低俗和文化内容空洞的特征,这会影响游客的沉浸式观看体验,也直接影响该演艺品牌的市场认可度和竞争力。

(3)投资依赖度高且渠道受限

自《印象·刘三姐》开演以来,我国旅游演艺项目普遍存在着高投资、大场面等特点。演艺企业过于依赖新投资,而缺乏对于现有文化资源新的开发和创新。因此,一旦资金链出现问题或者断裂,这些项目将很大程度上直接停演。比如《印象·海南岛》和《印象·刘三姐》就曾因为投资资金链的断裂而停演和重组。

与此同时,该类演艺项目普遍存在回收周期长且运营成本高的特点。高额的运作资金以及短期不可见的投资回报提高了资本对于该类投资的风险预期,因此目前该领域的投资主要呈现政府牵头、企业资本投资为主的特征。资本类型的单一以及投资运行的高成本限制了融资渠道的多元化,不利于未来该产业的快速发展。

(4)盈利模式单一

目前我国演艺收入盈利手段比较单一,主要来自票房利润。该收益形式被动,依赖于游客流量,因此为了稳定基本的客流,多数演艺公司往往和旅行社捆绑。但该捆绑往往以牺牲门票利润为代价。门票的价格区间提高了散客的准入门槛,不利于进一步吸引和扩大目标客群。

部分成熟IP凭借其知名度和客流量与政府和企业进行合作,在演艺过程中收获广告收益和部分的IP衍生品贩卖收益。该类收益回笼资金速度快且其收益比例往往与演艺品牌市场知名度和品牌影响力相关联。从长远来看,高IP收益比例也有利于品牌加快IP成长速度,进一步扩宽市场和产业链,增强未来市场IP品牌竞争生存能力。

(5)营销渠道单一且效率低

大部分演艺企业受限于其团队能力和精力,在营销渠道方面都选择外包给旅行社。该营销方式被动依赖于外部旅行社,缺乏对自我营销团队的建设。一旦该捆绑关系受影响或者断裂,演艺公司将在毫无缓冲的情况下失去稳定客流。与此同时,旅行社的营销方式缺乏独特性和层次感,客户群体单一,无法接触大批散客人群,限制了演艺企业目标客户的范围。

大部分演艺剧场和企业都会通过自己的官网进行营销,但是在知名度不高的情况下,其官网的浏览记录大多由固有客户产生,缺乏有效的引流和转化作用。

(6)剧场缺乏管理标准和服务规范

虽然我国政府和企业的投资确保了大部分剧场设备的先进性,但是落后的剧院管理理念和版权管理方式则限制了该产业的持续发展。目前我国的剧院管理和运营仍然处于起步阶段,我国剧院管理者主要参照海外管理制度和机制来进行管理和运营。在先进设备的维护和使用上,由于缺乏经验,设备利用率低,折损和空置现象层出不穷。

对于演出和剧目内容,国家和企业也缺乏完善的版本保护机制,不利于后期演出和剧目的持续创新,限制了产业未来产品和服务革新。

(三)宋城演艺:主题公园+现场演艺

宋城演艺股份有限公司成立于1996年,是中国最大的文化旅游集团之一。该公司主要从事文化娱乐和泛娱乐业务,业务涉及现场演艺、互联网演艺和旅游服务。2010年底,宋城演艺在深圳证券交易所的创业板成功上市,成为中国演艺第一股,目前,该公司的总资产超过700亿元。

在20余年的发展历程中,宋城演艺主要经历了四个阶段。从"主题公园＋现场演艺"创新型经营模式的建立到多媒体技术的升级应用,从异地扩张模式的日渐成熟到多元业务范围的不断开拓,宋城演艺凭借其宋城IP积累了大量市场口碑,吸纳新的文化和IP内涵,使自身的文化产业链得到进一步延伸。如今的宋城演艺已经实现了向轻资产逐渐转型,拓展演艺发展方式,融合了演艺王国模式试点、城市演艺、演艺小镇等多种演艺形式,增加了其盈利创收点,也打开了更加广阔的估值空间。

在二十余载的演艺深耕历程中,宋城演艺获得了"国家文化产业示范基地(2004年)""全国文化企业三十强(2010—2020年)""十大最具影响力国家文化产业示范基地(2011年)"和"全国文化体制改革工作先进单位(2012年)"等多项荣誉。

1. 盈利状况和模式

作为中国大型文化集团,宋城集团在近几年的发展中情况良好。华经产业研究院数据显示:2020年宋城演艺总资产为919534.28万元,相比2019年减少了184573.41万元,同比下降16.72%;净资产为741228.74万元,相比2019年减少了220178.18万元,同比下降22.9%。如图3-5所示。

图3-5　2016—2020年宋城演艺总资产及净资产统计

2020年宋城演艺营业收入为90258.61万元,相比2019年减少了170916.71万元,同比下降65.44%。按行业分类来看,2020年宋城演艺主营业务总收入为9.03亿元,主营业务总成本为3.53亿元,其中文化艺术业—现场演艺实现营业收入为6.76亿元,营业成本为3.42亿元;旅游服务业实现营业收入2.27亿元,营业成本为0.11亿元。如图3-6所示。

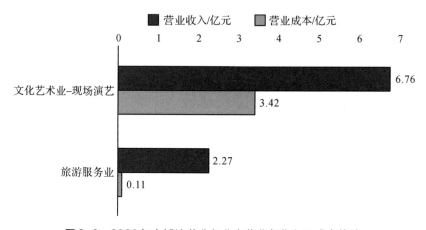

图3-6　2020年宋城演艺分行业主营业务收入及成本统计

杭州宋城作为宋城演艺的大本营,凭借其庞大的旅游资源和稠密的人口密度,项目营收比例一直稳定在40%以上。2013年开始,宋城演艺通过异地复制和利用热门旅游目的地的庞大旅游人口促成了宋城演艺四大成熟的演艺乐园(杭州、三亚、丽江、九寨沟)的诞生,并且推动其成为公司的营收支柱项目,在2019年,其收入占比高达87.7%,如图3-7所示。

从盈利模式来看,宋城演艺早期以重资产项目为主,但随着2017年长沙宁乡炭河项目的开业,其盈利模式慢慢开始向轻资产项目转型。如表3-3所示。企业不再消耗大量成本进行基础乐园的建设,而是针对下沉市场提供运营管理服务。

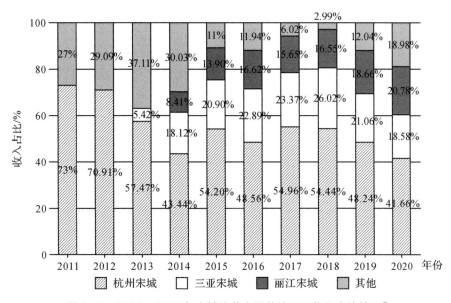

图 3-7　2011—2020 年宋城演艺主要落地项目收入占比情况[①]

表 3-3　宋城演艺三大盈利模式[②]

盈利模式	代表项目	模式说明
重资产	四大成熟的演艺乐园(杭州、三亚、丽江、九寨沟)和张家界	自投土地,配置多剧院
轻重结合资产	西安千古情	合作经营,负责设备建设及运营,持股80%
轻资产	炭河千古情、宜春千古情、新郑千古情、延安千古情	设计管理输出及运营托管,每个项目一次性赚取 2.6 亿—2.7 亿元的设计策划费用和每年门票收入 20% 的提成(5—10 年)。公司无所有权,回报快且 ROE(净资产收益率)高,但占用人工且后续分成有限

---

① 参考宋城演艺发展股份有限公司.2010,2011,2012,2013,2014,2015,2016,2017,2018,2019,2020 年年度报告摘要[R/OL].https://q.stock.sohu.com/cn/300144/cwbg.shtml.

② 曾光,钟潇,姜甜.宋城演艺:疫情加速行业变革　城市演艺的破局者[R/OL].(2021-03-09)[2022-12-20]https://pdf.dfcfw.com/pdf/H3_AP202103091470122722_1.pdf?1615323576000.pdf.

2. 竞争优势

宋城演艺之所以能够成为中国代表性的文旅集团主要是由于其具有独特的演艺运营模式和定位、全方位营销渠道、创新创作以及完善的人力资源培养链条。

（1）独特的演艺运营模式和定位

宋城演艺采用了"主题公园＋文化演艺"的商业模式，以及"狼群战术、百秀大战"的战略思路，以现场演艺为核心，以主题公园为载体打造宋城独特的演艺运营模式。该运营模式既提供了动态的演艺体验，也营造了静态的文化氛围，克服了主题公园和文化演艺原有的可复制性强、游览互动少和体验层次单薄的弊端，增加了游客的体验项目和层次，强化了公司的竞争优势。

与传统的以政府为主导的旅游演艺不同，宋城千古情项目是逐渐从草根走向成熟的。为满足市场需求且保持产品的新鲜感，千古情项目的所有产品均贯彻落实"每月一小改、每年一大改"的指导方针，根据社会热点和市场需求进行产品内容和呈现形式上的调整升级。与此同时，考虑到大众对于通俗演出具有更高的鉴赏能力和欲望，宋城千古情的大部分作品都是视觉听觉效果好的舞蹈和音乐相融合的作品，提高广大群众的接受度和认可度。

千古情的所有曲目都以中国各地极具代表性的历史典故、神话传说为核心，并通过高科技手段渲染舞台氛围、营造故事意境、传播地域风情，有利于营造观看氛围，提高观众期待值和满意度。比如，宋城千古情系列中的《宋宫宴舞》。首先，它通过宋朝皇宫的奢靡生活，展示了以"古、悠、慢、妙、美"为特点的宋朝舞蹈表演，以"开放热情"为特点的西洋舞蹈，以及以"节奏复杂、动作多样"为特色的高丽舞蹈，让观众体验到了当时宋朝文化事业的繁荣。其次，强调娱乐性和互动性。旅游演艺作品往往会通过增加互动效果和视觉呈现效果来提高舞台质量，增强观看体验。比如宋城演艺在2019年推出了沉浸式的互动体验剧《大地震》和《映山红》，将观众拉上舞台，给了他们一个与舞台和表演近距离接触的机会。如今，这种新式的沉浸式体验演艺已经成为舞台表演的典范。最后，具有区域性和周期性。旅游演艺根植于当地文化和民俗,其表演的内容和形式富有浓厚的地域特色。同时,受到法定节假日和气候的影响,演出的排班以及演出的形式也会进行一定程度的调整,最大限度吸引和消化客流。近年推出的实景互动演艺《大地震》和《映山红》则打破了传统演艺中观众和舞台的距离和限制,让观众真正融入表演,提高了观众的参与度,增强了体验感。这些表演剧目发挥其强大的IP作用,带动主题公园和其他衍生服务行业的发展,增强了公司的未来成长性。

在现场演艺方面,公司对原有的剧目和舞台设计不断进行再加工。运用3D全息投影和三维虚拟现实等多媒体新技术,全方位提升舞台美术、灯光和声乐质量,强化视觉呈现效果,提供升级版的沉浸式体验。舞台后台控制方面,公司运用了自主研发的一键播控系统,便于对设备和功能进行管理,有效降低了人工成本和操作失误率,提高了演出总体效果的流畅性和稳定性。与此同时,现场动态捕捉技术在互动体验剧中的运用,为观众带来了新的体验感和代入感,使整体舞台质量获得了显著的提升。

在科技新产品方面,公司主推VR＋旅游。虽然该市场目前尚未发展成熟,但发展空间和潜力巨大。2020年10月,宋城景区正式推出与美国SPACES科技公司联合出品的《太虚幻境》。该剧以中国古代神话故事为背景,运用了先进的VR技术和实时交互系统,为游客打造了一个惊险、刺激且又身临其境的仙魔之旅,受到了广大年轻游客的追捧和称赞。配套服务方面,宋城演艺升级了园区的售票和导览系统。

在园区建设方面,宋城演艺在各地的千古情区域增设剧院,并且改造游客中心等建筑。与此同时,他们还增设了亲子休息室和按摩椅等附加价值设备,丰富游客的游玩体验。为促进二次消费,宋城演艺在景区内开设衍生品店"宋礼",贩卖诸如"岳小飞"等衍生形象的纪念品,充分引发游客共鸣,提高游客与品牌IP的互动,从而刺激二次消费。

与此同时,"主题公园＋文化演艺"的集合还实现了经济和文化的相互促进。主题公园通过对于局部地区的改造促进了当地的消费和服务业的发展,推动城市化进程,而文化演艺则通过对地方文化的挖掘和创新,宣扬历史古韵,提升城市品牌知名度。比如宋城景区的"给我一天,还你千年"主题。最后,该运行模式还弥补了各大城市夜游市场的空白,提供给了游客大量可选择的夜间游览活动,最大限度开发游客消费潜力,提升游客体验。

(2)多渠道营销

广告宣传语是企业长远价值的无形体现。"给我一天,还你千年"曾是宋城最具特色的口号之一。该口号将游览和当时的社会关注热点"穿越"相结合,增强了景区的吸引力。如今,随着演艺模式的整合升级,宋城演艺推出了新的口号"宋城,让生活有戏!"(图3-8)。该口号完美契合了董事长黄巧灵提出的"基于内容创作上的营销"理念,并与宋城演艺多元发展和全产业链开发戏剧相呼应,是宋城演艺提升品牌力和抢占消费者心智的重点举措。

图3-8　宋城新logo①

在营销渠道上,宋城演艺主张线上线下多维度吸引目标客群,如表3-4所示。旅行社是其获取团客资源、初期合作和导流的主要渠道。为提高合作密度,维系合作关系,宋城在进行票价销售的时候基本会采用5—6折的优惠。截至2010年6月底,宋城合作的旅行社数量已经超过了1500家。完善的辐射布局将有效推进宋城千古情项目的全国布局,提升品牌力并且进一步开拓和巩固团客市场。

---

① 资料来源:宋城集团官网,https://www.songcn.com.

表3-4 多渠道营销模式[①]

顾客群体	途径	游客特征	具体表现
团体	旅行社		拟定旅行社营销方案,并且寻找与方案契合度最高的旅行社;营销网络已经完全覆盖了华东市场
散客	出租车	外地游客	合作公司的司机会对来景区所在城市的游客进行推荐,提高景区的知名度和对表演的期待值,从而获得大批潜在客流
	社区	中老年人	联合电视台举办了文化惠民活动,将大篷车开进了社区,并邀请大批社区工作者前往观看。凭借着后期他们的口耳相传,提高宋城演艺的社区影响力,吸引新的客流
	消费场所	外地游客	与景区所在城市的热门消费场所,比如酒店、茶楼等进行合作,进一步加强对于外来游客的宣传和影响
	商务终端	线上游客	在2013年推出了独木桥旅游网,为游客购买旅游产品和查阅旅游咨询提供了便利
	社交媒体		与传媒公司进行合作,在景区所在城市的商务区投放广告
			在线上传统渠道上持续投放广告,比如美团和携程的App
			提高潜在消费者对景区特色的了解,吸引他们前往
散客	电视媒体	线上游客	宋城景区全年推出庙会、花痴节、辣椒节三大主题活动以及若干国风主题活动。公司通过线上平台和社交媒体进行内容营销,提高品牌整体知名度和影响力。2015年3月,宋城演艺完成了对六间房的收购,标志着宋城演艺进军互联网演艺

宋城演艺还构建了出租车营销网络、社区营销网络以及消费场所营销网络。凭借大量本地人的口耳相传提高目标客群对演艺的期待值,从而获得大批潜在客流,实现品牌和广告的低成本广覆盖。在上海宋城营销的高峰期,地铁公交均可看到为上海宋城扩大声量的千古情品宣广告。

[①] 资料来源:宋城演艺发展股份有限公司.2010,2011,2012,2013,2014,2015,2016,2017,2018,2019,2020 年年度报告摘要[R/OL].https://q.stock.sohu.com/cn/300144/cwbg.shtml.

线上主要通过传统的广告渠道以及社交媒体。宋城演艺在美团和携程平台均进行了线上广告的投放,并且在微博、小红书等社交媒体平台进行了持续的内容营销。其在小红书上的关键词笔记数量已经上万。与此同时,为了优化购票流程,宋城演艺推出了线上购票平台独木桥旅游网,并且将微信公众号"宋城演艺""上海宋城"以及微信小程序"宋城旅游"与独木桥旅游网相连接,方便游客进行最新活动和购票情况的实时查看。电子商务平台和社交媒体本身所具有的不受时空限制、交易速度快和受众广的优势帮助宋城演艺拓宽了宋城演艺产品和服务的销售渠道,提高了品牌整体知名度和影响力,也减少了交易过程中的人工成本和时间成本,为后期的大数据分析,产品调整和服务线打好基础。

(3)创意:持续创新的重要保障

创意、创作和设计的优势是宋城演艺保持差异化经营和进行持续创新的重要保障。宋城演艺的创新创作是与其组织架构变革相联系的。在创作体系上,从剧本的构思、创作、改编到呈现,宋城演艺均以市场需求为导向。公司委派市场部进行游客需求的收集、整理和分析。舞台编排队伍则根据市场需求的导向进行地域文化表达时的设计和编排。在舞台效果呈现方面,宋城演艺邀请了国内外知名的服装、道具和舞美专家进行舞台设计和指导,通过对舞台质量和效果的提升,形成竞争优势从而吸引更多的观众。

为确保宋城演艺的产品始终符合游客期待,紧跟市场潮流,公司会定期对国内外演艺作品进行收集和整理,学习其中的先进技术和表达方式。与此同时,在园区内,工作人员还会委派人员专门负责游客意见的收集和整理工作,并根据收集到的意见进行后期的调整和完善。为掌握行业最新态势,宋城演艺还会定期邀请演艺界的专家一起探讨,时刻保持与市场需求的紧密性。

在组织架构上,宋城演艺近期成立了垂直管理部,创新部和市场定制部全方位地加强企业管控,满足游客定制化需求,有效加大市场推广力度。

宋城演艺还针对不同客群进行差异化的产品输出,比如针对适合年轻人的《颜色》以及与千古情系列形成互补的生态民俗系列《爱在》,海报如图3-9所示。多元化的产品和服务布局有利于宋城演艺扩大客户群体,提高复购率。

图3-9　《颜色》和《爱在》系列①海报

（4）全产业链开发

闭环的产业链团队确保了企业对产业链的把控力和运营的自主性。宋城演艺的产业链团队对宋城演艺从选址、规划到运营推广的各个阶段负责，此举有利于企业节约中转成本，提升运营效率。流程如图3-10所示。

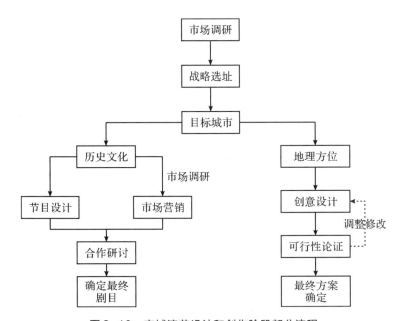

图3-10　宋城演艺设计和创作阶段部分流程

在设计和创作阶段，宋城演艺着重于项目的选址以及乐园和节目的设计。从大选址来看，大部分的景区位于我国南方旅游大市，经济发达且外来游客众多，有利于为宋城演艺提供稳定的客流，并随着全国各地游客的流

---

① 资料来源：宋城集团官网，https://www.songcn.com.

动,增强品牌和企业的全国知名度和影响力。此类城市经济发达,且人均可支配收入高,在满足其基本需求后,居民倾向于进行更多的精神文化消费。这就为宋城演艺的发展和扩大提供了坚实的市场基础。从小选址来看,项目多位于旅游核心地域附近,比如杭州宋城位于距离核心景区西湖10千米处,丽江千古情位于距离丽江古城5.6千米处。临近旅游目的地便于乐园利用附近旅游目的地便利的交通网络,也利于持续吸纳游客,维持乐园客流。

在节目的设计上,公司不断优化创作团队,吸纳院校人才,完善人才的后续培养机制。比如宋城演艺与上海戏剧学院进行人才培养、项目合作和联合办学等方面的合作。通过上海戏剧学院的人才资源优势,为宋城演艺输送各类别的演艺或者创作人才。与此同时,双方还合作建设音乐剧学院,进行音乐剧专业人才的培养。

在开发阶段,宋城演艺积极融入科技因素,对乐园和表演进行优化。宋城演艺升级了园区的售票和导览系统。人脸识别系统的运用便于游客进行自助购票,这一举措在简化入园流程、提高售票效率的同时也进行了人工成本和时间成本的优化。AR技术的运用将虚拟人物或者动物和地图导览相结合,增强了游览过程的趣味感和互动感,受到了许多小朋友的喜爱。

在销售阶段,宋城演艺通过和旅行社、学校的合作吸纳大量团客资源。现如今公司的营销网络已经完全覆盖了华东市场,为后续品牌的推广和客源的拉拢提供了重要保障。对于散客,公司从多个维度进行营销推广,比如出租车、社区、商务终端以及社交媒体等新兴渠道。

3. 疫情之下的转型

如今,宋城千古情项目进入增长稳定期,未来增量受到限制,而疫情的重压更是迫使宋城演艺加速转型步伐。

（1）演艺王国模式

杭州作为宋城演艺的出发点,如今已经从原来的乐园＋双剧院演出走向了多剧目、多种票型的演艺王国模式。演艺王国模式凭借游览体验项目的丰富性,剧目的多样性以及票价体系的多元化延长了游客的游览时长、拓宽了目标客群,也刺激了二次消费。

游览体验的增长。杭州宋城借着疫情停业期间,延伸其整体游览路线至1.3千米,新增街区和户外游览活动,延长游客的游览滞留时间,提升游客二次消费的概率。

剧院和剧目数量形式的丰富。2020年杭州宋城新建室内剧场2个、半室内剧场1个、室外剧场1个。除主项目《宋城千古情》外,宋城演艺还针对不同客群新增了一系列小型项目,比如《幻影》《映山红》(图3–11)和户外集装箱音乐节、《库克船长》等。针对本地客群的夜游活动的客流量也稳定在每日上千人次。

图3–11　《幻影》和《映山红》①

完善票价体系的多元化。疫情期间,宋城演艺推出了差异化多元化的票务体系,比如试点夜游票价50—99元不等和399元单人一日票等。2020年6月,宋城演艺开始尝试在西安检验该运营模式。相较于杭州,西安在剧院配置方面与杭州极度相似,但在市场端,《西安千古情》面临更激烈的市场竞争。目前其模式仍然处于市场推广期,距离成熟版本的演艺王国模式仍需要一定的时间和积累。

(2)城市演艺模式

2021年上半年,上海宋城演艺王国·世博大舞台正式开幕。上海宋城不仅仅是简单的异地复制,更是宋城演艺在城市演艺上的探索。

从地理位置上看,宋城延续了以往的大小选址原则,靠近热门旅游目的地。上海宋城世博园浦东园区,与周边的上海科技馆、后滩公园、世博园及上海大歌剧院等形成规模化集聚效应,集中游客资源。

从演艺形式上看,上海宋城积极引入外部剧目,促使产品多元化。除了

---

① 资料来源:宋城集团官网,https://www.songcn.com.

目前企业正在进行的《颜色》夜游活动、朋克快闪及泼水节活动外,企业还邀请开心麻花、天津人艺、祺天文化等著名音乐剧、舞台剧IP入驻。同时企业计划提供剧场的外租服务,增加受益渠道的同时,使演艺院内的剧目多样化,强化演艺IP集聚效应。

在销售策略上,上海宋城针对不同客户群体提供差异化的票型。多层次、多系统的定价机制满足游客不同的游览需求。对于千古情感兴趣的游客可以在室内的剧场欣赏《申沪溯源》《1921》《摩登岁月》《上海人家》《风从海上来》5个剧幕的《上海千古情》;想要享受异国风情和美食的游客选择带餐秀,可以一边观看演出一边享用餐包、金枪鱼沙拉、烤肉大拼、西点及红酒;而带着孩子的游客则可以在精灵谷、彩色森林等地享受美好的亲子时光,参与魔幻泡泡秀等互动活动(如图3-12)。该票价还会随着节假日的到来进行一定的调整。比如上海宋城在中秋节和国庆节分别提供了半价和7.5折的优惠。

图3-12 带餐秀《热情桑巴》和精灵谷①

在空间布局上,上海宋城结合了单主题和多主题的布局优势,最大化游览空间和体验。上海宋城采用环绕式路线规划法,增加游客和多主题店铺的接触面积,延长其游览滞留时间,增加消费概率。同时在部分楼层,宋城演艺集中进行单主题的展示,有利于优化游客的沉浸式游览体验。

总而言之,相较于以往的旅游演艺对于团客维持的重视,上海宋城的城市演艺更加集中于散客市场和年轻人市场。随着未来上海宋城演艺内容的

---

① 资料来源:宋城集团官网,https://www.songcn.com。

进一步多元化,其城市演艺的净利率将迎来进一步的提升,预计在30%—50%之间。而上海的成功实践也将帮助宋城演艺进一步布局北京和重庆城市演艺市场。

(3)演艺谷模式

演艺谷模式充分体现了集群效应,而宋城演艺对其的实践主要体现在西塘演艺小镇和珠海演艺谷。

西塘演艺小镇位于浙江省嘉兴市,距离上海和杭州分别只有约1小时和1.5小时的车程。较近的距离和便捷的交通有助于演艺小镇吸引大批长三角游客,联动西塘古镇和上海、杭州两大重点宋城项目资源,从而使集群效应最大化。西塘小镇自身也将建立三大集群,也就是主题公园、民宿度假、主题酒店。其演艺主体《吴越千古情》(如图3-13)深入西塘文化,并在表演中融入水面和船上表演,与以往的演艺形式形成鲜明对比。

图3-13　《吴越千古情》

珠海演艺谷位于珠海市斗门区黄杨山麓,在这里宋城演艺计划建设24个风格各异的演艺剧场,涵盖实景演出、室内演出、情景演出和互动式演出等,是宋城演艺历史上演艺种类最多的一次实践。为提高演艺影响力和知名度,宋城演艺还计划联动珠海长隆,举办"一带一路"演艺秀和其他大型国际艺术活动,吸纳珠海游客,推动珠海演艺谷走向国际。

总而言之,当前的宋城演艺在旅游演艺市场上极具竞争力,其独一无二的商业模式巧妙地将当地的历史和文化底蕴融合到公园设计和舞台表演中,时时更新的表演内容更是紧跟消费者需求。虽然受疫情影响且经营模式缺乏可借鉴的成功案例,但是逆势扩大的负面影响有望随着疫情的缓解慢慢解除,从而在未来充分显现优势。

(四)德云社:相声产业链

德云社成立于1995年,是中国最著名的大型专业相声社团之一,也是我国主打城市演艺的代表企业之一。其以"让相声回归剧场"和"做真正的相声"为要旨,用方言、话剧和相声混搭的方式表演相声剧等,为观众演绎从清朝、民国到中华人民共和国成立后各种风格流派的相声。现如今德云社以北京天桥剧场为总部,建有三里屯剧场、新街口剧场、湖广会馆剧场和墨尔本分社等,实现了中国传统艺术的国际输出。

立足于传统曲艺班社形态的德云社,凭借其独特的家族式结构体系、流量IP孵化能力,以及多方面触探周边文化产业,形成"德云生态链"。

1. 家族式结构体系

严格的排名制度以家族式结构体系为"表",以合同制的艺人经纪制度为"里",形成德云社相声人才梯队。在德云社,郭德纲的徒弟是按照"云、鹤、九、霄、龙、腾、四、海"8个科来排名的。"云"字科有岳云鹏、张云雷、朱云峰、陶阳等等,"鹤"字科有孟鹤堂、张鹤伦、阎鹤祥等等,"九"字科有周九良、杨九郎等等。

任人唯亲和从小培养的情感维系,使得郭德纲与徒弟的关系变得亦师亦友、亲如一家。而正是这样的关系增强了德云社的凝聚力和成员的归属感,使其能够日益发展壮大。

2. 人设孵化IP

德云社最初的IP孵化基于相声演员扎实的演艺功底,代表人物主要有郭德纲、于谦、何云伟、李菁和高峰、栾云平等。后期,成立于2012年的"德云四公子",孵化出如今最火的张云雷,也开启了德云社的流量之路。追星的饭圈热衷于数据,主动制造事件,创造热度,产生的现象更容易被大众媒体关注到。张云雷进入更大众的娱乐视野的契机,是有媒体、KOL注意到了居然有很多女性粉丝带着荧光棒去看相声。张云雷的走红也再次验证了圈层生态自我生长——二次创造与自发安利——某一契机出圈这一轨迹的普适性。作为相声界顶流的张云雷具有强大的粉丝市场价值。他拍杂志、出单曲,还与蔡徐坤、朱一龙一起荣登2018年明星热度TOP榜单,2020年又拿到了亚洲音乐盛典年度最具突破男歌手荣誉。

张云雷造成的"追星狂热"也推动了德云社相声发展和德云社粉丝年轻化,使得郭德纲豪言壮志道:"一年捧红一个。"岳云鹏的成功打造是其人设孵化的又一成果。跟打造自己的方式是一样的,郭德纲为这个爱徒打造的人设"要多低就多低"。区别于娱乐圈的其他人设,该类IP稳定度和亲民度高,不易受社会舆论风波影响。岳云鹏也的确靠着朴实憨厚、平易近人的形象沉淀了一批固定受众群体。

总的来说,德云社通过建立以郭德纲、于谦为大IP,岳云鹏、郭麒麟、张云雷等小IP的IP发展体系,逐渐构成自己的IP阵营,形成独特的IP生态闭环。

3. 产业矩阵布局广泛

德云社旗下的产业布局丰富,除了北京德云社运营主体外,还有黑龙江德云社、吉林德云社、南京德云社等十几个遍布全国的剧场。2018年披露的财报显示,2018年环宇兄弟与德云社相关的收入就高达900万元,占到同期主营业务收入的7成。近年来,德云社借助影视和综艺力量,探索了周边文化产业、服饰、餐饮。影视和综艺力量毫无疑问是德云社资本版图上最大的板块。

从开心麻花到欢乐喜剧人,喜剧市场借助影视和综艺力量来宣传自己的格局已经形成。德云社的娱乐生态链步骤清晰,从参与喜剧综艺制作,到联合出品喜剧节目,再到投资制作影视剧,德云社一步步实现自己的目标,扩大了相声市场。德云社最近几年先后主导或参与了《欢乐喜剧人》《相声有新人》《笑傲江湖》《坑王驾到》等节目。德云社的影视版图上有《我要幸福》《祖宗十九代》等电影。

德云社还涉及了餐饮、评书、服饰等业务。德云红事会馆、郭家菜都是德云社旗下的餐饮品牌,"德云书馆"和《坑王驾到》则是其评书业务的主要代表。德云华服专门负责德云社成员说相声唱大戏的服装,旗下分支"德云制衣坊"则专门负责定制高端传统服饰,均价高达2000元。

4. 传统相声的现代化改造

科技时代,德云社的相声在与其他艺术形式的比较中处于下风,生存是其面临的最大问题。为了扭转局面,德云社不得不进行现代化改造。

首先是对相声内容的改造。根据使用与满足理论,相声内容改造应该从观众的角度出发,使观众感同身受。郭德纲一直强调相声的传承,所有笑料结构都存在于传统相声中,因此学员学习时一字不差,甚至口气都与传统相声一样。然而传统相声中的许多内容与现在的生活环境不符,大多数观众听相声追求的是休闲娱乐,演员的表演要让观众感同身受,就要与时俱进,去其糟粕,在保证传统相声框架不变的基础上进行创新与加工。

此外,由于古代没有网络,听相声只能去小园子,一样的段子对不同的观众来说还是新鲜的。然而现在网络发展迅速,一成不变的相声会让观众觉得毫无乐趣,也无法吸引更多观众来到现场。因此,相声演员需要紧跟时势,依据个人风格将传统段子演绎出新感觉,其现场发挥能力、临场应变能力变得极为重要,应通过多年来对传统相声的学习以及在小园子里的磨炼,自如地掌控舞台节奏,并迅速回应观众偶尔抛出的梗。

其次是对招生及传播方式的改造。传播媒介具有强大的力量,其所传达出来的信息可以直接快速地引起受传者的反应,甚至能够左右人们的态度和意见。德云社的学员主要是郭德纲的徒弟,根据入门时间的早晚分为"云、鹤、九、霄"四科。"云"字科是郭德纲早年收的徒弟,大多为亲戚朋友介绍,人数较少;"鹤"字科面向社会招生,人数较多;"九"字科招生时成立了德云传习社,封闭式地培养了一批学员,如今都可以独当一面;此外在面向社会招生时,还录制了招生现场的情况,并上传至网络;"霄"字科招生时,德云社与北京戏曲艺术职业学院联合创办相声传习班,培养了一批学员,目前人数较少。"龙"字科招生时,德云社将现下很火的抖音软件与热门的直播及短视频相结合,一方面方便各地喜爱相声的人参与招生,另一方面有利于观众熟悉学员,其学成上台后,更容易被观众接受,一举两得。

为了扩大传播渠道,德云社演员参加了许多电视综艺节目,如《笑傲江湖》《相声有新人》《欢乐喜剧人》等。要实现形式上的突破,应从相声本身的特点出发,节目中的相声表演大多是演员为节目创作的新段子,时长在10分钟左右。节目以比赛的形式进行,演员们需要为自己赢得更高的人气,因此表演也不仅限于相声,还有相声剧,甚至有人跨界进行小品、二人转等表演,以此获得更多关注,演员知名度上升后,自然会带动线下门票的销售。

最后是对演员发展方向的改造。当今时代,综艺节目、电视剧、电影受到观众广泛喜爱,根据使用与满足理论,德云社的演员们不能只注重相声表演,要全面发展。德云社在培养相声演员的同时,不能固定他们的发展路径。众所周知,岳云鹏在说相声的同时,兼顾电影、综艺的发展;近年来火起来的张云雷也因为喜爱唱歌,在2020年首次以歌手的身份参加音乐节,并获得了音乐奖项;郭麒麟喜爱演戏,向演员转型,参演电视剧,收获了一众好评,并录制了许多知名综艺节目,成功进军娱乐圈。德云社还有许多演员都涉足了其他领域,但这并不会让他们忽视相声,扎实的基本功是他们走出去的底气。

在微博等公众平台,德云社的师兄弟们会互相帮忙宣传最近的作品,晒晒吃饭、出游的照片,在评论区开玩笑,在节目里偶遇也会互相帮助,大家毫不生疏、其乐融融,仿佛一个大家庭。一个演员火了之后,会主动带其他师兄弟,这种互开玩笑,但遇到风波时会站在彼此身边的氛围,也是吸引观众的一点。①

5. 德云社演艺现状

德云社的收入主要有两个来源:剧场演出、商业演出。德云社从剧场而起,目前仍旧重视剧场的经营。截至2020年12月,环宇兄弟的市值约为8848万元,其中来自德云社项目的营收2015年为613.54万元,2016年为1059.81万元,2017年为1573.33万元,2018年为4000万元,2019年为2205.95万元,2020年上半年为1100.65万元。

从2010年开始德云社角儿们参加的影视作品数量逐年增加,在2016年作品数量多达36部,近三年来也都保持在30部以上,其中岳云鹏、郭麒麟、张云雷、孟鹤堂、秦霄贤等都在各大综艺电影中崭露头角。相关影视作

---

① 郭雅洁,王颖.基于传播理论分析相声艺术的现代化传播——以德云社为例[J].艺术科技,2021(8):128-129.

品在豆瓣评分逐年走强,豆瓣评分大于7.0的影视作品数量也在增多。

与郭德纲时期相比,如今"德云社天团"及其参与节目的观众和粉丝也有较为明显的变化。女性占比提升,受众学历本科及硕士以上人数占比明显上升,整体人群趋向年轻化和高学历化。

受新冠疫情的影响,2020年演出迟迟未开箱,但依然可以看出2016年6月至2020年的商演中南方城市所占的比例逐渐升高,从中可发现相声文化向南扩张的趋势。自2014年起南方城市就不断进入德云社百度搜索热度Top 10,且排名不断上升。2014年、2015年Top10中排名上升的南方城市都为2个,2016年却达到5个,且北方城市没有上升。南方城市虽在2017年排名没有变化,但2018年排名上升的城市数量与北方持平。

(五)三湘印象:文化旅游实景演艺IP

三湘印象股份有限公司成立于1994年。公司坚持"加快发展文化产业,稳步发展房地产业,推动两大产业协同发展"的战略,明确绿色科技地产与文化精品IP双向赋能的发展思路,不断强化科技创新与产品升级,深度挖掘文化内核,拓展"文化+地产"双主业的内涵与增长空间。

1. 公司文化业务分析

公司文化板块主要以观印象艺术发展有限公司为核心。观印象以"讲好中国故事、展示文化魅力、助推区域发展"为愿景,致力于创作、制作、投资和管理演出。旗下文化旅游演艺产品涵盖山水实景演出和情境体验剧两大类型,拥有"印象""又见""最忆""归来"四大演出品牌系列和一个单品剧目《知音号》。目前已经成功打造了一系列享誉国内外的旅游演艺精品,并参与创作纽约大都会歌剧院歌剧《秦始皇》、北京奥运会开闭幕式、上海世博会和威尼斯建筑双年展等。

在艺术上,"印象系列"开创了新的"实景演出"形式。"印象"实景演出作为中国大型文化娱乐品牌,注重用原生态的中国大自然之美来重塑文化娱乐观念,重现中国文化精髓,重现人与自然的和谐。比如其代表作品"印象系列"的实景演出就巧妙利用了当地特有的山水实景和地质风貌,糅合了地域风格强烈的人文传说、民俗风情以及宗教信仰,为观众展示了一场集合光、影、舞、美和乐的极具冲击力和震撼力的艺术视听盛宴。

　　其中《印象·刘三姐》（图3-14）是中国·漓江山水剧场核心工程,也是全国第一部"山水实景演出"。其以十二座山峰为背景、以漓江的水为舞台,展示了广西山歌,瑶族、壮族、苗族等少数民族风情,漓江的渔火和渔民生活以及风情舞蹈等。《印象·丽江》（图3-15）是继《印象·刘三姐》之后推出的又一原生态的大型实景演出,也是印象系列里唯一在白天进行的演出。它的舞台是位于海拔3050米的玉龙雪山甘海子,以巍峨的雪山为背景,给人以强烈的视觉冲击。

图3-14　《印象·刘三姐》

图3-15　《印象·丽江》和《印象·大红袍》

　　《印象·大红袍》是由著名导演张艺谋、王潮歌、樊跃共同组成的"印象铁三角"领衔导演的,该演出以独特视角,向来自世界各地的观众展示不同的武夷"山水茶"文化。区别于以往的演艺,《印象·大红袍》主打视觉特效。360度的旋转看台,每个旋转的角度都会呈现不同的场景。整场演出在完全开放的"山水"间进行,武夷山最著名的大王峰、玉女峰尽收眼底。在仿古民居表演区,立着一栋武夷山下的仿古民居,它是世界上"最大的茶馆",观众置身在这间"巨型茶馆"中,观看着武夷山村民制茶、卖茶、饮茶的日常生活。在竹林表演区,演员从竹林间"旋转飞起",加上周围的十五块电影银幕,让人仿佛置身在山水间。

在商业上,"印象系列"开创了具有中国特色的文化产业模式。表演运用大规模的本土化演员团队和千姿百态的地貌特点,强有力地重塑了地方品牌,使得"印象"产品得以突破音乐剧和舞台剧的"同一团队各地巡演"的传统模式,实现跨区域、跨行业和跨产业链等多种形式的品牌延伸。而这种地方特色和品牌延展性也为表演提供了更多商业机会,有力促进了当地人员的就业和产业链的发展完善。

随着国际文化交流的日趋频繁,公司创作的演艺项目《又见马六甲》已经成功走出国门,成为代表中国特色的国际高端文化艺术品牌。未来,随着观印象陆续推出更多演艺精品,其有望进一步覆盖国内优质景区并辐射全球旅游资源。

2. 核心竞争力分析

三湘印象作为中国文旅演艺产业的先行者和绿色科技地产的领先品牌,有效促进了区域经济的繁荣发展,积极引领传统行业的转型升级,多层次满足消费者多样化需求,体现了其在经济和社会发展中的企业价值。企业能够长期稳定发展,得益于以下几项核心竞争力。

(1)文化演艺IP开发与打造能力优势

2003年,观印象推出的《印象·刘三姐》开了国内实景演艺的先河。该剧目自公演以来不仅为当地带来了可观的经济收益,更成为广西最具代表性的地方文化名片之一。自此,国人传统的旅游习惯逐步发生改变,游客在进行游览拍照的同时开始关注起游览过程中的艺术享受和文化内涵。

在这十多年里,观印象潜心进行IP的开发创作,公司拥有代表中国旅游文化演艺领域最高艺术水准的导演编创团队,张艺谋、王潮歌和樊跃利用不可复制的原生态自然之美,深度挖掘出当地的历史文脉,打造出一幅幅丰富唯美的文化娱乐盛世图景,成功开创了"印象""又见""最忆""归来"四大著名系列 IP 以及一个漂移式多维体验单品剧目《知音号》。每一台演艺剧目都是独一无二、极具视觉冲击力的艺术盛宴,都最大程度地融合了现代科技和独创的艺术形式,为观众带来了娱乐消费和心灵的洗礼,也促使观印象逐步成为久负盛名的文旅演艺品牌。

2019 年,为进一步稳固与 3 位导演的合作,公司分别与张艺谋导演和樊跃导演签署了项目服务合同,并与王潮歌导演就部分已公演项目的维护服务工作及新项目合作进行了磋商。同时,观印象经过十几年的发展和积累,已与国内外最顶尖的艺术编创、舞台设备供应商、舞美设计和经营管理人才建立了紧密多样的长期合作,可以助力其未来舞台表演技术的提升。

（2）卓越的竞争力品牌优势

观印象是演出艺术的全新实践,它塑造了全新的文化产业模式,为地方文化旅游产业生态的形成与转型升级起到了十分重要的推动作用,成为当代文化创意产业的成功范本及新标杆,成为各地政府争相引进的项目,也深受广大观众的喜爱。

随着文旅行业的不断发展以及游客欣赏水平的不断提升,近年来,沉浸式、体验式演出受到市场欢迎。观印象在实景演艺的基础上,推出了以情境体验式为特色的"又见"系列演出,成为旅游消费新宠,包括《又见平遥》《又见五台山》《又见敦煌》《又见马六甲》等。"又见"系列引领沉浸式演出的发展,票房占比达53%;其中观印象"又见"系列加上《知音号》占比达64%。

观印象系列演出已形成"文化演艺—带动旅游—商贸服务—拉动就业—吸引投资"的产业链条,通过将当地的一台演出变成一个 IP,再进行与此 IP 相关的衍生开发,从而形成一整套产业链。如福建武夷山地区在"印象大红袍"IP 的影响推动下,武夷山当地与茶叶相关的企业则由 2005 年的不足 100 家发展到如今的 5000 多家;此外在这个新引擎的推动下还推出了忘山茶生活、温泉、玻璃景观长廊等一系列衍生品。如《又见平遥》为古城平遥带来了文化和经济的双重发展契机;《知音号》被誉为"武汉市长江主轴文化轴亮点项目",让历史文化名城武汉的城市形象更加闪亮。

公司通过充分挖掘"观印象"品牌价值,进一步巩固其品牌优势地位,不但在自身业务拓展过程中获得市场的高度认可,而且将为上市公司各业务条线的土地获取、项目合作、资源扩张、市场进入、人才吸引等带来了较为明显的推动作用。

(3)绿色科技地产领域的领先优势

为应对能源危机、人口增长等问题以及满足人们对居住的安全、健康要求,绿色和低碳等可持续发展理念在全球不断获得推广,公司以人、建筑和自然环境的协调发展为目标,注重提高建筑物资源利用效率,降低建筑对环境的影响,全面推行绿色建筑,坚持绿色、健康、智能的技术体系:被动节能、主动增能、健康智能,形成了在建筑节能、环保、雾霾防治、智能家居、运营管理等多方面行业领先的品质优势,引领绿色生活。随着房地产整个行业升级的内在需要日益紧迫,同时资源节约型、环境友好型、健康安全型的绿色建筑在面向未来的文旅目的地建设中也将更受青睐。因此从长远来看,公司对绿色科技地产发展前景始终充满信心,同时公司在绿色科技地产领域深耕多年,拥有丰富的经验积淀,这必将助力公司在未来的竞争中具有一定的领先优势。

(4)精准、稳健的房地产投资策略优势

人们对美好生活的追求为市场带来大量改善型需求机会,同时也更加注重对环保、对健康的消费投入,科技、简约、环保、健康的居住产品受到追捧。公司主要投资项目位于长三角及京津冀等我国重要的都市经济发展区域,是中国经济发展和人口集聚的中心,城市人群消费力强,公司聚焦上述区域的细分市场,抓住市场结构性机会,踏准市场节拍,房地产投资的抗风险能力较强。

作为实景演艺行业排头兵,三湘印象已在文旅行业构筑"护城河"。经过十多年的积淀,三湘印象旗下观印象已成功开创了"印象""又见""最忆""归来"四大系列IP以及一个漂移式多维体验单品剧目《知音号》。围绕"IP智造、IP衍生、IP运营"的发展思路,三湘印象也正在不断谋求高科技、数字化文旅创新产品的发展布局,打造可在城市中心复制的沉浸式文旅作品,为公司文化板块提供高质量、可持续的发展引擎。未来,观印象将进一步精选优质项目,更加灵活地与3位导演合作,使他们在观印象业务发展过程中依旧扮演重要的角色。同时,观印象将继续与国内外艺术家及新锐创编英才进行广泛合作,运用创新的视觉艺术和多媒体科技手段,持续创作出艺术性、商业性和独创性完美结合的佳作。

二、旅游主题公园产业

(一)迪士尼:主题公园IP商业化运营

迪士尼集团成立于1923年,至今已接近百年。其主要业务覆盖影视娱乐、主题公园、媒体网络和衍生品消费等多个领域,"IP+故事"是其运营核心(图3-16)。

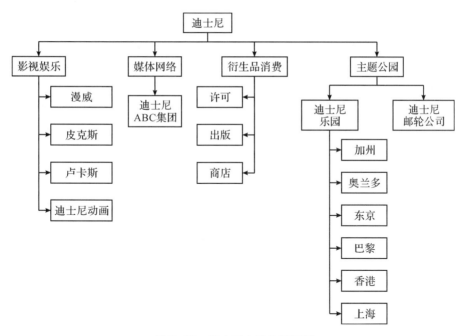

图3-16 迪士尼主要业务版图

迪士尼发展至今主要经历了七个阶段,分别是开创时期、快速发展时期、"二战"调整期、第一黄金期、蛰伏探索期、第二黄金期和高速拓展期,如图3-17所示。1937年《白雪公主》的出世标志着其"IP+"道路的开启。2019年10月,迪士尼公司荣获福布斯全球数字经济100强榜第9名。2020年7月,福布斯全球品牌价值100强中迪士尼位列第7。

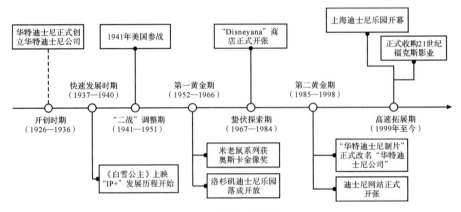

图 3-17　迪士尼发展历程

1. 经营模式和盈利状态

迪士尼主题公园主要存在三种经营管理模式,即独立投资并管理模式(加州、奥兰多、巴黎)、特许经营模式(东京)和合资模式(中国香港、上海)。

特许经营模式中,迪士尼主要负责授权和技术输出,主要的投资和管理都交由日本方面的OLC公司来完成。日本OLC公司对整个东京迪士尼公园的管理和收益有着绝对的主导权,迪士尼的唯一收益就是该乐园10%的门票收入和5%的园内商品销售收入。

合资模式中,迪士尼的占股比例基本控制在40%—50%之间。但其具体的收益模式也存在差异。在中国香港迪士尼项目中,管理主要由美国公司进行,迪士尼公司主要收取特许经营费用、基本管理费用和变动管理费用,而在上海项目中,其与中国企业共同分担风险,按占股比例收取费用。中国公司占据主导管理权的行为有助于降低迪士尼的运营成本,使资源优势最大化。

疫情前,迪士尼的主营业务收入基本呈稳步上升趋势,媒体网络和乐园度假区是其主要的盈利来源,总占比超过80%,如图3-18所示。

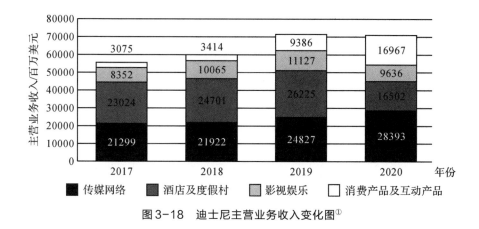

图3-18　迪士尼主营业务收入变化图①

　　2019年媒体板块实现一个小跃升,营收同比增长13.25%,但利润只涨了2%。该营收的快速增长主要是因为"迪士尼＋"的上线以及收购福克斯后FX电视网和国家地理频道带来的广告费和内容授权费的增加。但是收购伴随着的营业费用同比上升17%、市场和行政支出同比上升24%,以及新建流媒体业务的大额支出导致该阶段利润上升呈现疲软态势。在疫情期间,该业务板块收入仍然稳步上升,全年营收同比增长14.36%,利润同比增20.63%。该稳定增长得益于疫情期间媒体网络观看人数的增加,"迪士尼＋"订阅用户数量的激增以及迪士尼在有线电视网业务、广播电视网业务、国内电视台、电视产品制作等业务的高覆盖面、高影响力和稳定市场份额。在2021年,随着"迪士尼＋"订阅用户数达到1.16亿,流媒体业务的快速成熟,迪士尼的媒体网络板块有望迎来新一波的激增。

　　在酒店及度假村业务上,2019年,该业务营收增长6%,但游客人数下滑2%。在该年,迪士尼于美国境内新建的"星球大战:银河边缘"乐园未能带来巨大客流。国际上,上海迪士尼的"禁止自带食物"以及中国香港迪士尼的社会事件均影响了迪士尼的社会声誉,乐园的游客人数增长陷入停滞甚至下滑状态。但是门票、乐园内的消费品以及迪士尼旗下酒店消费的增长,

① 数据来源 : https://www.hangyan.co/charts? q= % E8%BF% AA% E5%A3%AB% E5%B0%BC% E6%94%B6%E5%85%A5%E7%BB%93%E6%9E%84。

确保了乐园业务营收的增长,并且使得乐园业务收获了49.19亿美元的利润,利润率达到了22.78%。2020年,酒店及度假村业务板块收入165.02亿美元,同比下降37%。在该阶段,由于疫情,乐园被迫关停一段时间,而线上购物消费习惯的转变也迫使迪士尼关停部分实体门店,进一步削减乐园业务收入来源。

2019年,影视娱乐业务营收111.27亿美元,同比增长11%。营业利润26.86亿美元,同比下滑11%。营业收入的上涨主要源于2019年迪士尼IP票房的大丰收。该年上映的《惊奇队长》《复仇者联盟4》《玩具总动员4》《狮子王》均获得了至少10亿美元的全球票房。但对于福克斯的收购却增加了影视娱乐部门的电影制作摊销、发行支出、市场和行政支出,在福克斯旗下作品未能实现大幅盈利的状况下,迪士尼影视娱乐业务利润下滑成为必然。2020年,影视娱乐业务全年营收96.36亿美元,同比下滑13.4%,营业利润25.01亿美元,同比下滑6.9%。同乐园一样,该阶段院线受到疫情影响,基本处于停摆状态。出于保守心态,迪士尼推迟上映部分热门电影,致使院线收入大幅下滑。与此同时,迪士尼加大了对其他平台和渠道的内容授权力度,尤其是电影授权,从而止住了下滑趋势。

消费产品及互动产品在2019年营收93.86亿美元,同比增长174.9%,营业利润18.39亿美元,同比增长13%。该阶段的快速增长与该年迪士尼电影《玩具总动员4》《复仇者联盟4》和《冰雪奇缘2》等热门电影的火爆以及收购福克斯IP息息相关。2020年,该类营收169.67亿美元,同比增长80.7%。该增长得益于衍生消费产品的营销渠道日益成熟和IP集群的扩大。

总的来看,虽然迪士尼业务受到疫情影响较大且乐园业务增长陷入一定的瓶颈。但是只要迪士尼可以确保其IP的持续创新和优化能力,完成流媒体转型,其将来仍有较大的成长空间和潜力。

2. 核心竞争力

迪士尼能够收获持续的盈利增长,主要得益于其完善的IP全产业链管理模式、领导人的前瞻性决策能力,以及成熟且系统化的员工管理体系和企业文化。

（1）领航人的魅力

在近百年的发展历程中，迪士尼涌现出一系列领航人物，他们凭借其自身的创造力、处事的前瞻性，引导着团队和企业的方向。

华特·迪士尼是迪士尼公司的开创者，也是世界动画产业的开拓者。1926年，迪士尼正式成立了"华特迪士尼制作公司"，为迪士尼公司的事业版图拉开序幕。1928年一只来自车库的老鼠米奇带着它的名字走进了千家万户。

华特不仅是迪士尼事业的开拓者，也是动画事业的开拓者。在他任职期间诞生了世界上第一部有声动画《威利汽船》，世界上第一部彩色动画《花与树》，影史上第一部长篇动画电影、电影原声带《白雪公主》以及世界上第一座迪士尼主题乐园——加州迪士尼乐园。终其一生，华特先生诞生了无数经典的动画角色，荣获56个奥斯卡提名，26项奥斯卡金像奖，以及一系列其他知名奖项，是目前世界上获得奥斯卡奖项最多的人。他创新开拓的精神以及非凡的成就和贡献也让其和米老鼠一起成为迪士尼的核心标志，影响着后续的接任者和所有的影迷。

如果说华特先生是迪士尼事业的开创者，那么罗伯特·艾格先生则是新时代的版图扩张和战略革新者。在其任职期间，迪士尼的利润呈现基本稳定增长趋势，且利润额较上任前涨了4倍多。罗伯特主导了4次战略性的收购，实现了现有业务的完美扩张和产业链的强化。这4次收购分别是2006年的皮克斯、2009年的漫威、2012年的卢卡斯以及2019年的福克斯。

自从1994年的《狮子王》播出后，迪士尼一直缺乏有影响力的独立动画电影，且受限于二维动画影片，迪士尼的动画在影片观赏性上略显不足。而当时的皮克斯却凭借《玩具总动员》成功冲击了迪士尼主导的动画市场。罗伯特主导的对皮克斯的收购为迪士尼的事业发展排除了一大实力竞争者，使迪士尼实现高科技和娱乐产业的融合，延长IP产业链，并新增重要制作节点。在并购后，迪士尼与皮克斯共同推出了《冰雪奇缘》《疯狂动物城》等6部卖座大片，总票房超32亿美元，又一次彰显了迪士尼动画霸主的地位。

2009年对于漫威的收购是迪士尼对于目前客群的一次开拓，也是其IP布局中里程碑的一步。在漫威之前，迪士尼主要生产动画电影，服务于儿童或者是亲子群体。而漫威的主要客群集中在年轻人尤其是年轻男性中。漫威自身含有大批影响力颇强的超级英雄人物,使其产生了极具黏性的超级英雄IP效应。收购漫威既有望扩大迪士尼目标客群,也有助于迪士尼进一步吸纳和打造这些较为成熟的商业IP(图3-19)。

图3-19　迪士尼部分IP①

对卢卡斯的收购为迪士尼带来了工业光魔特效以及《星球大战》IP。对福克斯的收购强化了迪士尼的媒体电视网业务和院线资源,为后期Disney+平台的打造做好铺垫,也为其与Netflix的市场竞争增加砝码。同时,对属于福克斯的《X战警》《神奇四侠》《死侍》等超级英雄IP的吸纳,将进一步扩大迪士尼的漫威宇宙版图,强化IP影响力。

艾格还主导了迪士尼海外业务的扩展,促成了上海迪士尼项目。上海迪士尼自2016年正式开业,几年来其业务增长收入已经成为海外市场主题公园业务的重要增长点。

(2)IP创造

迪士尼的IP主要有三大来源:历史深挖、自主创造以及吸纳。

迪士尼善于从各个国家的童话名著、历史传说中找适合自己的动画角色。比如来自《格林童话》的《白雪公主》《灰姑娘》以及《美女与野兽》等,来自中国的《花木兰》。通过对故事和人物个性的挖掘,以及对当时目标客户心理的预测,迪士尼会有针对性地进行角色形象和故事细节的设计和调整,将IP与故事完美结合。比如针对女性客户的迪士尼公主系列IP(图3-20)。

---

① 资料来源:搜狐财经。

图3-20　迪士尼公主系列①

在自有动画人物创造上,迪士尼从2D时代最具影响力的米老鼠系列、小熊维尼等,到3D时代的《机器人总动员》《飞屋环游记》《料理鼠王》,持续且稳定的创造能力确保其在动画市场的主导地位。皮克斯的技术加持也让迪士尼的动画制作更具技术优势。在2019年上映的《冰雪奇缘》中,艾莎公主的头发和睫毛根根可见,十几套服装设计各具特色,随着剧情的发展主角的身份和心态的变化也从这些物饰上体现出来(图3-21)。

图3-21　《冰雪奇缘》画面

对IP的吸纳,迪士尼主要通过几次历史性的收购。"漫威"系列和"星战"系列的加入丰富了迪士尼现有的IP集合和消费种类,拓宽了目标市场也强化了IP集合带来的黏性联动效应。

---

① 资料来源:迪士尼官网。

(3)IP赋能和变现

迪士尼对IP的赋能和变现主要通过四大主要业务(网络媒体、影视娱乐、主题公园和衍生消费)来实现。这四个部门通过长时间的发展已经形成了较为完整的产业链闭环。

网络媒体部门主要负责迪士尼内容的输出和提高曝光率,该业务营收主要来自会员费、广告销售以及部分内容销售。在迪士尼旗下的ABC电视台、流媒体平台Hulu等均会就迪士尼相关讯息进行高频曝光,其中"迪士尼＋平台"更是成为迪士尼的在线内容库,全方位地进行迪士尼内容的集中输出。这些流媒体平台的国际化登录,扩大了迪士尼的影响地域,提高了品牌知名度,有利于后期迪士尼内容的持续输出,保证了迪士尼的稳定现金流。

影视业务主导迪士尼IP赋能以及IP成熟后的变现和二次赋能变现,是整个IP系统的核心。迪士尼以影视剧为培育载体,通过自有院线和合作院线渠道进行大面积推广,从而完成对IP的初步培育赋能。在上映后,根据受众的反映,迪士尼继续利用成熟IP进行剧情的衍生或者动画真人化,强化成熟IP流量影响力,实现二度赋能变现。

乐园是迪士尼曝光和变现的重要线下渠道。至今为止,迪士尼建成了6个迪士尼乐园,分布在世界各地。分散各地的迪士尼乐园布局有利于迪士尼进行海外市场渗透,摆脱品牌地域限制,拓展企业发展空间,加速品牌扩张。与此同时,国际化的乐园经营模式也有利于迪士尼吸收国际文化元素,丰富IP创造灵感,增加未来IP的世界性和多样性。迪士尼乐园内部根据细分主题不同,设计了各具特色的游览活动和IP互动体验,并通过场馆内部的衍生品销售和观影体验进行IP理念的强化和二次消费的刺激。园区内提供的餐饮和住宿等服务延长了游客的滞留时间,增大了其消费概率。

衍生消费是对IP的赋能和传承,该类变现主要涉及商品授权以及迪士尼自身周边商品的贩卖(图3-22)。虽然该类业务的收入在主营业务收入中的占比并不是最高,但其贡献出大部分的IP收入,尤其是授权商品。在2018年全球家庭娱乐角色授权商品零售额榜单上,米奇和米妮凭借32.65亿美元的合计零售额位列榜单第一,而前10名中有6个迪士尼IP,体现了其在家庭娱乐领域的绝对地位。

图 3-22　迪士尼文创产品[①]

　　迪士尼 IP 衍生品的销售呈现鲜明的集中化和多渠道特征,通过线上线下两个方向的渠道进行相互补充和联动促进。就集中化而言,迪士尼的大部分授权商品集中出现在商场、大型超市和零售店,自创产品则集中出现在主题公园以及迪士尼旗下的衍生品专业店。迪士尼在每一个乐园或者游戏项目的出口,都设置了一家相关主题的衍生礼品商店,并通过针对性的游览体验活动将目标客户从儿童和年轻群体扩展到所有游客,将该类 IP 的消费转嫁成父母加深亲子关系、成年人重拾童心的途径。联动性、情绪化和集中化的销售展示丰富顾客选择,营造沉浸式购物体验,刺激消费欲望和单笔消费金额的提升。

　　Title Max 2020 年的数据显示,迪士尼八大 IP 的累计经济价值从 2019 年的 3551.82 亿美元上升至 2020 年的 3736 亿美元,其中维尼熊、米老鼠和星球大战分别位列第三、第四和第五名,体现出迪士尼 IP 极强的吸金能力和持久的文化生命力。

　　产业链闭环以及四大业务的协同效应极大地提升了企业内部 IP 资源利

[①]　资料来源:https://zhuanlan.zhihu.com/p/25619108.

用效率,而多样化的营销和变现渠道则强化迪士尼IP影响力和商业价值,未来随着产业链中营销和赋能渠道的不断拓宽,迪士尼的议价能力和IP规模效应进一步加大,产品增值和变现渠道也将得到扩展。

(4)IP营销

迪士尼的成功也离不开企业围绕IP进行的一系列怀旧、多渠道以及结合热点的营销策略。

怀旧是迪士尼的主要营销模式,也是其对品牌重塑的重要实践。1994年《丛林之书》的真人化拍摄是迪士尼真人布局的第一步。在21世纪,流媒体和拍摄技术的加持降低了动画电影的制作成本,这促使迪士尼重拾其冰封十年之久的真人化战略,并优化了怀旧营销流程。2019年,迪士尼史无前例地推出了5部真人电影,在进行公告的那一周,几乎所有的电影头条都被迪士尼霸占。社交媒体联动全球选角链接了新旧两代受众,预热未来品牌影视关注度和商业价值,扩宽未来受众群体,完成了对IP的二次赋能。

迪士尼善于运用各类营销工具,构建全渠道高覆盖率的营销网络。在社交媒体上,迪士尼运用企业账号持续且差异化地分享IP主题的照片、视频、问答和调查,鼓励粉丝互动,增强现有粉丝黏性和潜在客户吸引力。

3. 迪士尼乐园

至今为止,迪士尼共建有6座迪士尼乐园。随着迪士尼乐园从美国走向世界,美国国外布局的乐园如今已经成为迪士尼乐园的主体。

国际化乐园布局是迪士尼为了开拓新市场、扩大品牌知名度和降低投资成本。美国境内的迪士尼乐园普遍存在较大竞争,而这一现象在近些年显得越发普遍。位于加州洛杉矶的迪士尼乐园附近有好莱坞环球影城、纳氏草莓农场、六旗魔术山以及圣地亚哥海洋世界。这些主题公园正逐步缩减着与迪士尼的差距,威胁着迪士尼的市场份额。迪士尼虽然仍然占据主导地位,但是游客增长率变化不大,并且呈现下降趋势。与此同时,美国国内和中国香港迪士尼自开园后渗透率不断上升,上海迪士尼游览人数也稳定增长。自新冠疫情暴发以来,上海迪士尼成为全球恢复最好的主题公园。种种迹象都凸显了迪士尼布局海外市场的前瞻性和必要性。

上海迪士尼园区坐落于中国上海浦东新区,交通便利,覆盖人口众多。

上海迪士尼乐园于 2016 年正式开园,其度假区主要由迪士尼小镇、迪士尼度假酒店以及主题公园构成,形成了集娱乐、餐饮、酒店和零售于一体的综合商业体。区位优势显著,游客年轻化、本土化是其主要特征。

景区距市中心约 40 千米,距离浦东国际机场仅 15 分钟车程,覆盖人口达 1.6 亿人次。高人口覆盖率、完善的交通设施以及上海市政府持续的扶助政策等确保了迪士尼游客目标的实现。迪士尼景区在 2017—2019 年接待游客年均维持在 1000 万人次以上。

游客年轻化是上海迪士尼的另一大特征。虽然亲子互动仍然占据观光的主要动机,但是 20—30 岁的年轻游客比例在逐年上升。迪士尼成为他们线上分享和拍照打卡的热门地点。与此同时,30—50 岁的中年人占比也持续超过 30%,迪士尼成为他们舒缓职场、生活压力的乐园。

本土化是上海迪士尼的成功要素之一。上海迪士尼添加了一系列中国元素和特色演出服以及"留声上海"系列商品等。《狮子王》中四川话、东北话、吴语等方言台词的出现用另一种形式区分了角色个性,强化了与本地游客之间的共鸣,推动迪士尼融入本地市场。

迪士尼入驻上海为上海乃至中国的主题公园产业带来了更多新的动力。在迪士尼建造期间,该项目的固定资产投资就为当地政府提供了 0.44% 的 GDP 年均贡献,促进新增就业人口 6.26 万人,促进上海市旅游产业增加值的比重增加。开园后,迪士尼推动本地旅游景点的游客数量和收入增长。上海迪士尼游客的个人花费集中在 1000—2000 元之间,且平均滞留时长为 3 天。该滞留时长提高了迪士尼周边城镇的民宿入住率,使其最高可达 90%,甚至带动周边知名景点,比如东方明珠游客数量显著提升。其高标准的服务模式改变了国内主题公园市场的竞争格局,部分生存能力弱且产品服务质量较差的企业被淘汰,促进了国内主题公园的转型和产品服务相关水平的提升。

未来随着上海迪士尼影响力的不断扩大,上海国际旅游度假区将逐步形成以迪士尼为核心,文化演艺、数字娱乐、购物、旅游会展以及运动等产业为支撑附加一系列衍生产业的区域产业体系,推动产业集群效应和上海文化旅游行业新进程。

4. 疫情下加速转型

新冠疫情期间,迪士尼对业务板块进行大幅调整,将其从原来较为分散的流媒体国际、影视娱乐、媒体网络、乐园产品四大部分调整为内容和产品＋体验两大事业群。该重组将进一步推动DTC(Direct-to-Consumer,直接面对消费者)营销模式,保证迪士尼分销渠道的稳定内容流入以及强劲现金流。

在这场DTC转型中,迪士尼存在明显的IP和平台优势。迪士尼迄今为止已经形成了以IP为核心联动四大主营业务的一体化生态,并且积累了500多部电影,7500集电视剧集。深厚的IP和影视剧目积累可以满足不同消费群体个性化需求。与此同时,从2006年开始的线上制作团队和平台的积累,比如收购皮克斯动画、美国广播公司(ABC)和Hulu等,便利迪士尼布局线上流媒体平台。最后,留住黏性强且价格敏感度低的客户。在儿童和青少年内容输出方面,迪士尼并没有明显的竞争对手,大部分热门IP都在迪士尼旗下。近似垄断地位的迪士尼在该类群体的内容输出上掌握了绝大多数的主导权,即使后期出现提价也不会导致严重的客户流失。

DTC转型是传统电视行业衰落时期迪士尼新的有力增长引擎。它将削弱迪士尼对于康卡斯特、Direct TV或是国际发行商的渠道依赖,优化客户个性化体验,拉近迪士尼和客户的关系,加快迪士尼数字化进程。

另一个转型特征是线下专卖店的大幅减少。2021年3月,迪士尼宣布关停北美地区60家线下专卖店。该类举措不仅仅是出于对疫情的担心,更多的是对于疫情引发的消费者消费习惯趋向线上化的一种顺应,也和迪士尼近年来电子商务化转型的趋势相照应。

疫情时期的迪士尼仍在全球占有主导地位。迪士尼2022年度第一季度财报上流媒体和主题公园板块业绩强劲。伴随着2022年下半年漫威和星球大战等的定期发行,迪士尼对原创节目的大量投资有望大获回报。虽然国内迪士尼乐园因容量限制减少运营,国际地点也持续受到强制性容量控制和旅行限制的影响,但迪士尼在全球的主题公园已基本重新开放。且伴随着疫苗接种率的稳步提升,迪士尼乐园游客人数也在恢复,每个游客的收入水平比起疫情前显著上升。随着迪士尼在2022年1月宣布成立国际内容创作中心,其海外不同地区市场的流媒体服务有望得到进一步扩大,预计到2023年底,"Disney+服务"所覆盖的国家数量将增加1倍,达到160个。

(二)广东长隆:主题公园与酒店文旅一体化的综合型文化旅游模式

广东长隆集团有限公司成立于1989年,是一家集主题公园、豪华酒店、商务会展、高档餐饮和娱乐休闲等营运于一体的大型综合旅游企业。集团拥有广州长隆旅游度假区与珠海长隆国际海洋度假区两大业务板块,以及第三个仍在建设中的森林主题综合度假区——清远长隆。当前长隆集团年接待游客量已经突破4000万人次,并获得多项世界殊荣,跻身全球主题公园集团前六名。

1. 一站式综合性旅游度假区:广州长隆旅游度假区

广州长隆旅游度假区是国家首批5A级景区,集游乐、秀场、休闲、餐饮、商业和酒店综合服务于一体,拥有国际先进管理水平。度假村坐落于广州市,交通便利,距离市中心约18千米,机场、高铁站等交通配套设施基本齐全。

主题公园集群是整个度假村的核心吸引点。整个度假村功能配套完善,涵盖了3个核心体验主题乐园(长隆野生动物世界、长隆欢乐世界、长隆水上世界),1个飞鸟生态乐园,配套马戏演艺和高尔夫球场以及四大主题酒店,满足游客"巅峰游乐、亲近动物、品味吃住、时尚运动、合家赏乐"的差异化旅游度假需求。

(1)野生动物联合王国:长隆野生动物世界

长隆野生动物世界被誉为"中国最具国际水准的野生动物园",是全世界动物种群最多最大的野生动物主题公园。公园以大规模野生动物种群放养和自驾车观赏为特色,集动、植物的保护、研究、旅游观赏和科普教育于一体,将园区整体划分为自驾车游览区和步行游览区两大功能区。前者主要安置有大规模放养的野生动物群体,后者则主要是世界各地的珍稀野生动物。在这里,游客可以看到全球唯一存活的大熊猫三胞胎萌萌、帅帅、酷酷,50只澳大利亚国宝考拉,马来西亚国宝黄猩猩,泰国国宝亚洲象和洪都拉斯国宝食蚁兽等。

为了满足游客游玩期间的各类需求,长隆园区的各个区域都配备了主题和服务内容不同的大小餐厅和食街,比如其在热带雨林区设有火烈鸟食街,在非洲部落设有非洲食街以及设于百虎山的金虎食街。另外为提升游客的餐饮体验,长隆在全新的熊猫餐厅内不仅提供美味可口的自助餐美食,还提供独一无二的与国宝共餐体验。除饮食外,长隆还在各大馆区附近设有特色主题的纪念品商场,比如恐龙商场、考拉商场、大象商场、熊猫商场、白虎商场以及长颈鹿商场等。每个商场都售卖独具自家特色的商品。现如今,根据长隆镇园之宝——白虎所开发出的动物玩具"小白虎"系列已被列为广州十大手信之一,礼物有白虎手套、帽子、虎爪和虎玩偶等等。

(2)新一代游乐园的经典之作:长隆欢乐世界

长隆欢乐世界位于广州长隆旅游度假区的中心位置,是具备国际先进游乐设施和管理水平的超大型主题游乐园。欢乐世界对标年轻客群,将园区分为七大板块,分别为欢乐小镇、旋风岛、尖叫地带、哈比儿童王国、彩虹湾、欢乐水世界和幻影天地。为营造独特体验,欢乐世界引进了瑞士、荷兰、德国、意大利、美国等全球领先的游乐设备公司的设备,其中包括有"全球过山车之王"之称的垂直过山车、创吉尼斯世界纪录的十环过山车、荣获行业设计金奖的摩托过山车和东半球唯一的U形滑板等。园区内每天还会有一次盛大的花车巡游,在那时全园的主题玩偶、小丑和异国公主都将蜂拥而出,热闹非凡,是吸引亲子游游客的一大筹码。

开业至今,长隆欢乐世界从最初硬件游乐1.0时代慢慢迈入以满足游客主题体验为中心的3.0时代。未来随着欢乐世界新区的持续推出,有望在实现家庭共同体验感的同时使游客的差异化需求进一步得到满足。

(3)连续保持水上乐园游客纪录:长隆水上乐园

长隆水上乐园(图3-23)是世界知名的水上乐园,自2013年起便蝉联全球主题娱乐协会TEA颁布的"全球游客接待量最多的水上乐园"奖项。2019年,长隆更是凭借"摇滚巨轮"荣获TEA颁布的"杰出成就奖",由此成为TEA首个凭水上游乐设备获奖的文旅品牌。

图3-23　长隆水上乐园部分设施①

　　超级大喇叭作为水上世界的招牌项目让游客体验离心力带来的快感，在滑道中急速俯冲成为好友验证体重的热门互动项目，而超级造浪池上9种海浪为游客带来全海域不同的舒适感觉。在造浪池中间的舞台上，游客还可以看到每天不同的表演或比赛，比如桑巴舞、明星演唱和比基尼小姐比赛等。

　　最受广州城内的潮男潮女们欢迎的当数长隆水上电音节主题活动。该活动邀请多名国内顶尖DJ和知名MC(说唱歌手)带来的EDM(电子舞曲)最强音，还提供了来自澳大利亚的冠军水上飞人和水上飞板团队、来自俄罗斯的火神团队、来自南美的桑巴天团和来自欧洲的美少女舞蹈队等团队的精彩表演。与此同时，长隆水上电音节的顶级舞美、灯光和音响系统的完美配合也是一绝。电音节的负责团队是由冬奥"北京8分钟"团队携手荷兰知名灯光公司联合构成的，为打造最具国际水准的电音舞台灯光系统，他们结合独具特色的"天、地、人、水、火"5种元素概念以及彩灯、烟花和水幕喷泉等舞台特效，为游客打造360度立体环绕的电音秀体验。

　　(4)湿地生态主题公园:长隆飞鸟乐园

　　长隆飞鸟乐园的前身是鳄鱼公园，园区以营造自然生态的湿地环境为主题，生活着上千种珍稀湿地鸟类和以鳄鱼为主的湿地爬行动物。园内荟萃世界各地珍稀鸟类300多种，1万多只鸟自然栖息，是一个集鸟类观赏和

---

① 资料来源:百度百科。

科普教育于一体,实现"真正看鸟飞"的湿地生态主题公园。游客在这里可以领略千鸟汇聚的壮观场面,原生态鸟类环岛飞翔场景之美令人叹为观止。长隆飞鸟乐园开园以来,不断在世界珍稀鸟类繁育上实现零的突破,现如今已经拥有全国最大的火烈鸟种群和华南最大的朱鹮种群。

(5)荟萃世界马戏精华的视觉盛宴:长隆国际大马戏

长隆国际大马戏拥有全世界最大的永久性马戏表演场馆,场内一次可容纳7000名观众。长隆国际大马戏自创立以来,秉承"中国创意、全球采购、世界生产"的理念,荟萃世界马戏经典,来自20多个国家,横跨亚洲、欧洲、美洲、非洲的300余名马戏精英同台献艺。长隆国际大马戏凭借全球顶尖的舞台灯光与音响设施,国际化的舞美编排和演艺团队,从2000年上演至今,经久不衰,深受游客喜爱。其创造了世界马戏表演艺术的奇迹,其中凝结着世界各国马戏演员一代又一代的心血,它是广州乃至中国的文化名片。

2. 海洋特色综合主题旅游度假区:珠海长隆海洋王国

珠海长隆海洋王国位于广东省珠海市横琴新区,是全球最大的海洋主题公园。该度假区共设有八大主题园区,分别是以惊险刺激体验称奇的雨林飞翔,以世界顶级娱乐观赏为主的海洋奇观,以儿童游乐项目为主的适合全家游玩的英雄岛,以海豚观赏为主的海豚湾,以冰雪设计为特色的极地探险,以水为主题元素的海象山,以表演为吸引点的横琴海以及兼具迎宾、观光和购物休闲功能的海洋大街。长隆通过主题文化包装、故事演绎以及大型表演、花车巡游、建筑、雕塑和园林等多种表现形式,为游客创造了差异化的全方位体验,打造出一个多姿多彩、奇妙而梦幻的海洋世界。

游览其中,游客可以见识到全球面积最大的海洋主题乐园,感受全球轨道最长的飞行过山车——鹦鹉过山车带来的空中自由翱翔的快感,体验亚洲第一台水上过山车——冰山过山车,与最庞大最欢乐的海洋主题巡游花车一起载歌载舞、嬉笑打闹,在灯光效果、音响、投影、激光、花式喷泉、无人机、烟火和特效中感受最震撼独特的海洋保卫战。

长隆海洋王国还创造性地推出了"海底互动船"和"海底餐厅"两大项目。其中"海底互动船"是一项实景式的娱乐互动性场景体验项目,游客可搭乘"蛟龙号"潜水器下潜至7000米海底,并在"泡泡"的领航下穿越迷离漩涡,跨越深海火山,途经巨藻森林并邂逅鲨鱼捕食狂潮,经历一场场难忘的深海历奇之旅。"海底餐厅"则是广东首个大型海底景观餐厅,游客可以边用餐边透过玻璃看到海洋馆里各类珍奇鱼种,享受独特的餐饮体验。

3. 核心竞争力分析

长隆实践的成功离不开集团对区域的准确定位、对流量的正确规划、营销手段的有效使用、全产业链的联动和完善贴心的服务。

(1)港、珠、澳的"黄金三角"区位定位决定客流量的开放性

珠海长隆位于珠海横琴新区,与澳门近在咫尺,而澳门缺乏大型海洋主题乐园,这就意味着珠海长隆度假区不但会成为澳门居民旅游新景点,而且也会吸引众多澳门外来游客到这里度假。开通一年有余的全球最长跨海大桥港珠澳大桥为珠海横琴长隆国际海洋度假区带来不断增长的游客量。珠海长隆和香港距离也非常近,香港是著名的旅游城市,人口规模达到700多万,且本地居民人均收入非常之高、旅游消费意愿高,这对珠海长隆游客引流也是一个很大的支撑。随着港珠澳旅游金三角的日益壮大,不但珠海长隆游客爆满,而且带动珠海酒店开房率暴增,珠海机场客流量迅猛增长,推动了珠海经济和文化产业的共同发展。珠海长隆已经成为地处这个金三角核心位置的横琴自贸区的龙头企业,占横琴新区生产总值50%以上。

(2)基础流量规划奠定了横琴长隆的市场稳定的基础

按照行业经验,本市内或者1小时车程内居民市场为核心游客市场,虽然珠海市内仅有区区150万人左右,但是1小时车程范围内居住人口达到926万。3小时车程内居住人口高达4000多万,且覆盖广州、佛山、东莞等人流量大的地区、经济发达城市,旅游消费需求旺盛,人均旅游消费金额高,这给珠海长隆的基础客源市场带来巨大利好,也足以给一个大型主题乐园带来足够的流量。

(3)多样化的营销手段

相比传统的旅游景点,长隆坚持"高举高打"的策略,除了多年来一直坚持在央视、凤凰卫视和微博投放广告,其还与顶级电视媒体和顶级电视节目强强联手,利用娱乐营销强化长隆品牌效应。比如,在2012年浙江卫视的

《中国好声音》成为当年最受欢迎的电视综艺节目时,长隆集团便立刻抓住这个机遇与浙江卫视展开合作,促成长隆欢乐世界成为《中国好声音》学员国内首次巡演地点,进而为长隆带来大量社会关注。在此之后,长隆集团还与湖南卫视进行合作,拍摄了贺岁片《爸爸去哪儿》的电影以及国内首档原创动物真人秀节目《奇妙的朋友》。在综艺中,长隆野生动物世界一改往日的拍摄背景形象,成为节目的主体。2015年,《奔跑吧,兄弟》节目的到来,更是确保了长隆品牌的持续曝光度,重现了以往的娱乐营销成功实践。

悬念式营销是长隆集团的另一次成功创意营销实践。2014年8月,一段疑似被外星人干扰信号的广告在广州地铁公交上播出,播出之后该段视频便红遍网络,大有一发不可收之势。而且不单是在地铁公交上,这个外星人还出现在了广州一些人流量大的商圈户外LED广告屏以及各大报纸的头条上,一时间,民众议论纷纷。事实上,该广告和视频均是长隆欢乐世界为了推出新项目"星际决战"而精心策划的一起悬念创意营销事件。该项创意悬念营销延缓了产品和品牌的曝光时间,并通过对受众猎奇心理的把握引发目标受众对此次广告活动的持续讨论和高度关注,为长隆"星际决战"的亮相赢得了不错的口碑,使得开业后前来体验的游客络绎不绝。

长隆还策划过一系列创意胡同体验营销。比如,在2014年10月,长隆集团欢乐世界在广州天河城街头为主题乐园的万圣节活动策划了一次互动体验营销活动——僵尸大作战。该创意活动持续三天,大批民众通过手机链接扫描游戏二维码,进行驱赶僵尸的游戏互动。该类互动营销不仅吸引了大量游客及购物人潮的驻足围观,还加强了品牌和消费者之间的联系,更加深层次地推广了长隆万圣节品牌。

多样化品牌营销让广州长隆旅游度假区成为热门旅游目的地,创造了每年吸引的游客数量甚至超过故宫和长城这样的经典景区的"长隆奇迹"。

(4)产业链增强了规模经济和范围效应

自1989年至今,长隆始终坚持延伸扩张壮大其产业链。集团从最初涉猎的酒店餐饮业起步,逐步发展至休闲旅游行业。香江野生动物世界和长隆夜间动物世界的先后隆重开业使其成为广州的标志性旅游品牌。近年来,长隆又把投资深入游乐领域,精心打造长隆欢乐世界和长隆水上乐园。

加之以往涉猎行业和产品，长隆已形成集旅游景点、酒店、餐饮和娱乐休闲于一体的欢乐体验大联合旅游王国。

日趋完善的产业链助力长隆"雪球"越滚越大，促成规模经济效益的实现和整体板块的"洼地效应"。新项目的崛起又进一步丰富完善了板块内的产业链，实现长隆旅游度假区现有竞争优势的持续强化。

（5）服务针对性强且贴心

长隆致力于实现每一个游客在长隆都可以找到被重视、被尊重的感觉。乐园内部的服务员都会主动向游客打招呼问好，微笑回答游客的问题，小孩子更是获得 VIP 待遇。每当有宾客带着孩子在酒店办理入住时，长隆的吉祥物"卡卡虎"就会在一旁陪伴孩子玩耍。为满足亲子游住宿需求以及孩子的爱好，广州长隆酒店还专门设计了独具特色的狩猎家庭套房，将其中的儿童床设计成可爱的长颈鹿造型，并在房间内摆放一系列儿童专属用品以及各种动物卡通形象。珠海长隆横琴湾酒店的家庭套房则将儿童床设计成更符合水世界主题的海盗船造型，并在孩子使用的洗浴用具上印上海洋特色拼图。在游览景区时，孩子可以免费享受舒适的儿童推车服务，既免除了孩子走路的劳累，也解放了家长的双手。

（6）持续化转型

在观赏模式上，长隆野生动物世界不断推陈出新。最具特色的当数其一反传统的"兽在笼中坐、人在笼外看"的游览模式，为游客提供了沉浸式立体观赏体验。2004 年，长隆动物世界在中国首创自驾车观赏模式。游客们可以乘坐观光小火车或私家车进行游览，零距离亲近野生动物，领略五大洲不同动物种群的千姿百态。2017 年，长隆又首创空中缆车模式，透过全玻璃透明车厢，游客可以从空中 720°无遮挡俯瞰动物的生活环境，真正体验"与兽同行、与鸟齐飞"的奇妙。

随着野生动物世界园区内动物品种的不断增多，为进一步优化服务，使游览兼具休闲娱乐和教育普及意义，广州长隆野生动物世界将创新科技引入园区，为游客创造了更具科技感的沉浸式游览体验。与此同时，广州长隆野生动物世界还开发了一款名为"长隆 i 动物"的移动应用。"长隆 i 动物"App 内置了由微软认知服务中的自定义影像服务（Custom Vision）所支持的先进图像识别技术,让游客在长隆园区里可以随时随地对动物拍照,识别照片中的动物并查阅动物故事与百科知识,让游客可以更方便、更直观、更快速地了解长隆的动物。现如今,"长隆i动物"已经可以识别园区内100多种动物,并且在产品上线交付后,随着技术团队对模型的持续优化,应用内的动物种类还将进一步增加,并有望推广到其他园区。

(7)差异化发展路径

区别于传统动物园"景点一日游"的布局和促销措施,长隆野生动物世界扩大了珍稀动物种群规模,并增设了"科普学堂"和"小小饲养员"等众多科教益智和亲子体验项目,既完美实现了野生动物园和整个度假区的城市化和休闲化,也达到了其寓教于乐的目的。其国内首创的自驾和空中缆车游览形式以及酒店休闲、娱乐与开放式IP合作等营销方式,助力其建立独具特色的产品服务文化和原创IP。

差异化和独具特色的发展,不仅帮助长隆吸引到大批传统家庭游客,更是将消费能力高,平时工作繁忙、压力大,难得有释放机会的白领纳入目标客户群,为他们提供一个兼具亲近动物、举办派对、感受刺激和休闲娱乐的理想平台。

未来,凭着"世界眼光"和"敢为天下先"的气魄,长隆集团有望在拓展市场的同时打造中国自己的民族文化旅游品牌,实现欢乐中国梦。

(三)灵山胜境:佛教文化主题园区

灵山胜境位于江苏省无锡市的太湖之滨,由一山、一寺和一佛构成,是我国著名的国家5A级旅游景区,也是中国唯一集中、完整展示释迦牟尼成就的佛教文化主题园区。

灵山景区的发展主要经历了四个阶段。董事长吴国平自1994年入行,从一棵老树、一口古井、一段残垣起步,细细打磨。在1994年到2002年的探索阶段,灵山大佛和祥符禅寺是当时灵山胜境的代表景点,恢宏高耸的佛像、精美的寺庙建筑以及大幅促销,使得开园即产生游客激增效应,游客数量和景区效益迅速上升。但由于产品相对单一,随着市场新奇度的逐步降低,灵山景区的游客量和景区效益自1999年后呈现逐步回落趋势。2003年至2007年是灵山景区的充实发展期。在该阶段，灵山景区在原有建筑的基础上新增了九龙灌浴、菩提大道和佛足坛等文化旅游景观，丰富了景区旅游观赏项目，增强了景区文化旅游吸引力。在该阶段，得益于新增景点的出现，灵山景区的文化底蕴和旅游吸引力得以快速提升，游客量和收益实现了逐年增长趋势明显，景区整体结构也开始由单一的景观吸引型景区升级为文化型旅游区。2008—2015年是灵山景区的快速发展阶段。在该阶段，灵山景区为了丰富景区文化内容，大力修建了灵山梵宫和五印坛城等景观，并且一举成为世界佛教论坛会址，景区品牌影响力和社会影响力得到大幅提升，游客量和旅游收入增长稳定。2015年至今属于灵山景区的转型发展期。在现阶段，灵山景区以太湖山水禅、心灵休闲湾为品牌核心，修建拈花湾，大力推动景区转型发展，加速建设国际禅修中心、生态文明社区和当代佛教丛林等。[①]

迄今为止，灵山景区荣获江苏省十佳旅游景区（2007）、世界佛教论坛永久会址（2012）、中国最佳佛光普照景区（2013）和最美中国·文化魅力旅游目的地景区（2013）等一系列美名。运营灵山景区的灵山集团也凭借在该景区的成功实践，获得了全国"五一"劳动奖、中华文化传承典范单位等荣誉。

1. 竞争优势

灵山胜境能够在诸多风景名胜之间脱颖而出，得益于其文化景点的不断丰富、成熟的商业模式以及大胆突破的转型理念。

（1）不断丰富文化景点

相较于四大佛教名山丰富的自然资源，灵山胜境的景点多为人造，且随着景区的不断完善进行持续性增添。

在第一阶段，灵山大佛和祥符禅寺是吸引游客的主要动力。因此，为了最大化吸引力，灵山景区邀请到了中国佛教协会原会长赵朴初先生。整个大佛修建理念来源于赵先生提出的神州"五方五佛"全新解释，即神州大地的五个方位分别有五尊大佛——东方灵山大佛、南方天坛大佛、西方乐山大

---

① 黄震方,俞肇元,黄振林,等.主题型文化旅游区的阶段性演进及其驱动机制——以无锡灵山景区为例[J].地理学报,2011,66(6):831-841.

佛、北方云冈大佛和中原龙门大佛。

灵山大佛无愧于东方大佛的名号,通高88米,佛体79米,莲花瓣9米,是如今世界上最高大的露天青铜释迦牟尼立像。整座佛像由1560块6—8毫米厚的铜壁板焊接而成,共耗费铸铜约700吨。佛像右手指天,施无畏印,旨在为众生除去痛苦;左手指地,施予愿印,护佑众生平安喜乐。与此同时,为呼应佛佑众生,雕刻家着重关注大佛的眼睛,确保游客在大佛前方的各个方位均可看到大佛跟随的"眼神"。在集合了文化、艺术和宗教的同时,大佛的修建也参照了一系列现代高科技,比如抗风、防震和避雷技术等。现代技术的加持可以最大化地确保雕像的安全性和稳固性。

祥符禅寺始建于唐朝,寺临太湖,波云相照,寺后"三峰环列,龙虎拱峙"。门楼前矗立着华夏第一壁,其长39.8米,高7米,最厚处达1.9米。整个照壁皆由带有深浮雕的花岗石拼贴而成,工程之复杂和照壁"唐僧赐禅小灵山"故事的宏伟,在整个中国难得一见。寺内左侧钟楼悬挂着祥符禅钟,铜钟重达12.8吨,下口最大直径为2.5米,总高度3.5米,是新中国成立以来铸造的吨位最大的钟,也是迄今为止江南一带最大的青铜大钟。该钟钟声醇厚,一响可绵延三分钟之久。

第二阶段的集大成作品是大型音乐动态群雕——九龙灌浴(图3-24)。该动态群雕位于九龙灌浴广场,形如一朵含苞待放的巨大莲花,并由四个威武的大力士托起。群雕底部是白色的圆形大理石水池,被九条飞龙和八个形态各异的供养人环绕着,气势恢宏。

图3-24　九龙灌浴①

① 资料来源:https://baike.baidu.com/item/%E4%B9%9D%E9%BE%99%E7%81%8C%E6%B5%B4/8202388。

当《佛之诞》音乐响起时，群雕的莲花瓣缓缓绽开，一尊高达7.2米的鎏金太子佛像自莲花中缓缓升起，并伴着九条飞龙口中喷射而出的水柱。水柱高达数十米，在音乐声中为太子佛像沐浴。佛像一手指天，一手指地，并在巨幅水幕中顺时针环绕一周，象征着"花开见佛"和"佛光普照"。随着乐声渐渐弱下去，莲花花瓣再次缓缓包裹太子佛像，整个群雕的动态也告一段落。

第三阶段的建筑以灵山梵宫（图3-25）最为著名。灵山梵宫依山而建，整个建筑糅合了中国佛教石窟艺术及传统佛教元素，是灵山胜境中独一无二的集旅游、会议、展览和文化体验多功能于一体的综合性服务建筑。该建筑主体分为南北两部分，外部的5座塔顶均以敦煌壁画中的"华塔"为设计灵感，内部设计有诸多厅堂，比如塔厅、圣坛、三传会议厅和千人宴会厅等。每天，梵宫圣坛均会定时举行《灵山吉祥颂》的现场演艺表演。该演艺将佛教文化与现代表达形式和先进的多媒体技术进行创意结合，为观众带来全新的视觉盛宴。得益于其综合性的服务功能以及灵山胜境在世界上的佛教地位，梵宫圣坛成为第二届世界佛教论坛的主会场。而这一名誉的加持无疑促进了灵山胜境的文化输出，强化了其品牌，有利于增强现有游客的认可度和黏性，并将吸纳更多的游客。

图3-25　灵山梵宫和梵宫圣坛

该阶段的另一代表作品叫五印坛城（图3-26）。五印坛城矗立在香水海中，并与灵山梵宫和曼飞龙塔交相辉映，是一座风格独特、原汁原味的藏式文化景观。该城外观庄严辉煌，建筑顶部是耀目的金顶、巨大的鎏金宝瓶和醒目的经幢经幡，凸显出不同于其他建筑的浓厚藏族气息。城内荟萃了各类藏族艺术装饰,比如藏族彩绘、壁画、木雕和唐卡等。游览其中,游客不仅能感受到独特的藏族文化,还能体验点酥油灯和推转玛尼经筒等趣味民俗活动,丰富整体游览体验。

图 3-26　五印坛城

(2)成熟的商业模式

灵山胜境的主要运营皆由灵山集团负责,在日积月累的经验沉淀中,灵山集团已经形成了较为成熟的细分经营模式,即以"购"为主,以"吃""行""娱"为辅,且各细分板块均已建立标准化的服务和安全运营管理流程。在"购"方面,公司注重散客市场,利用互联网电商平台联动公司旗下"吃""行""娱"业务,比如商品销售、餐饮和景区服务等。互联网电商的运用进一步加速其传统旅游商业模式的转型,并提升其市场知名度和旗下业务效益,强化公司核心竞争力。"吃"是灵山胜境的另一业务重心,灵山集团投入大量人力物力进行素食文化的延展和菜式的开发,并试图用这一核心竞争力营造"百样素肴、五味调和"的主题文化,不断丰富景区内涵。如今其旗下的素食公司自创的"灵山三绝"——素包、素面和禅茶,已经在素食游客中形成了良好的口碑,并随着口碑的不断传播,素食馆已经成为吸纳大批游客光临无锡灵山景区的主要推动力之一。

(3)大胆突破的转型理念

标志着灵山胜境成功转型升级的拈花湾小镇,是无锡灵山文化旅游集团基于灵山景区现实发展限制和市场预判等做出的决策。

2009 年，灵山成功举办了第二届世界佛教论坛。在该会议上，灵山被确定为从 2015 年第四届世界佛教论坛开始后的永久会址。但在当时，灵山景区几乎没有住宿接待能力和承接大型论坛的接待硬件设施，因此，在现有的服务基础上，修建一个集休闲、居住和娱乐于一体的综合性场所迫在眉睫。

与此同时，休闲度假的发展趋势显现。作为一个较为传统的观光型景区，灵山的转型突破受到了其容量和土地限制，在现有的景区范围内，灵山无法直接进行该类庞大建筑的新建。恰逢当时的国内外市场出现了较有特色的"大区小镇"模式，即依托于原有景区品牌，在外部寻找一处合适的土地建设集吃、住、行、游、购、娱于一体的小镇。综合考量之后，灵山选择了依山傍水且靠近灵山景区的耿湾作为打造灵山小镇拈花湾的地点。

"拈花湾"的名字既呼应了佛祖拈花而迦叶微笑的典故，也与当地地形酷似五叶莲花有关。小镇整体设计融合了唐风宋韵和江南风情，用三条主要交通道路和水系规划出"五谷""一街""一堂"三大主体功能区，从而形成以"五瓣佛莲"为原型的总平面。相较于其他传统的景区衍生小镇，拈花湾小镇之所以获得成功，是因为其定位精准，选址正确，政府支持，高标准规划等。

在定位环节，灵山集团开辟了一个没有同质化竞争的新航道。拈花湾将自己定位为禅意休闲度假小镇，巧妙地开辟了一条新的文化主题航道和生活方式通道，并确保了其在依托于原有的灵山大佛景区的基础上又与之形成区别，强调生活体验，避免了产品同质化。

在选址环节，背靠长三角绝版资源。无锡处于长三角中心地带，拥有长三角带来的丰富城市群资源和人口优势。现如今长三角地区总人口已经超过 1.5 亿，而通过高铁和自驾 3 小时内可达的人口更是远超 1 亿；且长三角地区经济发达，人均可支配收入高，消费意愿强烈。这一系列优势确保了位于无锡的拈花湾可以拥有巨大的优质客群基数。与此同时，无锡市道路基础设施发展迅猛。其 2018 年末公路总里程数已经超过了 7000 千米，高速公路密度更是达到了世界发达地区水平。无锡市自身的经济发展也呈现基本稳定态势，城镇居民人均可支配收入高达 50373 元，同比增长 8.6%。

就区位的旅游资源而言，无锡市是我国十大旅游观光城市之一，拥有 3

家国家5A级景区和27家国家4A级景区等,配套有大批五星级和四星级酒店。拈花湾坐落在马山国家公园景区内,背靠灵山,面朝一条蜿蜒流淌的清河,旁边紧邻着灵山大佛,风景宜人且可以依托灵山自带人气进行引流。

区域经济的平稳发展、交通的便利以及区位地点丰富的旅游资源,都为拈花湾项目提供了良好的外部条件和景区联动的可能。未来,随着无锡市道路交通建设的进一步完善,区域内旅游项目的进一步发展,该区域的路网密度、运输能力和游客承载力将得到进一步的激发和提升,能充分满足未来企业旅游业务的发展需求。

在设计规划环节,团队深度考证古籍并多次赴日本调研,对细节进行精细打磨,追求精益求精。唐风宋韵是拈花湾的主要建筑风格之一,因此规划设计团队大量阅读该年代的建筑古籍,设法还原当时的唐风宋韵。正所谓"唐在日本,宋在韩,明在南洋,清在湾",国内并没有唐风的街区遗址可供参考,而日本的奈良等地对唐风保留得相对比较完整。于是团队多次去日本实地调研,去测量尺寸,分类院落,研究结构,记录场景,并且进行了一定程度的创新。在规划设计图案上,拈花湾设计团队努力做到建筑不千篇一律,每个细节都是一处景观(图3-27)。

图3-27　拈花湾景观细节①

在运营环节,灵山大佛景区成熟运营团队无缝接入。拈花湾开园之时正值灵山大佛景区开园18周年。在当时,作为国家5A级景区灵山大佛景

---

① 资料来源:https://www.bunbo.com.cn/news/industry/2019/NianHuaWanbyPanShun.html。

区的主要运营单位,灵山集团已经通过多年的发展积累了丰富的运营经验,培养了细分化和标准化的业务运营团队。根据拈花湾的景点性质,企业决定采取依靠微信衍生的口耳相传营销模式,并将各条业务线上的管理标准有针对性地移用到了拈花湾。该类业务标准的移用可以最快速度建立拈花湾项目运营体系,并且可根据后续发展情况及时调整优化,最大化降低拈花湾运营难度,提升整体运营效率。

作为休闲独家项目,房地产开发是拈花湾的重要变现手段之一。项目配房主要以日式风格为主,且房型主要为40—70平方米。为提高房产的利用效率,灵山集团还在物业的空置期管理上引入分销商平台,利用业主房产的空置时间进行出租,从而获得部分租金分成。装修精美且闲时回报的房产一面市就被抢购一空,确保了拈花湾项目资金的快速增值回笼。

在融资环节,强大的国资背景背书带来低成本资金。灵山集团是纯国资背景,无锡市太湖国家旅游度假区管委会和无锡市国资委为企业两大股东,分别占股51%和49%。强大的股东背景给予了拈花湾项目多方面的支持和背书,实际融资成本比地产行业的平均融资成本要低一半,从而相较于其他项目形成了较高的融资优势。

拈花湾自2015年11月开业,凭借着项目自身的吸引力和灵山景区的流量联动,其第一年的客流量就高达148.7万人次,门票收入7675万元。拈花湾的出现,打破了无锡以往没有旅游目的地爆款产品的局面,不仅拈花湾房产一房难求,周边地区的农家乐、住宿、餐饮也被全面带动、激活。2015年其住宿餐饮等二次消费收入就达到1.3亿元。其中,在二次消费收入构成中,酒店住宿收入占比98%。拈花湾的成功也促进了灵山自有产品的优化升级,实现了灵山产品从第一曲线到第二曲线的跨越,即从观光到度假。灵山品牌已然从佛教景区跃升为国内一流文旅IP。

灵山业务也实现了从常规模式到高维模式的拓展。双园模式形成了高品质"观光加度假"生活方式闭环,成功经验形成了强背书"创意到运营"全业务链闭环,为未来更多的扩展实践提供了参考。

2. 集团盈利现状分析

从收入构成来看,景区门票和经营业务收入是公司主要的收入来源,其收入占比持续稳定在50%以上。近年来,受益于拈花湾景区的不断培育以及2019年尼山圣境景区的投运,门票收入以及内部经营收入占营业总收入的比重逐年上升,由2016年的60.21%增至2018年的81.69%。目前,公司的门票销售模式主要是景区门口售票、旅行社合作销售和互联网电商销售。其中,单门票大多采用门口现结方式,而套餐产品则采用线上支付模式。为控制线上支付风险,灵山集团对部分高信誉电商平台采用月度对账结算,对普通电商平台采用预付款模式,确保企业可以及时对账和补款。在景区的住宿业务方面,灵山胜境景区的住宿业务运营主体为禅修精舍,将禅修融合到住宿之中,与其他普通宾馆形成差异化经营。

区别于灵山景区,拈花湾景区主要推行文化旅游目的地模式,住宿收入是其重要的收入来源。近年来,拈花湾景区新投运客房数量逐年增长,截至2019年9月客房数量已经多达1456间。随着客流量的增长和客房供给的增加,住宿业务收入从2016年的1.29亿元快速升到了2018年的2.47亿元。在商铺出租方面,拈花湾拥有一条小镇主题街,旗下服务涉及餐饮、娱乐、休闲服务、酒吧等。公司主要以收取租金和营业额分成的形式来盈利。2017年免租期结束后,园区商铺收入规模由2017年的0.44亿元增至0.47亿元。未来,随着业务量的增长,灵山集团有望自主规划运营部分店铺,并形成和推广自有文创品牌。总的来看,灵山景区和拈花湾的吃、住、购等旅游衍生服务较为齐全。

凭借着自有景区的成功打造和经营的文旅项目经验,灵山集团的咨询策划业务也受到了市场的广泛认可。未来随着在建项目景区阶段性的成功展现,灵山集团的咨询策划业务的影响力将有望得到进一步提升,并且日渐成为公司营业收入的重要补充部分。

以往,灵山集团的营业毛利润一直保持在较高水平,但在2018年呈现大幅降低,主要原因是当期部分景区人员成本从销售费用移至营业成本中。从细分领域来看,公司景区门票和制造业务毛利率整体稳定,且维持在所有细分领域的最高水平,基本达到了70%左右及以上。物业和景区内部经营则一直低于企业的营业毛利润,且在2018年两项业务均出现大幅下降,乃至消失。

就利润而言,公司的利润相对稳定,且经营性业务利润是公司利润总额的主要来源,但公司的利润受到财政补贴影响较大。比如在 2018 年,随着当期补贴款的减少,当期公司经营性业务利润同比有所下降。

总体来看,公司的营业收入和利润主要得益于灵山景区和拈花湾景区的不断发展所吸引的大批客流,以及持续稳定的政府补贴。未来随着拈花湾项目的不断推进以及对新建项目的尼山胜境的培育,公司收入规模和盈利能力有望得到进一步扩大。与此同时,目前的企业也存在一个相对的隐患,那就是对于政府补助的依赖。

3. 未来发展趋势

未来,公司将以"世界级休闲旅游度假目的地、中国最有价值的文化旅游品牌、中国著名文化旅游产业集团"为总体发展目标,充分利用和发展"灵山"品牌,并逐步从开发运营型的实业公司转型为以投资、管理、内容创意研发和品牌运营为核心竞争力的综合性现代化运营发展集团。

在长期规划方面,公司计划建设 3 个成熟运营的文化旅游区,并控股若干富有特色的文化旅游企业,从而完善企业现有的文化旅游产业链,逐步提升企业核心竞争力,致力于成为中国文化旅游行业领头者。与此同时,公司还将大力整合现有的内外部营销渠道,强化企业核心竞争力的输出,并尝试对其他优秀文化旅游企业和景区的关键资源,以参股、控股和品牌输出等多种有效方式进行控制,增加集团收入渠道并分担运营风险。在国际化方面,灵山集团计划推进灵山品牌的全球化共享和升级,并积极拓展海外项目和业务资源,寻求更多的国际业务拓展和品牌输出机会。

(四)曲江文旅:沉浸式文旅重现大唐风华

西安曲江文化旅游股份有限公司(以下简称曲江文旅)是一家坚定实施"文化＋""旅游＋"战略,立足西安、放眼全国的中国文化旅游集成运营商。自成立以来,其依托西安当地旅游业和文化产业,大力推进历史、人文、创意融合,实现区域资源有机整合、产业融合发展,助推西安后 5A 时代全域旅游产业大发展。2012 年 9 月,曲江文旅登陆 A 股资本市场,成为"西部文化第一股",正式开启曲江文旅资本运作舞台。

目前曲江文旅旗下拥有大唐芙蓉园、大雁塔文化休闲景区、曲江池遗址公园、寒窑遗址公园等众多知名文化旅游景区品牌及运营管理权。其构建了旅游资源整合规划、景区精细化管理、城市公共配套服务、精英管理团队输出、活动商业营销管理、品牌活动包装策划、金钥匙服务管理标准输出、文化旅游产品升级策划以及"日游夜演"多元商业等文化旅游产业链集群,品牌矩阵涉及吃、住、行、游、购、娱六大特色模块。

1. 经营状况

2021年度,曲江文旅营业收入较上年增长了21.76%,达到了13.65亿元,营业成本较上年增长17.68%,达到10.35亿元。营业利润由于海洋极地公园、大唐芙蓉园新春灯会、《梦回大唐》黄金版、大型水舞光影秀《大唐追梦》等项目的火热而快速增长,较上年增加7271.97万元。

就营业收入细分而言,景区运营管理业务占据大头,比例高达72.29%;酒店餐饮业务占营业收入比例位居第二,约18.59%,其他的诸如旅游商品销售业务、旅游服务(旅行社)业务、园林绿化业务以及体育项目业务等占比均不足5%。

整体来看,虽然国内抗疫成果持续巩固和前期纾困政策落实,使得曲江文旅逐步实现复苏,但因为其产品类型多与旅游相关,且整体所在行业存在人员接触密集、流动量大等特点,极易受到国外疫情扩散蔓延、国内散发和局部聚集性疫情的影响。在当前出入境和国内跨省受限的情况下,其自身的旅游业务承受较大压力,至今尚未完全摆脱疫情影响。

2. 文化旅游景区业务

公司运营管理的文化旅游景区业务主要包含"西安曲江大雁塔·大唐芙蓉园"、西安城墙景区、大明宫国家遗址公园3个国家5A级景区,国家4A级景区曲江海洋极地公园,寒窑遗址公园、曲江池遗址公园、唐城墙遗址公园、唐慈恩寺遗址公园、秦二世陵遗址公园等多个文化旅游景区,以及"三河一山"绿道、浐灞湖水系生态文化旅游区等数个生态旅游景区。

(1)大唐芙蓉园

大唐芙蓉园(图3-28)建于原唐代芙蓉园遗址上,整体建筑设计由张锦秋院士和日本设计大师秋山宽合作完成,全面展示了盛唐风貌,是一处带领游客走进盛唐、感受人文、体验生活的国家5A级大型遗址文化景区。园区整体分为14个文化主题,通过帝王、女性、诗歌、科举、茶文化、歌舞、饮食、民俗、外交、佛教、道教、儿童娱乐、大门景观以及水秀表演视角全方位重现了当年盛唐灿烂的文化,因此被誉为"中华历史之园、精神之园、自然之园、人文之园、艺术之园"。

图3-28　大唐芙蓉园

园中有取自唐朝"白龙显灵"传说的银桥飞瀑,漫步其上,仿若有一条白龙将会自水中腾空而起。有仿照唐时高中赐宴风俗修建的长安八景之一"曲江流饮",以自然山水营造出一种淡泊、幽静之感;有"最是热闹处"各国商贾云集的唐市,供游客观赏、游乐、消遣、体验、交流、消费;有展现唐代诗歌发展高潮的唐代诗歌文化主题区;有再现盛唐胡店林立、中外文化相互交融的曲江胡店,穿梭其中,体验当时李白"落花踏尽游何处,笑入胡姬酒肆中"的豪迈;有展示唐时女子风采和柔情三千的彩霞亭和仕女馆;有仿若能看到新科进士们"春风得意马蹄疾,一日看尽长安花"风光的杏园;有清、静、雅、和的陆羽茶社,让游客在包厢雅舍边品茗边观看精湛的茶艺表演;还有在夜晚降临时满载着水与火奇观、光与色变幻的激光水幕电影。

(2)大明宫国家遗址公园——世界文化遗产

唐大明宫是唐长安城"三大内"中最为辉煌壮丽的建筑群,是东方园林建筑艺术的杰出代表,其初建于唐太宗贞观八年,毁于唐末,是当时世界上面积最大的宫殿建筑群。因为当时大明宫是协调中华民族与万邦关系的重要场所,故被视为唐朝的国家象征、"丝绸之路"的东方圣殿。现如今的大明宫国家遗址公园是世界文化遗产、丝绸之路的重要组成部分、全国重点文物保护单位、西安的"城市中央公园"。其存在完美实现了盛唐文化与现代时尚的结合,满足了游客穿梭古今之间、感悟历史浩瀚的精神需求。

梨园(图3-29)位于大明宫太液池附近,是唐代皇室游乐休闲的场所。在唐玄宗的倡导下梨园成为音乐、舞蹈、戏剧活动的中心,走出了诸多如李龟年、雷海青、黄幡绰等的唐代音乐代表人物,并留下玄宗和玉环共同演绎《霓裳羽衣》的爱情故事。可以说,梨园是唐代音乐兴盛的重要见证者。

图3-29　梨园与太液池

紧邻遗址公园的是大明宫文化数字体验中心,其以"传统文化,现代表达"为核心,紧跟时代需求,深度挖掘大明宫国家遗址公园背后所蕴藏的深厚历史文化底蕴。在这里,游客可以观看中国首部3D电影《大明宫传奇》,电影通过宫廷乐舞、皇家马球比赛、贵族狩猎场、武术对刺等场景,艺术还原了公元7世纪那个辉煌的大唐。

（3）大雁塔文化休闲景区

大雁塔文化休闲景区(图3-30)为国家5A级景区,园区主要由大雁塔、北广场、南广场、陕西戏曲大观园和唐大慈恩寺遗址公园五部分组成。其中大雁塔作为景区的标志性建筑,是当年存放玄奘真经之地,也是如今全国重点文物保护单位。北广场以水景闻名,拥有亚洲最大的喷泉广场、水景广场、雕塑规模最大的广场以及世界上坐凳最多、光带最长的广场等称号。每天,北广场都有精彩的喷泉表演,尤其到了晚上,灯光、音符和水柱共同营造出流动的画卷,是游客拍照打卡的最佳选择地。与北广场相比,南广场因为玄奘像的存在显得庄严肃穆。

图 3-30　大雁塔文化休闲景区

陕西戏曲大观园是一座以陕西地域文化为特色的地方性文化大观园。园内分散排布着陕西八大怪铜像,向游人展示着面条像裤带、锅盔像锅盖、油泼辣子一道菜、房子半边盖、帕帕头上戴、板凳不坐蹲起来、姑娘不对外、秦腔不唱吼起来八大独特生活方式。唐大慈恩寺遗址公园是一处主题特色鲜明的开放式园林,其在园林建设上融入佛教文化,处处似一幅悠然平静的山水画。

（4）曲江海洋极地公园

曲江海洋极地公园主要由海洋馆、海韵广场、海洋商务会所三部分组成,是展示海洋世界景观、极地旖旎风光的海洋极地文化主题公园。曲江海洋极地公园的建成填补了西北海洋旅游资源的空白,并赋予极地公园文化体验、休闲娱乐、科普教育等诸多功能,是我国现存的建设规模最大的海洋极地主题公园之一。

园区分两期建设,第二期建设在第一期的科普教育功能之上增加了商业街项目和表演项目,满足了游客的消费需求,丰富了游客的游览体验。

（5）西安城墙

西安城墙（图 3-31）始建于隋朝,是我国现存历史最悠久、规模最大、保存最完整的古代城垣建筑,也是国家首批重点文物保护单位。其主体为城墙,另又包括护城河、吊桥、闸楼、箭楼、正楼、角楼、女儿墙、垛口、城门等一系列军事设施,它们共同构成了冷兵器时代的严密城墙防御体系。其中护城河是城的第一道防线,是古人阻止敌人进攻,甚至利用地形歼灭敌人的重要场所。闸楼是第二道防线,其既控制着进出闸门的吊桥,又有火炮兵驻守其中,故又称炮楼。箭楼位于闸楼之后,是古时布置密集火力,阻击来敌的第三道防线,又兼顾着美化城市的作用。瓮城是古时实现"瓮中捉鳖",确保城门不失的第四道防线,在这里,守军将士可以凭借居高临下的优势,对敌人进行密集的高空火力网攻击。城门是所有防线的最后一关,其门由厚达16厘米的木板制成,且为增加门面刚度,面上钉有1800枚铁针蘑菇,极大地降低了箭矢射入的风险。

历经千年风雨,陕西省和西安市人民政府修复了西安城墙朝阳门、含光门、玉祥门等城墙缺口,并建成了环城公园,使其成为墙、林、路、河、巷五位一体的知名旅游景区,它也是西安历史文化的重要象征。

图3-31　西安城墙

3. 酒店餐饮业务

曲江有十大餐饮品牌,分别是始建于1920年的同盛祥·大唐不夜城店,文旅新创餐饮品牌YEP COFFEE,现代科技光影餐厅御宴宫,主打新派川菜的创意餐厅闲庭,取义"金玉良缘"的婚庆主题酒店金缘阁酒店,以"健康＋新颖"为理念的全视野海底餐厅,经营陕西地方风味小吃的老字号春发生,三秦饮食文化的地标西安饭庄,经营浓郁民族特色"千古风味"饺子宴的德发长以及生态餐饮项目谷田间萌宠餐厅。

4. 沉浸式体验

沉浸式体验大多指通过外部的环境渲染、场景塑造、内容IP创新等形式给予受众以深层次互动性体验,典型的有国外的《阿凡达》主题乐园、法国狂人国主题乐园和中国的开封万岁山·大宋武侠城、杭州宋城主题公园等。如今,沉浸式体验广受欢迎,原因在于跨域融合、集成创新、提供多重感官综合体验以及角色化和交互化。现如今,沉浸式体验已经逐步由最初的线上娱乐消费转向线下文化产业,从消费者领域向企业领域渗透。沉浸式体验市场不断扩大,在2019年,中国的沉浸产业总产值已经达到48.2亿元,无论是餐厅、展会还是酒店,总能看到沉浸式体验元素。

曲江文旅也敏锐地意识到沉浸式体验市场的价值。近年来着力打造适应年轻人消费需求的创新沉浸式体验。一方面,其运用全息数字投影、"VR＋"等先进科技,加速"技"与"艺"的融会贯通,实现消费场景升级。譬如在曲江海洋极地公园,企业通过动作捕捉系统和虚拟现实技术,为游客带来全新沉浸式驾驶体验。在大唐芙蓉园,紫云楼的全息投影数字沙盘完美演绎了千年前大唐的盛况;御宴宫的沉浸式用餐体验实现了用餐时的3D互动画面和声音配合,强化了视觉和味觉冲击。

另一方面,曲江文旅积极打造"沉浸式"文旅场景,以大唐不夜城文化商业步行街为依托,集合沉浸式夜游、沉浸式演艺、沉浸式购物、沉浸式娱乐四大模式,让游客仿佛迈入那个千年前的繁华夜晚。大唐不夜城篁唐楼在提供基本的旅游演艺外,还通过为游客们编写多实景互动剧情来丰富唐朝历史文化体验,让游客能够深度融入繁盛辉煌的开元盛世。大唐芙蓉园还深挖盛唐文化,以裸眼3D水幕成像技术在芙蓉河畔为观众呈上一场气势如虹的沉浸式大型水舞光影秀《大唐追梦》。

5. 核心竞争力

(1)以文化为核心

文化的挖掘、策划和运营是曲江文旅企业核心竞争力的主要体现。地域文化具有鲜明的差异化和独特性,西安作为古都,其当地建筑、饮食文化和历史遗存都具有深挖历史的潜力和不可替代性。曲江对当地文化的深度挖掘,有利于将独特地理条件和历史文化带来的先天优势转化为企业发展的先行优势,继而巩固企业的核心竞争力。与此同时,企业对于各主题板块实行差异化协同发展战略,丰富游客游览层次和体验感受。对于历史文化景区内的文化演出,企业主要通过创意设计和演出管理,增加项目附加值,提升游览体验。对于酒店和餐饮业务,企业通过增加文化元素提高餐饮产品附加值,继而提升客户消费体验。对于文化旅游商品业务,企业大力助推文化资源的商品化,通过企业自身的品牌效益和文化吸引力,拓宽商品传播渠道和范围,实现销售收入的增长。

(2)商业模式

曲江文旅的"全域发展"产业模式,主要包含空间和产业两个方面。在空间层面,曲江实行是"1+N"跨行政区域、"文化+旅游+城市"的全域拓展模式。其以曲江新区为主阵地,历时十多年,实现了西安及周边区域的全域开发拓展,业务模块涵盖文化旅游、商业、公共文化设施和服务设施,以及住宅开发等。在产业层面,曲江实行"1+N"跨行业跨专业、"文化产业全产业链条"的集成拓展模式,其经过多年的探索、实践和总结,逐渐形成了文化研究、文化创意、文化IP产品泛旅游集成运营的核心竞争力和坚实团队基础。

6. "文化搭台,地产唱戏"的曲江模式

曲江新城是国家级的文化产业示范区,区位交通便利,距离市中心仅半小时车程,且拥有得天独厚的水景、旅游和森林资源。现如今全区已经形成"一心两带三轴四板块"的机构形态,其中,"一心"指以大雁塔为核心,"两带"指遗址保护绿化带和高速边的景观绿化带,"三轴"专门指代大雁塔南路的旅游商业发展轴线、芙蓉东路的生态休闲发展轴线和曲江大道景观轴线,"四板块"指唐风商业板块、旅游休闲板块、科教文化板块和会展商务板块。

曲江模式的发展主要经历了三个阶段。第一阶段为2002—2005年,企业以盛唐文化为核心,通过营销大雁塔为玄奘法师经文供奉处,改造大雁塔北广场,增加景区吸引力。与此同时,加速大唐芙蓉园、曲江海洋广场等的建设,助推景区走向国际,打开品牌国际知名度。第二阶段为2006—2009年。在该阶段,曲江文旅产业齐头并进,大雁塔文化休闲景区、大唐芙蓉园、曲江海洋馆被评为国家4A级旅游景区,并先后成立影视投资公司和国际会展公司,逐步形成了以旅游、文化、影视、会展为特色的产业集群。为扩大其知名度和影响力,企业积极主办《梦回大唐》巡演。在第三阶段为2010—2015年,文化创意产业链得到进一步扩宽,曲江模式也开始成熟并向外输出。在该阶段,曲江的文化产业内容进一步丰富,动漫、网络、广告等因素开始融入文化产业,最终形成了文化产业区域集聚和集团化发展齐头并进的良好态势。与此同时,曲江新区开始尝试涉及延安的红色旅游文化,拓宽其未来发展之路。总的来说,曲江新区用 15 年时间,以基础设施和大雁塔广场、大唐芙蓉园、大唐不夜城等大批文旅地产项目为核心,逐步构建"文化＋旅游＋城市"的城市格局,最终形成了日趋成熟的"曲江模式"。

"曲江模式"主要以文化遗迹遗存为发展核心,通过深挖整合历史资源,探索发展可能性,并在景区外围大力开发酒店、商业、文化等旅游相关产业,最大化满足景区引流来的游客和多样化的消费需求,最终提升整体城市价值。区别于华侨城、宋城的"旅游＋人居"和涿州、横店的"影视＋旅游","曲江模式"的核心是政府经商模式,其助推商业与历史文化接壤,通过对产业的设计与布局,形成满足文化体验、旅游服务和居住生活三大需求的特色商圈。

三、影视文旅产业

(一)中国影视文化旅游产业研究

影视文化旅游通常指由于影视拍摄制作以及其他与影视有关的事情而吸引来客流的旅游与文化传播。与传统的观光型旅游相比,影视旅游因为对其影视文化的深度探讨,往往具备以下特征。首先,受众范围广。影视是影视文化旅游的基础,也是其主要的营销手段,因此,影视旅游基地的大部分客流,尤其是初始客流几乎都是由播出的影视剧所带来的,并且影视剧受众广的特征也会影响影视旅游,丰富其游客种类,增加其社会影响力。其次,对旅游进行间接宣传。和传统的营销方式不同,影视剧在播放过程中并不会对影视基地做任何的直接宣传,而是采用更加实用的情绪营销。影视基地公司充分利用观众对于影视拍摄以及明星的好奇,使自己的影视拍摄基地成为体验拍摄和追星的胜地,从而加速影视城走向市场,吸引大批游客。最后,影视和旅游产业互相渗透。影视基地充分利用影视剧宣传影视城,并将影视拍摄地点作为影视旅游的地标。而影视旅游发展中吸引的资金和人力又为影视建筑的建设和影视剧的拍摄提供了必要的资源支持。比如横店影视城的横漂群体为古装剧以及年代剧的拍摄提供了大批的群众演员,这成为吸引这类剧组入驻横店的重要理由。

1. 我国影视文化旅游产业竞争者分析

影视旅游产业链是以影视文化旅游为中心,以剧组和游客为主要目标客户,并串联酒店餐饮等核心服务以及影视制作和培训等辅助服务的产业链条。在该产业链条中,上游的影视制作和培训服务对专业能力的要求高,但相应的人才稀少,因而具备较高的议价能力。目标客户,尤其是游客,作为整个行业利润率的主要决定群体,有着较高的议价能力,其门票支出占据行业总收益的80%。他们对于价格较为敏感,但更重视游览体验。因此近年来,影视基地大力发展酒店餐饮、交通和购物等核心服务产业来提高游客的体验度和舒适度。与此同时,为增强对剧组的吸引力,部分影视基地减少了影视拍摄地的租金。比如横店影视基地实施了免租金等成本领先战略,并对近现代建筑和摄影棚进行扩建,以牺牲一部分利润和提供产品差异化服务来增加对剧组的吸引力,减小来自其他影视基地的威胁。

但是,与复杂且完备的影视旅游产业链相比,产业的内部竞争才是大量影视基地停牌的主要原因。大批竞争者无视高额成本进入影视旅游市场,威胁原有影视基地的市场份额和客户忠诚度,迫使原有影视基地进一步推进影视城项目的差异化和规模化。与此同时,很多新进入市场的影视拍摄基地都选择了古代建筑,比如焦作影视城在建造时有好些建筑与横店极度相似。同质化的建筑减少了转换成本,而为了推出新的影视拍摄基地所采取的降价措施更是加剧了行业内部的竞争,使得部分缺乏核心竞争力的影视基地盈利能力急剧下降,面临危机。国外成熟影视主题公园的进入,比如上海的迪士尼乐园,压缩了国内影视城的市场份额,对国内影视城的服务和内容提出了更高的要求。

影视旅游的深度旅游形式最初引自国外。它的萌芽是1955年沃尔特·迪士尼运用电影制作技术修建了迪士尼乐园。首先,该乐园将迪士尼系列动画人物填充其中,并运用光影效果营造电影氛围,给游客一种身临其境的感觉。其次,迪士尼还在乐园附近安排了餐饮购物等服务中心,增加游览项目,进一步刺激游客消费。1963年,好莱坞环球影视主题公园的建立,则将电影制作艺术和影片欣赏也融入其中,由于其运用了大量影视制作技艺,所以被认为是影视旅游的正式开端。

我国的影视旅游发展始于 1987 年。与国外迪士尼与好莱坞的先发行系列电影后修建影视主题公园不同,中国影视基地的修建和扩建是为影视拍摄服务的。江苏无锡影视城为了拍摄《三国》修建了"三国城",横店影视城为了拍摄《鸦片战争》修建了"广州街",象山影视城为了拍摄《神雕侠侣》修建了"襄阳城"。受电视剧热播的影响,影视城游客络绎不绝,在提高当地知名度的同时也促进了当地整体旅游经济的发展。这些影视城的成功掀起了国内影视基地建设的热潮。

表3-5　中国十大影视基地

影视基地名称	修建年份	地理位置	建筑内容和风格
横店影视城	1996	浙江省东阳市	秦王宫、清明上河图等28个大型实景基地和10座大型室内摄影棚
上海影视乐园	1992	上海	上海风情实景,20世纪30年代灯红酒绿的旧上海、黄包车、有轨电车、老爷车穿梭于街道,还有外白渡桥、黄浦江、天主教堂等
中山影视城	2001	广东省中山市翠亨村孙中山故居旁	中国景区、日本景区、英国景区、美国景区和展览馆区
长影世纪城	2003	吉林省长春市	以影视文化为主题,设有3D巨幕、4D特效、世界首家5D影院、激光悬浮、动感球幕、正交多幕等特效影院
北普陀影视城	1995	北京市大兴区瀛海镇	以明、清建筑风格为基调,集旅游观光、影视拍摄、影视培训于一体大型多功能影视城
同里影视基地	1986	江苏省苏州市吴江区	江南水乡,整个影视基地是一个天然摄影棚,水乡风貌保存了大量完整的明清建筑,摄影基地就是古镇本身。基地建筑依水而立
象山影视城	2005	浙江省象山县新桥镇	神雕侠侣城、春秋战国城、经济型宾馆、摄影棚等场馆和影视配套设施
镇北堡西部影城	1993	宁夏回族自治区银川市西夏区镇北堡镇	明城、清城、老银川一条街

影视基地名称	修建年份	地理位置	建筑内容和风格
焦作影视城	1995	河南省焦作市	文化广场区、周王宫区、市井区、楚王宫区、古战场区等
涿州影视城	1990	河北省保定市涿州市京石高速公路涿州段东侧	唐城、汉城、铜雀台、清代皇宫和四合院景区，以及梅园、桃园、竹园、梨园四处民居区和两座各为1200平方米的摄影棚

2. PEST 宏观环境分析

（1）市场规模

近年来，我国影视文化旅游行业发展迅速，其规模更是逐年扩大，影视市场的蓬勃发展主要依托于两方面。首先，影视市场的发展。2018年，我国的电影和电视剧行业的市场规模为114.1亿元与609.8亿元，较之上年同期涨幅接近10%。在2019年，虽然两大市场的涨幅下滑，但是电视行业仍然保持了超过10%的涨幅，电影行业则是7.2%的市场涨幅。其次，为充分利用粉丝经济效应，各大旅游平台还与一些影视拍摄地进行了旅游线路的规划合作，推出明星线路，拓展影视旅游盈利渠道，增强企业的盈利能力。

（2）政策支持

为推动旅游行业进一步发展，国家颁布了一系列指导意见。2018年3月，发布《国务院办公厅关于促进全域旅游发展的指导意见》，指出要发展全域旅游，将一定区域作为完整旅游目的地，以旅游业为优势产业，统一规划布局，优化公共服务，推进产业融合，加强综合管理，实施系统营销，有利于不断提升旅游业现代化、集约化、品质化、国际化水平，更好地满足旅游消费需求。2019年8月，《国务院办公厅关于进一步激发文化和旅游消费潜力的意见》（以下简称《意见》）指出，要顺应文化和旅游消费提质转型升级新趋势，深化文化和旅游领域供给侧结构性改革，从供需两端发力，不断激发文化和旅游消费潜力，努力使我国文化和旅游消费设施更加完善，消费结构更加合理，消费环境更加优化，文化和旅游产品、服务供给更加丰富。推动全国居民文化和旅游消费规模保持快速增长态势，对经济增长的带动作用持续增强。2020年11月18日《文化和旅游部关于推动数字文化产业高质量发展的意见》强调,要夯实数字文化产业发展基础、培育数字文化产业新型业态、构建数字文化产业生态、落实保障措施等。

当前,我国的网民总数量高达9.4亿,互联网的普及率更是达到了67%,电脑和网络已经成为我们大多数人日常生活中不可或缺的部分。一旦文化旅游产业和数字化科技联合起来,将克服旅游行业本身存在的季节性弊端,并为影视的拍摄和制作增加附加值。与此同时,两个产业的融合有利于延伸产业链,推动新型人才的培育和服务的诞生,进一步刺激消费,释放消费潜力。但是,受限于数字化科技水平和企业管理能力,我国的数字化产业和影视旅游文化产业的融合还有待推进。

因此,国家出台了《意见》,明确倡导数字化产业和文化旅游产业的融合,以进一步促进科技创新,强化企业竞争优势,提升我国的文化软实力和国际影响力。这一政策加快了新型基础设施的建设,并为技术创新和应用以及数字文化产业的发展营造良好的氛围和环境。这些举动将减小数字化产业发展的阻力,使得影视基地有能力去投资、合作或者直接创建数字化业务公司。首先,数字化产业和影视旅游产业的融合可以为影视基地提供受众多、传播快、影响大的营销渠道,提升影视基地的知名度和影响力,吸引大批客流。其次,数字化产业的进一步发展将为影视基地升级互联网、超高清、VR/AR、大数据、云计算、人工智能等数字技术,在提升影视拍摄技术和效果的同时,增强影视城内部演艺的技术性和观赏性,为游客提供沉浸式体验。再次,影视旅游和数字化的结合使云演艺、云展览和数字艺术的呈现成为可能,克服了旅游行业存在的季节性和周期性的弊端,扩大影视城客流容量,增强整体盈利能力。最后,数字化产业和影视基地相结合将会进一步引导产业集聚,延长和完善影视基地的产业链,推动城市化和现代化进程,提升地区整体经济效应。

随着保障政策和指导政策的不断推出,影视旅游行业将加快和数字化产业的融合,实现整体产业升级繁荣。

(3)经济水平

近年来,我国宏观经济和居民收入均呈现中高速增长状态。在2019

年,我国的GDP达到了99.0865万亿元,较上年同期增长6.1%。虽然我国仍属于发展中国家,但是连续18个季度GDP的增长幅度保持在6%—7%,为我国进入中等发达国家行列提供了有利条件。

而城镇失业率在2019年控制在了5%左右,人均可支配收入实现了3万元的突破。收入的增加以及稳定工作的保障,使得居民有了消费的信心和欲望。消费支出对国内生产总值的贡献率达到了57.8%,且其中的服务性消费支出占全部消费支出的45.9%,较上年同期实现了1.7%的增长幅度。人们的消费观念逐步倾向于享受型消费,且消费欲望得到进一步的刺激。

我国目前的经济增长已经成功从依靠投资和出口转型到了消费、投资和出口三驾马车并行的阶段。消费的增长将为影视旅游的发展提供市场动力,促进产业服务和产品进行多样化、个性化的升级。与此同时,整体产业也将在这种推动力下加速和其他行业的深度融合,实现影视旅游行业的整体转型。

(4)科技

科技影响着人们生活的每一个角落。《三体》这部科幻小说获得了2015年雨果文学奖,FinTech在金融领域风生水起。

对影视行业而言,科技通过对于拍摄技术和手段的革新,营造更加优质的视觉效果以及沉浸式观影效果。与此同时,科技的进步可以为影视的拍摄提供素材和想法,比如央视推出的科技综艺《机智过人》与优酷推出的科技综艺《这就是铁甲》等。这些综艺以真人秀的形式向观众展示机器领域的尖端科技,在吸引人们目光和勾起人们的好奇心的同时,也实现了盈利方。而电影《美丽心灵》与《五彩缤纷》则在进行科学展示的同时,唤起了观众对精神分裂以及失读症儿童的关注,在实现经济利益的同时承担了社会责任。因此,科技和影视的融合能够增强影片的呈现效果,增强盈利能力并且积极引导社会关注和公益力量。

就旅游层面而言,科技的作用主要体现在营销实力的提升以及游览体验的丰富上。大数据的运用为影视基地收集分析市场数据提供了桥梁,便于影视基地企业根据市场需求规划旅游路线和产品服务。社交平台的运用拓宽了营销渠道,增强了内容营销的感染力和互动性。电子商务平台的推出则便利了游客购票渠道,便于景区进行游览人数的控制和引导。与此同时,AR/VR技术的运用,为游客在欣赏演艺时营造沉浸式的体验,强化演艺的竞争优势,增加对于游客的吸引能力。

而当影视产业和旅游产业结合之后,科技的作用便得到了进一步的提升,并日渐成为维系影视旅游企业生存发展、推动企业转型升级的必要因素。

3. 四大限制因素加剧行业竞争

目前我国最具代表性的影视城便是横店影视城。横店集团凭借高效益、大规模等优势在影视文化旅游领域一枝独秀,累计接待游客超过2亿人。但是,除了横店影视城之外的影视基地盈利情况却不容乐观。到目前为止,我国现存影视城数量超过100个,规模更小的拍摄基地更是全国皆有,但是整个行业所有的影视基地中只有5%处于盈利状态。整个影视旅游行业前景不容乐观,其主要有以下几点制约因素。

(1)同质化

目前,我国已经有100多个影视城,且仍有一些处于在建状态。影视城的可模仿性增加了它被复制和参考的可能性,使得大批同类型同功能的影视基地或者文旅项目纷纷建立。比如,同是中国十大影视基地的涿州影视城和横店影视城就都有类似故宫的建筑。相似的建筑会减少游客在游览过程中的好奇心和新颖感并产生视觉疲劳,从而降低对影视旅游的兴趣和二次消费的欲望,不利于影视行业的可持续发展。

(2)影视寒冬(政策+疫情)

2018年开始,电影资本就遭遇了寒冬,8家影视公司的市值被腰斩。2019年,寒冬影响加剧,1884家影视相关公司被迫关停,影视股大幅缩水,横店的剧组开机数量也受到影响。与此同时,"限古令""限薪令"等政策的颁布,使得视频网站的话语权出现了逆转,增加了影视公司运营的压力。不少公司为了节省资金,被迫进行了影视剧题材的更换,从而加剧了同体量、同类型影视剧的竞争。

2020年,疫情的发生让原本就生存艰难的影视公司被迫直面生死。仅头6个月,与影视相关的13170家公司就被迫注销,其数额接近2019年全年的7倍。影视寒冬冲击大量新建以及规模不足的影视基地。由于实力较弱、发展进程慢,大量新兴影视基地面对低租金和免租金的情况时,会因为一定意义上的"恶性竞争"而丢失入驻剧组,从而面临破产危机。

(3)缺乏互动和创新

现如今,大量影视基地仍然以发展传统的观光型旅游为主,它们增加影视元素的方式仅仅是通过图片或者短片的展示。很显然,这种方式并不能够满足游客的互动需求。大量游客来到影视基地是渴望体验影视拍摄时的那种氛围和情怀的,但千篇一律的建筑风格,简单朴素的影视素材丝毫不能给予他们互动体验,更别说是沉浸式的体验了。枯燥乏味的旅行将大大降低旅客对于二次游览的兴趣值和期待值,缩短影视基地的商业价值寿命,恶化影视旅游市场的现状。

(4)盈利模式单一

现在我国影视城的盈利主要依靠收租金和门票。影视基地对于影视剧和游客的依赖度过高,且顾客的忠诚度和转换成本低。一旦遇到激烈的市场竞争或者外部环境发生变化,都将直接影响影视基地的收入。与此同时,影视基地在整个产业链中是较为下游的环节,作为影视基地和配套服务的提供者,其盈利只占剧组成本的10%。横店影视城为了加大对剧组的吸引力更是减免了租金,减少了收入来源。单一的盈利模式加大了影视基地的运营风险,不利于整个产业转型升级。

同质化、影视寒冬、缺乏互动创新和盈利模式单一加剧了行业内部的竞争,恶化了整个行业环境,增加了行业中企业的生存压力。在一片萧条中,横店集团较为成功的经营管理模式为其他投资者和企业经营者提供了更多的参考意见。

(二)影视文旅产业集群案例——横店影视城

横店集团创办于1975年,距今已有40多年的发展历史了。该企业最初主要专注于以轻纺业为主的劳动密集型产业,后来随着"广州街"项目的成功,影视文化旅游项目开始作为企业的支柱产业。后期,随着影视基地规模的扩大、知名度的提高,横店集团成为国内影视文化旅游行业的领头羊。

1. 发展历程

横店集团的影视旅游业务发展至今共经历了 20 多年,可分为 3 个阶段,分别是萌芽期(20 世纪 70 年代至 1996 年)、成长期(1997 年至 2005 年)以及成熟期(2006 年至今)。

第一阶段的横店只是一个普通的工业小镇,并没有足够多可开发的人文景观和自然资源。徐文荣先生创办的横店集团以工业兴镇,开启了"造城计划"项目。该项目秉持着"多办企业多赚钱,多为百姓办好事"的理论思想,投资当地基础设施、娱乐设施和文体设施,推进横店整体城镇化、现代化的建设。1996 年,为支持电影《鸦片战争》的拍摄,徐文荣先生投资打造了著名的影视拍摄基地"广州街"。广州街的布局和设计真实地再现了 19 世纪的香江和羊城风韵。随着电影的播出,该影视城一夜之间知名度大涨,吸引了大批游客前来观光。至此,徐文荣先生确定了未来"造城计划"的重点——影视娱乐业。这一时期的横店收入主要依靠剧组的租金,旅游营业收入并不稳定,"广州街"在《鸦片战争》中的热度过去鲜有人知。企业并未能通过广州街实现长期稳定获利。

成长期从 1997 年开始到 2005 年。在该阶段,以新项目建设带动实景拍摄基地发展,并将拍摄地打造为影视旅游景区。横店主要建筑秦王宫、香港街、明清宫苑(图 3–32)和清明上河图等均在这个时候建造,横店影视城也被《好莱坞报道》称为"中国好莱坞"。在所有的建筑中明清宫苑是横店"造城运动"的集大成者。该景区始建于 1998 年,为达成 1∶1 的比例仿制北京故宫的效果,横店项目投资者花费了 8 亿元,在炸掉 13 座小山峰的基础上,于 2006 年顺利完工。该建筑群在完美还原北京故宫的同时,还重现了多个历史时期的燕京官府民居。在宫苑的一角,还有融入了民国建筑风格的店铺和房屋,以及那些因时代消失的北京景色。该景区是横店目前最大的影视观光和拍摄基地。

图3-32　横店影视城之明清宫苑

　　2000年,横店为增加对剧组的吸引力,在激烈的市场竞争中获得优势,实施了免收剧组租金的优惠政策,吸引了众多剧组和导演。与此同时,丰富的影视资源也吸引了大批影视爱好者和追星族,增加了横店的盈利,促进了当地的旅游发展。2002年,横店影视城继续进行摄影棚的扩建和自然风景区的开发,并正式成立了横店影视城有限公司。与此同时,横店景区陆续推出了一系列体验式旅游项目,比如暴雨山洪。丰富多样的体验项目突破了传统旅游观光形式,增加了游客游览过程中的趣味值,提高了参与度,创新了沉浸式游览模式。

　　该阶段,影视基地的快速建设和营销策略的正确运用推动了横店影视旅游业务的快速扩张。虽然这时候有大量影视基地和影视城纷纷建立,但是横店影视城还是凭借这些优势占据了市场主导地位。

　　第三阶段从2006年开始,该阶段横店影视旅游项目步入了成熟期。2006年,横店影视城开始注重线上平台的营销,并更新了其网站主页。游客可以在网站上查看所有横店旅游项目的内容和相关的旅游资讯。线上平台的建立标志着横店网络营销系统的成熟,这是横店拓展营销渠道、提高企业品牌知名度的必经之路。

　　同年,横店影视城获得"中国十大影视拍摄基地"的称号。该称号的诞生标志着中国影视旅游行业格局的基本确立,也预示着横店影视旅游业务在市场上的统治地位将受到冲击。从2014年起,横店向包含更多新兴服务业的影视文旅大消费产业转型,横店影视城+项目格局日趋完善。现如今,横店影视城累计接待游客超2亿人次、接待剧组约3000个,影视城中的建筑直接或者间接出现在70%左右的中国影视剧中。

2. 盈利状况

(1)票房

影视产业集聚区促进横店影视票房的增长。2013—2019年横店影视票房收入呈逐年上升趋势,其中2014—2015年的票房收入实现飞跃式上涨,增幅高达87%。一方面,2015年开始,横店影视产业链逐渐完善;另一方面,随着人们生活水平的不断提高,人们更加享受生活,对文化娱乐的需求越来越大。近年来,横店影视票房收入一直呈稳定增长状态,可以看出横店开始由高速发展迈向高质量发展。2019年,横店票房收入高达25.01亿元,可见横店影视产业发展态势向好,影视产业集聚区的成立增加了横店影视的票房收入。

(2)剧组接待量

拍摄是影视作品从立项到完成的重要一环,影视基地是拍摄影视作品的主要场所。横店影视拍摄基地日趋完善的硬件和软件设施,使得其接待剧组数量不断增加,体现出横店影视城在我国影视行业的龙头地位。2019年之前,横店接待剧组数量除2015年因"一剧两星""限外令""限真令"等政策的实施导致小幅度下降之外,其他年份都呈逐年增长态势,2015—2016年横店接待剧组数同比增长32%。2019年横店接待剧组数量304个,与2018年相比有一定程度的下降,其原因是影视行业受天价片酬等负面因素影响税收政策趋严。这样的发展成果与横店影视产业链的不断完善以及政府对横店影视产业集群的政策支持密不可分。横店实行的"免场租政策"无疑是吸引众多剧组到来的原因之一。此外,成熟的后期影视处理技术也是横店区别于其他影视拍摄基地的重要因素。

(3)影视衍生品

随着互联网的不断发展,各大网站在播放影视作品的同时会实时推送影视周边,即影视衍生品。影视衍生品利用明星效应或优质影视内容,受到许多观影者的青睐,取得很大收益,它已经成为影视产业链中不可或缺的一部分。目前,我国影视衍生品市场虽保持平稳发展,但其规模仍不及英、日、德等国,市场发育相对较晚。近年来,横店的影视衍生品业务发展趋势向好,2015年衍生品业务收入激增,达到2.46亿元,2016年之后衍生品业务收入稳定增长。毗邻横店的义乌以小商品市场著称,不仅为横店的影视衍生品业务的销售提供了天然渠道,也为其提供了销售保障。

3. 核心竞争力

横店影视城能够成为"中国好莱坞"主要得益于区位优势、沉浸式旅游摄影体验和"横店影视城＋"项目以及完善的人力资源培养链条。

(1)区位优势

随着"享乐型旅游"的兴起,交通的可达性和舒适度在游客期待度和满意度的评估中占越来越高的比重。如今快节奏的生活成为社会的常态,人们不愿花费大量时间在旅途中,直达和省时成为人们选择交通工具时考虑的重要因素。而当一个景点无法满足交通工具的这两大因素时,人们便会考虑其他替代选项。作为中国十大影视城的焦作影视城凭借春秋、秦汉以及三国时期的仿古建筑和电影电视剧吸引了一大批游客。然而因为地处偏僻,交通不便,该影视城的客流量和入驻剧组数量也日减,景点日渐荒芜。

早在29年前,横店集团便意识到了交通等基础建设对于影视文化旅游发展的重要性,提出了在影视梦之外,主推铁路梦和航空梦,立志于将横店打造成浙中交通中心。

2016年,杭温高铁和金甬铁路成功拿到准生证。2019年,这些铁路的东阳段开始施工。横店的铁路梦正在逐步实现中,这些铁路的建成将增进横店乃至东阳与周边城市的联系,为东阳的赶超发展提供强有力的交通基础保障。与此同时,便利的交通也会进一步提高横店及其周边城市交通的负荷度,促进横店影视旅游业的发展。

随着铁路线的推进,义东高速的建设也进入了江北至南市段。贯穿东阳的义东高速将义乌、东阳城区和横店三地快速连接,从而带动周边城市和乡镇的经济发展,推动沿线地区的城市化进程。

至于航空梦,2000年徐文荣先生在明清宫苑景区附近引入了"浙江省航空运动学校"。该学校的引入标志着横店开始进入通用航空领域,也预示着

"航空梦"的顺利启航。2018年,东阳横店通用机场建造完毕,这是全国首座乡镇级别的通用机场,也是横店"航空梦"进程的里程碑。与此同时,该机场对于未来横店影视文化产业的发展也有重大意义。首先,强化竞争优势。航空产业的引入可以提高影视制作中设备以及人员的运输效率,使横店影视城更具竞争优势,从而提高了对剧组的吸引力,增强了其黏性。与此同时,便捷的交通还可以吸引更多的游客,从而提高横店这一品牌的知名度。其次,发展航空旅游业。横店可以积极开拓空中旅游、航空科普等文化旅游项目,丰富产业链,满足游客空中游览的需求,打造新的竞争亮点。最后,发展"公路+铁路+航空"一体化交通格局。便利的交通将增强游客游览过程中的体验感和满足感,也将进一步推动横店以及周边地区的现代化进程。未来,随着横店通用机场的进一步升级,国内首个公务机专用机场的建成将指日可待。

横店集团在完善周边地区交通格局的同时也没有忽视对交通运输工具的提供。在市内交通方面,居住在横店酒店的客人可以往返于各景点。市外交通方面,火车站、机场以及邻近城市的汽车站均有专车接送游客前往横店。交通的附加服务便利了游客的出行,完善了游客服务体系,有利于提高游客的满意度。

（2）沉浸式旅游摄影体验

与一般的旅游行业不同,影视旅游主要面对两个群体——剧组和游客。大部分影视基地都是凭借影视基地的建设和影视项目的拍摄来拉动客流的。然而,由于人造景观的高成本和高耗时,以及单一剧目的吸引力远远不够为其提供稳定和持续的客流,导致大量影视基地无法回本。另外,我国影视基地的收入来源单一,80%来自门票。而为了尽快达到收支平衡,影视基地不得不提高门票售价,使售价明显高于游客的预期价格。吸引力的日渐减弱以及实际价格与预期价格的巨大差异使得影视景点的游客大量流失,整个基地名存实亡。

与其他拍摄基地按日收租的盈利模式不同,横店集团采取了免租金的形式,满足剧组对于低价的期待。该形式有利于横店集团从众多的影视拍摄基地竞争者中胜出,进而吸引大量剧组入驻,为横店提供稳定的影视项目来源。与此同时,大量剧组的入驻不仅可以进一步发挥明星作用,促进粉丝经济,增加景区整体的客流量,还可以促进当地餐饮住宿、道具加工、群众演员和后勤服务等影视配套服务的消费,推动产业集聚。

相较于其他影视基地对于门票的高度依赖,横店集团的门票收入只占其总收入的50%,而且为了提高门票的性价比,横店集团还在景区内部增加了大量现场演艺项目,白天的观光体验加上晚上的游玩享受,最大限度地满足不同顾客群体的需求,提高其满意度。较高的满意度有利于提升游客对于未来新建项目的期待值,从而确保未来二次消费。

面对限古令的影响以及大量同质化古代建筑,横店集团开始调整部分建筑的风格和布局,增加现代拍摄场地的建设,开拓现代影视拍摄市场。古代、近代和现代三大影视拍摄市场的开拓,降低了"限古令"和同质化对古装拍摄市场的负面影响,增加了盈利来源和服务内容,增强了其影视拍摄服务的竞争力。

在其他影视城专注于观光旅游和民俗演艺的时候,横店影视城率先意识到了科技对于提升现场演艺整体效果和附加价值的意义。现如今,横店影视城在努力向智慧旅游转型。"横店影视城+"融入了互联网元素,强调无线覆盖条件下,信息技术对于游客游览体验的增强效果。智慧旅游项目凭借移动终端等信息技术,为游客提供必需的旅游资讯和购票途径。与此同时,数字化和智能化的旅游导引将进一步增强对散客的控制,从而优化行程安排、强化游览体验、刺激二次消费。与此同时,为了丰富科技和演艺的融合形式,横店影视城推出了一系列科技和演艺相互融合的表演。比如梦幻谷的灾难实景演艺《梦幻太极》和《暴雨山洪》,明清宫苑的影视特技秀《八旗马战》,广州街的水上特技秀《怒海争风》以及秦王宫的4D乘骑体验秀《龙帝惊临》(图3-33)等。现代尖端科技的融合提升了现场演艺整体视觉和听觉效果,增强了游客在游览过程中的体验感和趣味感。同时,科技自身所具有的不易模仿性和创新性,使横店影视城演艺从其他影视城中脱颖而出,形成自己的竞争优势,巩固并发展现有市场份额。

图3-33　龙帝惊临①

　　另一方面,横店集团旗下的影视产业园全面实现了5G信号覆盖。近200个摄影棚引入国际最新拍摄技术,确保剧组可以通过虚拟摄像棚、虚拟摄影和AI换脸等技术,强化拍摄效果,降低剧组拍摄时的难度,在实现超大素材的即时两地传输的同时减少因为演员更换所引起的时间和资金损失。

　　影视旅游和影视拍摄上的技术优势帮助横店集团增强企业核心竞争力,使之满足人们日益增长的物质文化需求,从而适应全球化和科技革命浪潮。与此同时,技术创新还有利于增强企业盈利能力,加速企业发展进程,从而在未来激烈的市场竞争中占据主动地位。

　　(3)"横店影视城＋"项目

　　随着影视寒冬的到来,影视行业的竞争越发激烈,市场近乎饱和。为了开拓新的市场、丰富品牌和文化内涵,横店影视集团总裁徐永安针对软产品的开发确定了十大衍生发展方向,建立了"横店影视城＋"项目。该项目主要从横向和纵向两个维度进行内容挖掘,实现了影视旅游行业与多个主题及内容的融合,提高了资源配置效率,形成了新的竞争优势。

　　纵向主要是对影视和历史内容的不断挖掘,优化游客游览路线,深化游客的体验服务,从而向沉浸式旅游方向转型。一方面,横店影视城根据影视剧的知名场景,进行拍摄片场的整体重现,为游客营造影视氛围;另一方面,横店影视城依托影视内容丰富演艺项目和消费项目,尤其是室内场所的建

① 资料来源:https://baike.baidu.com/item/%E9%BE%99%E5%B8%9D%E6%83%8A%E4%B8%B4/13829967。

立,以提供全季节、全时段和全人群覆盖的沉浸式游览体验。另外,根据游客的游览目的和兴趣差异推出了影视爱好者、亲子游群体和度假休闲群体三种主题票。

为增加与潜在消费者的互动,横店影视城还积极利用直播和短视频进行横店"泛影视娱乐IP"的打造。比如"横店西门吹雪"凭借"尬哥"的片场趣事,半年内吸粉超过500万。与此同时,横店影视城还与自媒体平台进行合作,为游客的游览体验分享创造平台,提高游客的整体参与度。

横向则主要侧重于对资源和平台的有机整合,主要包括养生、演艺、体育、教育、文创、音乐、博物馆、会务、婚庆、微电影等。这些产业与横店集团的融合丰富了横店影视城的产品服务种类,扩大了消费群体,有利于满足游客个性化和多样化消费需求。

A."横店影视城+音乐"项目

该项目主要用于提升横店影视城的音乐实力和影响力,开展方式包括主题演唱会、主题音乐节以及与音乐学院的合作。音乐一直是横店城的短板,大量的影视剧虽然在横店拍摄完成,但为了进行后期的音乐制作,剧组不得不前往北京、上海等音乐人才和设备更加丰富的大城市。2020年11月23日,横店影视城与浙江音乐学院协商建立了音乐创作制作基地。该合作有利于双方招揽和培养音乐人才,为日后的"浙江国际电影音乐节"等国际音乐节的顺利开展提供必要的人脉和热度,并成功延长横店的影视制作产业链。

与此同时,基于横店在影视行业的影响力,2020年10月5日,横店影视城联合网易打造了《一梦江湖》国风音乐盛典。横店影视城秦王宫的巍峨霸气与古风歌曲的古典雅致相结合,散发出独一无二的魅力,吸引了一大批喜爱国风、关注国风的观众,并树立了横店影视城发展国风的品牌效应。

B."横店影视城+体育"

现如今大部分的旅游都以观光为主要吸引点,因此,为区别于传统的旅游,横店影视城决定加入"体育"元素,从而增加旅游过程中的互动性和体验感。横店集团旗下的浙江横店体育发展有限公司自2014年成立以来就依托横店影视旅游资源,筹备举办了第一届横店马拉松。该比赛以"跑进电影、穿越历史"为口号,开启了横店体育旅游事业的进程。该赛事已连续举办6届,赛事规模从最初的1.5万人扩大至2.5万人。凭借浓郁的影视文化氛围、极具穿越感的赛道、给力的明星助跑,横店马拉松被外界称为"最好玩""最穿越"和"最具娱乐精神"的马拉松,深受国内外跑友喜爱,先后获评浙江省十佳商业体育赛事、浙江省品牌赛事、国家体育旅游精品赛事、中国田径协会马拉松铜牌赛事和国内最具影响力马拉松赛事。

在此基础上,横店积极引入各类赛事,实现幼儿、青少年、成人和中老年体育项目的全年龄覆盖,形成了横店式的体育旅游产业链。尤其是其中的太极运动,不仅宣扬了中国传统文化和传统哲学思想,更推动太极运动这一民族瑰宝走向全民化和国际化。丰富多彩的体育项目为横店的旅游事业注入了新的活力,增加了游客和居民的互动,有利于推动横店周边地区的旅游资源开发,促进区域整体发展。

C. "横店影视城+教育"

为响应国家提出的中小学生研学旅行的号召,横店影视城推出了丰富多彩的研学教育活动,致力于为学生提供全面的综合素质教育。

横店影视城根据自身景区特色,在广州街、香港街和明清民居博览城等地因地制宜推出一系列国学文化体验项目,其中包括活字印刷、沙盘练字和宫廷御膳礼等。完善的硬件设施与良好的教学氛围使中小学生在游乐中增长知识、开阔眼界,获得了诸多学校和社会群体的认可和好评。2019年,横店影视城荣获首批"浙江省中小学生研学实践教育基地"称号。2019年5月,横店影视城与安徽工程大学合作建立了横店营地教育产业学院,推动横店营地产业教育走向国际化。该学院整合双方优势,主要教授影视文化、传统文化、红色文化和社团文化四大主题课程,并通过研学旅游和影视解读,加深学员对知识的了解和运用,提升青少年整体综合素质。

横店影视城凭借其自身影视资源优势,积极推出影视体验课程,为学生和游客提供深度影视文化研学体验,实现了横店影视城影视旅游产业与教育产业的成功融合。

D. "横店影视城+文创"

在文创产品开发方面,横店集团旗下的横店影视城文化创意发展有限公司积极与各大品牌进行合作,设计开发了上千件文创产品,其中包括流行影视形象的玩偶(图3-34),名声在外的当地特产以及一些爆款的台词头饰。文创产品的开发和售卖体现了横店的影视实力和文化自信,也增加了企业的盈利来源。

图3-34　横店文创①

为满足游客的个性化需求,横店集团增加文创产品品种和产业覆盖面,并修建了一系列主题文创馆。比如梦外滩主题公园沿袭了民国时期上海法租界的西洋风情。复古的装饰背景和各种电影拍摄设备给顾客营造了民国时期的"片场"氛围,在传播影视文化的同时,刺激顾客的消费欲望。

现如今,文创馆已经成为横店集团进行影视文化输出的重要窗口,在增加盈利来源的同时,推动横店集团影视文化旅游产业转型升级。

E."横店影视城+酒店"

横店影视城的酒店主要是指主题景区内的影视主题酒店。这些酒店以经典影视剧场景还原为特色,为客人提供了契合酒店氛围的服装和拍摄服务,为游客打造一场蒙太奇电影之旅。

除了特色酒店外,横店景区周边还有一系列四星级酒店和剧组下榻宾馆,满足游客对居住环境和追星的需求。在新冠疫情暴发期间,横店的酒店服务还进行了再升级。大量酒店利用疫情后期剧组开机潮提供衍生服务,比如送餐,代购;针对部分客户的特殊用餐需求进行餐品调整;针对 VIP 顾

---

① 资料来源:https://www.sohu.com/a/335376950_167978。

客提供私人管家服务。衍生服务最大程度上完善服务内容和种类,提升整体服务质量,提高顾客满意度和留存率。横店各酒店根据自身特色进行菜品升级,推出了37道影视明星代言的菜。大量游客为了偶遇明星或者打卡明星食品,会将横店的餐厅加入追星行程。横店丰富的明星资源将确保餐饮行业的吸引力不会随着流量的变化而削减,也确保了餐饮行业在疫情后期的复苏和蓬勃发展。

最后,横店影视城还主张结合演艺、博物馆、会务、微电影、养生、婚庆等主题来丰富影视城的内涵和服务,实现竞争优势的全面强化升级,并通过这些产品和服务之间的相关性,增加盈利来源,促进二次消费。

(4)人才产业链的构建

企业竞争的激烈凸显了人才的重要性,也迫使更多的企业将运营管理的重点放到人才的吸纳和培养上。人力资源管理主要是运用现代化的管理系统对员工进行科学的招募与培训管理等,从而最大限度利用员工技能、开发员工能力,确保企业可持续发展。

横店的人力资源管理主要由内部和外部两部分组成。内部主要负责横店集团的人力资源管理和人才的培养,外部则更多的是对影视制作产业链上人才的培训和吸纳。横店影视城通过"领导力提升修炼营培训",以项目管理为核心,以解决问题为导向,专注于培养横纵能力结合的T型人才。该项人才计划将拓展员工的专业知识,整合其思维和能力,培养专业性职业技能、团队协作能力和创新意识,从而推动企业进行现代化改革。企业的内部培训有利于迎合企业的规划发展,提高员工的满意度,促进企业经济发展,为企业的未来发展和改革做坚强的后盾。

在外部,横店集团于2006年成立了浙江横店影视职业学院。该学校主张"明德尚艺,笃学致用",是浙江省内唯一一所以"影视"为特色的高职院校,主要为横店影视城输送影视制作和演艺人才。中国的整体影视制作,尤其是后期制作技术,在国际上一直处于劣势。不少影视剧制作方不得不斥巨资请国外的影视公司对后期特效进行完善。横店集团旗下影视职业学院为学生提供了系统的影视教育,有利于提升从业人员的专业素质和职业技能,延长横店的影视产业链。为减少文化产业人才的流失,横店集团大力进行导演村、编剧村、演员村和"横漂村"等项目的建设,并为相关人员提供交流研讨的空间,激发他们的创作热情。

与此同时,学校还鼓励学生积极参加各类国际交流活动。通过和国外院校的合作,学习国外先进技术和理念,拓宽师生的视野,提高院校的教育水平和国际化水平。比如,2019年末的中韩人物形象设计联合展,加深了中韩文化联系,提高了学校的国际知名度和认可度。《石头剪子布》《幕间休息》等作品的获奖体现了学校师生的影视创作才能,也加速了横店这一品牌的国际化进程。

如今疫情得到控制,横店影视城也必将迎来新一波发展浪潮。一方面,横店影视城的经济聚集效应已经逐渐形成。产业集聚区凭借其强大的人脉和资金支持在确保横店影视基地不断扩建和产业升级的同时,也增强了横店这一品牌的影响力和号召力。另一方面,产业区的升级也将进一步扩大横店影视城的规模优势,提高其市场占有率,延长横店的影视旅游供应链,使整个横店成为完备的影视产业服务平台。目前,该试验区已经吸引了大批境内境外影视公司和一些著名影视剧作家、导演和演员,其中包括专注内容制作的华谊兄弟、博纳影视和正午阳光以及专注后期制作的红点影视和爱奇艺等。到2020年9月,横店注册公司的总数已经达到了1825家。横店作为独具特色的产业集聚区,推动了当地的城市化进程和相关产业发展。随着横店影视工业的进一步升级、横店大学的蓬勃发展、周边交通的大力建设,横店有望成为全球最强的影视文化基地和中国特色现代化小都市。而横店集团作为整个横店发展的中坚力量,将随着横店的日趋现代化和国际化加速其企业的国际化进程,从而获得更高的品牌知名度和国际认可度,迎来企业发展新阶段。

四、文化名胜旅游产业

名胜旅游作为居民休闲旅游的综合目的地,资源特征非常明显。而资源类旅游项目又涉及风景名胜、文物古迹、森林公园、自然保护区等许多不同类型的资源范畴。但无论是什么形式,5A级景区仍然是我国最稀缺的旅游资源,更容易受到游客青睐。而在一众资源类旅游项目中,自然风光类和民俗宗教类因其独特性、文化底蕴,往往是我国5A级景区的主要组成部分。

(一)佛教四大名山:五台山、普陀山、九华山、峨眉山

1. 五台山:文殊菩萨道场

五台山位列四大佛教名山之首,也是世界佛教五大圣地之一,相传为文殊菩萨道场。该名胜由五座山峰环抱而成,是中国唯一青庙和黄庙交相辉映的佛教道场,在其最鼎盛时期的唐朝全山寺院多达300座,且多座寺院受过皇帝的参拜。现如今,五台山寺院仍存47处,景区集自然风光、历史古建筑、佛教文化和民俗风情于一体,是著名的休闲避暑胜地,并获得了一系列荣誉称号,譬如2004年被评为中华十大名山、2007年被评为国家5A级旅游景区,更在2009年6月被纳入世界文化遗产名录。

(1)竞争优势

五台山能从诸多佛教名山中脱颖而出,并且常年维持大客流量、大品牌影响力和极高的社会声誉,离不开其自身区位优势、自然景观、深厚的文化底蕴以及紧跟时代的文旅产品。

A. 区位优势

就整体区位而言,五台山位于山西省,该省地处我国的中西部交界处,是连接中西部地区、京津冀和渤海附近地区的重要战略枢纽。全省公路密度高达87千米／百平方千米,里程数达5605千米,完全实现了"三纵十一横十一环"的布局;全省铁路干线有10余条,且和400多条分支线构成叶脉形网络格局;全省有民用机场8个、航空航线211条。山西省地形独特,为典型的"两山夹一川"地形,被誉为"山河表里"。地形之间的高度落差为山西带来了奇山峻岭、沟壑纵横的奇妙景观,壶口瀑布、太行山脉等风景名胜地的形成均得益于此。八朝古都的身份为山西带来了诸多珍贵的历史遗存,譬如古长城遗址和五台山上的道教、佛教遗存等。就细分区位而言,景区位于晋、冀、京和内蒙古交界处,距离山西省会太原市230千米,距离忻州市150千米,辐射范围内人口基数大,且人均可支配收入相对较高。京原、同蒲和神河干线均经过景区,而公路108、208国道及大运高速和忻阜高速等高速公路也可通往景区,便于景区吸引和接纳四方来客。随着五台山风景区飞

机场的竣工,周边交通设施基本完成了陆空的相对全面覆盖,极大地拉近了五台山和山西其他风景名胜之间的距离,有利于后期的景区联动和疫情结束后的大批国内国际旅客引入。

B. 风景秀丽的自然景观

五台山由五座山峰环抱而成,分别是东台望海峰、南台锦绣峰、中台翠岩峰、西台挂月峰和北台叶斗峰(图3-35)。这五座山峰既象征着文殊菩萨的五种智慧,也与五方佛相呼应。

图3-35　南台锦绣峰和西台挂月峰①

东台名为望海峰,因台顶"东望明霞,如波似镜,即大海也",故曰"望海"。东台顶以"云海日出"闻名天下,是无数游客和朝圣者观赏日出的不二选择。登上观日台,游客可以眺望秀丽山峰,欣赏云雾在群山中弥漫变幻。当清晨的第一缕阳光喷薄而出,整片天即染成了金色,并与群峰上的金殿金像相互辉映,瑰丽恢宏。

南台名为锦绣峰,因此峰"烟光凝翠,细草杂花,千峦弥布,犹铺锦然",故名"锦绣"。区别于其他四座台顶皆由一山相连,锦绣峰可谓"一枝独秀"。因其海拔最低,在4月其他山峰仍然被冰雪覆盖之时,其已经百花绽放。游人穿梭其中,或可见牛羊惬意地躺在盎然的绿意上。因这秀丽景观,锦绣峰亦名仙花山。南台顶有普济寺,该寺初建于隋,重建于宋,明清年间再修,寺中还可看到记录当时重修情况的碑记。

中台是四座台顶的中心,因其"巅峦雄旷,翠霭浮空",故名"翠岩峰"。

---

① 资料来源 https://baike.baidu.com/item/%E4%BA%94%E5%8F%B0%E5%B1%B1/2678。

峰顶巨石堆积,石面杂生着苔藓,在阳光照射下碧翠生辉,仿若蛟龙腾起,故而被赐名"龙翻石"。台顶气候复杂多变,尤其是夏季,时常出现山下倾盆大雨而山上烈日当空的奇观。翠岩峰上坐落着五个台顶中规模最大的寺庙——演教寺,该寺为黄教寺庙,主供儒童文殊。

西台名为挂月峰,又称明月山,因"月坠峰巅,俨若悬镜"而得此名。整个山势峰峦叠嶂,如同孔雀开屏。该山有一奇景,即东台旭日初升,西台月牙弯弯。又因该峰为盘山绝顶,吸引了无数喜好攀登的游人,甚至还流传着"不登挂月峰,不算来盘山"的说法。台顶有一寺庙,名曰法雷寺,又有一塔,名曰定光佛舍利塔,为市级重点文物保护单位。

北台形如"巅摩斗杓",故得名"叶斗峰"。该峰是华北地区最高峰,有着"华北屋脊"的美誉。因其海拔高,台顶气候异常寒冷,所以通常9月即见雪,4月才解冻,台背阴面更是常年有冰雪。虽然叶斗峰观雪是一大胜景,但是由于其冬季气候寒冷,大部分游客还是选择夏季前往。

C. 长久积累的文化底蕴

五台山佛教圣地的地位来源于唐朝。李渊为争取宗教和民众支持,自起兵反隋便对佛教许下大愿,更视五台山为"祖宗植德之所"。而后武则天在争夺皇位的斗争中,更是利用佛教典故进行舆论宣传,自称"神游五顶"。与此同时,国力强盛、经济繁荣的大唐引来无数外国使节的觐见,国内的宗教文化和朝圣圣地名号如五台山也传至周边诸国,譬如印度、日本、朝鲜和斯里兰卡等,都得到了这些国家佛教徒的景仰。不少佛教徒不远万里来此求佛取经,日本更是"上自天皇,下至公卿"都供奉大量黄金给五台山的文殊菩萨。自此,李唐王朝的扶持、强盛的国威和对外经济文化交流,使五台山的盛名显赫于世,成为当时名副其实的佛教圣地。

总而言之,五台山佛教的兴盛和圣地地位的确立,在很大程度上得益于当时封建王朝的政治支持和经济扶植。现如今,五台山寺院按佛教传承之不同分为青庙(和尚庙)和黄庙(喇嘛庙)。青庙僧侣多为汉族,且衣着青灰色僧袍,故称青衣僧。青庙有十方庙和子孙庙之分,前者接待四方来僧,在寺僧人亦可十方云游,组织管理实行选贤制;后者按师徒关系实行家传制,外寺僧人不得在本寺担任职事。五台山大部分寺院属于青庙,较为著名的有显通寺和塔院寺。显通寺为全山寺院之首。该寺位于塔院寺后,是现如今五台山规模最大和历史最悠久的寺院,与洛阳的白马寺并称为中国最早的寺庙,并早在1982年就被列入全国重点文物保护单位。矗立至今,其发展历史不仅见证了中国佛教的发展,更是五台山佛教文化的缩影,中国北方佛教文化的活标本。寺内除文物建筑本体外,还保存着大量佛教艺术珍品,比如其中的《华严经》字塔,上书60多万蝇头小楷,字形工整秀丽,极具历史、文化和艺术价值。

塔院寺(图3-36)位于台怀镇中心,原是显通寺的一座塔院,明代时重修舍利塔后独成一寺,因院内有大白塔,故名塔院寺。塔身拔地而起,在群寺的簇拥下显得颇为壮观,因此,人们将它作为五台山的标志。据记载,大白塔内中藏有印度阿育王所造的舍利塔,所以佛教徒到五台山往往都要首先朝拜这一圣迹。游览其中,时常可以看到众多香客绕行白塔还愿,或念经或叩头。

图3-36　显通寺和塔院寺

黄庙信喇嘛教,僧人均着黄衣戴黄帽,故称黄衣僧。现如今五台山共有12处黄庙,菩萨顶(图3-37)就是其中较为著名的一座。菩萨顶,又名文殊寺,是传闻中文殊菩萨居住之所。该寺位于显通寺后的灵鹫峰上,是五台山中规模最大的黄教寺院。寺前的一百零八级石级,象征人的一百零八种烦恼,而每踏上一级台阶,即意味着解脱一种烦恼,最后迎来石级尽处超凡脱俗的佛土。菩萨顶外观参照皇制式营造,黄绿蓝覆盖,通体金碧辉煌,拥有典型的皇家特色。寺内则多按藏传佛教设计,两侧墙壁上挂着唐卡,大雄宝殿和文殊殿的柱头上则挂着写有梵文咒语的桃形小匾。

图3-37　菩萨顶

在长期的历史演进中,五台山保存了世界上鲜有的佛教古建筑群和罕见的佛教造像群,用自身记录了中国佛教的兴衰历程。

D. 紧跟时代的行业运营

"佛教圣地,清凉之境"是五台山的招牌,而丰富多彩的佛教文化旅游资源则是五台山发展旅游的核心优势。[①]于是,2014年,我国首部佛教题材大型情境剧《又见五台山》在山西五台山首演。该作品来自著名舞台剧导演王潮歌,讲述了几个普通人关于一天、一年、一生、一念的故事。剧中都是平凡的生活琐事,卖煎饼的曹慧芬,寻找母亲的小伙子,从来没有卸下过包袱的中年男子⋯⋯在观赏过程中,观众与剧中人一同经历时间的流逝,于细微处思考每个个体对于自身对于生活的感受与体悟,以别样的视角体会五台山所蕴含的禅思和智慧。

该剧突破了以往的舞台剧形式,用全新的舞台创意和高新科技形成交互性极强的互动体验,将佛教音乐与前卫和超然的艺术融合并加以精妙的舞美设计,如同一幅向世人缓缓展开的佛教圣卷,伴着禅音诉说着或来自典故或来自生活的感悟。演出场馆的设计如一部经卷,经折形成的空间渐次展开,上面镌刻着《华严经》,外墙挂满风铃,随风轻响,犹如诵经之声雨润入心。走进剧场大门,经过长长的经书走廊,两侧布置着人们熟悉的各类生活场景——幼儿园、小学课堂、中学教室、大学宿舍、婚姻殿堂以及住过的客

① 杨蝉玉,吴向潘.佛教文化旅游资源对五台山旅游的影响[J].长春师范学院学报(自然科学版),2013(6):96-99.

厅、用过餐的酒店、办公室等场所。当观众最终来到观众席时,被360度不断旋转的舞台震惊。在这里,演员通过舞台演绎人生百态,故事由缓入急,不是脱离现代生活单独讲述佛法,而是将佛教与山西五台山及现代生活相结合。在这时,普通人的人生早已融入戏剧化的故事里,任意一件琐事都可以成为阐释禅思的桥梁。

疫情后期的加速恢复。2021年5月28日,在疫情得到有效管控的情况下,山西五台山举办了首个国际化旅游文化节。该活动分为六大板块有序展开,其中包括:民俗文化类活动,比如"启智慧·纳吉祥"祈福民俗文化活动、"朝台朝山"圣域文化之旅和民俗"非遗"文化展示等;智慧大讲堂,比如首届中国五台山传统医学(佛医)论坛和五台山智慧佛学公益大讲堂等;吉祥文化创意展览及展示,主要有五台山特色文创成果展和智慧五台山数字文创体验空间等;数字五台山文化节展示体验,包括"云上五台山"智慧平台、"点亮智慧灯·照亮游檀林"吉祥智慧祈福菩提等;"灯赞五台山"大型灯光秀。丰富多彩的旅游活动为五台山游客和当地群众带去新鲜有趣的旅游体验,也昭示着五台山景区旅游文化活动开始恢复正常。

总而言之,作为四大佛教名山之首、中国的佛教圣地,五台山已经在社会和国际上积累了一定的品牌影响力和声誉,因此,最大化发挥品牌效益,开发佛教资源,丰富产品内容形式,完善产业链布局,将成为其从传统旅游模式向综合性旅游模式转变的主要推力。未来,五台山景区有望在"十四五"这个发展的黄金时期内,将自身资源开发、陕西省"康养山西 夏养山西"布局规划和黄河长城太行"三大旅游板块"建设相联系,最大化获取支持和补助,大力进行新型文旅产业和智慧景区的建设,实现向"旅游+"文旅融合发展的华丽转身。

2. 海天佛山普陀山:南海观音道场

普陀山风景名胜区位于浙江省舟山市,是著名的南海观音道场。普陀山和山西五台山、安徽九华山、四川峨眉山并称为我国四大佛教名山,每年都有数以万计的游客前来此地朝圣,欣赏海岛风光。1982年,普陀山风景区被纳入首批国家级风景名胜区,并于2007年入选国家5A级景区,是如今我国唯一集海岛自然风光和宗教历史文化于一体的全球优秀生态旅游景区。

普陀山风景名胜区由普陀山、豁沙山、洛迦山岛和朱家尖岛的东部组成,陆地面积41.07平方千米。海域面积6.50平方千米,主要由普陀山的金沙、百步沙、千步沙、哮唬沙、后岙沙、大雪浪、小雪浪组成。普陀山岛是景区的核心区域,占地面积11.82平方千米,最高峰佛顶山海拔为292米。

舟山群岛新区以普陀山国家级风景名胜区为核心,积极建设普陀国际旅游岛群。一方面,舟山群岛依托佛教文化,建设禅修旅游基地,逐步建设成为世界级佛教旅游胜地;另一方面,在符合相关规划要求的前提下,重点开发旅游新业态和新项目,如潜水等,打造成世界顶尖的度假岛屿。

随着旅游业的兴起和发展,普陀山在海内外的知名度越来越高。近年来,亚洲各国游客纷纷来景区观光览胜,国内游客也在逐年增加,普陀山风景区已成为中外文化重要的交流窗口。

(1)盈利现状分析

2017年,普陀山景区(不含朱家尖景区)接待游客857.86万人次,较上年增长14.43%;朱家尖景区接待游客764.14万人次,较上年增长17.93%;普陀山风景名胜区合计接待游客人数达1622万人次,较上年增长16.05%。2017年度普陀山风景名胜区旅游接待量占舟山市旅游接待量的比重为29.45%。如图3-38所示。

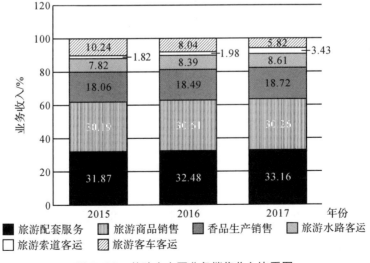

图3-38　普陀山主要业务销售收入比重图

近些年普陀山景区的收入稳定增长,客运作为主要的收入来源占总收入的80%左右。事实上,2017年普陀山景区的游客接待数高达857.86万人次,门票收入超过8亿元。但是收入并没有进入普陀山旅游集团,而是归于普陀山的佛教协会以及当地政府。

为补充门票收入流失带来的资金损失,2015—2017年,普陀山旅游集团接受了政府补助资金,总金额接近400万元。与此同时,在政府的帮扶下,普陀山旅游景区不仅无须缴纳风景名胜区资源的有偿使用费,而且还得到了景区服务业务的"垄断"权,如客运业务等。凭借着政府的扶助和客运的垄断,普陀山旅游集团近年来的综合毛利率一直高于同行业的其他旅游公司。

(2)核心竞争力分析

与同为四大佛教名山的九华山、峨眉山和五台山相比,普陀山风景名胜区的旅游优势主要体现在区位、旅游资源以及特色文旅产业园上。

A. 区位优势

舟山群岛位于我国海岸线的中部,处于长江、钱塘江、甬江三江入海口,背靠沪、杭、甬等大中城市和中国最具活力的华东地区及长江三角洲城市群。普陀山景区主要客源地有浙江、上海、福建、江苏等省市。据统计,来自上述三省一市的游客占普陀山景区游客总量的比重超过70%。上述三省一市属于中国经济最为发达的省市,国内生产总值、人均可支配收入等经济指标均居全国前列,旅游消费能力和意愿较强。

近年来,各级政府加快构筑现代旅游交通运输体系,全力营造优化旅游产业发展的大环境。目前,普陀山区域内及周边已拥有高速、舟山普陀山机场、舟山国际邮轮港,初步形成了公路、航空、水路联运的多元交通网络。舟山普陀山机场正在对现有国内和国际航站楼外立面及屋顶进行改造,并筹备新建一座航站楼。新楼建成后,机场将拥有总计约2.8万平方米的航站楼,至少可满足约200万人次的年旅客吞吐量。舟山普陀山机场的改扩建及甬舟铁路的开建将使普陀山周边交通条件得到持续改善,外部可进入性不断加强,到普陀山旅游变得更为舒适、快捷、安全、方便,增加了普陀山作为旅游目的地的吸引力和竞争力。

B. 旅游资源丰富

普陀山景区的旅游资源包括自然资源和宗教资源。在自然景观方面，其"三宝三石三洞十二景"的说法自前人流传。普陀山三宝，亦称佛国三宝，指九龙藻井、杨枝观音碑、多宝塔（太子塔）；普陀山三石指磐陀石、心字石、二龟听法石；普陀山三洞指朝阳洞、潮音洞、梵音洞；普陀山十二景（图3-39）指莲洋午渡、短姑圣迹、梅湾春晓、磐陀夕照、莲池夜月、法华灵洞、古洞潮音、朝阳涌日、千步金沙、光熙雪霁、茶山夙雾、天门清梵。

短姑圣迹位于佛国山门东南约300米处，滩上有形状各异的岩石，石碑上有"短姑姑"等字样。该浅滩出没于潮汐浪涛间，为以前的天然船埠。清朝，普陀山住持因潮落潮涨，往来靠岸不便，于是用巨石垒成长达11米、宽8米的石道。在未形成普陀山客运码头之前，来普陀山参礼进香、览胜观光的客人都从此处登岸。

图3-39　普陀十二景（部分）[①]

---

① 资料来源：百度百科 https://baike.baidu.hk/item/%E6%99%AE%E9%99%80%E5%B1%B1/6618，中华人民共和国农业部 http://www.gjcr.moa.gov.cn/cty/202005/t20200518_6344418.htm。

　　梅湾春晓指普陀山的早春景色。因此地多产梅花,普陀山也称梅岑。早春时节,红梅绿树曾被人誉为"海上罗浮"。莲池夜月指的是海印池的月夜景。海印池在普济寺山门前,也称"放生池""海印"。海印池面积约15亩,始建于明代。池上有三座石桥,中间一座名叫平桥,该桥北接普济寺中山门,中有八角亭,南衔御碑亭。御碑亭、八角亭、普济寺古刹建在同一条中轴线上。轴线将池一分为二,称东西莲花池。其周围设有古色古香的石雕栏。莲花地三面环山,四周古树岑岑,池水源于山泉积累。每值盛夏,池中荷叶莲花相映成趣,构成一幅十分美妙的图画。夏日月夜闲行,时天高云静,天朗气清;时清风徐来,水波不兴,是一番良辰美景,令人流连忘返。

　　朝阳涌日是指普陀山日出景观。朝阳洞是普陀山观看日出的最佳地点,因此有"朝阳涌日"之说。黎明赏游,只见旭日"巨若车轮,赤若丹沙,忽从海底涌起,霞光万道,散射海水,前贤想曾光耀心目"。景色之壮观令人赞叹不已。现沿着绝壁筑有一排长廊,专门给游客观赏日出。朝阳洞还可听潮音。此处原有朝阳庵,作家王鲁彦夫妇曾与郁达夫在朝阳庵中休息,写有《听潮的故事》散文。后朝阳庵没于战火,1992年,观日阁于原址重建。如今的朝阳洞景区有朝阳洞、观日阁、揽霞亭、六观亭等景观,还附设有茶室、购物商场等。观日阁,又名朝阳阁,在朝阳洞正上方,阁高18米,长宽均为12米,依山而建,面临东海。内部分为上、中、下三层,上层有购物、休憩、观海三个大厅,四壁有"三十二观音"画像,线条流畅,形象生动。中下两层设根雕艺术馆,展示根雕佛像百余尊。朝阳洞左侧平台的摊霞亭又称朝阳亭,近崖濒海,是观赏日出和日落的好地方。

　　茶山凤雾景象多发生在采茶时节。茶山位于佛顶山后,山势空旷,中多溪涧。每在日出之前,茶树林有雾气环绕,沁人心脾。古代普陀山没有居民,只有山中僧人自种自食,种茶是住山僧人的一项重要劳作。每到采摘季节,僧人一起出动,山上立时出现一种"山山争说采香芽,拨雾穿云去路赊"(明代李桐诗句)的景象。普陀茶山之茶,被人称作"云雾佛茶",因为此茶树多为僧人所植,因而山僧谈论"茶山凤雾"也别具情韵。

　　在宗教旅游资源方面,普陀山历史悠久,宗教文化浓厚。2000年前,普陀山为道人修炼之宝地,秦安期生、汉梅子真、晋葛雅川都曾来普陀山炼丹、修道。至今,山上有"炼丹洞""仙人井"等遗迹。历史上,普陀山名多次变更,春秋越王勾践时称甬东,西汉成帝时称梅岑山,宋时称宝陀山,宋宝庆《昌国县志》载:"梅岑山观音宝陀寺在县东海中,梁贞明二年建,因山为名。"宋张邦基《墨庄漫录》云:"宝陀山,去昌国两潮,山不甚高峻。"明万历三十三年,钦赐宝陀观音寺为"护国永寿普陀禅寺",山以寺名,此为普陀山名之始。因其东南海中有洛迦山,又有普陀洛迦之称谓。古代帝王多建都北方,其南之东海称作南海,因此元、明时期也称南海普陀。自唐咸通四年(863)建观音道场以来,历代多有过赐封,香火旺盛,成为近代中国佛教最大的国际性道场。全盛时期,曾有三大寺、88庵院、128茅棚,僧尼达4000余人。再加上历朝名人雅士、文人墨客来此游览观光,留下大量诗文书画和摩崖石刻以及绵延千余年的佛事活动,使得普陀山拥有深厚的佛教文化内涵和丰富的佛教旅游资源。

普陀山佛教主供观音菩萨,是著名的观音道场。观音菩萨在中国民间有着广泛影响。历代名僧弘扬传法,广大信士、工匠开发经营,观音道场香火日盛。观音信仰习俗遍及大江南北,并且走出国门,传到海外,特别是旅居海外的华侨在居住国也供奉观音圣像,念诵观音佛号,影响着居住国人民对观音之信仰,一些民众更是把观音奉为祈求航海平安的保护神。

南海观音立像体现普陀文化。该立像由海内外华人信众筹资建造,落成后于1997年10月举行开光仪式。其立像台座三层,总高33米,其中佛像18米、莲台2米、台基13米,台基面积为5500平方米。佛像顶现弥陀,左手托法轮,右手施无畏印,妙状、慈祥,体现了观世音菩萨"慧眼视众生,弘誓深如海之法身"。佛像采用新型仿金铜精铸,为普陀山增添了新的人文景观,成为海天佛国的象征。

除去海天佛国的象征外,普济禅寺、法雨禅寺和慧济禅寺(图3-40)作为普陀山三大禅寺架构着普陀山观音道场。

普济禅寺,又称前寺,于宋元丰年间(1078—1085)建成,是普陀山第一大寺,也是全国重点寺院,历代方丈均居住于此。寺院有"五步一楼,十步一阁"之称,全寺殿堂六进,自南向北在一条中轴线上。其中大圆通殿是普济寺主殿,殿中供奉高8.8米的毗卢观音为菩萨正身法像,两边端坐观音"三十二应身",以示观音大士感应世间万物众生。

图3-40　普济禅寺和法雨禅寺①

法雨寺,又称后寺,初名海潮庵,清康熙三十八年(1699)赐"天华法雨"额,遂称法雨禅寺。建筑布局依山取势,其中九龙殿最为辉煌,该佛殿是从南京明故宫整体搬迁而来的,殿内有普陀山三宝之一的"九龙藻井"。

慧济禅寺位于普陀山最高处佛顶山上,又称佛顶山寺。全寺布局为其他禅林所少见,天王殿后,大雄宝殿、大悲殿、藏经楼、玉皇殿、方丈室等均在一条平行线上,颇具浙东园林建筑风格。与普陀山其他寺院不同,慧济禅寺主殿为大雄宝殿,供奉释迦牟尼佛像,右侧大悲殿供奉的唐代观音像,为普陀山最古老佛像艺术。慧济禅寺主殿屋顶用天蓝、淡绿、鹅黄、紫红等色琉璃瓦盖成,阳光下映出万道彩虹,形成"佛光普照"景象。

(3)文化旅游产区转型升级

普陀山计划以观音文化园为基础,打造"东游"文化旅游产区。其依托普陀山深厚的佛教文化和朱家尖良好的自然生态环境,发展佛教文化博览与休闲度假等旅游业。朱家尖禅意小镇(图3-41)的建设是普陀山文化旅游融合和转型的重要里程碑。

朱家尖禅意小镇是中国生态价值链特色小镇,小镇借助普陀山深厚的观音文化和朱家尖良好的生态自然环境,重点发展禅文化博览与体验、海洋

① 资料来源:浙江省人民政府 http://www.zj.gov.cn/art/2021/1/8/art_1229511184_8156.html 和百度百科 https://baike. baidu. hk/item/% E6%99%AE% E9%99%80%E5%B1%B1/6618#reference-［10］-18935756-wrap。

旅游文化产业、健康养生服务及休闲度假旅游产业。

图3-41　朱家尖禅意小镇[①]

朱家尖禅意小镇主推佛教文化游、禅修体验游、休闲度假游。禅意小镇的建立旨在增强普陀山佛教文化的吸引力,以观音圣坛为载体,充分整合周边山水自然资源,打造观音博览园,发展佛教文化游;以正法讲寺、居士教育基地、高僧精舍、普陀山佛教学院等项目为载体,建设集礼佛、体验、教化功能于一体的禅修体验基地,发展禅修体验游;以禅修主题精品酒店、精品民宿、佛教商业街区、海洋文化旅游综合体为载体,以购物、住宿、禅茶、素斋、度假为特色,建设成为滨海休闲度假区,发展休闲度假游。

朱家尖禅意小镇位于舟山朱家尖,距县城8.3千米、市区19.2千米,距上海169千米,距杭州219.6千米,距高速入口45千米,距高铁站83.2千米,距火车站78.3千米,距机场3.3千米。便捷的交通网络使朱家尖禅意小镇真正实现了"一小时经济圈"。该小镇周边适配普陀山观音文化,有利于承接普陀山外移的居住、商业等部分功能,从而突破普陀山景区现有的地域设施限制。

小镇主要包括白山、慈航广场、观音文化园、松冒尖等四大区块,并存在配套社区功能,充分体现生产、生活、生态融合发展理念。

白山区块主要有禅修体验、养生度假、商业街区及旅游配套服务。白山区块现正打造三种业态:一是打造私家禅院、特色农禅院等以禅文化为主题

---

① 资料来源:网易 https://www.163.com/dy/article/DVUJP7M90518FH50.html。

的特色民居体验区;二是打造禅意休闲度假区;三是打造海洋文化旅游区。

慈航广场区块结合旅游景观和海洋文化,打造吃、住、行、游、购、娱六大要素齐全的海洋旅游文化广场。位于禅意小镇西北部的慈航广场旅游集散中心改建项目已开工建设,用地面积560亩,计划总投资11亿元,其以现有的旅游集散功能为基础,建设旅游集散中心、交通中转中心、商业旅游综合体、大型立体停车楼以及其他配套辅助设施。

观音文化园区块拟打造以观音文化为主题,集朝圣、观光、体验、教化功能于一体,集观音菩萨和观音文化之大成的观音博览园。在硬件形态上凸显能够代表当代佛教建筑最高水平的"建筑地标",在软件功能上成就现代佛教弘化理念的"文化地标",确保艺术品位、人文价值与纯正信仰的高度统一,将区块打造成当代佛教建筑的传世之作和观音信众的心灵家园。

松冒尖区块主要是通过招商引资引入海洋旅游综合体或海洋主题公园概念,利用海岛地域优势,结合观赏景观和体验项目,打造以海洋文化主题乐园、接待中心、海洋主题购物街区、海洋主题餐饮街区、停车场配套功能为主的新兴海洋主题旅游区。

不仅如此,禅意小镇将打造"禅文化+"文创人才千人计划,并打造全方位的"文化+旅游"双创基地,将整个小镇变成文创旅游产业孵化与发展的热土,并通过国际交流逐渐形成世界禅文化产业中心。小镇打算与韩国、日本等的先进的文创旅游产业优质机构合作,孵化并培育本土人才,争取在三到五年内形成中国禅主题文化文创+旅游产业的示范基地,并打造本土知名文创品牌。

普陀山景区宗教旅游产业的发展对整个舟山旅游业和经济发展有着重大的影响。随着普陀山宗教品牌知名度和认可度的提升,普陀山整个旅游产业链和相关服务的完善将会进一步加速普陀山景区及其周边地区的经济发展和转型,从而带动舟山整个旅游行业和配套服务行业的腾飞。

3. 九华山:地藏王菩萨道场

九华山位于安徽,相传为地藏王菩萨道场。该山山势雄伟,清丽脱俗,素有"东南第一山"之称。古时李白曾写诗赞曰:"昔在九江上,遥望九华峰。天河挂绿水,秀出九芙蓉。"故而改名为"九华"。

该山风景秀丽,名刹古寺林立,文物古迹众多,且多有古时流传名篇,故而拥有首批国家重点风景名胜区、国家5A级旅游区、全国文明风景旅游区示范点和国家首批自然与文化双遗产地等荣誉,在2019年更是被联合国教科文组织推举为世界地质公园,声名远扬。

(1)盈利现状分析

如今,九华山景区的主要酒店、索道缆车、客运、旅行社业务均由安徽九华山旅游发展股份有限公司负责管理。该公司成立于2000年,一直致力于"创造生活新方式",其业务涵盖食、住、行、游、购、娱等旅游各要素,囊括九华山风景区及周边地区旅游优质核心资源,具有完整的产业链和核心竞争能力。2015年,该公司成功上市,标志着九华山业务的融资渠道得到进一步扩宽,其品牌知名度和社会影响力得到进一步提升。

酒店业务和索道缆车业务是九华山景区的主要收入来源,此两项业务总计占比高达75%。如图3-42所示,在2019年,其酒店业务实现收入1.67亿元,同比增长10.33%。这主要得益于九华山酒店板块的不断推陈出新,以及酒店在保持风格差异化经营的同时使设施设备及服务水准一直处于区域领先地位,比如主打禅修体验的东崖宾馆、主打亲子体验的平天半岛大酒店以及主打休闲旅游的五溪山色大酒店等。丰富的酒店主题扩大了公司酒店品牌覆盖面,充分满足了不同游客的差异化、个性化需求,从而取得了良好的市场反响。

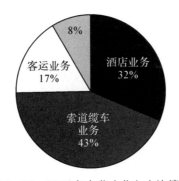

图3-42　2019年九华山收入占比情况

索道缆车业务在2021年实现了1.7亿元的收入,同比增长26.2%。这主要得益于持续加大散客市场推广力度,在确保散客市场持续扩大的同时,让游客熟悉三条线路,从而增加索道乘坐率。

客运业务主要是指旅游直通车,2021年实现客运营业收入7364万元,同比增长28.73%。如今,自驾游市场得到迅猛发展,一到节假日和空闲时间,人们更乐意自己开车或者乘车前往景区,而不是在旅行社的组织下参加游览。大批散客的到来给景区的旅游交通秩序管理增加了压力。因此,为了便利游客出行,提升景区专业化服务品质,九华山景区为游客安排了旅游直通车,直接将景区与人流量大的地点进行连接,形成地点之间的流量联动,提高客运乘坐率,实现了客运业绩稳步上涨。

2021年旅行社营业收入2396万元,同比下降24.59%。在酒店业务方面,2021年收入1.5亿元,同比增长21.58%。

总的来看,近几年安徽九华山景区营业收入和净利润持续上升,体现了该景区的持续发展潜力。且相较于其他景区对于门票的高度依赖,九华山景区的衍生服务产品相对丰富,游客的游览消费体验得到较为充分的满足。

(2)核心竞争优势分析

与其他风景区和佛教名山相比,就区位、风景、佛教、民居四大要素而言,九华山的优势并不明显,但九华山却是如今的景区中少有地做到了风景、佛寺和民居三者的高度统一。①

A. 区位优势

就区位而言,九华山虽然不能在该要素上远胜于其他景区,但是其能够满足景区的人流量和交通需求。首先,九华山地处长江中下游地区,并处在南京、上海、杭州和武汉等经济发达地区之间,周边居民整体收入水平高且旅游消费能力强。该特性帮助九华山确立了稳固而庞大的客流量,助力九华山旅游业务的发展。其次,近年来九华山周边地区的交通基础设施日渐完善,海陆空交通一应俱全。广州、上海、深圳和北京等大城市均有可

---

① 袁牧,柯彬.文化遗产地的演进:安徽九华山九华街规划历史研究[C]//全球视野下的中国建筑遗产.上海:同济大学出版社,2007.

直达九华山的机场,且航班量不断增加。九华山所在的池州附近高铁线路不断增多,且大量高速公路和公路汇聚补充,形成了一张从景区向四周辐射的交通体系图,为九华山的旅游发展提供了坚实的后盾。现如今,九华山景区距安徽黄山风景区仅1.5小时的车程、距宏村风景区2.5小时车程、距池州市区1小时车程,能充分满足现如今游客的自驾游和周末短程旅游的需求。

B. 九华山自然资源

九华山境内奇峰峭拔,风光旖旎,因此与中国道教名山齐云山和自然与文化双遗产的黄山并称为皖南三大山。

景区内植物资源丰富,种类多达1400余种,其中有大量名树古木、花卉和珍稀药材等,森林覆盖率达95%。景区内山高林密,繁衍栖息着大量野生动物,数量多达253种,其中不乏国家一级、二级保护动物。

适宜的温度和四季各异却永远秀丽的风景,使得这个总面积400公顷的森林公园成为九华山景区大力发展生态旅游的理想之地。现如今九华山已经开辟了八大景区和百余处景点,做到了游览过程中的"处处风光,移步换景"。其中最著名的当数"九华十景",它们是天台晓日、化城晚钟、东崖晏坐、天柱仙踪、桃岩瀑布、莲峰云海、平岗积雪、舒潭印月、九子泉声和五溪山色(图3-43)。

图3-43　天台晓日和平岗积雪[①]

———————————

① 资料来源 http://www.jhsyts.com/home/index/detail.html?id=120。

与此同时,景区内和周边的星级宾馆、寺院、农户均可为游客提供住宿吃食,是工作、生活之余一人或偕同家人暂避尘世、观瞻佛寺、欣赏美景的理想去处。

C. 九华山人文资源:佛道＋民俗＋建筑

九华山不仅自然资源多样独特,历史文化资源也丰厚,特别是佛教文化积淀深厚,九华山的佛教文化在中外佛教文化发展史上占有重要地位。

2000年前,九华山是学仙修道圣地之一,并且名列道教的"七十二福地"的第三十九位。现如今九华山上的"真人峰""葛仙丹井"和"葛仙洞"等均反映了九华山的道教历史。至唐代,九华山道教兴盛,在宋代,道教的势力日趋衰微,活动范围日益缩小,逐渐被佛教所取代。

九华山佛教文化起源于东晋时期,传播和发展共经历四个阶段。第一阶段,九华山地处僻壤,远离政治经济中心,受佛教影响不深。后天竺僧杯渡禅师,503年的僧人伏虎以及唐开元末年的僧人檀号在九华山播下了佛教的种子。第二阶段,金地藏卓锡九华圆寂,佛教靠苦行感化,靠名僧奠定根基,而李白的那首诗在助九子山更名为九华山外更增添了九华山的名气。第三阶段,文人骚客的雅助、帝王的扶助,遂使九华山佛教至于鼎盛。第四阶段,九华山成立佛教协会,结社护教,通过自立自强、扩大交往,扩大国际影响。改革开放后,九华山抓住机遇,成立协会,建立佛学院,保护文物,开展学术交流,九华山佛教也对外开放,并与韩国、新加坡、美国等佛教团体友好交往不断,九华山以博大精深的佛教文化,成为特色鲜明和有重要影响的佛教圣地,在国际上享有十分尊崇的地位。

深厚的历史底蕴、僧俗不同的信仰和习俗丰富了九华山的旅游项目,形成了独特的民俗文化。九华山佛教节庆活动多,其中以金地藏成道日最为隆重。每年农历七月三十日前后,均要举行盛大的纪念活动,俗称庙会。自1980年起,九华山管理处和佛教协会举办融佛事活动、文化、旅游、商贸于一体的庙会,每年一次,这是旅游局认可的具有九华特色的旅游节庆。庙会一般为10—15天,全山总动员,僧俗齐上阵,彩灯高挂,旗幡飘扬,锣鼓阵阵,热闹非凡。庙会期间,可观看放焰口、打水陆、放生、守塔等佛事活动;可欣赏龙灯、狮子灯、傩戏、黄梅戏、佛教音乐和武术等文体表演;可看各种书画展;可参加招商引资和商品交流。海内外高僧、名流、政要和游人、香客云集九华赶庙会,人山人海,盛况空前。庙会游是九华山最具特色的旅游项目之一,内容丰富,形式新颖,颇受游人好评。饮食文化也深受其影响,比如饮食中包含富有九华佛教色彩的"九华素菜""九华佛手""闵公豆腐",以及当地人千百年来形成的"荤年素年""除夕进香"等众多生活习俗。

九华山的寺庙建筑与传统的轴线对称的布局不同,其因地制宜,风格多样。从类型上看主要有三大类:第一类是宫殿式的,红墙黄瓦,高峻雄伟,如化城寺、甘露寺;第二类是走马楼式的,顺地势由低至高,庙楼层层叠起,如百岁宫;独树一帜的是第三类民居式的建筑,外观上大多黑瓦白墙,硬山落水,小马头墙,斗檐深藏在院内,与皖南徽式民宅风格相似,有些几乎与农家住宅相同,单门独院,庙舍合一。

九华山的寺庙建筑文化,体现了外来的佛教文化与中国传统文化相融合、相辉映的特征。其中,民居式的寺庙格局,又是九华山僧尼与民众杂处的独有产物,这便形成了九华山的佛教世俗化、世俗佛教化的特征,表现出佛教文化本土化的深厚社会基础。

D. 主营业务全产业联动

公司长期从事酒店经营,拥有丰富的运营管理经验,在服务质量、管理水平及成本控制上形成了专业性优势。企业的酒店业务主要包括景区及周边经营的6家酒店,均在本地中高端市场上占据主导地位,是公司打造精品服务、树立品牌形象的重要窗口。公司在九华山核心景区内拥有的中高档客房数量最多,已形成规模化发展的格局,占据酒店市场的主导地位。除九华山核心景区内的酒店外,公司还拥有位于池州市区的平天半岛大酒店和大九华宾馆、位于青阳县城的西峰山庄、位于九华山北大门的五溪山色大酒店,这些都是当地档次较高、接待能力较强的中高档酒店。近年来,公司酒店业务朝周边地区扩展,一方面缓解了旅游旺季景区内酒店的接待压力,另一方面,也减少了公司酒店业务对九华山旅游资源的依赖,使公司在九华山及其周边地区的高档酒店市场中占据主导地位。

公司的索道业务主要是景区内经营的天台索道、百岁宫缆车和花台索道等3条索道缆车,该业务为公司提供了重要而稳定的收入来源。公司的旅游客运业务拥有营运资质,是公司产业联动、整合内外部资源的关键环节,也是公司各项业务有机联系的重要链条。

(3)旅游现代化转型赋能

为加快景区"整体转型、全面提升"步伐,努力打造文化山、生态山、文明山,九华山以产业革新、管理变革、服务革命为着力点,不断推进产业发展现代化、景区治理现代化、旅游服务现代化。

要推动旅游产业提档升级,优化旅游产品供给是关键。九华山风景区大力实施供给侧结构性改革,依托自然生态优势,优化山水观光产品供给,开发与生态、养生、保健等有机结合的旅游新产品——九华山莲花小镇(图3-44)。小镇以夜间经济为主题,以大愿文化园、莲花小镇、商业街为中心,初步形成"夜景、夜演、夜娱、夜宴"业态,满足各种用户的需求,让游客"想进来""留得住""还想来",大大丰富了九华山的旅游业态。

莲花小镇以"大珠小珠落玉盘,一花一树一菩提"为概念,取"莲"之形与意,造形境、意境,赋予项目灵魂。项目一步一景,皆可溯源,层层递进扣人心弦,形成"顿禅—寻禅—悟禅—看见禅"四大空间体验,营造多维立体体验空间,实现空间的创新。至顿禅场地,可看到九华山99峰延绵震撼的画面和阳光下佛教圣地象征的地藏菩萨露天铜像神圣的光芒。前场通过圆的关联,营造"大珠小珠落玉盘"的意境,区域内的祈福树、水中菩提、镜面水景、莲瓣叠水等一系列圆形场景,给人以极致纯粹的禅意体验。

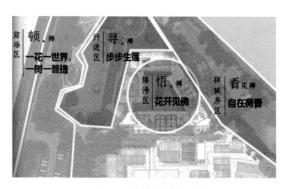

图3-44 九华山莲花小镇布局

在寻禅场地,结合灯光,水上圆形装置形成步步生莲场景,下沉水中曲径通往圆形水中禅庭、水下禅庭，再由水上浮桥与接待区连接，营造体验丰富的寻禅之路。水月洞天，6米直径寓意六道轮回，24级阶梯代表二十四节气，行进之中是对内在的探索、对物外世界的感悟，自然之源，生生不息，构筑物与自然环境的天人合一。

在悟禅场地，一池净水，风鸣莲动，清雅之境让游客轻松静坐，享受空间赋予的禅意。内庭院设计了讲经的禅亭茶室，水底莲瓣纹理环绕，禅意浮岛漂于水面，镜水莲池，花开见佛。与此同时，莲花小镇还策划了一系列沉浸式可深度参与的活动，打造"祈福—诵经—早课—撞钟—晚课—放灯"六大活动区，让人成为场所的灵魂，提升整个场所的魅力。

莲花小镇的夜游经济，是游客旅游体验的另一种重要路径，灯光更是夜游体验的主打产品。采用高科技照明手段，对景观或建筑做艺术化、互动式处理，打造能给人带来独特灯光体验的时空环境。灯光创新带来了"不一样的禅"的夜游景观。2021年国庆期间，小镇的第一期项目开放，国庆7天共接待游客1万多人次（图3-45）。

图3-45　九华山莲花小镇夜景图和放灯图

为不断增强对外影响力和市场吸引力，九华山风景区推进多元化供给，深推"旅游＋""＋旅游"战略。围绕自然生态优势，优化山水观光产品，开发培育康体疗养、旅居养生、户外旅游等项目。依托独具特色的地质景观，着重培育地学旅游、地质研学、摄影写生等旅游产品，推动景区向复合型综合观光度假区转变。凭借乡土文化，推动文化集中展示体验，培育开发非遗展演、民俗体验、乡村度假、田园休闲等产品，打造"俗"文化旅游业态。

为做强做优实体经济，九华山风景区整合营销宣传、门票销售以及民营经济发展等政策，加大对商业模式创新、业态创新、服务创新的倾斜扶持力度,常态化开展"四送一服"活动,激发各类市场主体活力。九华山风景区支持民宿规模化发展,实施提质增效行动,评选十佳特色民宿,打造九华山特色民宿品牌。目前已培育发展新型农业经营主体43家。在高端品牌酒店中,九华山主打生态、自然体验的乡间民宿,让游客有了更多选择,也有序盘活了各村的老村部、旧厂房、旧校舍、农户闲置房等存量资产,推动当地村民发展民宿和民宿产业集群。

在丰富旅游业态的同时,九华山风景区还着力在提升服务质量上下功夫,加快旅游与科技的深度融合,旅游安全监管更加智慧高效。景区完善"一部手机游九华"功能配套,不断提升景区标准化、精细化、智能化管理水平,加快智慧景区建设,强化数字赋能。九华山门票管理所在全国景区中率先推出网络实名预约购票系统和疫情防控监测系统。基于"人—车—路—站—场—云"数据交互的一体化系统,九华山景区围绕6个核心部分,推出了智能驾驶整体解决方案,让出行体验更美好。

得益于旅游业态和产品的迭代升级,2020年九华山风景区旅游市场持续升温,上半年风景区接待游客410.81万人次,同比增长65.12%;旅游收入51.56亿元,同比增长72.48%。

未来,九华山风景区还将进一步与互联网企业进行合作,整合电商资源,加大餐饮、住宿等旅游大数据的开发和利用力度,构建大数据分析平台,形成线上线下互为支撑的旅游模式,逐步构建九华山互联网旅游生态圈。在做优旅游产品的同时,九华山风景区还抢抓长三角区域一体化发展战略机遇,全力以赴"稳存量、扩增量",千方百计培育优化客源市场,巩固扩大市场份额。

4. 峨眉山:普贤菩萨道场

峨眉山是我国四大佛教名山之一,相传为普贤菩萨应化的道场。因其地势陡峭、风景秀丽,故而有"峨眉天下秀"之称。峨眉山并非一座大山,而是由大峨山、二峨山、三峨山和四峨山4座山峰组成,最高峰万佛顶海拔高达3099米。因其独特的自然风光和深厚的文化底蕴,被评为全国文明风景旅游区示范点、国家5A级旅游景区、第一批国家级文明旅游示范单位和世界文化与自然双重遗产等。

（1）竞争优势

峨眉山能够傲立于诸多风景名胜之中，其区位优势、政策优势及得天独厚的自然资源和日积月累的文化资源必不可少。

A. 区位优势

就大区位而言，四川省自古以来便是旅游资源大省。其美丽的自然风景、悠久的历史文化和独特的民族风情为它酝酿了无数的文化和自然遗产。截至 2018 年末，全省共有 5 处世界自然遗产（九寨沟、黄龙以及 3 处大熊猫栖息地），1 处世界文化遗产（青城山都江堰），1 处世界文化与自然遗产（峨眉山乐山大佛）。丰富的旅游资源和紧密的景点布局，使得前往四川旅游的游客往往愿意一个个游览过去，这就让景点之间的流量和品牌联动成为可能。

就小区位而言，峨眉山地处四川盆地西南边缘，是通往攀枝花、云南、西藏和贵州的重要交通枢纽。西成高铁和成贵高铁的相继通车，进一步拉近了峨眉山与陕贵地区的距离，使得游客前往峨眉山游玩变得日益便捷。而正在规划中的乐自泸铁路和成昆铁路复线建成后将主要吸引云南方向的旅客。这些铁路网铺设完毕，必将有力拓展峨眉山客源城市群，推动景区旅游人数持续增长。

除铁路交通外，"大峨眉国际旅游度假区"西环线已实现部分通车，公路交通条件持续改善。为改善大峨眉公路交通环境，2012 年起四川省修建了一系列高速公路，包括于 2012 年 4 月落成的成乐高速以及于 2013 年 9 月、12 月先后落成的乐雅高速、遂资眉高速，同时考虑到成都到峨眉山金顶的两条线路耗时均较长（西线"成都—洪雅—零公里—金顶"全程耗时 5 小时，东线"成都—乐山—峨眉山市—金顶"耗时 3.5 小时），为方便到山顶观日出的游客，2013 年省内开发了西环线洪金快速通道。该快速通道始于洪雅，途经柳江古镇，止于峨眉零公里。2017 年完全通车后成都至零公里自驾只需 2 小时，大大缩短了路途时间，使得现如今流行的乘机游和自驾游成为可能。

与此同时，成都到峨眉山金顶路线的完善，使峨眉山旅游覆盖领域得到进一步拓展，使其与成都当地的景点联动成为可能，充分发挥景区流量优势，吸纳和巩固游客。

B. 政策优势

政策优势方面,全域旅游已上升为国家战略,四川正在由文化旅游大省向文化旅游强省跨越。峨眉山有望作为四大区域中心之一,继续整合周边资源,打造大峨眉旅游区。在众多旅游景区之中,四川省对峨眉山—乐山大佛景区格外关注,近年修建多条高铁、公路改善景区交通,并积极关心大峨眉规划,欲进一步发挥峨眉山景区对于省内旅游GDP之贡献作用。在四川省政府的推动下,近年来峨眉山在全省旅游人次中的占比在不断提高,未来随着国际旅游度假区的建成,峨眉山吸引客流的能力将进一步提高。

乐山市为四川省内旅游大市,重视旅游对GDP的贡献。"旅游兴市、产业强市"是乐山市的发展主线,是其建设世界重要旅游目的地和全省区域中心城市的指导思想。2011年以来,乐山市旅游接待人数和旅游综合收入每年均呈两位数增长,旅游收入增幅明显高于旅游人数增幅。乐山市内旅游资源众多,峨眉山—乐山大佛将撬动其他旅游资源,景区联动及整合大有可为。目前,乐山已成功创建了国家A级景区24处,其中5A级景区2处、4A级景区10处。围绕峨眉山、乐山大佛两大核心景区,以桫椤湖、峨边黑竹沟、沐川竹海、夹江东风堰、五通桥根石人家、沙湾郭沫若故居、井研雷畅故居和金口河大瓦山为代表的后起之秀纷纷涌现。同时旅游与其他产业跨界融合不断,例如依托新村新寨,乐山形成了20余条乡村旅游线路、1000多家乡村旅游接待点;又如举办峨眉武术节、峨眉山登山节、佛光禅林音乐节等展开大量文旅结合的业态活动。随着两个核心景区与周围景区联动越来越频繁,公司本身业绩亦将受益。随着国家和省市重大战略部署的深入实施,公司转型发展面临良好机遇。

C. 自然资源

峨眉山风景优美,动植物资源丰富,是我国境内为数不多的四季皆宜的登山胜地。峨眉山夏季凉爽,冬季温暖,并拥有我国最大的露天氡温泉,建有多家森林浴场。因其地处多种自然要素的交界地带,且地势起伏大,气温、土壤垂直变化明显,所以植物和动物资源也十分丰富。单就其高等植物而言就有3200多种,约占中国植物物种总数的十分之一。与此同时,峨眉山有动物种类2300多种,其中还不乏诸多稀有动物,譬如小熊猫和凤头鹰等。沿着山路一路向上,还时常能看到诸多猴群,结队向游人讨食,慢慢地演变成为该山的一大特色。

峨眉山作为我国可供大众攀爬的海拔最高的山峰,最高处海拔3099米,既不易产生高原反应,又不会因海拔过低而植被变化小或雪带消失,加之亚热带湿润季风气候下山间云雾缭绕,形成了壮丽恢宏的六大奇观——金顶金佛、乐山大佛、日出、云海、佛光、圣灯。

金顶金佛(图3-46)是峨眉山的象征,亦是峨眉山的标志。坊间流传着"不到金顶等于没有到峨眉山,到金顶不拜金佛是一生的遗憾"的说法。该金顶金佛是普贤菩萨的第一个十方的艺术造型,其通高48米,意喻阿弥陀佛度脱一切众生的四十八大愿。十个头像则暗喻普贤的十大行愿和佛教中的十个方位。金佛总体设计精美,工艺流畅,暗含禅蕴,是海峡两岸艺术家共同的智慧结晶。

乐山大佛是世界上最高的石刻弥勒坐佛,是唐代摩崖造像中的艺术精品。全佛依山凿成,总高71米,头宽10米,高14.7米,形态端庄,自古就有"山是一尊佛,佛是一座山"的美称。该工程最初是为了减缓水势,以佛力镇水,所以相较于其他佛像,乐山大佛内含一套设计巧妙、隐而不见的排水系统。后历时90余年,该项工程完工后,世人才发现其在具备排水功能之余设计之精妙、规模之宏大乃举世罕见。

图3-46　峨眉山金顶金佛和乐山大佛[①]

---

① 资料来源 http://www.ems517.com/article/23/169.html。

　　峨眉日出（图3-47）大多是在金顶上观赏。传闻女娲炼石补天，采集的火种便是峨眉山升起的第一缕阳光。黎明前金顶的天是紫蓝色的，但随着天幕上刹那吐出一点红，转而万道金光就染了开来。待到再看时，已是一轮圆圆的红日了。

　　峨眉佛光亦是出现在金顶处。该现象其实是一个反射和衍射的原理，云层将阳光反射，而云层中的水滴和雾气则将该光芒进行衍射，从而形成了彩色光环。由于从金顶往下看，人们往往只能看到自己的身影，感觉神异，与佛经中的佛光相像，故称为峨眉佛光。

图3-47　　峨眉日出和峨眉佛光①

　　峨眉云海（图4-48）主要源于峨眉山的高海拔。云层大多出现在海拔1000—2000米的高空，但因为峨眉山海拔在3000米以上，所以，当游客站在金顶，会发现云在脚下，而站在华严顶，则发现人在云中，当游客下到仙峰寺，云层又出现在了头顶。因其白茫茫一片无边无涯，佛家又将其称为"银色世界"。

　　峨眉圣灯是峨眉奇观中唯一的不解之谜。在金顶无月的黑夜里，从上往下看便可以发现舍身岩下出现飘浮的绿色光团，并逐渐从一点、两点形成千万点。点点光团恰似繁星，于黑暗的山谷中飘忽跳跃。古人将其寓意为普贤菩萨对人间的恩赐，因此有"万盏明灯朝普贤"的说法。然而圣灯成因尤为奇特，即便放到如今也不得其法，一说山谷磷火，一说萤火虫光，还有另一种说法是某些树木的独特密环菌。虽未得真解，却也为峨眉山的六大奇

① 资料来源http://www.ems517.com/article/171.html；http://www.ems517.com/article/172.html。

观增添了神秘色彩。

图3-48　峨眉云海和峨眉圣灯①

D. 人文资源

就人文资源而言,相较于其他佛教名山,峨眉山除了佛教文化外还有其在历史进程中逐步形成的峨眉武术文化、得益于独特地形的峨眉山茶文化。

峨眉山普贤菩萨道场香客如云,又因其是唯一坐落于西南地区的佛教圣地,素有川西佛教文化圈之中心的说法,被尊为"西南佛国"。根据四川各地的语言文化和历史地理分布特点,可以将四川的佛教大致划分为三个主流文化圈。第一个是川西佛教文化圈。该佛教文化圈的影响范围,西到雅安,东至乐山,南及凉山,北至成都。该文化圈内包含了峨眉山和成都。乐山大佛也是该文化圈的主要象征之一。第二个是川东及川北佛教文化圈,其影响区域主要是西到内江,东达万县,北上广元,南下宜宾。该文化圈以重庆作为主要活动和集散中心,佛教石刻是该文化圈的重要成果。第三个是藏传佛教文化圈,该文化圈影响范围主要是阿坝、甘孜等藏族群众生活的四川西北广大地区。

这三个文化圈相互影响、相互成就,而峨眉山佛教文化作为川西佛教文化圈的中心,对整个四川佛教文化乃至中国佛教文化均有重要的意义。

峨眉山之所以能够被认为是普贤菩萨的道场,是因为其独具特色的信仰。《华严经》曾说:"西南方有处,名光明山。从昔以来,诸菩萨众,于中止

---

① 资料来源 http://www.ems517.com/article/180.html；http://www.ems517.com/article/185.html。

住。现有菩萨,名曰普胜(普贤)。"该句中的光明山与峨眉山的奇观"佛光"和"圣灯"相对应,且峨眉山恰好位于我国西南,因此当时便流传峨眉山为普贤道场。

峨眉山早期是道教尊奉的名山,东汉时随着佛教的引入,其逐渐演变为佛教名山。唐时,峨眉佛教已经名扬巴蜀,进入兴盛时期,其禅宗思想更是对西南禅宗,特别是四川禅宗的发展起到重要影响。宋明清三代,诸多著名僧人出自峨眉,他们的所言所行于禅意里透着峨眉豁达之气。而该地的佛教文化氛围还影响了文坛的伟人和当地文化。比如词家苏轼,其流传的诗篇中无不透露出佛教思想,比如深受佛教文化影响的雕刻和造像,若无峨眉佛教的影响,也许今日的乐山大佛便不是这个模样了。在漫长的发展历程中,峨眉山积累了大量珍贵的文物。景区内现存的飞来殿、万年寺无梁砖殿均为国家一级保护文物,更有全本《华严经》文、明代暹罗国王所赠《贝叶经》和有4700余尊佛像的华严铜塔等,可以说其自身就是一座佛教文化博物馆。

峨眉武术是中国传统武术流派之一,也是国家级非物质文化遗产之一。其源起于春秋时期,受到当地的神巫文化影响;形成于战国时期,并随着释道思想的流传广为传播。明末清初是中华武术发展的高峰,也是峨眉武术的成熟期。在该时期,张献忠入川带来了大量武术文化,促进了峨眉武术体系的完善和影响力的传播,峨眉武术正式成为中华三大武术流派之一。现如今,峨眉武术以"刚与柔、快与慢、动与静、虚与实、高与低、轻与重"的对立与统一闻名,然其武术器械除普通的"十八般"外,还有久负盛名的峨眉刺、流星锤等奇兵异器。

峨眉山的山茶文化可以追溯到原始农耕时期,而茶道中的峨眉派则始于845年。峨眉茶道以"智、美"为核心,融入峨眉本地的种茶法和制茶法,广受僧人和文人墨客的喜爱。而在众多峨眉茶中,最为著名的当数峨眉雪芽。基于其独特的文化底蕴和社会的高度认可,峨眉山旅游股份有限公司成立了峨眉雪芽茶业公司,帮助当地村民学习先进的种茶技术,采用"公司+基地+农户"的产业化合作模式,打造完善种产供销完整的峨眉雪芽产业链。该创业行为是企业对峨眉山市委和市政府提出的"一对一"帮扶号召的响应,同时也帮助峨眉山茶进一步远销省内外乃至国外,提升整体的品牌和产品影响力。

近年来,峨眉山旅游股份有限公司更是对现有的峨眉雪芽茶业业务进行了重大重组升级,全方位提升峨眉雪芽品牌的现有产品品牌形象和营销策略,加速其国际化进程。现如今,峨眉雪芽凭借其优秀的外在形态和可靠的质量,已经获得世界各地茶叶同行的赞誉,并在与全球1000多家茶叶品牌的角逐中多次荣获"世界佳茗大奖"。

(2)盈利现状分析

峨眉山旅游股份有限公司主要从事峨眉山风景区游山门票、客运索道、宾馆酒店服务以及其他相关旅游服务的经营。2019年,峨眉山景区的营业收入总值达到11.08亿元,同比增长3.30%,利润总额2.69亿元,同比增长8.49%。游山门票和客运索道占主营收入的大头,分别在2019年达到了4.45亿元和3.66亿元,两者合计占比高达70%以上。由此可见,峨眉山景区对于门票收入存在高度的依赖,而衍生消费刺激力度和衍生消费产品仍存在较为明显的不足。宾馆酒店收入仅为1.82亿元,占营业收入的16.43%。

2020年,受到新冠疫情、8月旅游旺季遭遇乐山特大洪水以及新收入准则影响,峨眉山景区全年游山人数仅为184.95万人次,同比下降53.53%。游山人数的大幅减少,导致了峨眉山景区营业收入锐减,营业收入仅为4.67亿元,同口径下降57.82%,利润总额更是直接呈负值。如图3-49所示,在营业收入细分中,客运索道业务收入降至1.57亿元,游山门票收入1.10亿元。演艺收入和旅行社为0.07亿元。其他业务比如峨眉雪芽茶叶、大数据和演艺等虽然占比不高,但是疫情期间雪芽茶业率先复工复产、精心打造峨眉山星级酒店旅游度假特惠套餐等措施,最大限度拉动周边旅游需求,促进了景区复苏。

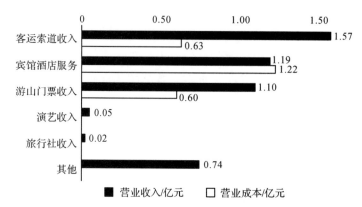

图3-49　2019—2020年峨眉山股份有限公司细分业务收入

（3）后疫情时代的恢复和发展

疫情期间,峨眉山旅游股份有限公司坚持疫情防控的同时,采取一系列加速复产、整合营销和产品增效的手段,最小化疫情影响,在降本增效的同时有效推进公司经营复苏提振。

在复产方面,2020年2月17日,为保障春茶收购、抢占春茶市场,峨眉山雪芽茶业务率先复工;3月23日,景区重新开放后,峨眉山景区全面恢复游山票、索道和酒店经营业务,并根据疫情后期游客人数减少的情况,实施错峰上岗,降低运营人力成本。5月29日一场"只有峨眉山"的医护工作者慰问演出专场宣告了峨眉山演艺的序幕已拉开。该演艺丰富了峨眉山的产品种类和旅游体验,也进一步传播了峨眉山的文化。

在营销方面,首先,峨眉山景区优化了现有的旅游产品组合,推出了3套旅游度假特惠套餐,并针对市场热点,为援鄂医护工作者订制了一批文创商品。其次,增强品牌联动效应。峨眉山景区和百胜餐饮集团旗下"肯德基"快餐品牌合作,推出"川人游川、打卡峨眉山"系列营销活动,并与重庆武隆、金佛山、陕西华清宫和曲江文旅等著名景点形成流量联动,吸引和巩固其在陕西、重庆和贵州等10个地方的市场规模和品牌影响力。再次,充分利用大数据。峨眉山景区充分利用其过往数据化运营成果,大力开发智慧旅游新产品,完善线上商务平台建设,促进景区智慧化转型。比如公司成功开发的"智游乐山"App得到进一步推广,而通过该App收集的数据可进一步完善其基础数据库,有利于企业后期进行商业和战略分析。如今在峨眉山旅游总公司的统一规划下,峨眉山景区农家乐也被纳入该App中,传统的运营模式将逐步转变,全新的电子商务运营模式将逐步占主导地位。全景区业务正在逐步形成以峨眉山旅游官网为主要平台,以携程网、去哪儿网、驴妈妈网等网络平台为辅的多渠道电子商务发展战略。

在产品增效方面,峨眉山旅游股份有限公司根据现有产品的市场反馈对一系列产品进行升级。首先,对于峨眉雪芽,公司优化其现有包装,并为促进后疫情时代的销量推出了全员营销政策。与此同时,为丰富峨眉品牌产品,公司还开发了"天下峨眉""峨眉五小福"等系列共34款文创商品,丰富游客的选择。餐饮、住宿和温泉等酒店服务也跟随社会热点和节假日采取有针对性的营销活动,最大化刺激消费潜力。其旗下酒店还迈出了转型的新步伐,紧抓研学红利,为酒店服务增添规范化研学营地和研学旅行产品,丰富整体服务内容,提升服务品质。

总的来说,峨眉山旅游股份有限公司在过去的一年中始终坚持"旅游兴市、产业强市"的发展主线,持续推动公司转型升级、高质量发展。其充分利用现有的区位、资源和品牌优势等巩固基础,并积极采取品牌联动、智慧化转型和产品赋能等形式增强核心竞争力,使得峨眉山景区在后疫情期间的恢复速度快于全国其他山岳型景区,且在未来有望形成新的经济增长点,推动公司多元高效发展。

(二)四川青城山:道教名山全真圣地

青城山位于四川省都江堰西南,相传东汉张道陵曾在此创立五斗米教,是我国著名的道教发祥地、四大道教名山之一、全球道教主流——全真龙门派圣地,主要敬奉道德天尊太上老君。

景区内群峰环绕,林木四季常青,故名青城山,并享有"青城天下幽"的美誉。迄今景区共获得全国重点文物保护单位、国家重点风景名胜区和国家5A级旅游景区等一系列荣誉。

1. 竞争优势

青城山景区能够做到经久不衰,不仅是因其占据绝佳的区位,更是其自身独具道家底蕴的自然风景和以"道"为源衍生的人文资源等因素带来的。

（1）区位优势

青城山位于都江堰市西南，交通相对便利，旅游产业生态圈集聚效应显著。都江堰市位于成都平原经济区与川西北生态区交界处，距成都市区48千米，快铁、高速、国道等交通要道均可直达。且目前更多的重大交通项目正在加快建设，未来青城山附近的交通条件将得到进一步优化。

都江堰市城市综合实力显著增强。如图3-50所示，2014—2019年，都江堰地区游客从2014年的2000万人次增长到2019年的2618.8万人次，年均增长约为5%。旅游收入稳定增长，从2014年的81.77亿元增长到2019年的308.1亿元，该增长虽然在2019年略微下滑，但是仍保持在20%左右。持续增长的旅游人数和旅游收入带来了持续增长的人均旅游消费，表明当前都江堰市旅游市场稳定和未来消费潜力之大。

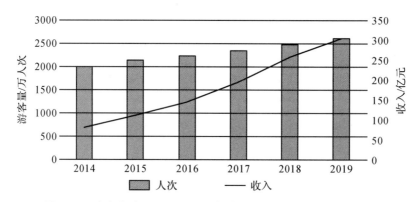

图3-50　都江堰市2014—2019年旅游人次和综合收入增长情况

都江堰旅游文化品牌逐渐打响，产业集聚效应显著，有利于吸引大批外来游客。近些年，都江堰市逐步探索以"旅游主导"的全域旅游发展模式，并加速其现有旅游模式从"5A"级景区观光旅游向"5A＋"全域旅游转型。为实现该计划，都江堰市优化现有的经济发展总体空间布局，形成了"一心、一圈、三区、多园"的新经济发展空间格局（图3-51）。

青城山景区作为青城山旅游装备产业功能区的核心品牌，其旅游产业发展得到了该功能区内相关企业的大力支持。而周边分布的旅游品牌，如李冰文化创意区等都进一步强化了该旅游功能布局的集聚效应,达到了引流和巩固流量的作用。

图3-51　都江堰市"三区"空间分布情况

（2）独具道家底蕴的自然风景

青城山风景主要分为前山和后山。前山主要景观为文物古迹,景点有建福宫、天师洞（图3-52）和上清宫等。

建福宫相传为五岳丈人宁封子修道处,宫前有溪流穿过,溪水清澈见底、四季不绝。周围环绕着林木,予炎夏以荫蔽,是游客避暑休憩的理想之地。宫内有三重大殿,于清幽处见金碧辉煌。建福宫后有赤城岩,岩畔有一悬流,名曰"乳泉"。泉下有池,深约数丈,中建有一亭,名曰"水心亭"。曾有诗赞道:"灵泉飞落水心亭,为洗尘埃净道心。"

图 3-52　建福宫和天师洞①

　　天师洞是我国道教重要宫观、青城山道教协会所在地，也是青城山最大的宫观。相传东汉时张道陵曾在此修行，因其被奉为天师道的创始人，故此地称"天师洞"。道观始建于隋，重修于清康熙年间，主要建筑有三清大殿、古黄帝祠、三皇殿和天师洞府等。宫观依山势而建，分布在白云溪与海棠溪之间的山坪上，随地形高低错落有致，建筑与山水相融相衬，形成"千崖迤逦藏幽胜，万树凝烟罩峰奇"的美感。

　　上清宫位于青城山第一峰，是青城山位置最高的道观。宫内祀奉着道教始祖——老子的塑像以及《道德经》的五千言木刻。宫内有鸳鸯井，一圆一方，传闻是为蜀王妃建造的。亦有麻姑池，相传是仙女麻姑凿池造井，运用法力引水注入池中而成。宫东侧不远处有跑马坪和旗杆石，相传此地为明末张献忠起义军练兵之地。沿宫后石阶而上在老宵顶最高处有呼应亭。登亭而望"云作玉峰时特起，山如翠浪尽东倾"②。此地美景吸引了无数的文人墨客，当代国画大师张大千就曾在此寓居四年多，其间作画千余幅，并留下了麻姑、王母、三丰祖师、张天师和花蕊夫人等画像石刻。

　　后山主要以自然风景为主，主要景点有圣母洞、山泉雾潭和天桥奇景等。青城山圣母洞位于卦口山山腰，深藏于古木参天的密林中，是一个天然砂页岩溶洞。相传该地为东汉时道教创始人张道陵妻孙夫人修炼的洞府，也有传说此地为"九天玄女"修炼的洞府。洞内冬暖夏凉，遍布奇形怪状的

---

① 资料来源 https://baike.baidu.com/item/%E9%9D%92%E5%9F%8E%E5%B1%B1%E5%BB%BA%E7%A6%8F%E5%AE%AB/12737319。

② 杨武能，邱沛篁.成都大词典[M].成都：四川辞书出版社，1995：466.

钟乳石,间或有潺潺清泉。洞内还有龙潭、三尊圣母像、仙乐泉和百兽园等景观,神异奇幻,引人入胜。

顺应自然朴实幽致的建筑完美地与青城山的山势和景致相结合,体现了道家"道法自然"和注重风水的特质,也为后人在景观建筑方面的建造留下参照和启迪。

(3)以"道"为源衍生的人文资源的发展

青城山的人文资源中最为著名的当数其道教底蕴以及由此衍生出来的青城武术、青城道医、青城道乐、青城茶艺和道养膳食等。

青城山的道教起源于张道陵。东汉时期,他以《道德经》为经典,融合巴蜀地区少数民族的原始宗教信仰,创立了"五斗米道"。因其晚年显道于青城山,并在此羽化,故青城山成为"五斗米道",也就是天师道的祖山,被道教列为"第五洞天"。

晋隋时期青城山属于南天师道的正一教派,而后明代转为全真道龙门派。与之前的天师正一道不同的是,全真道主张修道者出家投师,住庵当道士,不娶妻室,不吃荤腥,并创立了一套养生习静的修炼方法。而这套修炼方法也就是如今盛行的青城养生文化的源头。

青城派是青城山道教文化的重要组成部分,也是中国古代武术四大门派之一,有着近2000年的发展传承历史。青城派武术招式深受青城山道教文化"外练筋骨皮、内练精气神"的武学理念影响,因此招式虽重实战搏击,但也看重吐纳养生。比如青城太极极重视修炼者在修炼过程中的调养心神,主张人格和心理的健全,并提倡符合社会主义发展观的精神文明和道德自律。与其他太极拳不同,青城太极在招式上时常会出现诸如抬头埋头、抬肘抬肩和挺胸凹胸等常规太极不常见的动作,其中的涌动和拉筋动作更是青城独有,体现了青城武学对于延年益寿的关注。

为扩大青城武术影响力,现任掌门刘绥滨打破了过去门派传内不传外的规矩,并针对如今人们对于健康长寿的追求,将青城太极36式作为主要的推广方向。为降低练习者的练习难度,刘绥滨将功法严密的青城太极简化成"三十六式""十八式""十三式""九式"和"六式"等适宜各年龄段、各行各业人士练习的打法,并通过微博、抖音等年轻人更喜欢的新媒体进行广泛传播。针对如今现代人易患的颈椎病、肥胖和手脚怕冷等症状,刘绥滨将传统青城太极简化,并将新编制的太极招式在线上进行教学,确保普通上班族也可以对照手机视频学习青城太极。与此同时,他为推广青城武术奔波于全国乃至世界各地。比如带领都江堰青城小学学习青城站六式太极,与四川省旅游学校联合成立巴蜀武术养生学院以及继续在全球收徒等。如今,青城太极的传播范围已经遍及全球80多个国家,练习者中既有亚洲小姐、世界旅游小姐和世界超模冠军,也有知名电影《功夫熊猫》主角阿宝。刘绥滨用20年的不辞辛劳换来了如今的青城太极门生遍天下,使得原本冷门的传统武学逐渐走向国际化。

青城茶艺是青城山道教文化的重要组成部分,也是中国古代茶艺之一,自古便有"南武当,北少林;峨眉宏佛法,探本上青城"的说法。

我国茶文化源远流长,四川更是中国茶叶的故乡,这便在一定意义上彰显了青城山茶文化之于世界茶文化的意义。相传轩辕帝问道青城山时曾留下长嘴铜壶茶。后至汉代,张道陵在青城山创道教正一派,留下"龙壶茶艺",自此形成青城山派茶艺雏形。青城山派长嘴壶工夫茶艺根据艺术形式的不同分为两种:一种是群众性的表演娱乐项目,这类表演形式较为常见,几乎在全国各地都可以寻找到代表性艺人;另一种则是已经形成一定影响且拥有较为突出的传承体系或者较大影响力的代表性艺人。这类艺人数量不多,大约只有10人,以传统流派传承人刘绪敏为代表。

"问道十六式"和"拜水十六式"是青城山派长嘴壶工夫茶艺的两大代表技艺。其中前者"由道家茶艺"之精华演变而来,是青城山最古老的长嘴壶茶艺表演之一。该表演讲求手眼一气呵成。表演者需从最初的形影相随起步逐渐做到得心应手,最后达到得意忘形的境界。观者需要平心静气,心无杂念,于表演者的一招一式一举一动中领悟茶道的意蕴。

2. 青城山文旅新气象

近年来,随着绿色经济和数字经济业态在文旅行业的引入,青城山景区也迎来了发展新气象。

(1)数字经济

青城山景区是如今国内一流的数字化景区,其智慧景区体系由信息化基础设施、资源保护及景区管理、旅游服务和基础数据采集四个部分组成，并通过数字中心和数据化管理中心对资源进行集中指挥调动，对全景区进行数字化、信息化管理。与此同时，其系统下设指挥决策平台、系统集成及协同办公平台(OA)以及旅游目的地营销平台。

指挥决策平台全天候在线受理游客咨询、预订、求助和投诉服务，其基于北斗兼容系统的户外应急救援平台最大限度保障景区对应急事件的快速处理能力。系统集成及协同办公平台(OA)帮助景区将分散的业务系统进行集成，从而实现统一管理和统一认证，帮助管理者提高信息处理能力和效率。与此同时，集成化的信息处理也有利于信息采集和数据管理，为未来景区的营销管理等战略决策提供数据支撑。旅游目的地营销平台则主要助力景区扩大品牌影响力，实施精确营销。比如青城山景区以免费Wi-Fi为切入口，向游客推出了景区App以及公众号服务，在方便游客进行在线交易和智能导航讲解的同时，便于景区进行全方位的信息采集。

总的来说，青城山智慧体系的建立响应了国家对于智慧旅游产业发展的部署和要求，助力青城山景区实现游客管理、景区管理和资源保护。

(2)绿色经济

青城山景区中的创新经济业态主要体现在市政府以及景区对于青城康养旅游业务的探索。青城山旅游装备产业功能区联合都江堰精华灌区康养产业功能区打造中医康养园。该业务深度挖掘中医药和医药温泉健康养生文化，创新现有的"医、药、养、游"康养服务体系，从而整合打造具有青城山特色的中医药旅游线路。

与此同时，2019年5月19日，天府青城康养休闲旅游度假区获批国家级旅游度假区。该度假区始建于2015年，是一座以道家养生文化为主题，集康养、运动、娱乐、休闲和商务等于一体的综合性、复合型旅游度假区。因区域内环境优美、气候宜人，且独具道家养生文化度假体验，是国内外游客消夏避暑和康体养生的旅游休闲度假首选地。

为完善青城山品牌下的养生服务设施，撬动商业地产价值，市政府大力培育养生酒店品牌。比如其旗下目前既有立足于国际化养生主题酒店的青城豪生和青城六善等酒店，又有主打高品质康养主题的静月湖宾馆和翠月湖宾馆等。多主题侧重的酒店类型,进一步满足国内外游客个性化需求,提高养生酒店整体服务品质。

(3)IPO辅导加速证券化

如今,除了绿色经济和数字经济外,景区产业证券化也是青城旅游业务的一大特征。近年来,旅游企业资本化的脚步加快,大批国有景区和旅游公司纷纷传出筹备上市和顺利上市的消息。而主管青城山景区的成都市青城山都江堰旅游股份有限公司也已于2020年12月31日完成上市辅导备案。

景区旅游行业具有投资大、回报慢且培育周期长的特点,但其一旦培育成熟,就会为投资者源源不断创造现金流和利润。但之前大部分的景区资金来源都较为单一,主要靠政府补助,资本市场无法参与其中,只能望洋兴叹。

全域旅游理念的提出使得各地政府越发重视旅游业务的发展,并将上市作为景区激活旅游资源价值、解决发展资金问题的主要渠道。而对于民营景区,随着景区间流量竞争的加剧,景区的旅游体验升级需求、景区扩张以及景区产业链延长需求与日俱增,企业急需大额资金投入,但政府的补助有限,登陆资本市场是解决融资的理想方法。因此,当都江堰市依据《关于推进旅游资源证券化有关情况的报告》加快推进其旅游资源证券化工作的时候,青城山景区牢牢抓住这一契机,筹备上市计划。

综合来看,青城山景区凭借其得天独厚的旅游资源,正从原来单一的旅游模式逐渐融入"旅游＋"模式,并借助文旅新业态和新产品优化现有的景区服务、扩大融资渠道,实现传承与创新的全域旅游新模式。

(三)江西龙虎山:世界自然遗产天师祖庭

龙虎山风景名胜区位于江西省鹰潭市,是中国道教圣地,也是中国道教第一山。因传说正一道创始人张道陵曾在此炼丹,因"丹成而龙虎现"而得此名。其风景名胜区由仙水岩、龙虎山、上清宫、洪五湖、马祖岩和应天山等六大景区组成,面积达200平方千米。因其独特的丹霞地貌和道教文化,龙虎山被誉为中国第八处世界自然遗产,并收获了世界地质公园、国家自然文化双遗产地、国家5A级旅游景区和全国重点文物保护单位等一系列荣誉。

1. 核心竞争力

龙虎山的旅游资源主要集中在它的自然资源和人文资源中,也就是我们时常会想到的"三绝"——碧水丹山、道教文化和古崖墓群。而正是这些不可复制的独特资源形成了其自身的核心竞争力。

（1）碧水丹山——丹霞地貌

龙虎山是中国丹霞地貌发育最好的地区之一（图3-53）,水流冲刷、崩塌残余和溶蚀风化等因素形成了当地独特的石崖、一线天、单面山、竖状洞穴等,并有各种似人似物优美绝伦的地貌,造型丰富多样且极具艺术和科学价值。整个景区森林覆盖率高达62%,且常年雨水充沛,气候温润,景区内的空气负氧离子含量超过正常值的15倍,在2017年荣获"中国天然氧吧"称号。

图3-53　龙虎山丹霞地貌①

整个风景区内主要有泸溪河、上清宫、天师府、龙虎山、仙水岩、岩墓群等著名景点。其中最能体现自然风光之美的当数泸溪河、仙水岩和象鼻山。

泸溪河发源于福建光泽原始森林,沿途经过云台山、象山、圣井山、上清镇、正一观、仙水岩和马祖岩,汇入信江,进鄱阳湖,注入长江,全长286千米,景区段长43千米。泸溪河似一条逶迤的玉带,把龙虎山的奇峰怪石、茂林修竹串联起来,构成了"一条涧水琉璃合,万叠云山紫翠堆"的奇丽景象。乘船筏游览泸溪河,就如置身在山水画廊之中,丹崖碧水,山水交融。顺河而下,游人除欣赏美景外还能陆续看到仙水岩十景中的八景,比如"云锦披不得"

---

① 资料来源 http://www.cntgol.com/huicui/2021/0702/252442.shtml。

"莲花戴不得""玉梳梳不得""仙女配不得"等。

仙水岩怪石遍布,山水相映成趣,其中最为著名的当数仙水岩十大美景,而这十大美景在民间又被称为"十不得",每一景都流传着一个动人的故事。象鼻山位于泸溪河东侧,与清澈见底的河水形成龙虎山水陆联游的最佳线路。这里有一头形象逼真、巨大无比的天然石象立于山中,硕大的象鼻似乎从天而降,又深深扎入大地之中,惟妙惟肖,灵性暗蕴,被世人称为"天下第一神象"。该山是龙虎山地质公园最为典型的景观之一,是部分岩石长期受雨水冲刷溶蚀风化而脱落形成的石梁穿洞类景观,是难得的一处丹霞地貌的景观。

图3-54　泸溪河和象鼻山①

(2)道教建筑文化

龙虎山的道教文化影响着龙虎山景区的方方面面,其最显著的当数建筑文化,集中体现在天师府、大上清宫(图3-55)和象山书院。

图3-55　天师府和大上清宫

① 资料来源:http://www.longhushan.com.cn/portal/index/scenicspot1/aid/182/cid/6.html。

　　其中,天师府又称"大真人府",坐落于江西贵溪上清古镇。整个府第由府门、大堂、后堂、私第、殿宇、书屋、花园等构成,建筑布局呈八卦形,暗含道教色彩。府内豫樟成林,荫翳蔽日,鸟栖树顶,环境清幽,体现了道士追求超凡脱俗、清净无为的思想。这里的建筑风格别具一格,诸多文物古迹还是游客乃至学者了解和研究中国道教价值和珍贵遗产的重要建筑之一。

　　大上清宫位于上清镇东陲,距天师府约一千米。该宫始建于东汉,是道教的祭神之所,也是中国古代在敬天祭祖的基础上形成的建筑群落。敬天祭祖的建筑群落规模大小等级高低不一且遍布全国,但上清宫独居江南宫观之首,素有"仙灵都会"和"百神受职之所"之誉。其遗址亦是中国已发掘的规模最大、等级最高、揭露地层关系最清晰、出土遗迹最丰富的具有皇家宫观特征的道教正一教原祖庭遗址。

　　象山书院位于江西省鹰潭市下辖的贵溪市。该书院首创于南宋,为南宋四大书院之一,亦被称作"象山精舍"。书院创始人为陆九渊,世人称其为"象山先生",其学说与当时"程朱理学"相抗衡,被后人称为"陆王心学"。因此,象山书院也被称为中国哲学"心学"的起源地。清代学者全祖望曾赞曰:"岳麓、白鹿、丽泽、陆氏之象山,并起齐名,四家之徒遍天下。"

　　(3)悬棺之谜

　　龙虎山的悬崖峭壁之上错落有致地分布着202座悬棺(图3-56),悬棺下是湍急的流水。千百年无人能解释古人为什么要把棺木高悬于千仞绝壁之上,而这些重达数百公斤的悬棺又是怎样被安放到悬崖绝壁之上的呢?

图3-56　龙虎山悬棺

　　1978年,江西省为了"解谜",成立了专门的考古专队对龙虎山崖墓悬棺展开系统的调查研究。在勘测了当地的地形后,考古队发现悬棺所在的都是天然的洞穴,且位于居中处。这也就意味着悬棺一方面距离崖底河水数十米乃至上百米,另一方面洞穴距离崖顶也有数十米上百米的距离,考古人员既无法从崖顶下去,也无法从"侧边走"。在当地药农的帮助下,考古人员发现了悬棺较多的十三号崖洞内有大批人骨和大量坛子罐子类古董。经鉴定,十三号洞的悬棺应该是一个家族悬棺,其主人是生活在距今已有2600多年历史的春秋战国时期龙虎山一带的百越人。

虽然崖洞里的人的身份基本得到了破解,但里面的谜团依然没有解开。放置悬棺的地方,四周都是异常陡峭、湿滑的石壁,上面是龙虎山的峰顶,下面是距离水面数十米甚至上百米的水面与山谷,在生产水平和生产力落后的年代古人是怎么把这些轻达三百斤,重则上千斤的棺木放置到这么高的悬崖峭壁上,并且可以保持千年不动的呢?

悬棺具有研究中国古代丧葬历史和文化的价值,也成为吸引大批游客关注和讨论的焦点。继1997年龙虎山旅游集团公开悬赏30万元征求此谜团的破解后,海内外解谜者纷至沓来。仅一年时间,就收到海内外猜谜者寄来的信函和文稿近千件,来函对悬赏的问题见解不一,比如,关于棺木进洞方法,有"悬吊法""竹木搭架法""云梯架岩法""架天梯法""网绳搭架法""栈道法""后山挖隧法"和"楼船安放法"等。

尽管龙虎山悬棺之谜未解,但是人们从来没有停止过探秘绝壁悬棺的脚步,1989年上海同济大学古代机械研究专家陆敬严教授,研制出仿古吊装法,把重达200公斤的棺木提升至洞口,由吊装人拉进洞中安放。陆敬严教授的这种仿古吊装法升置棺木的过程,如今已经在龙虎山展现,并成为龙虎山一个固定表演节目,这个节目就设置在仙水岩悬棺比较集中的飞云阁。表演者自峰顶轻轻腾空跳起,沿着垂直悬挂到江面的绳子而下,当下滑到接近峭壁中间的岩洞时,只见他们剧烈地摇晃绳索,借着惯性,以迅雷不及掩耳之势蹿入洞中。然后是地面上的楠木悬棺缓缓升空,上升到接近洞口时,岩洞里的人用短索牵引,地面上的人则大幅度地摇晃绳索,借着悬棺在半空中晃荡的惯性,找准时机,上下合力把悬棺送入洞中。

可以说,龙虎山将资源利用到了极致,既关联了悬棺和龙虎山景区旅游项目,又借助悬棺的热度进一步提升了景区的知名度,丰富了旅游内容。

2. 景区消费者画像

基于龙虎山旅游景区旅游营销研究,如图3-57所示,可以发现该景区接待的游客年龄结构相对均匀,但25—65岁之间的游客占游客总数的63%。由此可见,景区整体的游客年龄呈现一定的成熟化,且多为中年游客。就学历而言,本科人数占比达到了45%,高中及以下学历的游客仅不到5%。由此可以推测,景区的目标客群可能会更加关注景区的人文内涵和历史底蕴,未来景区的人文旅游项目和高端旅游项目可能会拥有较大市场。

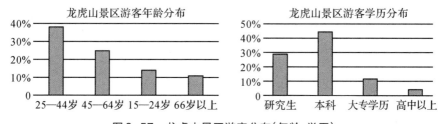

图3-57 龙虎山景区游客分布(年龄、学历)

根据消费者信息获取渠道,如图3-58所示,游客的主要信息获取途径以社交媒体为主,辅之以亲朋好友之间的口耳相传。网络作为信息传播的主要渠道,其对于龙虎山景区的宣传效果较为显著,未来景区在进行营销时应该将网络作为主要的营销渠道,比如短视频。与此同时,亲朋好友间的口碑宣传效果也不容小觑。因此,景区在进行旅游服务内容设置的时候,应该进一步强化游客的游览体验,刺激游客的二次消费欲望和推荐传播欲望。

而关于游客的出游方式,亲子游全家游是其中最为常见的,占比高达55.6%;位列第二的则是情侣游,占比38%。因此,根据该调查结果可以发现,景区的全家游和情侣游项目潜力巨大,而利用和开发这类市场是景区下一个旅游项目开发的重点。

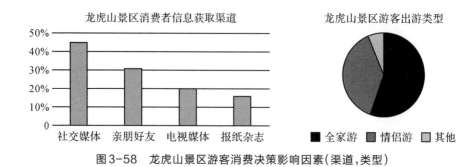

图3-58 龙虎山景区游客消费决策影响因素(渠道,类型)

综合来看,龙虎山景区的消费者主要为25—65岁人群且大多为本科及以上学历,多喜欢和相信社交媒体和亲朋好友之间的口耳相传,出行多为全家游和情侣游。为最大化景区品牌的影响力,进一步增强游客黏性,景区有望在未来进一步完善和开发景区内部及周边亲子情侣游休闲项目,优化且强化社交媒体和口碑营销的激励制度。

3. 景区规模及竞争者分析

凭借着"三绝"——碧水丹山、道教文化和古崖墓群,龙虎山景区的旅游规模逐年扩大,而2010年龙虎山申报世界遗产成功更是推动其旅游市场进一步扩大。2011年龙虎山景区旅游接待人数达318.76万人次,同比增长46.5%;年旅游收入1.3亿元,同比增长60.6%。2015年游客人数达1324.39万人次,年旅游收入4.06亿元。2010—2015年龙虎山景区游客增长1084.37万人,平均增长率高达35.3%。2010—2015年旅游收入增长4.2亿元,平均增长率达36.1%。龙虎山风景名胜区客源基本覆盖了华南、华东和华中等地区。其中浙江、广东、江西、江苏、福建和湖南6省游客最多,占国内游客的81%以上,本省客源估计占40%以上,而北京、上海地区客源只占5%左右。来自北方城市的游客稀少。[1]主要原因是南方地区距离景区更近,且整体经济发展水平和人均收入高于北方地区。

相较于它的竞争者而言,龙虎山在道文化旅游的发展上其实略微落后。

---

[1] 黄艳,李玉然,高翔,等.江西省龙虎山旅游发展现状及对策分析[J].环球人文地理,2016(20):246-247.

首先,武当山因为各类俗文化(比如金庸小说)受到了极大的关注度,影响力也很大。虽然后续龙虎山也开始了大力开发,但是缺乏足够有力的宣传,其景区的知名度还是处于下游。其次,江西整体的旅游发展相对于其他省份而言有些落后,在旅游竞争和资源集聚效应日益显著的今天,失去产业集聚和景点联动效应的支撑,景区的发展步调会相对变慢,不利于市场竞争。最后,旅游产品相对单一。景区开发成熟的旅游路线是泸溪河漂流,山水结合具有当地特色,有一定的市场影响力,但其他的资源多作为漂流沿线观光项目。面对新的旅游市场和游客需求,这样的旅游路线很容易失去吸引力和号召力,且景区旅游项目大多安排在白天,缺少夜间娱乐和休闲项目,难以吸引游客在景区留宿。与此同时,龙虎山景区旅游商品和旅游纪念品主要以当地特色农产品,如天师板栗、葛粉、天师养生酒、天师养生茶和泸溪河鱼等为主,产品结构相对单一,且制造工艺简单、技术含量低,产品附加值低,难以满足游客多层次消费需求。

4. 后疫情时代全力推进旅游产业升级

2020 年以来,龙虎山景区全面贯彻落实江西省"旅游强省"的工作目标和鹰潭市委"文旅旺市"的工作思路,努力克服疫情带来的不利影响,并在危机中育新机、于变局中开新局。该景区在全省 5A 级旅游景区中率先实现开园,并在 1—11 月,接待游客 166.9 万人次,旅游总收入高达 182.4 亿元。其优异的表现连续 11 个月排名江西榜单前列、连续 11 个月被评为全国"5A 景区品牌 100 强",并在 2020 年江西省旅发大会上荣获"2019 年度全省优秀旅游景区"称号。①

(1)旅游项目的丰富和升级

疫情期间,景区创新签约模式,采取"点对点""屏对屏""面对面"签约模式,签约了龙虎山度假小镇、上清圣境旅游度假区、龙虎山道法养生房车营地、悦曦庄园、云栖妙境微度假综合体和道文化养生互动中心等项目 11 个,投资总额高达 71.2 亿元。

---

① 龙虎山景区全力拉动旅游产业升级新引擎[R/OL].[2020-12-25].http://dct.jiangxi.gov.cn/art/2020/12/25/art_14514_3029787.html.

与此同时,龙虎山景区还对其现有的项目比如集镇区、蔡家乡村旅游示范点项目和仙人城景区进行提升改造,加速泸溪河综合治理、龙虎山道法养生房车营地、上林苑度假区、天师林项目"大道、隐庐"民宿和中华道德文化中心等一大批项目,尽力做到后疫情时代的快速恢复和项目的丰富升级。

（2）营销策略

龙虎山景区针对不同人群推出关怀优惠政策。比如其联系抗疫热点,对全国医护工作者及其配偶、子女和湖北省游客免资源性门票;与此同时,它还分阶段面向江西、浙江和上海地区游客推出免资源性门票等优惠政策,时刻刺激其主要客流省份的游客进行消费。景区还策划了各类主题营销活动,比如"仙山之旅、健康之行""泼水节""啤酒节"等。更是在"十一"期间推出"打卡广寒宫·欢乐闹中秋"等11场活动,迎接旅游市场"回补增长"。同时,龙虎山景区积极拓展江西省内游客市场,引导游客开展省内闭环游,主动承接省市文旅部门发行的十万旅游消费券,与各地各大旅行社签订省内送团合作协议。深度挖掘潜在消费市场,根据消费市场的变化,重点打造康养度假产业、乡村旅游产业、夜间旅游产业,使旅游和健康相互赋能,有针对性地规划建设新的旅游项目和业态,重构吸引力和竞争力。

随着"全域旅游"发展理念的稳步推进和深化,龙虎山景区旅游活力日增,区域内旅游获得了全面提升。

（3）精细化管理

景区按照"简政放权、放管结合、优化服务"的总体要求,持续优化营商环境,进行服务转型,培育景区复苏新动能。龙虎山景区加强技能培训,开展"三个一"服务,提升服务人员的服务意识。为每位中层以上干部定制统一的龙虎山景区推介视频彩铃,带头树立主人翁意识,争做龙虎山景区的宣传员、讲解员、保洁员和管理员。与此同时,景区制定了《关于加强龙虎山景区门票管理的通告》,进一步优化景区旅游市场环境。最后,景区充分发挥纪检监察和聘请第三方暗访的作用,对各部室、各岗人员的服务规范进行专项检查和不定期暗访督导,进一步促进景区旅游接待服务水平提升。全域开展旅游秩序集中整治,下定决心治理旅游乱象。

（4）智慧旅游

龙虎山景区智慧旅游于2014年扬帆起航,被江西省文化和旅游厅以智慧景区建设标杆工程在全省推广,是目前智慧景区建设程度最高的国家5A级旅游景区之一。现如今,龙虎山景区已经在全国率先打造了一站式线上服务渠道和线下展示通道——"龙虎山量贩式诚信旅游超市",集门票、酒店餐饮预订、特产文创购买、旅游攻略推荐、诚信监管等功能于一体,一部手机、一个二维码便让游客轻松实现了包括导航、导览、导游、导购等在内的智慧化服务,目前已有百余家商户入驻平台。

接下来,龙虎山景区将借助北斗全球系统组网的重大机遇,创新智慧旅游建设,构建基于北斗系统,涵盖诚信商城平台、导服导览平台、红色旅游平台、旅游执法监管平台四大平台的全省旅游大数据平台。聚焦融合应用,加快迈出产业升级新步伐,开创龙虎山景区智慧旅游发展新局面,加强旅游安全监测和线上投诉处理,创新建设上清古镇综合治理平台,全面提升服务群众的能力以及智慧化旅游发展水平。

总的来看,龙虎山景区近年来积极加强基础设施建设和品牌宣传。其知名度和影响力较以往有了进一步的提升,但是景区的道文化旅游开发仍然需要大量的时间和精力,需要景区做好更多的战略安排。

(四)曲阜孔庙:世界文化遗产儒家圣地

曲阜孔庙位于山东省曲阜市南门内,是第一座祭祀孔子的庙宇,也是祭祀孔子的本庙。分布在世界各地的2000多座孔子庙均以其为文化先河和建造范本。曲阜孔庙面积之大、存在时间之久、气魄之雄伟、保存之完好为全国之最,它被中国古建筑学家称为世界建筑史上之奇迹,是"唯一的孤例",不仅是儒家文化载体,更是一座屹立于世界东方的文化艺术殿堂。

孔庙1961年被国务院公布为全国第一批重点文物保护单位,1994年被联合国教科文组织列入世界文化遗产名录,2006年被评为全国首批5A级景区。孔庙与北京故宫、承德避暑山庄并列为中国三大古建筑群,孔庙与南京夫子庙、北京孔庙和吉林文庙并称为中国四大文庙。其价值主要基于其不可复制的历史痕迹、孔子儒学对于中华民族的精神引导以及流传至今的文化活动。

1. 建筑布局

孔庙体现出典型的东方建筑风格,又融入独特的艺术风格,充分显示了我国古代劳动人民的智慧与才能。古朴方正但又经典的构造风格,在中国古建筑史上占有重要地位。

（1）中轴对称

孔庙的总体建筑甚至单个建筑都始终保持中轴线对称。中国古人在建筑格局上追求平衡美,以对称性为建筑的审美必需品。孔庙融合祭祀天地、祖先等功能,始终保持南北中轴线布局,从南至北,棂星门、圣时门、弘道门、大中门、奎文殿、杏坛、大成殿等都处于建筑中轴线上,保持着稳定、有序的排列方式。另外每个建筑个体也都是沿中部直线对称的,布局排列也很整齐,整体非常有气势。①

（2）风水理论

古人没有科学的理论指导,在建筑方面只能顺应自然、利用自然。这种建筑与自然的结合主要表现在选址及建筑朝向、建筑布局等方面。首先,孔庙建在山东曲阜的东南方,这是符合一般的风水理论的,文庙建筑位于城市的东南方、东北方等方位比较有利于城市发展,也对开展教育事业有很大的推动作用。其次,孔庙坐北朝南,这与中国南面为尊的习俗是相匹配的,当然这也与阴阳理论有关,门朝向阳面,这是受传统思想影响的建筑方法。最后,传统风水理论常强调要依山靠水,吸收山水之灵气,供奉孔子,缅怀孔子、表现传统社会中对祖先的追忆与敬仰,带有伦理性,有利于促进社会进步。曲阜周围山水围绕,比如其北侧有泰山、九仙山和莲花湖,南侧有峄山和太白湖,占据良好的地势,集天地之灵气。

（3）等级分明

古代建筑整体有严格的规制。处于封建等级制度下,孔庙也有建筑规格的限制,这种礼制带来的规格区别体现在屋顶形制、建筑高度、瓦片的颜

---

① 兰琳琳.孔庙的建筑布局与文化内涵透视——以曲阜孔庙为例[C/OL].中国高校人文社会科学信息网 https://www.sinoss.net/upload/resources/file/2021/08/26/29635.pdf.

色质地上,这在一定程度上反映了宫殿主人的社会等级和社会地位高低。除此之外,孔庙本身也具有一定的规制限制,曲阜孔庙作为孔子的家庙,遵守传统礼治秩序,享有孔庙礼制的最高规格:九进院落、大成殿面阔九间、重檐歇山式、黄色琉璃瓦、龙柱、角楼、汉白玉栏杆等。

(4)文化内涵

在中国传统社会中,统治者从维护自身统治考虑,把颜色作为区分社会地位的标准,同时建立了一套颜色法则,从而使颜色与社会地位相结合,使其具有一定的社会等级区分功能。在赤、橙、黄、绿、青、蓝、紫等颜色里,红色和黄色具有绝对的权威,这种权威主要来自当时社会主流的"五德始终说"和"三统说"。董仲舒拥有非常典型的儒家思想,认为青、赤、黄、白、黑五色分别对应五行木、火、土、金、水;五方东、南、中、西、北;五时春、夏、季夏、秋、冬。颜色背后蕴含着丰富的含义,在当时,颜色成了许多事物的代名词,规范着社会生活,也影响着人们的观念。再加上"三统说"进一步验证了红黄两色的神奇性,董仲舒的理论影响了传统社会对色彩的崇拜,使得皇室都以红黄为代表色,普通人不得使用。在等级森严的古代社会,孔庙能采用大面积的红色、黄色来建构宫殿等,这种"官方"颜色的采用,建筑级别的提高,含蓄地表现了孔子的地位之高。

孔庙里挂的牌匾等基本都是对孔子的褒奖。比如"道冠古今"和"德配天地"两个牌坊,表彰了孔子出色的德行,也体现孔子思想的受欢迎程度。先后由明代学者胡缵宗和清康熙皇帝为之题字的万仞宫墙,表现学者和统治者对于孔子的尊敬和敬仰。而大成殿里挂的九方匾额"万世师表""时中立极"以及"圣神天纵"等赞词,都体现了当时统治者对孔子的尊崇与敬仰。

2. 主要建筑

曲阜孔庙的主要建筑有大成殿、棂星门、奎文阁和杏坛等,如图3-59、图3-60所示。

大成殿是孔庙主体建筑,也是祭祀孔子的中心场所。其面阔九间,进深五间,雕梁画栋,巍峨壮丽,与北京故宫太和殿、泰安岱庙天贶殿并称为东方三大殿。擎檐有石柱二十八根,两边及后檐的十八根柱子浅雕云龙纹,每柱有七十二团龙。前檐十柱深浮雕云龙纹,每柱二龙对翔,盘绕升腾,似脱壁欲出,精美绝伦。龙姿栩栩如生,无一雷同,堪称我国石刻艺术中的瑰宝。据说乾隆皇帝来曲阜祭礼时,石柱均用红绫包裹,不敢让皇帝看到,唯恐皇帝会因规制超过皇宫而怪罪。大成殿的建筑艺术,充分显示了我国劳动人民的聪明才智。殿内高悬"万世师表"等十方巨匾,三副楹联都是清乾隆帝手书。殿正中供奉着孔子的塑像,七十二弟子及儒家的历代先贤塑像分侍左右。历朝历代皇帝的重大祭孔活动就在大殿里举行。殿下是巨型的须弥座石台基。殿前露台轩敞,旧时祭孔的"八佾舞"也在这里举行。

"棂星门"是文庙中轴线上的牌楼式木质或石质建筑。"棂星"即灵星,又名天田星。文庙修棂星门,象征祭孔如同尊天,以棂星命名孔庙大门,象征着孔子可与天上施行教化、广育英才的天镇星相比,又意味着天下文人学士汇集于此,统一于儒学的门下。

图3-59 大成殿和棂星门①

图3-60 奎文阁和杏坛

---

① 资料来源 https://baike.baidu.com/item/%E6%9B%B2%E9%98%9C%E5%AD%94%E5%BA%99/1066203#5。

山东曲阜奎文阁,始名藏书楼,孔庙三大主体建筑之一。始建于宋天禧二年。古代奎星为二十八星宿之一,主文章,古人把孔子比作天上奎星,故以此为名。奎文阁为历代帝王赐书、墨迹收藏之处,它独特的建筑结构使其成为中国古代著名楼阁之一。而杏坛位于孔庙的大成殿前,相传是孔子讲学之处。

3. 文化活动

曲阜孔庙以其深厚的文化底蕴和"三孔"的独特地位,吸引了来自海内外的游客。近年来与孔庙这一静态文化资源相结合的还有很多不断完善、发展的动态文化活动,如祭孔大典。

祭孔大典(图3-61),亦称"丁祭乐舞"或"大成乐舞",是集乐、歌、舞、礼于一体的专门祭祀孔子的大型庙堂乐舞活动,在2006年被列入第一批国家级非物质文化遗产名录,仪式一般从每年的9月26日持续到10月10日。近几年,祭孔礼制得以不断规范和完善,2017年景区推出了相对规范的曲阜公祭孔子大典礼制,包括开城、开庙、启户、敬献花篮、乐舞告祭、恭读祭文等仪式,细节更加完善,海内外嘉宾齐聚孔庙,共同祭祀至圣先师。

图3-61　祭孔大典

2021年,曲阜孔庙推出了全球"云祭孔"活动,将公祭孔子大典分为线上、线下两部分。线下活动以"传承非遗文化、展现时代特色"为指导思想,按照"四仪程、四祭礼、三篇章、三高潮"的总体思路,将曲阜孔庙公祭孔子大典分为开城仪式、开庙仪式、启户仪式、公祭大典四项仪程,在公祭大典中设置"乐舞告祭、敬献花篮、宣读祭文、三鞠躬礼"四项祭礼,精心策划"乐、颂、舞"三个篇章,组织编排"开城仪式交响合唱、奎文阁儒生诵读、大成殿八佾舞"三个高潮环节。

而线上活动则主要致力于在年轻群体中普及中华优秀传统文化,促进中华优秀传统文化传承发展。网友可通过微信二维码、小程序、网络链接等,从手机端进入"祭孔云平台"。平台内容包括全球献礼、师生寄语、祭拜孔子、文化两创和金声玉振五大板块。除了可以通过为孔子献花、上香、敬酒、拜礼等亲自表达敬意,也可以通过3D虚拟孔庙祭祀场景,身临其境地感受祭孔大典。同时可以观赏到全球各地的祭孔献礼资料,参与师生寄语活动,为自己的恩师送上祝福,查阅当地文化两创的成功事例,以及观看祭孔大典文化纪录片《金声玉振》。在感受感谢恩师、祈福学业的人文情怀的同时,体会来自历史积淀和文化传承的民族自豪感。

除祭孔大典外,还推出了颇具圣城特色的孔子修学旅游节,该旅游节于每年的7月10日至8月20日举办。活动内容包括在大成殿举行经典诵读仪式、邀请著名学者在杏坛讲学和举办修学旅游之成人仪式加冠礼。

4. 文化价值

儒家思想博大精深,经过两千多年的积蓄沉淀,是整个中华民族传统文化的思想支柱,其中的精髓部分也是整个中华民族一直传承至今的,已经融汇在人们的日常生活方式、审美情趣和价值理念中。从"小家"到整个中华民族这个"大家"的繁荣发展过程中,儒家思想文化中修身齐家、待人处世以及治国利民等积极思想,起着重要的导向作用。其中,孔庙作为祭祀至圣先师孔子的场所和传承儒家思想文化的重要载体,更是把两千多年来的儒家思想画卷展示在世人面前,庄重神圣的拜孔祭孔仪式文化、规矩严肃的祭祀乐舞文化、尊师重道的精神文化等都是儒家思想画卷上浓墨重彩的部分。我国现存数量众多、规模宏大的孔庙在研究、传承和发扬中华优秀儒家文化方面有着得天独厚的优势,是建设社会主义精神文明的重要基地,具有十分重要的人文价值。①

---

① 赵颖,邱毅,张昊.孔庙文化旅游价值分析——以曲阜孔庙、北京孔庙、南京夫子庙为例[J].旅游纵览(下半月),2018(1):226-227.

在政治层面上，曲阜孔庙是中国古代祭孔活动的场所。曲阜孔庙从最初庙堂三间的孔氏家庙到京城的国庙再到全国各地方的孔庙。孔庙最初是由孔子的弟子为表达对恩师的敬仰而改旧居为庙。随着孔子与儒家思想在封建社会中逐渐被重视，祭祀孔子也成为中国一个非常重要的世代相袭的典礼，是国家政治活动中相当重要的一部分，而孔庙则是祭孔活动的场所。曲阜孔庙在古代礼制祭祀建筑中属于一种典型建筑，其中规划了大片空间用以举行祭祀仪式，如大成殿之前的月台。

在教育层面上，曲阜孔庙是传承孔子思想、进行文化教育传播的学校。庙学合一的体制，使得孔庙与学校功能相结合，学中设庙，学生在此学习文化礼仪的同时，也传播了孔子的儒学思想。孔庙的传统建筑文化中也蕴藏着儒家学制与古代教育留下的痕迹。《礼记》："凡始立学者，必释奠于先圣先师。""罢黜百家，独尊儒术"以后，儒家被推崇到了一个空前的高度，孔子也被推为先圣先师。到北魏太和年间，孝文帝下诏令全国各县学均祭祀孔子。至此，在学庙中祭祀孔子成为国家礼制。后又有唐高祖下诏立周公、孔子庙各一所"四时致祭"；唐太宗时期"天下学皆各立周、孔庙"，再到"停周公祀，专祀孔子"，孔庙与学校的关系变得越来越密切。

封建科举制度下，孔庙与学宫结合，使得教育得到了很大的发展。当时的学宫课程沿袭传统，设置礼、乐、射、御、书、数六科。每逢初一和十五，老师都要带领学生去射圃训练射箭，所以那时候许多孔庙都设有射圃。封建社会推崇儒道，传播儒学文化的主要场所就设在孔庙，科举制度下的仕途起点也在这里。孔庙也成为非常重要的政治场所。

在民族层面上，各地兴建孔庙，在客观上推动了中华民族的融合与统一。历史上全国各地在中央的诏令下都建了孔庙。"自唐以来，州县莫不有学，则凡学莫不有先圣之庙。"辽代的上京、中京、西京，均设有国子监，其旁所建的孔庙均有按时祭祀先圣孔子的惯例。沿袭前朝，金代也在各州郡县设立庙学。元世祖至元十五年云南建立行省后，昆明立孔庙。此后大理、建水、通海、石屏等地也纷纷建造孔庙。至清末，除了极其边远的地区，云南的各州县都已建立孔庙。孔庙在边远地区的兴建，极大地推动了当地教育的发展。

儒学的文化财富,是属于整个中华民族的。南北朝时期鲜卑族的北魏孝文帝推行汉化政策,是史载最早在曲阜以外的城镇修建"先圣庙"祭祀孔子的皇帝;金朝的女真族,也世世代代以祭祀孔子为礼制,建立孔庙;元代蒙古族,在大都建立孔庙,以空前至高的谥号"大成至圣文宣王"追封孔子。清朝则在东北地区兴建孔庙,并在入主中原之时就已经实行祭孔大典。由此可见,孔子是中华各民族所供奉的先圣。儒家文化在两千多年的漫漫历史长河里,规范了中华民族的道德观,缓和了民族矛盾,促进了各民族的团结与融合。

总的来说,曲阜孔庙文化的形成有其独特的历史背景和复杂的社会背景,曲阜孔庙这一旅游资源,具有不可模仿的特质,因而也形成了独特的核心竞争力。而该景点除了旅游核心竞争力外,还运用它的文化价值宣扬中华文明,凝聚了社会共识,建构文化认同,增强中华民族共同体的意识。

五、博物馆文旅产业

博物馆旅游是以博物馆为载体,以博物馆文化及其文化衍生品为对象,吸引游客的一种服务和消费模式。区别于其他旅游项目,它在运营过程中注重社会效益和教育效益。

我国的博物馆旅游呈现明显的商业化趋势,总体经历了三个阶段,如图3-62所示。2008年,以故宫淘宝为代表的新文创的引爆,拉开了我国博物馆IP商业化浪潮的帷幕,促使我国博物馆商业化迈入萌芽期。在该阶段,虽然大量博物馆以教育为主要展览功能,但还是涌现了发展文创和影视产品的思潮。2012年后,在国家政策数字科技的加持下,我国博物馆产业开始了在数字化、文创、影视及教育领域的商业化探索,收获了大批爆款文创产品和影视综艺节目,比如《上新了·故宫》和《国家宝藏》等。2020年,在双循环经济的政策引导下,各文博产品IP跨界合作频频,行业进入了加速发展期。如今随着各博物馆商业模式的不断创新,未来IP商业化发展将拥有更多可能性。

2008—2012	2012—2019	2020
·免费开放 ·尝试文创 ·影视待开发 ·教育属性为馆内 　基础功能	·尝试数字化、创 　意展览 ·文创产品丰富化、 　进程加速 ·爆款影视节目收 　获热议 ·博物馆教育加速	·科技应用更加 　广泛 ·博物馆IP跨界 　联名成流行 ·影视节目IP跨 　界玩法多样 ·博物馆作为重 　要教育场景

图3-62　博物馆旅游商业化趋势阶段

（一）博物馆文旅发展现状与未来发展趋势

1. 博物馆文旅经济现状分析

改革开放以来,我国博物馆数量增多,质量提高,各方面的功能不断完善,在文化事业和社会发展中发挥了应有的作用。博物馆事业蓬勃发展、日益繁荣。我国已经形成以中央地方共建的国家级博物馆为龙头,国家一、二、三级博物馆和重点行业博物馆为骨干,国有博物馆为主体,民办博物馆为补充的博物馆体系,构建了辐射全国、面向世界的博物馆资源共享平台。

2010—2019年,我国博物馆数量逐年增多。国家文物局公布的数据显示,截至2019年底,全国已备案博物馆达5535家,比2018年增加181家。从2014年以来我国每年新增博物馆数量变化情况来看,近几年整体呈现震荡走势。2015—2019年,新增博物馆数量维持在180—270家之间,相较于总规模来看,我国新增博物馆数量发展较为稳定。

博物馆以文物为主,随着我国博物馆的建设发展,博物馆数量不断提升,馆藏文物的数量也在不断提高。国家文物局统计数据显示,2014年全国博物馆馆藏文物为2929.97万件(套),及至2019年底已经增长至4223.98万件(套),年均复合增长率为7.59%。

我国博物馆数量的增多,以及国家鼓励博物馆免费开放,对我国博物馆参观人数的提升起到了极大的推动作用。我国居民收入水平提高,居民消费升级,对精神文化方面的需求扩大,也进一步助推了博物馆业的发展。国家文物局统计数据显示,2014—2019年,我国博物馆参观人数保持着较高增长速度,2019年我国博物馆参观人数已经达到了12.27亿人次,同比增长8.97%。2020年,受新冠疫情影响,部分时间全国博物馆均闭馆以抗击疫情;抗疫期间,全国博物馆系统推出了2000多个线上展览,总浏览量超过50亿人次。

目前我国鼓励社会资本进入文化产业领域,鼓励民营博物馆发展,但是整体而言,我国博物馆体系中,国有博物馆依然占据主导地位。

2. 文博产业未来发展趋势

(1)供给与需求双向提升,共同加速文博行业拐点到来

展望未来我国博物馆产业发展的底层驱动力走向,将呈现供给与需求双向提升的加速发展阶段,行业拐点有望在此背景下加速到来。一方面,在供给侧,近年我国博物馆业扩容提质发展速度加快,特别是数字化应用逐渐进入深水区,在"战略高度、底层技术、平台中心和落地保障"等方面都有重点布局;另一方面,在需求侧,由"国风文化、产业创新和教育改革"三者构成的新增长引擎,将能够从整体上提升博物馆IP受众的基数和消费意愿。

(2)发展复合型博物馆业态,打造新型城市第三空间

随着用户对博物馆接受度的提高,以及围绕博物馆IP所延展的消费方式的供给增多,未来博物馆将能够朝着复合型功能场景发展,博物馆除了展览、教育、研究等核心功能外,对于观众来说,通过在博物馆中购买文创产品、欣赏影音作品、进行硬软件互动、体验特色活动、品尝博物馆主题餐饮等,真正感受博物馆文化的魅力,享受新型城市第三空间。

(3)打造特征鲜明的差异化文博IP

有价值的文化IP能够超越内容和产品成为一种"价值符号",占领用户心智,代表一种情感、文化、印象,甚至是态度,而这种符号的构建通常通过内容和产品形成"共情力"来感染和说服用户,但目前大部分文博IP仍处在商业化的早期阶段,更多停留在"产品化"层面,未来需要从内容、人群、场景等方面深度挖掘自身差异化,从而打造出特征鲜明的差异化IP。

(4)整合行业资源,统一IP出口,打造产业平台

目前我国大部分博物馆因公立属性,缺乏足够的IP商业化落地资金,以

及充足的人员储备,近年商业化公司进入文博产业,发挥自身行业优势,以不同模式探索文博IP商业化道路。对博物馆来说,一方面要迎接巨大机会,另一方面却因缺乏文博IP架构式统筹规划,文博IP的商业化呈现分散化、碎片化状态。所以,未来,博物馆作为IP的出口及把关者,需要重点梳理出标准化流程,合理利用产业链上下游资源,尽快打造出平台优势,使IP商业化具有最大魅力。

(二)博物馆文旅产业链与商业化发展驱动力

1. 博物馆旅游行业产业链分析

博物馆整体产业链结构较为简单,且设计主体基本以产品挖掘修复和展览为主。产业上游主要为文化发掘和文物修复业。其中文物发掘多由经国家文物局审批许可的国家各级考古研究所负责。国家文物局信息披露,目前具有考古发掘资质的单位主要有北京市文物研究所、天津市文化遗产保护中心和河北省文化研究所等。文物修复则基于文物的艺术和历史原貌,运用传统工艺和现代技术手段对文物直接进行物理和化学上的修复,以确保文物保存安全。现如今的文物修复工作主要由各级文物保护中心和博物馆负责,民营文物修复机构也日渐壮大。

博物馆产业的中游主体为博物馆。我国博物馆一般根据国际惯例和中国实际情况分为历史类、艺术类、科学与技术类和综合类四种博物馆类型。历史类博物馆以历史的观点来展示藏品,突出代表为西安半坡遗址博物馆和秦始皇兵马俑博物馆等。艺术类博物馆则主要进行藏品艺术和美学价值的展示,比如故宫博物院和天津戏剧博物院等。自然、科学类博物馆则大多以分类、发展或生态的方法展示自然界,并从宏观或微观方面展示科学成果,主要代表为中国地质博物馆和北京自然博物馆。综合类博物馆则多方位综合展示地方自然、历史、革命史和艺术方面的藏品,最具代表的当数中国国家博物馆。在过去的传统经营模式下,博物馆主要从事教育倾向的馆藏文物展览和文物复刻仿品的管理与营销。但在双循环和数字经济等的浪潮下,居民文化消费要求提高推动文创产品的发展,进而提高了博物馆的经济收益,并给予居民更高的精神和文化享受。与此同时,文博和旅游的结合也成为当今文旅发展和休闲观光的新热点。

博物馆产业下游主要包含了旅游业、展览业、拍卖业和收藏业。展览业多指展览与会议的综合体,即会展业。这是国家或地区工业化成长到中级阶段以后,伴随着商业、服务业的快速扩张而逐步形成和发展起来的一个新兴产业。现如今,我国展览业呈现出较为鲜明的特征,比如区域和行业发展差异化显著,数字展览新模式日益成熟,展览馆市场规模持续保持微弱增势,大型新展览场馆建设步伐逆势增加,政府主导型展览活动相继举办以及阿联酋迪拜世博会中国馆亮点突出。虽然新冠疫情的暴发打击了中国出国展览业,但"代参展"作为一种新的参展形式应运而生。该参展方式为"线下实体展示+线上即时洽谈",所采用的远程数字科技在一定程度上弥补了中国企业赴海外参展受限所带来的损失。未来"双循环"格局将进一步推动展览业发展,绿色低碳将成为展览业高质量发展方向,专业化品牌展览将成为展览业发展主流,数字展览有望造就未来展览业发展新业态。拍卖行业最初形成且被公众接受是在 18 世纪以后,而中国拍卖行业兴起则是 20 世纪80 年代末的事。2012 年,自淘宝进入司法拍卖后,网络元素逐步改变了传统的现场拍卖方式,出现了同步拍卖等互联网竞拍新方法,使得异地竞拍成为可能。

总的来说,博物馆在整个博物馆文旅产业链中既是文化内容的生产者、平台的提供者,也是文化知识的传播者。处于中下游的产品运营方对中上游的 IP 品牌资源依赖度较高,且整体市场仍在培育期。基于微笑曲线理论,在完整产业链中,价值最丰厚的区域集中在供应链的两端。因此,为进一步发展博物馆经济,博物馆必须进入产业链两端,促进产业向高端转型。与此同时,博物馆还需要持续进行 IP 资源的开发和维护,培育渠道用户对 IP 的认可度,扩大文博 IP 声量。

2. 商业化发展驱动力分析

博物馆经济和未来商业化发展离不开政策、资金、数字化以及国民收入增长的持续稳定驱动。

(1)政策放开商业化限制

博物馆集文物收藏、研究、保护和传播于一体,是国家文化发展的重要阵地和抓手,近年来,国家政策不断支持构建更加多元、丰富和开放的博物馆体系,文化产业也迎来新的发展机会。博物馆商业化从2015年开始得到明确支持,随后国家陆续出台了"资金支持、放权支持、技术支持、立法保护"等多个方面的利好政策,鼓励文博产业商业化规范发展,如表3-6所示。

表3-6 2015—2020年中国博物馆商业化相关政策分析[①]

年份	内容	条目	细节
2015	明确支持、鼓励博物馆商业化	《博物馆条例》	明确支持、鼓励博物馆开发种类丰富、层次多元、特色鲜明的文化产品,要求相关主管部门加大扶持力度,博物馆文化创意产业获得合法地位
2016	鼓励社会力量参与,倡导互联网赋能产业发展	《关于进一步加强文物工作的指导意见》《"互联网＋中华文明"三年行动计划》	调动文物博物馆单位用活文物资源的积极性,激发企业创新主体活力,完善业态发展支撑体系等
2017	明确发展目标,提高财政资金支持	《国家文物事业发展"十三五"规划》《"互联网＋中华文明"专项资金管理暂行办法》	为文博创意产品发展落实具体资金渠道,全面提升博物馆发展质量。确定2020年具体发展目标
2018	提高市场运作机制效力,提高博物馆发展自主权	《关于加强文物保护利用改革的若干意见》	激发博物馆创新活力,分类推进博物馆法人治理结构建设,鼓励博物馆开发文化创意产品,且收入可纳入本单位统一管理
2019	把支持文化创意产业提升到立法高度	《中华人民共和国文化产业促进法(草案送审稿)》	丰富创意设计文化内涵,促进创意设计产品的交易和成果转化,提升制造业和现代服务业的文化含量和附加值
2020	建设数字文化产业	《文化和旅游部关于推动数字文化产业高质量发展的意见》	推进文化产业"上云、用数、赋智",推动线上线下融合,扩大优质数字文化产品供给,促进消费升级

---

① 艾瑞咨询.2021年中国文博IP商业化研究报告[R/OL].[2021-08-26](2021-11-21),https://www.iresearch.com.cn/Detail/report?id=id=38328isfree=0.

(2)资金需求紧张

我国博物馆运营主要资金来源包括门票收入、财政支持、捐赠赞助和其他商业收入等,但由于我国尚未形成较有规模的基金会等社会资金来源渠道,博物馆的主要资金仍依赖门票收入和国家的财政支持,资金较为紧张。从2008年国家鼓励和要求博物馆逐步面向公众免费开放后,博物馆资金更加紧张。面对新技术投入、新服务建设等资金需求,博物馆需要更多资金,这也成为博物馆积极探索商业化发展的重要原因。

(3)数字化融合拉近客户距离

互联网和移动互联网推动了博物馆的数字化进程。目前博物馆通过布局线上新媒体矩阵、开设电商渠道和开发互联网产品等,从不同维度和渠道触达用户,增加曝光和互动,积累数据,商业化运营能够得到市场的及时反馈和数据指导,能够有效加深对用户的了解,以及助力提升场馆精益化管理水平。虽然文化是个性化和多样化的,但通过大数据的积累和运营分析,博物馆的发展可以更加智慧化、精准化,效率也会更高,这将会进一步放大文博声量。

(4)国民收入提高,提升文化消费能力

随着我国居民收入水平的不断提高,人均可支配收入也保持较高增速,虽然较发达国家仍有较大差距,但如今我国人民物质生活水平不断提高,对美好生活的需求更加多元,其中对文化消费的需求也越发旺盛,从2016年到2020年我国文化类App月度总独立设备数占比来看,整体呈现持续上升趋势。近年来,人民对于文化娱乐类项目的认可,将为我国文化产业发展提供强劲的消费动力。

3. 博物馆商业化模式分析

(1)文创产品:情感链接和场景化消费趋向

博物馆文化创意产品是指通过对博物馆IP元素的提取和转化,创造性地开发和生产出消费者喜欢并愿意购买的产品,如带有博物馆文化创意设计的文具、礼品、饰品、服装、日用百货等。文创产品的开发通常包括IP资源、创意转化和产品生产这三个环节,再通过销售最终触达消费者。目前文创产品开发模式主要包括博物馆自主开发、联名、艺术授权及合作开发。

在开发方面,虽然市场供给更加丰富,但同质化现象较为严重。文创产品设计主要分为三个模式:颜值转化、功能创意和抽象情感。目前我国博物馆文创产品大多还停留在颜值转化阶段,但产品功能同质化,市场上缺乏能够引起用户情感共鸣的差异化产品,未来行业竞争将从仅依靠"审美升级和新鲜感"向"情感链接和场景化消费"方面倾斜。但授权衍生领域的创新潜力大。中国玩具和婴童用品协会报告显示,2020年我国年度被授权商品零售额1106亿元,同比增长11.5%,授权金额41.5亿元,同比增长8.6%,其中授权市场IP品类中艺术文化占比达18.7%,较2016年上涨8倍。调研中2020年有41.6%的"95后"消费者年度购买授权产品或IP主题体验4—6次,92.9%的"95后"消费者购买授权产品的价格高于同类产品,IP对年轻人的吸引力更强。近年来,博物馆IP加速跨界创新,通过授权、联名等方式触达更多用户,在提振消费的同时,增加与用户的互动与曝光,特别是吸引年轻人的注意力,从而塑造更有价值的IP品牌。比较具有代表性的联名有李宁和敦煌博物馆的服饰联合,小黄鸭和故宫的潮牌联合,天下和苏州博物馆的游戏联合,以及肯德基和中国国家博物馆的食品联合。

在销售方面,博物馆文创和文旅场景联系紧密,结合对文化的理解和体验,更能激发购买欲望,这也使得场景化消费成为重要的销售渠道。未来场景化消费不应局限于线下博物馆内,一方面还应加速线上和线下的融合,打造新的场景化消费渠道,另一方面,还可以通过产品和营销模式创新,打造新的场景化消费选择。故宫博物院通过合作授权模式于2008年开设了故宫淘宝电商店,推出多个爆款产品引发社会热议。近年国内外各大博物馆相继通过授权和直营等模式加速发展电商。据不完全统计,截至2020年,淘宝天猫共有46家国内外博物馆店铺。

苏州博物馆是我国最早一批开始尝试文创产品的博物馆之一,早在2011年就开通了苏州博物馆淘宝店。其文创事业发展迅速,文创产品的销售额2019年已增至3213万元,产品种类由2015年的38款增长至2019年的200款。面对文博产品同质化问题,苏州博物馆在对本地文化内涵的挖掘上有独特方法,通过结合本馆建筑、文物和地方文明、文人文化等特色资源,突出"江南文化"的温婉与诗意,打造出具有较强差异化格调的文创产品。经过十几年的探索发展,苏州博物馆已经形成了较为完善的产品运营模式和经验。首先,其主打差异化格调。产品定位精准,围绕特色馆藏、建筑及苏州地方文化和传统手工艺展开,具有区域特色、江南文化雅韵。其次,其注重产品实用性。苏州博物馆的文创产品品类丰富,实用性更强,涵盖美食、首饰、文具、提包、食品、非遗工艺品等多个领域。与此同时,苏州博物馆积极推进跨界合作,通过文化+电商IP授权,合作互联网巨头开发主题产品、游戏、线上线下融合活动等。近年苏州博物馆加强线上和线下渠道建设与升级,提高苏州博物馆品牌的传播力和知名度,重技术赋能,多跨界玩法,传递文化的新时代力量。

(2)影视文娱节目:新融媒体运营创新玩法

近年来,文博类影视节目不断创新文化呈现形式,以形式新颖、富有创意的内容为引子,依托互联网平台与以数字技术为核心的新媒体和新媒介不断融合,引导观众参与节目讨论和实时互动,观众身份从内容的被动信息接收者变成信息发布者和主控者,进一步扩大了传统文化的传播范围。从近年具有代表性的3部作品来看,其利用特点鲜明的节目,经多元的商业化探索和创新新融媒体运营方法成功推出了单IP文博作品连续爆款。以《国家宝藏》为例,其以"戏剧化"的形式演绎了国宝的前生今世,并开展了多方面的IP商业化探索,能够不断丰富IP内容输出,满足用户需求,高频触达用户,从而在延长IP生命力的同时实现了IP价值的多次跃升。而《上新了·故宫》则凭借其新颖的叙事方式、明确的定位,大胆地将故宫文化与消费者市场相结合,打造年轻化的故宫形象,形成了一条从生产到加工制作,再到销售的闭合产业链,在提高中华传统文化传播效率和质量的同时,又保证了节目的生产和发展动力。其推出的"明星+设计师"的产品共创模式,不仅保证节目话题年轻态,更有效激活粉丝经济和大众好奇心,为文创产品的销售奠定一定的市场基础。

(3)博物馆教育:未来教育新方向

博物馆作为人类文明的重要载体,承担着重要的文化传播使命,同时博物馆教育充分展现了场景教育的特征,包括从教学方法和学习氛围的双重场景化,充分营造"互动式、探索式、沉浸式"等学习特色,让教育从"老师主导"回归"学生自主"。近年中国博物馆教育实现了从无到有的显著变化,博物馆的教育功能越发受到重视。随着博物馆与学校合作的进一步加深,博物馆教育行业发生了从零散到系统,从馆内到校内,从单一到丰富的多重变化趋势。但在与学校合作的过程中,博物馆教育服务仍存在诸多现实问题,特别是在博物馆承载能力有限的情况下,面对集中且量大的学校教学需求,如何能够在保证质量的前提下,规模化输出博物馆的学习资源,将是未来馆校合作的重点。

(4)展览服务:摆脱地域限制,营造沉浸式体验

展览是博物馆的基本功能之一,近年博物馆展览数和参观人数都呈现持续增加的发展态势,虽然2020年受疫情影响我国博物馆参观人数锐减,但根据携程数据,2021年上半年,通过携程平台预订博物馆门票的游客,相比2019年上半年增长75%。随着文博IP受到更多用户喜爱,展览作为博物馆空间运营的重要模式,陆续呈现出新展览方式、新营销渠道和新商业化场景。一方面,科技赋能打造了更加多元的展览形式,如线上直播看展,带来新社会热点;另一方面,文博IP圈粉能力让其拥有更多展示空间,在商场、学校、社区等地举办的创意展览呈现出"跨界融合、形式多样、主题突出、互动体验"等特征,这些不仅拉近用户与文博的距离,同时也创造了更多文博展览变现新模式,如直播带货、展览体验、跨界营销、展览版权收入等,未来展览本身有望成为新的IP品牌。

2020年突如其来的疫情让线下文娱消费戛然而止,但"被困"宅家后人们的文娱需求却并未减少,伴随短视频、直播等线上新形式的火爆,线上文娱产品为观众提供了另一种文博消费的新选择。在线看展能够用更加灵活生动的方式让文物与观众交流互动,同时在线传播也摆脱了线下展馆的地域限制,让更多观众都能够感受到博物馆的魅力;而直播带货等新商业模式能够丰富文博IP的变现方式,为用户提供多元消费选择;如AR/VR等技术的创新应用也提高了文博传播能力,增强了用户体验。比如,东方智美国宝数字体验展是以《国家宝藏》IP为基础,打造的是全新沉浸式数字体验展。展览运用光影、互动装置等多种数字技术和中国园林艺术设计元素,与八大国宝级展品的外观、文化内涵、历史背景等相结合,充分展示藏品细节与文

化,同时让观众在展览中体验多种形式的互动,最终收获视觉盛宴与沉浸式体验。总的来看,东方智美国宝数字体验展不仅是文博影视作品IP的再创作与再延伸,也体现了"数字技术、藏品内涵、展陈创意"三者之间的紧密联系。

第四章

文旅地产与在线旅游平台创新模式研究

一、华侨城文旅地产模式

文旅地产是指以文化、旅游为核心，以休闲、度假等为目的的房地产开发经营模式，其业务形态主要服务于旅游活动中常见的吃、住、行、游、购、娱六大需求。早期，我国的文旅地产发展主要以自然资源为依托，发展模式较为单一，以高端的酒店、休闲度假区和不动产为主。后期，随着全球范围内文化产业的发展，诸多文化IP的涌现和繁荣，文旅地产也呈现出多元化发展趋势，运营和营销成为业务增值的关键所在。

文旅地产的发展主要有四个模式，分别是不动产销售、旅游小镇、主题公园及文化艺术中心。不动产销售是当前文旅地产的主要经营模式。前期因为开发商和投资者的过度营销和开发，三线及沿海城市出现大批"鬼城"和烂尾项目，阻碍了地区经济的健康发展。后期，开发商总结经验，调整开发模式，由营销围绕开发模式转变为开发围绕运营模式，打造出诸如阿那亚的新概念社群。旅游小镇是文旅地产继承和创新的重要实践。其发展依托古镇基础和文化底蕴，并对周边土地投资等产生重要的带动作用。其中，丽江、凤凰和乌镇均是旅游小镇发展模式的典型代表。主题公园的发展两极分化十分明显，知名IP主题公园运营火热，但众多小规模主题公园普遍存在开发不当、运营不足的问题，这使得现如今我国70％的主题公园项目处于亏损状态。文化艺术中心项目是城市的精神地标，其早期以各种仿古街区为主要形式，后期随着城市化的不断深入，内容形式不断丰富，逐步形成了综合性的文旅地产建筑群体,譬如北京的798、上海的浦东美术馆以及长沙的梅溪湖等,并以自身为核心向周边辐射,带动周边地产、休闲和餐饮等行业发展。华侨城作为综合性的文旅地产集团,其自身业务囊括了不动产销售、特色小镇、主题公园以及文化艺术中心,并不断进行业务和战略升级,为其他的文旅地产企业运营发展提供了重要的参考价值。

华侨城集团有限公司成立于1985年,其本部位于深圳,是一家以"优质生活创想家"为品牌定位的大型国有中央企业。其在"创新、协调、绿色、开放、共享"的新发展理念指导下,以文旅经济推动城镇化进程,以互联网平台推动旅游和金融融合,形成文化产业、旅游产业、新型城镇化、电子科技产业及相关业务投资五大发展方向。

华侨城发展至今共经历三个阶段,即起步阶段、市场化阶段和战略跨越阶段。起步阶段从1985年开始。在这一年,华侨城建设指挥部在深圳特区成立,第二年华侨城房地产公司成立,其地产业务基本确立。自1989年起,其文化业务布局逐渐展开,世界上最大的微缩景区"锦绣中华"正式开园,大型表演"艺术大游行"上演,深圳"世界之窗"正式开业。

第二阶段自1997年开始。该阶段是华侨城走向市场化的起点。在这一年,华侨城开始涉猎酒店业务,其酒店集团正式成立。9月10日,华侨城A股顺利在深圳证券交易所上市,标志其正式迈入市场化进程。1998年,华侨城涉猎主题公园市场,推出欢乐谷。至此,全国最大规模的主题公园集团正式形成。在此基础上,华侨城首次引入旅游狂欢节概念,开旅游节日先河。2002年,华侨城开始进行业务扩张,投资业务拓展至北京、上海两大中国经济中心,业务布局逐渐实现全国化。2006年,深圳欢乐谷发展成为"亚太地区top10主题公园",这是中国主题公园首次获得该殊荣。

第三阶段自2015年开始。在该阶段,华侨城致力于战略升级,将原有的文旅地产战略调整升级为双线并行的文旅新型城镇化和互联网旅游金融战略。2017年,为释放欢乐谷活力,推进其连锁经营迈向新阶段,公司成立欢乐谷集团,对其进行独立运营。截至2019年,华侨城已连续7年进入全球主题公园集团4强之列,并在与万科等房企搭建的战略联盟内,通过托管等形式,实现跨界资源的整合。

(一)华侨城"文旅＋地产"双轮驱动

1. 华侨城文旅地产盈利模式

"旅游＋地产"的综合开发战略帮助华侨城形成了从上游创意策划到下游商业服务的完整产业链,继而推动当地经济发展。华侨城的主要盈利项目有三个,即土地增值盈利、门票和生态产业收入以及附属经营盈利。其中土地增值主要是通过获取大片低价土地进行旅游和地块的多次开发,实现土地增值,继而通过地产销售和自持物业出租获取收益。门票和生态产业收入主要是旅游板块,其依托品牌和特色发展模式优势突出,且逐渐形成成熟的生态运营模式,盈利能力和重要性逐步提升。附属经营盈利主要指依托文旅地产核心而衍生的诸如酒店经营、文艺演出和商品销售等收入,是对核心产业的补充和延伸。

近几年来,华侨城资产总量不断扩大,如图4-1所示,其总资产由2015年的1153亿元增长至2020年的4326亿元,增长了2.8倍。但在增长过程中,如图4-2所示,总资产同比增幅在2017年达到48.6%后呈现出逐年下降的趋势,至2020年已然下降至18.7%。华侨城的总资产在2017年达到最高增幅,主要得益于为实施"文化＋旅游＋新型城镇化"战略而进行的大批量项目投资。而2018年后,虽然华侨城仍在积极拿地,但开始呈现控股比例下降以及涉足城市开始向非省会城市转移。因此,总资产增幅总体开始下降。后期,行业政策、政府限价等导致房价下降以及2020年开始的疫情导致的文旅市场低迷,都进一步给予总资产增长以压力。

就营收而言,华侨城营收从2015年的322亿元提升至2019年的600亿元,整体呈稳步上升趋势,5年CAGR(复合年均增长率)达16.8%。虽然疫情影响了2020年度的营收,但其前三季度同比仍有11.8%的上涨。2016—2020年的营收增幅基本维持在16%左右,其中2019年拥有最高增幅24.7%。该高增幅主要得益于以下两方面:一方面华侨城狠抓销售回款,加大存货的去化力度,逐步改善公司现金流状况;另一方面,公司采取"优中选优"的投资策略,优化资源储备结构,利用自身文化旅游品牌优势,获取低价土地项目,有效降低了资源获取成本。

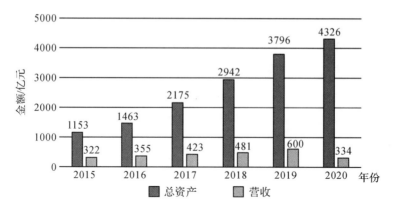

图4-1 华侨城2015—2020年总资产和营收变化

图4-2 华侨城2016—2020年总资产和营收增幅情况

　　就营收结构而言,华侨城为旅游和地产双轮驱动的业态。如图4-3所示,在2019年以前,地产业务一直占营收的大头,占比不曾低于53.4%。但2018年以来,受宏观调控政策的影响,且地产业务向二、三线城市扩张,华侨城的房地产业务受到较大影响,可售物业的毛利率逐步下降,营收占比也开始下滑,在2021年的上半年仅占17.5%。从2017年执行文旅新战略以来,华侨城陆续签下超30个文旅项目,文旅产业蓬勃发展。截至2021年上半年,深圳华侨城股份有限公司旗下文旅板块已经有26个景区、25家酒店、1家旅行社、6家开放式旅游区以及1台旅游演艺,并在全国疫情逐渐明朗的上半年为企业营收贡献了82.2%的收入。

图4-3　华侨城2015—2021年营收结构

　　2021年,依托文旅产业销售额增长,华侨城营业收入也实现快速提升,达到1025.8亿元。但是,高额的营业收入背后却是毛利润的显著下调,降至26.1%。其中,旅游综合业务的净利润下降至32%,地产毛利润更是从59%降至21%。其下降背后不仅有宏观政策监控带来的整体行业利润下行,也有公司内部结转、投资战略转为保守和存货计提减值的原因。

　　2. 华侨城文旅地产商业模式

　　华侨城"旅游＋地产"的产业发展战略是保证集团快速发展和高额利润的关键所在。其旅游业务以旅游资源丰富的主题公园为主,提供文化表演、餐饮住宿、商品销售和庆典活动。该类业务拥有较低的回报率和利润率,且初期建造成本高,周期长,中后期后才有稳定的现金流。主题公园类旅游业务为地产业务提供了人气,使土地价值上升,推动地产业务的稳定进行和持续扩张。华侨城的地产业务以城市发展为核心,通过高端住宅的售卖回笼资金继而反哺文化旅游业务建设,提供运营期间所需的资金。相较于文旅业务,地产业务拥有较高的回报率和收益率,能使现金流快速回流。

　　在商业结构层面,传统模式下,开发商主要负责地方政府土地规划、开发和出让后的土地获取和房产开发,但在"旅游＋地产"模式下,华侨城承担了当地政府部分土地开发职能,并在价值链中增加了旅游开发环节,丰富了开发业务内容。该运行模式下,通过和市政府的密切合作,低价获取土地资源,通过文旅项目、街道和基础设施的建设,推动土地由"生"变"熟",继而提高土地价值。与此同时,"旅游＋地产"模式打破了传统方式下从土地开发到房产开发的一次性开发原则,将其分为土地一次、二次甚至多次开发以及房产的一次、二次甚至多次开发。在一次次开发过程中,酒旅、商业、学校等配套设施日趋完善,实现了土地的持续增值。

在参与方价值层面,华侨城、政府和民众均在该商业模式中获得了价值。对于华侨城而言,利用该商业模式,集团可以大力发展旅游项目,并顺利凭借旅游项目优势,大批量采购土地,降低单位土地开发成本。与此同时,旅游项目对周边土地的辐射效应,有利于土地增值和后期土地开发的顺利推进。对于政府而言,该商业模式减少了政府土地开发成本,促进了当地旅游产业的发展,增加了旅游产业和房地产业的税收收入。对于居民而言,该商业模式下的房产配套设施更加完善,在满足其基本的居住需求之外,也有利于释放其精神消费需求。

2015 年,华侨城在"文旅+地产"的成功创业基础上,推行"文化+旅游+新型城镇化"和"旅游+互联网+金融"战略升级。其中,"文化+旅游+城镇化"是公司的核心抓手。华侨城以文化为核心,提升旅游价值和影响力,打造高价值旅游产品项目,进而提升城镇化价值,而城镇化能够带来区域的人口和产业集聚,反哺文旅业务,三大板块相辅相成、协同发展。

从业务流角度看,首先,华侨城将文化软件和旅游硬件相结合,提升文旅项目的价值和客户吸引力,并通过文旅项目去获取低成本的优质土地,提升片区价值。其次,其将低成本获取的土地进行开发,通过住宅销售等方式快速获取现金流,加快项目资金的周转效率。随着成熟居住片区的形成,片区的人群集聚效应又进一步提升文旅项目的人流量。由此,文化、旅游和地产开发产生良性的协同效应。

而"旅游+互联网+金融"则是将互联网和金融等新兴方式应用到公司文旅业务中,推动其高效发展。华侨城以"文化+"战略整合文化演艺、文化创意、艺术展示等资源,并通过影视、音乐、VR 科技等载体积极兑现文化资源的市场价值,文化 IP 的孵化和运营是其主要体现。

在城市布局上,华侨城采用"1+3+N"的格局,通过面的扩张来弥补内容提供的不足,其中:"1"代指华侨城深圳本部,集团在扩张深挖已有项目的同时,着力对深圳欢乐谷和东部华侨城的打造;"3"指北京、上海和成都三大战略高地,集团将进一步扩大华侨城和欢乐谷品牌在当地的影响力;"N"指具有发展潜力的其他二、三线城市和商业模式。"1+3+N"全国战略布局是华侨城实现"东南西北"四个方向布局和深化发展的必经之路。

(二)华侨城以文化立身构建IP全产业链

1. 文化IP的孵化和运营

华侨城引进和孵化了一系列文化IP,并将IP与旅游产品结合。比如公司引进二次元IP"十万个冷笑话"吸引"95后"和"00后"等主题公园主力游客,充分考虑该类IP的特性和粉丝特点,积极研发落地园区内的高科技互动体验项目。

公司还积极引进亲子类IP,并利用亲子IP在少儿游乐、教育培训等方面的优势,孵化出一系列线上动画内容与线下场景体验深度结合的儿童商业业态品牌,并打造出集互动体验、主题游乐、教育培训、玩具售卖等于一体的室内外组合式儿童娱乐中心"卡乐儿童王国"。卡乐星球欢乐世界位于湖南省常德市,是一座融科技和娱乐于一体的综合性主题乐园。乐园内含"卡乐小镇、太阳部落、童话王国、欢乐时光、浪漫地中海"五大区域29个游乐项目。卡乐小镇运用现代高科技手段对古老的中华文化进行全新演绎,以高科技互动体验营造梦幻的感受。太阳部落中上演着神秘的原始部落"空降"卡乐星球的故事,游客可以在这里体验飞旋战车、烈焰飞龙、逐日天梭、峡谷飞舟,观看魔幻剧场《西施》。童话王国采用高科技演绎特色主题,将动漫卡通、电影特技等国际时尚娱乐元素和卡乐专属IP精妙融合,创造幻想和创意的神奇天地,满足所有儿童成长中的好奇。欢乐时光主打浪漫与刺激,是热恋中的情侣最佳去处。

"全面二孩"政策推出后,新的家庭结构与关系成为社会热点,也产生了新的子女教育问题。"爆笑两姐妹"(图4-4)正是华侨城旗下文旅科技公司,以二孩政策推出后的中国社会为故事背景、聚焦二孩家庭而创新打造的一个IP。借一对年龄相差10岁的姐妹动画形象,通过令人捧腹的故事,挖掘、呈现二孩家庭的日常,与时代焦点同频共振,激发众多观众的强烈共鸣。

图 4-4　"爆笑两姐妹"

在"2019华侨城文化旅游节"举办期间,华侨城秉承"欢乐在一起"的价值主张,打造"华侨城高质量旅游产品＋丰富多彩的文化旅游节活动＋爱的陪伴＝真正的欢乐"这一欢乐公式,并塑造了IP形象"欢乐橙子"。橙色带给人们温暖、欢乐的感觉,再将形象拟人化赋予情感意义与生动个性,提炼出一个饱含正能量、乐观开朗的"欢乐橙子"IP,借此将"华侨城文化旅游节"作为节庆品牌的情感价值与公众形成共鸣互动,极大地拉近了其与消费者的距离,在时代焦点下为节庆品牌寻得传播新出口。

从"国潮文化节"起始,北京欢乐谷将2022年冠以"国潮年"主题,以文化开新局,北京欢乐谷6期以"演艺为核、游乐为媒、休闲为旨、艺术为能"四个核心支柱对景区进行系统性升级,并与上海美术电影制片厂的三大优秀中国传统IP"大闹天宫的孙悟空""浴火重生的哪吒闹海""好兄弟葫芦娃"合作打造"中华文化复兴者联盟",激发国潮文化的内驱力。以"夜游、夜秀、夜赏、夜宴、夜购、夜读"等六大体验内容为主体的北京欢乐谷六期"天光夜谭",用多媒体、装置艺术等技术,实现景区从"亮化"到"美化"再到"文化"的提质升级。在传承、创新中,北京欢乐谷业绩屡创新高,2021年仅用10个月时间就打破了营收年度纪录。

多年来,华侨城在超级IP培育的路径上进行了诸多探索,不断思考如何将IP打造为能够持续满足消费者好奇心、吸引消费者注意力的文旅产品,并逐步构建起多元IP矩阵。从火爆抖音、快手短视频平台的"爆笑两姐妹"到华侨城文化旅游节"欢乐橙子",从海南三亚中廖村"大力神廖廖"到重庆欢乐谷引入的"超级飞侠"……近年来在市场上崭露头角的多个IP佳作背后，华侨城身影频现，映射其以IP为轴心探索IP全产业链构建、推动文旅融合高质量发展的实践之举。

2. 地域文化IP的开发运营

作为以文化立身的文旅央企，华侨城在IP开发的过程中一直十分注重中华传统历史文化的挖掘。2016年华侨城文化集团入驻甘坑，对其进行整体开发运营。除了在深挖客家文化、民风民俗、美学元素的基础上对甘坑进行保护性开发外，华侨城文化集团还积极寻找客家文化IP，进行IP孵化和运营，在这个过程中他们发现了凉帽。客家人戴凉帽的习俗可追溯到宋朝，有近1000年历史，深圳甘坑制作凉帽的历史有200多年，现如今已经成为广东省非物质文化遗产。华侨城以小凉帽作为甘坑的文化IP，并围绕小凉帽IP构建了一个现代客家生活场景和故事图景（图4-5）。通过IP孵化策略，形成了以绘本故事、国际赛事、特色景观、文化活动、服务设施、新型农创、创意酒店、亲子农庄、V谷乐园、VR邮局、VR电影的全套产品矩阵，让小凉帽IP被市场所熟知。其中，诞生在这里的以广东客家凉帽经典形象为原型的首部中国文化IP+VR原创电影——《小凉帽之白鹭归来》在威尼斯国际电影节上获两项大奖。

图4-5　小凉帽IP孵化和运营

企业还围绕小凉帽IP打造了以"凉帽宝宝的家"为主题的亲子度假酒店，酒店内卡通元素淋漓尽致地体现在客房的每一个细节中，轻松欢快的气氛为孩子们打造了一个现实版的卡通乐园。小凉帽主题酒店外面也建设有小凉帽农庄乐园，乐园面积约为37000平方米，以"白鹭回来了"为主题线索,将小凉帽绘本故事的主题元素和活动设计相结合,通过"生活方式""合族聚居""耕读传家"3个关键词,打造了一座亲近自然的场景浸入式寻根文化主题乐园。农场里包括了稻田艺术、农耕学堂等多个项目,除了农耕和采摘,还有亲子DIY,挖掘孩子的动手实践能力和艺术想象力,体验工匠精神,增加对中国传统木工文化的认知和喜爱;体验活字印刷,让孩子们在亲自动手参与中学会拓印的基本方法;了解文字的产生及演变,体验传统手工艺,传承传统文化。现在这个农庄已经成了最受深圳市中小学生欢迎的一个体验式农庄。

在云南运营文旅IP时,华侨城一方面将普洱IP融入华侨城康养小镇,以"茶旅融合、观光度假、城市休闲、旅居康养"为项目定位,以"茶产业+健康+旅游+城镇化"为产业定位,分3期打造产城融合示范区、文旅体验区、酒店度假区、生态体验区、休闲居住区、医疗康体区,推动云南茶文化走出国门。

在云南大理古城,华侨城遵循古城历史性、时代性、地域性、民族性,突出当地白族民居建筑的独特个性,围绕古城内古院落的现状进行有针对性的修缮,保留白族民居"三坊一照壁、四合五天井"特色的老旧建筑,"复活"有近百年历史的传统白族老院落——无同书院(图4-6),过去废旧的老院落,如今摇身变成了飘满原木味的书屋和文化客厅,成为云南大理文化旅游景点新IP。

图4-6　无同书院

通过持续聚焦云南民族文化与旅游的高度融合,华侨城将当地民族节庆活动作为发力点,将火把节、泼水节、三月街节等打造为具有国际影响力的文旅节庆IP,推动云南全域旅游实现高质量发展。在2021年7月举办的2021巍山国际火把节,民族歌舞、文艺演出、美食小吃等丰富活动让巍山成为"不夜城"。火把节的顺利举办,吸引了国内外众多游客,游客人数是往年的3倍,对此,国内外多家媒体进行了报道,让"中国文化"再次登上了世界舞台。

而在距巍山300千米开外的"恐龙之乡"云南禄丰,华侨城在保护和传承恐龙遗址公园科考文化的基础上,创新科普教育和文化传承形式,将"许氏禄丰龙""阿纳川街龙"等恐龙家族的生存、繁衍和进化史,精心打造成一组趣味性强、拟人化、科普意味浓厚的文创IP,推动当地家庭亲子游、研学游持续升温。

在海南三亚中廖村,华侨城深度挖掘当地黎族传统民族文化,提取其中大力神图腾视觉符号并对其形象进行创新性改造,结合海南特色文化,打造出"大力神廖廖""椰壳怪""槟榔族"三大IP形象,并据此衍生开发了一系列互动性强的文旅产品,进一步强化了中廖村黎族特色旅游目的地形象,不仅吸引三亚市区的消费人群,也颇受从北方来此过冬的"候鸟游客"的青睐。

(三)华侨城文旅产品持续迭代

华侨城文旅产品品类齐全,持续迭代创新。公司拥有文化主题酒店、文化艺术场馆、文化主题景区和文创产业园四大类产品,产品品类齐全,形成互补。其中文化主题景区为核心产品且不断保持迭代创新。

第一代主题公园产品是静态游览型,主要由世界上内容最丰富、规模最大的微缩景区"锦绣中华"与"世界之窗"组成。第二代主题公园产品是以"欢乐谷"和"玛雅乐园"为代表的互动游乐型产品,目前已在全国多地全面落地,是中国首个自主创新的主题公园连锁品牌,突出游乐性质。第三代主题公园产品是以"东部华侨城"为代表的生态旅游型产品,其突出生态景色,是集观光旅游、户外运动、生态体验等多主题于一体的综合旅游产品。第四代主题公园产品是以"欢乐海岸"为代表的商业文娱型,产品是融合主题商业、文化旅游、时尚娱乐等多元业态的都市商业文娱综合体,欢乐海岸目前在全国多地全面落地。第五代文旅产品是特色小镇,该模式自2015年开始筹划,已经陆续考察和签约数十处。五代产品相辅相成,目前公司核心主题景区产品是欢乐谷和欢乐海岸,定位上有所差异。

11月20日,《2021中国主题公园竞争力评价报告》在上海发布,华侨城集团旗下11家主题公园入围,其中深圳世界之窗、深圳锦绣中华·中国民俗文化村(图4-7)、深圳欢乐谷、北京欢乐谷入围综合评价排名前十强,分别列第三、第四、第五、第六位,再次彰显了华侨城"位列全球主题公园集团三强、亚洲第一"的强劲实力。

(1)华侨城第一代主题乐园

锦绣中华是华侨城受荷兰"小人国"马都洛丹的启发而建立的第一个主题公园,也是中国最早的文化主题公园,世界上面积最大、内容最丰富的实景微缩景区。其于1989年在深圳正式开业,整个公园按照1∶15的比例完成了82处按中国版图位置分布的微缩景观,开中国人造景观之先河,实现了"一步迈进历史,一天游遍中华"。锦绣中华的综合服务区苏州街汇集了京川苏粤等几大菜系和各地的特色小吃。游览期间,游客可以一边购买风味小食和特色旅游纪念品,一边观看展示中国秀丽山河的360度环幕电影。

图4-7 深圳锦绣中华·中国民俗文化村

中国民俗文化村是华侨城的第二个主题乐园,占地20多万平方米,以"27个村寨、56族风情"的丰厚意蕴赢得了"中国民俗博物馆"的美誉。在这里,游客可以学习民间工艺品制作,品尝民族风味食品,观看马战实景《金戈王朝》、大型民族音乐舞蹈《东方霓裳》、大型广场艺术晚会《龙凤舞中华》,亲自体验舟船风情河、飞瀑溜索民俗风情的独特魅力。景区通过民族风情表演、民间手工艺展示、定期举办大型民间节庆活动,如华夏民族大庙会、泼水节、火把节、西双版纳风情月、内蒙古风情周等,多角度、多侧面展示中国各民族原汁原味、丰富多彩的民风、民情和民俗文化,让游客充分感受中华民族的灵魂和魅力。

如果说锦绣中华和民俗文化村是对中华文化的集中展现,那么深圳世界之窗(图4-8)则融合了世界各地的著名文化景观和建筑奇迹。1994年开园的深圳世界之窗以弘扬世界文化为宗旨,把世界奇观、历史遗迹、古今名胜、民间歌舞表演融为一体。景区按世界地域结构和游览活动内容分为世界广场、亚洲区、美洲区、非洲区、大洋洲区、欧洲区、雕塑园和国际街8个主题区,内建有130个景点,分别展示了法国埃菲尔铁塔、巴黎凯旋门、意大利比萨斜塔、印度泰姬陵、埃及金字塔等100多个世界著名的文化景观和建筑奇迹。现如今,深圳世界之窗不仅是世界著名建筑的收录所,更是深圳景区核心竞争力的有力体现。长沙世界之窗则是深圳世界之窗的升级版,其在微缩景观之余还添加了大型舞台表演,以及过山车、疯狂雷达等20多个主题娱乐设施,丰富了公园的娱乐性和游客体验感。

图4-8　深圳世界之窗

(2)华侨城第二代主题乐园

欢乐谷的推出是对长沙世界之窗复制失败后的转型之作,其由原先的观赏性转变为参与性,成为融参与性、观赏性、娱乐性、趣味性于一体的中国现代主题乐园,也是中国第一个自主推出的主题公园连锁品牌。欢乐谷打造器械乐园模式,初步布局于核心城市,自1998年深圳欢乐谷开园以来,欢乐谷已经进驻深圳、天津、成都、北京、上海、武汉、重庆以及南京8个城市。其中,已有4家欢乐谷主题公园的参观人数连续5年排进亚太地区主题公园前20名,它们是北京、深圳、成都和上海的欢乐谷。其中,北京欢乐谷是参观人数增幅最大的一处,2019年参观人数同比增加14.3%,3年CAGR达29.6%。

深圳欢乐谷(图4-9)于1998年建成开园,占地面积35万平方米,园区共分为九大主题区:西班牙广场、魔幻城堡、冒险山、金矿镇、香格里拉、飓风湾、阳光海岸、欢乐时光和玛雅水公园,共有100多个游乐项目。它的出现使中国主题公园实现从静态景观欣赏型到参与体验型的转变。2019年,深圳欢乐谷推出全新6期项目,包含全新三大主题区,引进七大惊险项目,推出八大亲子体验项目、五大精彩纷呈演艺,成为中国极具魅力的都市娱乐中心。

图4-9　深圳欢乐谷

北京欢乐谷是欢乐谷品牌开启全国连锁的第一站。秉承"常看常新、常玩常新"的游客服务宗旨,北京欢乐谷在开园后相继推出了二期欢乐时光区、三期爱琴港区之奇幻海洋馆及欢乐世界、四期甜品王国区、五期香格里拉区、六期天光夜谭。其中,国内首创、世界唯一的城市空间装置体验秀"欢乐魔方"、万千星光幻影秀"奇幻东方"以及全新升级的特效实景剧《玛雅天灾》、音乐喷泉、特洛伊木马秀、追光音乐过山车等沉浸感、科技感、炫酷感、体验感十足的光影大秀,深得广大游客喜爱。

图4-10　北京欢乐谷

欢乐魔方是世界上最大的单体3D立体运动模组舞台,由76组魔方矩阵组合而成,单体可独立自由伸缩,能够变换80余种空间画面,并能根据舞台需要瞬间组合成不同造型和场景的背景。采用全场景化60余组激光矩阵融合超大广角定制LED屏幕,并辅以4K超清画质,采用电影原声环绕影音系统,打造沉浸式体验。

坐落在奥德赛广场的"奇幻东方"万千星光幻影秀将多媒体数字技术与光影科技深度结合,将视觉的光影艺术之美与新文化的潮流魅力展示得淋漓尽致。视觉导演王春慧、颜珂带领吾想创意视觉团队打造光影夜游新视界。"奇幻东方"幻影秀呈现了一场由一只可爱呆萌的小舞狮误吞了月亮,进入了另一个世界的奇幻惊险之旅。幻影秀分为3个章节,通过"梦幻·爱琴海""秘境·东方""奇幻·欢乐谷"展现东西方浪漫的古典文化。由王春慧、颜珂带领的视觉设计团队以尖端的技术和崭新的内容,让人穿越千年梦境,感受古今东西方文化碰撞给"北京"这座魅力之城带来的一场充满神奇、欢乐、温馨、浪漫的沉浸式体验之旅。

(3)华侨城第三代主题公园

华侨城的第三代主题公园形式是生态旅游项目,目前主要有3个——深圳东部华侨城、昆明华侨城以及泰州湿地温泉主题公园。其项目借鉴了华侨城之前在主题园区和旅游地产模式运营的经验,抓住了都市人走出城市的愿望和回归自然的需求,并依托自然生态资源,将"自然"与"创新"相结合。整体项目规划始终遵循"生态保护大于天"的宗旨,充分保留原生态的自然和山地景观,并用现代手段打造与生态环境融为一体的现代景观。

(4)华侨城第四代主题公园

华侨城第四代主题公园有欢乐海岸和儿童主题乐园——麦鲁小镇。在该阶段,华侨城为了实现快速扩张,规避第三代主题公园的自然资源限制,集结华侨城旗下主题商业、旅游地产、时尚娱乐、文化创意领域打造城市综合体,这是华侨城发展高端商旅文战略的全新突破。第四代主题公园的地理区位一般位于核心区域或者新区核心地段,主要致力于满足都市居民的文化旅游需求。

欢乐海岸是以海洋文化为主题,以创新型商业为主体,以创造都市滨海健康生活为梦想,将主体商业和滨海旅游、休闲娱乐和文旅创意融为一体,整合零售、餐饮、娱乐、小公、公寓、酒店、湿地公园等多元业态,形成的"商业、娱乐、文化、旅游、生态"五位一体的商业模式。该模式具有"场景流量+商业变现"的优势,未来异地复制性强。自2011年的深圳欢乐海岸落地以来,欢乐海岸成功进驻顺德、宁波、南京这些重点城市,未来还将落地郑州、中山等地。欢乐海岸具有"主题乐园+商业"模式,拥有更多"场景流量+商业变现"优势。一方面,由于综合体项目拥有特色鲜明的主题,主题性有效地避免了综合体同质化的问题,对消费者具有强大的吸引力,能够在短时间内通过场景聚集大量流量,有效提升综合体聚客能力;另一方面,主题乐园作为目的地型体验式消费场所,满足客户餐饮、购物和娱乐等多样化需求,促使巨量客流通过商业的成熟运营进行变现,与传统商业综合体对比,欢乐海岸这种"乐园+商业"的模式在流量获取和商业变现上效率更高、盈利能力更强。

麦鲁小镇是华侨城集团旗下的新型儿童职业体验乐园,其主体是一座迷你版的儿童城市,城里有数十座不同风格的房屋,也有热闹的街区和繁忙的交通。在这里,儿童可以拥有自己的身份证和银行卡,体验不同的角色,如警察、消防员、空姐、医生、记者、点心师、摄影师。小朋友可以通过劳动和"就业"赚取园内通行币——"麦元",并用麦元在园区里面享用美食、购买纪念品、报名参加职业培训。

作为央企,华侨城始终坚守文旅主业。在深刻理解和把握国家战略、产业战略的大趋势下,紧随市场需求,一手抓创新,一手抓发展,以实际行动"促活、纳新",持续以高质量供给引领,满足人民群众对美好生活的需求。"十四五"期间,欢乐谷集团将以"主题公园＋N"的创新发展模式,以现有公园为基础拓展主题公园周边业态和文化娱乐业态,通过搭建存量主题公园业务、新产品发展业务、产业链业务和新文娱业务,推动欢乐谷业务组合发展模式的创新升级,实现线上线下联动发展。华侨城更多文旅项目和产品的创新步伐,正大步迈开,综合开发优势继续成为其高质量发展的有力抓手:深圳欢乐海岸、顺德欢乐海岸、深圳欢乐港湾、宁波欢乐海岸等项目相继落地,南京溧水欢乐港湾、西安沣东欢乐海岸、中山欢乐海岸等新一批"城市会客厅"项目也正在加速推进,将为当地群众提供吃、住、行、游、购、娱一条龙全流程综合服务。

(四)华侨城长周期、重环保、融文化的项目运营特色

就华侨城的文旅项目而言,其存在三大显著特点。其一,体量巨大,前期投资相对较小,且开发周期长。华侨城的投资主要以拿地和建设文旅项目为主,前期资金投入较少,主要以滚动开发和与地方政府共赢的合作模式,依托政府的优惠政策,率先进行商品房的售卖,收拢资金。项目整体建设开发周期在10年以上,其中也有部分次新城开发周期相对较短的,根据项目规模的差异分别缩短到3至5年。

其二,因地制宜,兼顾人文旅游和生态保护。"生态优先、环保先行"是华侨城集团多年坚持的运营理念。其在推动产业转型升级时,始终尊重和保护自然,积极开展环保教育和公益活动,倡导低碳健康的生活方式。2007年,华侨城从深圳政府手中接管红树林湿地,并通过为期5年的保护、修复、提升,将其打造成中国唯一地处现代化大都市腹地的滨海红树林湿地。在湿地资源的基础上,华侨城开展公众生态环境教育活动,并成立中国第一所自然学校,通过环保志愿队伍提供的多元化教育课程和"自然艺术季""国际湿地日""爱鸟周""世界环境日"等大型品牌活动,引导人们传播环保理念,

体验环保实践。

除湿地项目外,华侨城在文化旅游项目运营过程中,也关注生态友好和节能低碳。譬如华侨城在顺德欢乐海岸项目中,采用海绵城市技术对雨水进行收集、净化等处理,使其可以作为景观用水、绿化浇灌用水等得到二次利用,有效降低园区水耗,此举每年为顺德欢乐海岸提供6万立方米的二次用水。与此同时,为节约电能,华侨城欢乐谷园区采用低能耗的LED光源并安装时控器,根据旅游峰谷和淡旺季,调整园区大型游乐项目的开放时间,减少非必要能耗。

华侨城集团还将环保理念融入城市运营和发展中,实现环保与城市文化的有机结合。在郑州,华侨城通过"守护地球"活动、可持续艺术展与垃圾分类街头快闪等环保活动,向市民倡导垃圾分类、环保生活。在深圳,华侨城创意文化园开展"余物变身计划"OCT-LOFT公共艺术展,通过让参与者收集垃圾和记录自己每周产生的垃圾量,引导塑料废料零排放生活方式,让更多的人关注生活垃圾排放造成的环境污染问题。与此同时,艺术家对于废弃物的再改造也呼吁人们发现生活中的趣味和仪式感,感悟物品生命的生生不息。

其三,将各地特色文化元素融入地产酒店。在开发主题酒店的时候,华侨城融入了颇具特色的文化元素,建立起了中国最大的主题酒店群。其中有西班牙主题的华侨城大酒店,主打东南亚文化的奥斯廷酒店,主打意大利主题的威尼斯酒店,主打瑞士文化的茵特拉根酒店以及经济型主题精品酒店城市客栈。

深圳华侨城洲际大酒店建于2006年,是国内首家西班牙风情酒店,而圣玛利亚宴会厅是该酒店的标志性建筑。华侨城以"桑塔玛利亚"号为原型,将宴会厅横空停泊在酒店的第三层。宴会厅量身定制的大航海风格与内部考究而恢宏的巴洛克建筑风格相融合,在质朴粗犷中可见传承的低调和奢华。

2022年7月,深圳东部华侨城主题酒店群还举办了"欧洲宫廷风情节""粉红西瓜节"两大主题风情节以及"珊海探奇夏令营""高尔夫夏令营"两大主题夏令营,让游客不用走出国门即可体验一场欧洲情怀之旅,孩童也可以边玩边学,体味亲子时光和趣味童年。

　　总的来说,华侨城凭借其30年的主题公园建设和运营经验,并通过锦绣中华、民俗村、华侨城、世界之窗、欢乐谷、欢乐海岸等知名旅游品牌树立了良好的品牌形象,而其先旅游后地产的商业发展方式也满足了当地政府旅游业和税收的需求以及高端消费者的消费欲望,刺激了当地经济和城市化的发展。现如今,受到宏观政策环境的影响,虽然企业的地产业务呈现一定程度的收缩,但企业升级战略,其旅游业务的盈利和扩张速度快速提升,双轮驱动的盈利模式保障华侨城能够持续稳定发展。

二、复星文旅产业聚焦中高端家庭旅游度假服务市场

　　复星集团创立于1992年,以健康、快乐、富足、智造为核心,通过科创引领,智造C2M(客户到智造者)幸福生态系统为全球家庭客户提供高品质的产品和服务。

(一)复星持续创业

　　复星集团的企业成长与战略演进,一共经历了从初创到扩张、布局再到深化这四个主要阶段。而这四个阶段也是其发展战略不断成熟的体现。

　　第一个阶段从1992年到2000年。在该初创阶段,中国改革开放进入新阶段,土地、资本、劳动力流动,城镇化兴起。复星借此机遇突破市场调研业务范畴,发现诊断试剂市场机会,从而进入生物制药＋医药流通领域,并且促成了1998年复星医药上市。与此同时,复星积极把握为国有企业代理商品房销售市场机遇,切入中国房地产行业。

　　第二阶段从2001年到2007年。在该扩张阶段,恰逢中国国有企业改制,而中国加入世界贸易组织更是为大量民营企业创造了参与国民经济建设的良好契机。趁此机遇,复星突破医药、地产业务布局,积极参与豫园、南钢、招金等国企混改,并且布局零售流通业、制造业和矿业,从而形成多产业的综合类企业新格局。2007年复星国际和招金矿业上市,标志着其全球化发展的战略正式开启。

　　第三阶段从2008年到2016年。在该布局阶段,虽然金融危机席卷全

球,但得益于中国宏观经济的稳健发展和"全球化"进程的加速,复星国际化战略实现突破,并提出以家庭客户为中心的经营理念。一方面,其关注全球医药、时尚、旅游、地产、金融和消费等"中国动力嫁接全球资源"机会;另一方面,其积极构建"以保险为核心的综合金融能力,比如投资Fidelidade、鼎睿再保险、AmeriTrust等保险公司,完善保险产业布局。复星依靠"中国动力与全球资源"双轮驱动,完成"全球化+新产业"的布局与落子,不断进入新的产业、区域,并始终坚持创新引领,坚持践行"深度产业运营+产业投资",进一步聚焦家庭客户健康、快乐、富足的需求,智造幸福生态系统。为此,复星于2016年成立复星旅文集团,更是在2018年实现了对豫园的重组,控股豫园股份。

第四个阶段从2017年至今。在该深化阶段,产业互联网成为新趋势和新动能,人工智能、大数据和云计算等数字化智能化技术的运用,使得洞察和满足个性化消费需求成为可能。在此浪潮下,复星明确其创新驱动的家庭消费产业集团的市场定位,坚持"C端置顶、M端登顶",矢志打造FC2M幸福生态,不断强化"万物智联"时代下的全球化组织与能力,在依托"FES"系统助推企业实现可持续"乘数性高增长"的同时,牢记"修身、齐家、立业、助天下"的初心,为客户、股东、员工持续创造价值,为促进"共同富裕"贡献复星力量。

(二)复星大战略与文旅快乐生态体系

在近30年的发展历程中,复星完成了其全球布局和产业布局,其全球化、FC2M生态、创新引领、双轮驱动(深度产业运营+产业投资、保险+投资)和FES等战略也日渐成熟。

(1)全球化

复星的全球化战略起始于其扩张阶段,讲求"中国—全球双轮驱动"。一方面,复星充分贴合中国消费市场的需求,不断将全球范围内投资产品引入中国消费市场,助力人民生活水平升级;另一方面,复星持续深耕全球优质产业,挖掘更具广度和深度的国际合作潜力,助力国际品牌基业常青。与此同时,帮助更多国内优质中小企业品牌和中国制造产品走出国门。

（2）FC2M 生态

复星提出将全球 10 亿家庭作为服务的目标客户,构建以家庭客户为核心的 FC2M 幸福生态。"FC2M"模式是一个以客户需求驱动产品创造与快速迭代的产业闭环,其中 C 代表客户(Client),M 代表智造者(Maker),"2"代表打通客户端与智造端的链接(To Link)。在整体生态战略中,复星提出"C 端置顶、M 端登顶"的理念,每一个产业都要做到 C2M,也就是旗下围绕家庭需求的各个产业 M 端都需要通过数字化或者智能化技术实现直达 C 端消费者,从而在整体上形成多个垂直向的 C2M 闭环。而这些垂直的 C2M 闭环也将被横向打通,形成一个完整的对家庭需求全方位覆盖的 FC2M 大生态体系,实现产业与产业间的生态乘数效应。

现如今,FC2M 生态已在医疗服务、健康管理、制药流通、康复养老、金融理财、时尚文娱和品质消费等多个领域落地。

（3）创新引领

在构建围绕家庭客户幸福需求的 FC2M 生态进程中,复星坚持以创新为原动力,立志成为各个产业、各个行业创新的引领者。复星通过自主研发、投资孵化、专利许可、创新产品和合作引入等手段打造多元立体创新体系,重点切入家庭场景单元,占领国际创新赛道制高点,培育更具有市场竞争力的复星好产品。

复星还设立"创新合伙人"项目,汇聚复星生态体系中最顶尖的创新人才与资源。其中,科技发展类合伙人主要覆盖医药研发、智能科技、智能制造等创新领域,创意创新类合伙人主要是复星在产品设计、IP 打造和建筑设计等领域的顶尖人才,名匠则包含了许多非遗传承人以及手工艺匠人等领军工匠。

（4）双轮驱动

复星自创业以来,一直坚持"运营＋投资"的战略布局,并逐渐发展成一家依托"深度产业运营＋产业投资"双轮驱动的全球化企业。从 2019 年开始,复星开发的围绕家庭幸福需求的产业生态布局已经趋于完善,外部市场已经进入精耕细作的"存量时代",同时大数据、AI、产业互联网等新一代技术不断成熟,复星开始聚焦于"深度产业运营",从运营产品到运营客户,挖掘更多的存量价值。

投资是反哺产业运营的手段,目的是服务客户和用户,并进一步补强复星FC2M生态圈,形成生态协同。复星的产业投资更强调围绕主战略进行深度聚焦的控股型和战略补强型投资。

"保险＋投资"是复星的另一个双轮驱动的战略,旅文和医药等产业均是依靠投资在短期内建立起深厚的产业基础。现如今"保险＋投资"模式已经内化到了复星的能力里。未来复星的投资会以产业补强型为主,为深度产业运营服务。保险亦将会和复星旗下的多个产业有更多的协同,在复星的FC2M大生态中释放更大的价值。

(5)FES

FES(Fosun Entrepreneurship/Ecosystem System,聚焦生态系统)是复星"深度产业运营＋投资"的战略,在"让全球家庭客户生活更幸福"的使命驱动下设计打造的一套管理系统。该系统将复星在产业运营和投资中的最优实践提炼成可复制、可推广的工具和流程,通过持续发展复星企业家精神和共创生态系统,助力公司达成"高成长"的目标。

(6)快乐生态战略体系

在过去几年复星快乐业务精耕中高端家庭客群,聚焦内容、模式、产品,打通线上平台和线下场景。在整体发展中,快乐生态实现了产业布局中的产业集群升级、产发布局的产城融合以及生态系统的线上线下互通。其主要的线下场景由老城隍庙、复地和豫园商城等品牌构成,并通过产品、内容和模式联动线上会员平台,强化整体品牌联系。

C2M垂直生态致力于服务家庭客户,升级快乐体验,打造全球化、全产业链生态系统。其主要业务板块为品牌消费和旅游文化,并下设珠宝时尚、文化餐饮等细化分类,形成多产业集合。

就品牌消费板块而言,复星集团主张引领中华文化复兴潮流,通过品牌打造、赛道布局、生态协同、化学效应形成植根中国的全球一流家庭快乐消费产业集团。比如旗下的豫园珠宝时尚通过产业运营夯实FC2M能力,通过产业投资拓展FC2M生态资源,从而实现内生、外延和多品牌增长。其内生式增长以战为抓手,落地FC2M战略,在2020年打响了老庙品类突破、数智化以及亚一渠道快速拓展三大战役,形成了从C端到M端触点的多维布局。其外延是扩张海外和国内并购,收购法国轻奢珠宝品牌Djula,获得国际顶奢珠宝品牌Damiani和轻奢品牌Salvini在大中华区的独家经销权,填补高端奢侈品产品矩阵的空白,并在国内区域赛道梳理一、二级市场,使之联动,从而横向构建品牌金字塔。整合式发展深化产业垂直赛道布局,通过供应链整合和设计师资源整合孵化培育钻石品牌"露璨"(LUSANT),进军钻石市场,助力FC2M战略落地。

就旅游文化板块而言,主要经营的公司是复星旅文。它以"快乐每一天"为口号,主张引领全新的国际化家庭休闲度假形式,如今已经成为全球最大的休闲度假旅游服务集团。复星旅文发展至今共经历了三个阶段,即奠基期(2009—2015年)、扩张期(2016—2018年)和初步成熟期(2019年至今)。第一阶段,复星旅文初步成立,随着对于Club Med的投资、收购以及三亚亚特兰蒂斯的建造,公司逐渐迈入扩张阶段。在扩张阶段,爱必侬和泛秀成立,三亚亚特兰蒂斯正式开业。复星旅文的成功上市以及2019年营业收入和利润的日趋稳定标志着复星旅文进入了初步的成熟阶段。迈入成熟阶段后,复星旅文推出全新旅游目的地品牌"复游城",丰富业务多样性,并且收购Thomas Cook品牌及酒店品牌Casa Cook& Cook's Club,完善服务及品牌布局,推进综合性生态旅游布局。

(三)豫园:独特的"商旅文"模式

"豫园商城"商业旅游文化品牌已经成为上海标志性的城市文化名片,形成了独特的"商旅文"模式。豫园股份的前身是上海"老八股"之一的上海豫园商城,其发展历程大致可分为三个阶段。

第一阶段是企业初创,改制上市,时间从1987年到2001年。1987年6月豫园商城获批改制为上海豫园商城股份有限公司,并在1992年正式在上交所上市。第二阶段是2002年到2017年,在该阶段复星入股促使豫园业务稳健成长。豫园从一家以豫园商城地区业务为主营业务的公司,逐渐发展成全国综合性的商业消费集团。第三阶段从2018年开始,在该阶段,在复星控股下,豫园实行多元布局。公司持续布局家庭消费,并推出钻石品牌露璨,加速多元化产业业务布局,向全球一流的家庭快乐消费产业集团迈进。

1. 珠宝:内生外延完善品牌矩阵,纵向整合打通全产业链

2019年我国黄金珠宝的市场规模达到7073亿元,同比增1.2%,2015—2019年的CAGR为3.9%,2020年线下门店受疫情影响较大出现短暂下滑。珠宝行业整体增速放缓进入成熟期。但从人均消费水平来看,2019年我国大陆人均珠宝消费额为73.4美元,而同期排名前3的中国香港、美国、加拿大分别为785.9美元、222.6美元、163.6美元。随着国内居民收入水平的提升以及珠宝行业进入成熟期,未来人均消费仍有较大的增长空间。

与此同时,黄金饰品因其在传统文化中影响深远,目前仍然为我国主流的珠宝消费品类,在各线城市的渗透率都达到将近70%的水平;而钻石的渗透率则远低于金饰类和铂饰类,但随着年轻群体逐渐成为消费主力,时尚和悦己成为购买珠宝的主要需求,未来将有较大的消费潜力可以挖掘。

豫园通过连锁扩张门店以及外延收购新品牌,其珠宝时尚业务收入实现高速增长。2021年前三季度珠宝时尚业务实现营收218.61亿元,同比增长34.16%,占营收比例达67.83%,成为公司的支柱产业;自2018年公司重组整合后毛利率稳步上升,2020年受疫情影响短暂下滑,2021年前三季度实现毛利润19.33亿元,毛利率8.35%,同比增加0.97%。

其原有的老庙、亚一品牌实行错位经营,通过差异化布局扩大客群。老庙与亚一是豫园珠宝时尚的两大核心品牌,在之前的经营中,两个品牌主攻市场相似造成了内部竞争,品牌亚一的经营业绩出现下滑现象。因此,自2019年起两个品牌实施差异化战略。老庙专注好运文化,聚焦一、二线城市中的中产家庭。2018年,老庙把握市场古法产品热潮推出古韵金系列产品,以"古韵弄新潮"为主打概念,将好运文化的传统标志物与古法铸金技法相结合,陆续推出"好运莲莲""福运绵绵""竹韵年年""鸿运升升"等产品。该系列产品迅速成为爆品,上市第一年销售额就达5亿元,2020年销售额突破10亿元,2021年上半年销售额达16亿元,同时第二个有"IP属性"的"多肉多福系列"也上市并完成了1000多家店铺货。而亚一则采取"降维不降级"策略,推出"五爱文化"系列新品,聚焦年轻时尚人群,并将渠道下沉至中低

线城市,挖掘新的消费群体。差异化的布局助力豫园打开新的市场增长空间。

2. 产业运营新赛道:聚焦文化产业,打造豫园生态圈

文化餐饮是豫园新一轮发展的重点产业之一。2020年豫园把原来的文化餐娱产业进行整合,成立了豫园文化饮食集团。

豫园文化饮食集团以老字号为核心,通过连锁店驱动营收增长。2020年受疫情影响餐饮业务出现负增长;2021年以来迅速恢复,前三季度文化餐饮业务实现营收5.63亿元,同比增长80.49%,上半年公司餐饮业务行业排名提升了15位,进入中国餐饮业前60强。从盈利水平来看,疫情后文化餐饮业务毛利迅速回升,2021年前三季度毛利率为65.2%,毛利水平领先于行业。

豫园传统品牌加速创新,产业投资完成食品赛道布局。公司经过整合提升,逐步形成以"老城隍庙"品牌为核心的中华传统饮食文化产品矩阵。五香豆、梨膏糖等传统老字号产品加速创新,如推出红罐无蔗糖添加版梨膏露;同时积极布局休闲食品、餐饮食品、草本饮品、特色酒种等品类,探索年轻化经营路线,如创新推出草本白酒"城隍·葵5"、梅眉青梅酒、休闲小食我薯鸡等。2019年,公司收购如意情55.5%的股权,完善上游产业链布局,并与公司在食品加工领域形成协同发展之势。2020年收购金徽酒、舍得酒,进军白酒优质赛道。

3. 地产:产城融合新战略,赋能消费产业发展

豫园商业零售积极拥抱国潮风尚,并通过数字化创新引领商业升级。依托豫园文化商圈,豫园商城集民俗、风雅和海派文化于一身,成为如今上海的城市文化名片。2021年豫园文化商业集团围绕灯产、文化、国潮、文商大IP塑造卓有成效,上半年完成610场主题活动。同年公司启动了"大豫园"智慧商圈升级战役,7月基于5G和AR技术的"乐游豫园—导游导览导购平台"一期建成上线,构建"容易来、舒适游、方便买"3个标志性场景应用,增强C端用户的游乐体验感。同时依托线上平台积极推进会员融通,并积极与外部优质权益合作,增强会员黏性,赋能商户的营收增长。

在数字化和国潮风尚的带领下,豫园商城2021年前三季度累计客流达

1652万人次,同比增41%。与此同时,豫园商城深入推进产城融合战略,持续打造线下产业地标。自2018年豫园实施资产重组后,复星为其注入复合功能地产业务,使其成为公司构建快乐时尚产业集群、线下时尚地标业务的重要支撑。与大部分依靠规模扩张的房企不同,公司围绕"产城一体、产城融合"的思路,以地产承载城市复合功能、活力社区的理念,集聚产业优势资源,充分发挥公司乃至整个复星体系的产业优势,走差异化竞争路线。

蜂巢城市是复星为迎合不断升级的城市发展及管理需求所提出的"产城一体"解决方案,通过嫁接复星卓越的城市升级全链条能力和丰富的优质产业资源,创新性地提供更加实用的产城融合升级方案,提供高质量的产品与服务,注入复星所智造的健康、快乐、富足幸福生态系统。目前已在全球形成金融蜂巢、健康蜂巢、文化蜂巢、时尚蜂巢、旅游蜂巢、科创蜂巢、冰雪蜂巢等多个大类的蜂巢标杆产品。

图4-11　上海BFC外滩金融中心——"金融蜂巢"核心代表作

云尚作为复星的C2M战略实践、时尚产业深度运营商,围绕产业客户,以创新驱动、科技引领,打造了"4+4+4"的产业模式,构建"时尚＋"产业新业态。云尚·武汉国际时尚中心于2019年正式开业,是集团在线下首个将产业与商业深度融合的场景,定位为"以服贸为核心的产业中心、以服装为核心的时尚中心",成为武汉的时尚新地标。

(四)复星度假村业务核心:Club Med

Club Med是复星旅文度假村业务的核心。Club Med创立于1950年,是全球最大的旅游度假村集团,其度假村业务遍及全球40多个国家和地区,共经营超过60家度假村。一价全包的定价模式以及颇具特色的GO体系是Club Med凸显于中国传统的度假村的主要原因。

1. 一价全包+颇具的特色GO体系

Club Med的一价全包式经营理念充分贴合高端消费人群的需求。消费者仅需支付一次费用就可以享受所有的餐饮住宿活动,包括孩子托管和滑雪培训。一次性付费形式虽然拉高了单次付费金额,但后期的游玩体验更佳,给消费者一种后期游玩无须付费的错觉。鉴于目前中国市场的价格敏感度高于其他成熟的市场,为加快Club Med本土化进程,Club Med推出了单订和一价全包相结合的定价模式,提高消费者接受能力和决策体验。GO体系的核心是5000多名拥有良好教育和培训背景的服务人员。在度假过程中他们将为游客提供包括儿童托管、演出、运动培训等在内的优质、专业服务,营造欧式度假体验。

比如在儿童托管上,Club Med联合Miniversity 迷你营儿童俱乐部,针对从4个月宝宝到17岁青少年设置宝贝俱乐部、小小俱乐部、迷你俱乐部、青少年俱乐部,提供看护、寻宝陪玩以及兴趣活动专业指导等服务。这些俱乐部的存在解决了当下亲子游看护难的痛点,解放家长的同时寓教于乐,满足孩子差异化需求。为提高GO工作热情,增强工作黏性,度假村还给予表现优秀的GO晋升为度假村的村长与助理村长的机会,从而确保该类体验和人才储备的稳定性,形成和强化其他度假村复制的壁垒。

为降低运营风险,Club Med采用轻资产战略,不断提高度假村中租赁和合约模式占比,降低自有度假村占比。租赁模式中,度假村和当地业主签订10—15年的租约。在租约期间,度假村利用现有的度假设施进行经营,开展业务获益。管理模式中,度假村通过品牌、内容和管理模式的输出换取一定比例的佣金。采用该模式,度假村节省了大量前期成本。

2. 四大战略：国际化、高端化、数字化和滑雪生态系统

国际化战略主要体现在度假村的国际布局以及国际布局影响下的差异化度假村品类。世界各地区度假村存在着地理区位和市场结构的差别，Club Med根据这些差别打造了三大主要度假村品类，即阳光型、山地型和Joyview型，如图4-12所示。差异化主题的度假村品类之间相互联动，在丰富游客度假体验的同时刺激游客二次游玩欲望。与此同时，国际化布局扩宽Club Med市场，增强公司产品的抗经济周期性。当前欧洲的旅游经济存在下沉压力，限制市场增量和企业营业额增长。而在发展中国家中，中产阶级人群逐年壮大、潜在市场规模大，竞争压力小。布局诸如中国这样的发展中国家是Club Med实现持续发展的必要举措。

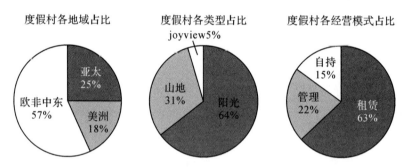

度假村各地域占比　　度假村各类型占比　　度假村各经营模式占比

图4-12　Club Med 度假村分类占比图

提升Club Med弹性和抗周期性。Club Med持续进行度假村改造和扩建，提供高端优质产品，优化度假村产品服务配置，从整体上提升度假村容纳能力。2017—2020年度假村的容纳能力从78.4%提升到了91%，提升12.6个百分点。产品和服务的持续升级也促进了业务效益的提升。2017—2020年，Club Med度假村单床价格稳步上升，由1219元每日提升为1423元每日，提升比例高达16.7%。

数字化拓宽Club Med线上渠道和平台，补充完善现有营销网络。Club Med持续推出类似Amazing Family等的体验项目，运用社交媒体和事件营销提升品牌知名度和客户期望值。"My Happy Days"等应用的推出，增加了游客获取度假村和活动信息的渠道，增加了度假村线上预约和登记入住功能。在度假村中，Club Med还提供了数字手环和无现金支付服务,优化客户消费体验,提升客户满意度。截至2020年底,Club Med 的直销率已经达到了67%,较2017年的63.5% 增加了3.5 个百分点。直销率的提升有利于Club Med在未来轻资产扩张的同时降低风险和订单履行成本,提升灵活度,实现营销成本的经营杠杆。

　　独特的冰雪生态系统是Club Med创造和维持竞争壁垒、稳固度假村领导者地位的重要支撑。Club Med是欧洲最大的滑雪度假村供应商,其拥有稀缺的滑雪资源和山地型度假村的地理优势,可最大化其议价能力和盈利能力。比如春节期间,北海道度假村价格高达4000多元每晚,预约时间长达4个月,还供不应求。

图4-13　中国黑龙江和北大壶Club Med滑雪度假村[①]

　　为进一步优化度假村酒店服务,复星旅文收购了Casa Cook和Cook's Club两大酒店品牌。Casa Cook高品质的设计美学以及Cook's Club有趣轻松的潮流氛围赋能现有Club Med高品质度假服务,强化品牌集群效应,持续助推国际化度假村布局。

　　总的来看,Club Med未来发展潜力巨大。现阶段,发展中国家,尤其是我国正处于消费升级阶段,亲子游、高端度假游和周边游市场迅速发展,市场需求潜力巨大,且Club Med自身所具备的轻资产运营方式降低了企业扩张成本,加快了企业布局速度。因此,拥有扩张速度和服务质量优势的Club Med将有望在未来的市场竞争中为复星旅文提供重要推力。

---

① 资料来源:Club Med官网。

(五)复星旅游目的地样板:三亚亚特兰蒂斯

复星旅文在中国的旅游目的地一共有3个,它们是已经在运营的三亚亚特兰蒂斯、2021年开始部分开放的丽江复游城和在建的太仓复游城。可以说,目前复星旅文旅游目的地板块的收入主要来自三亚亚特兰蒂斯。

三亚亚特兰蒂斯是复星旅文首个高端海洋主题综合性度假目的地,该项目位于三亚市海棠湾,于2018年正式开业。整个项目总共建有1314间全海景房和水底套房、21家国际化美食餐厅以及水族馆,集酒店、水世界、水族馆、国际会展、餐饮、娱乐、购物和演艺八大业态于一体。

亚特兰蒂斯的营业收入主要由客房收入和其他配套娱乐休闲服务组成,自2018年开业后,基本呈增长态势。客房收入从2018年的4.3亿元增长到2019年的7.1亿元,涨幅超过65%。其他业务收入也由3.2亿元快速增长到6亿元,涨幅高达87.5%。平均客房单价从1562元上涨至1963.6元,入住率从47.5%上涨至75%。该涨幅体现了国内高端亲子游市场的高需求和低竞争,以及目标客群的低价格敏感度。2020年受疫情影响,酒店关停,但该年的客房收入并没有出现明显下滑。这主要得益于中国疫情控制到位、居民需求快速恢复以及营销活动丰富多彩,比如水世界夜场和灯会嘉年华等。

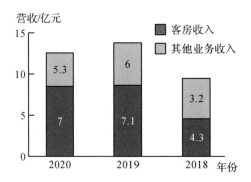

图4-14 三亚亚特兰蒂斯项目营业收入

独特的区位优势,多元化产品业态以及创新模式的资产项目轻量化使三亚亚特兰蒂斯的营收保持持续稳定增长。

有"东方夏威夷"之称的海南三亚一直是我国热门旅游目的地,游客数量从2016年的1.36亿人次增至2019年的2.29亿人次,CAGR高达19.2%,旅游市场未来发展空间大。2020年受疫情影响,三亚市接待过夜游客人数较上年同期下降25.3%,达到1714.40万人次。为加速市场恢复,三亚市政府出台了一系列疫后旅游业重振计划,比如加大财税金融扶持力度,降低企业运营成本,减少运营风险,比如调整产品营销策略,与金融机构、航空公司、新媒体和在线旅行社共同开展主题为"我和春天的约'惠'"等推广活动,加大对海南三亚的市场曝光力度,带动旅游消费。2021年,三亚旅游市场逐渐恢复,假期旅游收入涨幅远高于人次涨幅,市场消费需求旺盛。

亚特兰蒂斯布局在三亚的海棠区。该区域少数民族和汉族长期聚居,形成独特的民族文化。周边临近"国家海岸"海棠湾,"神州第一泉"南田温泉和蜈支洲岛等,以及全球最大的单体免税店三亚国际免税城。众多品牌的集聚极易形成联动,便于亚特兰蒂斯辐射周边人群密集区,巩固和强化客流优势。

三亚亚特兰蒂斯通过酒店、水世界、水族馆、国际会展、餐饮、娱乐、购物和演艺八大业态为游客提供多元化的娱乐体验。水世界主打户外游玩体验和主题嘉年华,其拥有的国内首家全年运营的水上乐园可同时容纳超万名游客,且乐园根据各年龄段游客不同喜好,提供差异化体验选择,比如儿童的卡丁车和桨板体验以及成人刺激性的海神之跃、旋风大喇叭和怒海过山车等。自2021年8月31日起,乐园延长夜间营业时间,通过热舞秀、激光水幕秀、璀璨烟花秀以及新增的水上飞人秀、泼水大战等刺激消费者夜间消费欲望,弥补原有夜间市场不足。

水族馆"失落的空间"主打寓教于乐和沉浸式海底狂欢。该馆设置了30个展示池,海洋生活种类超过280种,数量超过86000尾。近期,水族馆还推出了"深海尖叫夜"主题活动以及"禁忌之海"空间,为游客提供沉浸式海洋狂欢体验和有偿妆容服务,满足游客对于品质化、多元化度假体验的需求。

寰宇美食主打美食特色化和地域化。三亚亚特兰蒂斯拥有21家各具特色的美食餐厅,能够满足游客差异化的味觉体验需求。Crab蟹洋溢着东南亚自然之美,古朴富含禅意的布景,高饱和度的各色菜品,让游客感受到浓郁的异域风情。Tikki餐厅＆纳雷斯啤酒屋是肉食者的天堂,游客可以与好友来几杯自酿啤酒,尽情享受太平洋热带海岛风情。若想感受一下"地狱魔厨"Gordon Ramsay,Bread Street Kitchen & Bar是英伦一欧陆菜式爱好者的不二选择。这家餐厅所有的食材与配料均来自英国,精致的摆盘,丰富的味觉层次以及专业性的服务让游客在唇齿间体验伦敦。

类似于Club Med,亚特兰蒂斯也在通过"文旅＋地产"的创新模式,推行资产项目轻量化。亚特兰斯蒂设立棠岸项目,联合爱必侬将房产通过"自用＋经营"的一站式托管模式进行住宿设施的管理,丰富酒店住宿选择,提高地产销售项目溢价。短期内,该项目将成为旅游地产回笼资金的主力,长期来看,该项目将为旅游地产提供稳定持续的现金流,进一步轻量化资产项目,缩短投资回报周期。

(六)复合型旅居生活方式:复游城

复游城理念源于快速发展的旅游行业和现代科技。如今,旅游业作为全球经济增长的重要支柱在全球生产总值中的比重已经超过10％,在休闲度假领域中的占比更是高达60％。近年来,我国正在逐步进入文化娱乐消费增长快车道。我国人均GDP在2018年达到6.46万元,人民可支配收入在2019年达到了30733元,且文化娱乐消费占比进一步提升。在文化娱乐消费支出稳步增长的同时,消费观念也在转变,个性化、定制化、复合型旅游成为新的消费潮流。中国人的国民收入增长以及生活方式高端化转变更是加速了从观光游到深度休闲体验游的转变。当前中国有1100万户年收入在75000美元以上的家庭,且根据发展趋势,该数量在未来10年内可以达到3000多万户,旅游市场前景广阔。

人工智能、物联网等科技促进了劳动效率的提升,解放了更多的生产力和时间,从而增加了人们度假的时间。为顺应该趋势,复星旅文借鉴Club Med及三亚亚特兰蒂斯的成功运营经验,整合旗下多个品牌IP,于2019年推出了新一代休闲度假产品——复游城。

区别于传统的度假业务,复游城融合了FOLIDAY的"3F"核心理念,即Family、Friend和Fun,致力于人文关怀,满足游客工作和休闲需求,改善家庭交互沟通频率和深度。复星旅文的生态协同系统通过品牌的协同效应降低获客成本,提升集聚效益,开发游客消费潜力,为游客提供了一个复合型的旅居生活方式,实现旅游IP赋能与地产运营获利的持续促进和联动格局。目前该项目的实施情况是:2021年9月25日丽江度假村正式开业,并在开业当天喜获入住率超90%的成绩,太仓复游城预计2023年完工,三亚复游城项目签约成立。

1. 丽江复游城:政府立足高端酒店行业的重大文旅实践

丽江作为中国十大旅游城市之一,拥有"世界文化遗产""世界记忆遗产"和"世界自然遗产"3项世界遗产桂冠,但近年来的旅游数据显示,该座著名的旅游之城正面临着严峻的发展瓶颈。以民宿客栈为代表的中低端住宿业产品供给过剩,质量参差不齐,而中高端的酒店供应明显不足,且产品服务呈现严重同质化。该类现象激化了丽江住宿竞争,导致旅游人次和增长率趋于平缓,而无法下降的运营成本和平台服务费使得丽江民宿呈现提价、虚假宣传和不规范收费等一系列恶性循环现象。2020年疫情期间,政府对酒店民宿行业进行大规模整顿,加速散、弱、差民宿的淘汰,引入奢侈品牌型、景区一体化型和主题特色型等多种建筑形态酒店品牌,完善中高端酒店行业布局,满足游客高品质旅游需求。其中复星旅文旗下的复游城·丽江地中海国际度假区项目就是政府立足高端酒店行业的重要文旅实践。

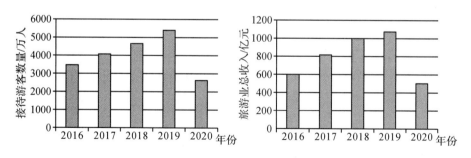

图4-15　丽江市接待游客数量和旅游业总收入图[①]

---

①　数据来源:丽江市文化和旅游局。

丽江复游城位于云南省丽江市玉龙雪山山脚,由度假村、主题商业街区、雪山秘境主题公园三大主打IP和大面积的可售度假客栈和住宿构成,总体占地规模超过三亚亚特兰蒂斯。周边半小时车程内有被纳西族誉为"天山"的玉龙雪山,世界级"古纳西王国"白沙古镇以及世界文化遗产丽江古城,旅游品牌联动效益显著。

第一期主打的丽江国际度假村是整个丽江复游城生态体系的核心,也是复星旅文在中国的第一家自持Club Med。它改变了以往国内Club Med度假村的"管理合同"模式,转为多维接管,从布局到设计再到确切落地均由Club Med一手把控,实现了丽江的独特少数民族文化、自然风情和法国精致度假文化的新式融合。该度假村对标享受生活的高净值人群,主要提供合院、联排、双拼和独栋度假屋四种形态度假屋产品以及旅居度假、艺术文化、亲子研学、民俗体验等高品质爱好相关服务,实现社交需求和精神需求的双重满足。第二期主打娱乐性的飞越驼峰主题商业街区。复星旅文运用虚拟投影技术,还原当时飞虎队的故事,在天空和丛林的虚拟场景中进行沉浸式娱乐体验的实弹射击训练。独具特色的东巴文字以及有趣的自然文化知识带给游客更多的解谜体验。商业区自营餐厅为游客带来精美的国际化饮食以及丽江当地特色的火盆和牛肉。当地文化的多元融入有利于和当前其他过于商业化的改造形成差异,降低同质化和可复制概率。最后一期主打冰雪秘境,提倡人与自然的和谐相处,使丽江重焕生机。目前项目还在推进中,预计占地200亩。

丽江度假村的引入弥补了丽江在高端旅游市场竞争力不足这一短板,满足了丽江游客的消费需求,也促进了当地文化和经济的进一步发展。在度假村内随处可见独特的纳西族文化,连国际化的GO团队也有相当大比例的本地员工。全球化的工作氛围和多样化的就业机会丰富了当地人的就业经历和经验,从精神层面加速丽江当地的国际化进程。度假村在改建时的规划和运营也有利于为当地的高端产业提供典范。

2. 太仓复游城:主打城市客群的国际度假生活风情小镇

太仓复游城位于江苏省太仓市,临近上海,周边半小时内就有地铁站太仓南站和上海虹桥枢纽,交通便利,区位优势显著。2020年沪苏通铁路的运营,将上海至太仓的运行时间缩短到15分钟,极大地便利了上海和长三角游客的出行,也进一步扩大了太仓复游城的辐射范围。未来随着5+1交通网络的进一步完善,其高铁2个半小时覆盖圈内人口有望超1.6亿。

图4-16　太仓复游城5+1交通示意图及效果图[①]

　　太仓复游城是主打国际度假生活风情的旅游目的地小镇,由世界排名第一的设计公司Gensler设计,占地约8.3万平方米,总建面积约128.6万平方米。园区内主要包含阿尔卑斯冰雪世界和复游体育公园两大核心IP,以及Club Med joyview城市度假型酒店和欧洲风情商业街两大休闲度假内容。

　　当前我国的滑雪产业经营模式较为单一,主要集中在中小型滑雪场。滑雪人群主要集中在一线和新一线城市,且月收入高于1万者占比达43.3%。[②]长三角地区人口分布密集,经济发达且人均收入高,消费模式相对成熟,符合复游城对于目标客户的期待。2021年2月,文旅部、国家发改委、国家体育总局联合发布《冰雪旅游发展行动计划》,以2022北京冬奥会为契机推动滑雪度假村运营商的快速发展落地。在政策加持下,太仓复游城的滑雪业务布局将更具优势。Club Med作为欧洲最大的滑雪度假村运营商,在滑雪产品和服务运营上有着丰富的经验和资源,其与法国阿尔卑斯集团(CDA)共同管理阿尔卑斯冰雪世界,两大产品的品牌和经验将助力未来

---

① 资料来源:搜狐网和公司官网。

② 资料来源:MobTech。

华东最大的室内滑雪场馆的成功运营。

与丽江项目不同,太仓项目的可售物业主要针对城市客群。因此,复星旅文打造了70万平方米的阿尔卑斯国际社区,将房产设计为87—149平方米的高层精装公寓。为优化客群的居住环境,满足其衍生的居住需求,社区还计划引入国际学校、幼儿园和社区商业体等衍生居住服务设施。

从长期来看,复星旅文在全球布局高端度假村的策略将可以牢牢占据高端消费市场。在国内,随着疫情的进一步好转,度假村和复游城的入住率、游客量将得到迅速恢复,旅游目的地的营业额增幅有望在2021—2023年分别实现30%、60%和20%,线上业务订单额有望分别达到50%、70%和20%。

(八)复星旅文服务及解决方案:垂直生态

复星旅文的服务和解决方案业务是对度假村和旅游目的地业务的补充和赋能,主要立足于渠道和内容两大板块。前者的核心是由Thomas Cook生活方式平台整合构成的"线下场景—产品内容—客户群体"的垂直生态布局,直通C端用户。后者是由复星旅文旗下的Club Med度假村、三亚亚特兰蒂斯、爱必侬、泛秀和迷你营等旅游品牌联动带来的多元化旅游产品生态赋能。

Thomas Cook被公认为是近代世界旅游产业的先驱,发展至今已经有180多年的历史了,一直致力于提供家庭旅游服务。

2020年7月,Thomas Cook推出面向中国市场的Thomas Cook生活方式平台。截至2021年7月18日,该平台下载量已超150万次,高峰月活跃用户超100万。2021年上半年,该平台实现约4.2亿元的成交额,上半年商品交易总额较2020年下半年实现了3倍以上增长,App下载量环比增长172.7%。Thomas Cook生活方式平台整合了复星旅文内部所有的产品服务资源并上线了线上商城,引入度假、生活全品类品牌产品,形成低频旅游消费联动高频生活消费、顾客联动游客、线上线下多品牌联动效应,成为主打旅游生活服务的综合性平台。平台化的方式使得企业可以直达客户,便于进行精细化客户分群和需求追踪,实现个性化和精准化定制服务。

2021年上线的 Thomas Cook 国际版 App 在原有的基础上增添了"短视频＋社交功能"，通过生态化社区的打造强化原有生态体系的社交性能和内容输出，完善原有的服务闭环。

保障会员权益的复游会是复星旅文维系会员互动、增强会员黏性的主要渠道。复星旅文俱乐部的会员享有其旗下所有业务板块的会员资格，包括 Club Med 中国大陆会员、三亚亚特兰蒂斯会员以及 Thomas Cook App 会员等。为增强会员计划吸引力，复星旅文还与支付宝、飞猪和腾讯理财等进行战略合作。截至2021年上半年，复游会累计用户数已经有660万左右，便于后续产品服务有针对性地营销推广的展开。

复星旅文服务板块的内容主要是一系列高品质的旅游服务业务的集合，比如针对儿童游玩需求的迷你营。2020年，复星旅文在现有的室内室外培训项目的基础上，为迷你营添加了户外营地玩雪系列活动、更多夏令营和冬令营活动以及国际玩学俱乐部，甚至还在电商平台上出售迷你营体验券，吸引更多潜在客户。截至2021年上半年，国际玩学俱乐部布局已经覆盖江浙沪及海南地区，服务人数超过9300人，超上年同期10倍有余；迷你营暑期服务学员超过2400人，营业额较上年同期增长306.7%。主打现场演艺的泛秀通过国际化的制作演出班底以及前锐的舞台设计，强化演艺视觉体验、丰富旅游目的地娱乐产品以及线上商城的销售内容。截至2020年底，三亚亚特兰蒂斯C秀演出已超1000场，接待人数超过37万人次，获得了2019年中国最佳文旅演艺殊荣以及"优选文旅演艺"奖项。复游雪项目主打室内滑雪，场馆内拥有先进的滑雪模拟机器和专业训练设备，可根据学员不同训练阶段和难度进行调节，在保证安全的情况下，帮助学员培养滑雪兴趣、熟练掌握滑雪技巧。截至2021年上半年，"复游雪"在国内共设有7家门店，学员人数突破2000人，较上年同期增长42.9%。

（九）复星以国潮品牌深化生态布局

多年来，复星坚持C2M和"深度产业运营＋产业投资"双轮驱动战略，积极布局国潮品牌。

1. 走向世界的国风茶饮：霸王茶姬

自2017年起，基于对新消费和新国风趋势的理解，霸王茶姬（图4-17）将茶视为传播国风文化的物质载体，将戏曲脸谱、原木纹理、手工刺绣、古建筑榫卯工艺等元素当作产品设计的灵感之韵，率先将国风茶饮带出国，邀五湖四海年轻消费者感知中国茶文化和以"茶"为核心的生活方式。与此同时，为顺应海外消费者的发音习惯、加深品牌印象，霸王茶姬将其品牌名直接英译升级为"CHAGEE"，并于2019年8月在马来西亚成功开设第一家线下门店。

图4-17　霸王茶姬

现如今，霸王茶姬门店在马来西亚、新加坡和泰国等已经开设近40家，海外单店单月最高销售额近43万元。且在疫情严峻的海外市场，霸王茶姬仍保持正增长态势，可见品牌声誉和影响力。

2. 沉浸式国潮剧本杀："复星十二时辰"

近年来剧本杀风靡全国，截至2020年底，我国剧本杀市场规模已经超过117亿元，其中26—40岁的主力消费人群占比高达76.2%。而其中线下潮流消费模式中剧本杀占比仅次于电影和运动健身。

在2021年国庆期间，复星在上海豫园以"星国潮 家年华"为主题，将国潮和剧本杀两大要素结合，完美融合传统东方美学与现代新潮文化，打造"复星十二时辰"国潮剧本杀沉浸式体验。剧本杀的整个剧情在大唐繁华之城——"星城"展开，复星为这个国潮体验构建了一个由一晌贪欢楼、福寿安康居、八珍玉食苑和国潮文创坊四大商区组成的主展区，并聚集了镖局、酒馆、药王谷、钟表行和美研所等8家店铺空间,从布景、道具到工作人员的服装头饰,复星都致力于做到尽显古风古韵。

3. 依托文化底蕴打造好产品:梅眉·青梅酒

"海棠真一梦,梅子欲尝新。"豫园出品的梅眉·青梅酒便实现了青梅酒与当下多元的传统文化的巧妙融合。在产品层面,梅眉·青梅酒遵循古法陈酿,采用纯青梅发酵,而非勾兑,使之保持原汁原味,维系青梅酒传承下来的文化底蕴。南宋梅瓶自古在传统审美中便有着多重身份,除作为实用性盛酒器外,梅瓶因被作为宫廷插画用具从而兼备了观赏器和花瓶的功能。因此在酒器设计上,豫园邀请龙泉国宝级制瓷大师、世界非物质文化遗产"龙泉青瓷烧制技艺"代表性传承人、中华老字号"南宋哥窑"传承人——金逸瑞为梅眉·青梅酒原版复刻南宋梅瓶,从而将品牌与南宋梅瓶IP相关联,形成"梅眉·青梅酒＋南宋梅瓶"的文化共鸣。

4. 挖掘品牌价值持续创新产品:梨膏露

豫园的五香豆和梨膏糖在上海家喻户晓。因此,为持续挖掘产品价值,豫园依托梨膏糖品牌所沉淀的工艺与价值情怀,创新研发了新一代产品——梨膏露。在功能属性上,梨膏露引入传承百年的梨膏古方,并甄选金银花、茯苓和甘草等七种草本植物,从而达到清新润喉的功效。在工艺上,区别于传统凉茶,梨膏露采取萃取的方式保留草本的核心功效。现如今在临近中国品牌日之时,作为豫园主销好产品之一的梨膏露除了原有海派风味和酸甜口感风味,还推出了清淡口感的风味,差异化风味扩大了客群范围。

豫园为老字号注入"国潮"的基因,积极开拓全新蓝海市场,并在产品和品牌年轻化道路上不断探索。

(十)复兴践行初心持续推进ESG

2021年10月27日,聚焦休闲度假旅游的全球领先综合性旅游集团之一——复星旅游文化集团获全球研究、数据和技术专家MSCI在其首份涵盖集团的报告中给予"AA"级,高度认可集团卓越的环境、社会及企业管治和数据安全措施。

ESG 是环境(Environmental)、社会责任(Social)、公司治理(Gover-nance)的缩写。ESG 不同于传统上对于企业财务绩效的评价,它是一种关注企业环境、社会责任和公司治理绩效的投资理念和企业评价标准。政府监管机构和投资者可以通过对企业 ESG 绩效的观察,评价投资对象在促进环境保护、促进经济可持续发展和履行社会责任等方面的表现,进而在政策引导和投资决策方面采取相应的行动。ESG 评价体系已逐步发展成为衡量企业发展潜力和前景的新型标准和投资人遵循的投资准则。①

随着 ESG 成为全球主流发展趋势,各监管机构均陆续推出相关条例及指引,借此推动上市企业更加重视 ESG 方面的治理及责任,市场和投资者也因而越来越关注 ESG 对企业的声誉、表现及风险管理的评价。

作为一个具有高度社会责任感的企业,复星用心践行"修身、齐家、立业、助天下"的初心。近年来,复星 ESG 评级表现优异。MSCIESG 评级跃升至ＡＡ,恒生可持续发展评级为Ａ,并连续两年入选恒生可持续发展企业基准指数成分股。

对复星来说,ESG 治理是一个全面性、自上而下统一标准和要求、不断进化的过程。为进一步提升企业 ESG 管治水平,贯彻落实 ESG 相关管治工作,集团建立了自上而下的三级 ESG 管治架构,由董事会、ESG 委员会和 ESG 工作小组组成。其中,董事会是 ESG 管治的最高负责机构,负责委任 ESG 委员会主席及成员,同时在 ESG 管治工作中起主要的领导和监管作用;ESG 委员会主要负责传递董事会决议并统筹推进 ESG 各项事宜;ESG 工作小组由总部各职能部门和主要附属公司相关部门组成,负责推动 ESG 相关具体工作的落地。②

1. 环境层面:增强意识,降低排放

复星集团通过完善环境管理体系、增强员工及顾客的环保意识、积极应对气候变化及运用创新方案等途径,为建设可持续城市和社区做出贡献。

在企业运营方面,Club Med 相信,增强员工环保意识是带来改变的关

① 刘云波,唐仁娜.ESG 对企业价值的影响[J].中国资产评估,2021(11):81。
② 2020复星旅文 ESG 报告[R/OL].http://imagedev.fosunholiday.com/2020%E5%A4%8D%E6%98%9F%E6%97%85%E6%96%87ESG%E6%8A%A5%E5%91%8A.PDF.

键。Club Med为员工培训提供了各种环境主题,如个体生态举措、垃圾分类或塑料对环境的影响。此外,复星旅文还将增强环保意识的活动与旅游业务相结合,在整个旅程中提高客户对可持续生活的认识。

比如Club Med亚布力度假村在每次越野行走时都为旅客提供生态简报,使宾客了解在散步时应采取的生态举措。在Club Med亚太地区所有度假村内,复星旅文每周组织一次或两次升级再造活动,旨在通过将废纸折叠成折纸动物,来提高孩子们对废弃物回收再利用的认识。

复兴集团在增强游客的环保意识的同时也降低碳排放量,为缓解全球变暖做出贡献。复星集团通过持续优化能源结构、升级技术设备等提升能源使用效率,减少能源消耗及温室气体排放。截至2020年底,复星旅文14%的度假村配备了光伏面板,该年内光伏发电量达1715000千瓦时,较2019年增加79.7%,23%的度假村配备了太阳热能面板,满足了近20%的的生活热水需求。此外,在Club Med各度假村中使用的车辆尽可能为电动汽车,目前电动汽车约占度假村车辆的47%。

2. 社会层面:承担社会责任,沉着应对疫情

复星旅文通过创新和协作,与社会各界携手在关爱弱势群体、推动社区建设、促进文化交融等方面做出贡献,努力实现从公益实践者到引领者的转变,在推动社会进步的道路上尽自己所能让更多人通过全球公益享受快乐生活。

比如三亚亚特兰蒂斯举办"亚特好声音"比赛和"关爱乡村医生"义卖活动,并把收入全部捐给上海复星公益基金会的"乡村医生"健康扶贫项目。同时,三亚亚特兰蒂斯于2020年12月至2021年3月举办豫园夜市嘉年华,承诺每售出一张门票将向"乡村医生"健康扶贫项目捐赠1元钱。

面对2020年初暴发的新冠疫情、武汉"封城"、防疫物资告急等情况,复星第一时间启动医疗物资全球调配计划。复星仅用4天时间,将5万件防护服从德国运到武汉等抗疫一线,这是中国第一批从海外运回的大批量防护物资。与此同时,复星多元布局的商业生态将"全球广度、中国速度"发挥到极致。凭借强大的全球化能力,复星从23个国家运回防护服、口罩、呼吸机等,这些关键时刻的战略物资为战胜疫情提供了有力支持。

总的来说,复星作为一家根植中国、面向世界、高度全球化的公司,未来其将在 ESG 方面进行新开拓,并且持续节能减排、创造价值、回报社会,积极推动集团的可持续发展。

在近 30 年的发展历程中,复星完成了其在全球的产业布局,实现了在全球化、投资、产业运营、FC2M 等方面从 0 到 1 的积累。现如今,复星已经进入了全新的发展阶段,大量业务板块迎来了收获期和爆发期,营收及利润出现高速增长。未来,复星将坚持"共创业、高增长、助天下"的策略,依托覆盖运营＋投资的 FES 系统,加强复星生态协同,助推公司实现可持续的乘数性高速增长,并且随着板块间协同效应带来的收入及利润增长,复星所布局的板块和赛道有望迎来从 1 到 N 的高效转变。

三、在线旅游平台颠覆文旅产业生态

在线旅游是通过互联网、移动互联网及电话呼叫中心等方式为消费者提供旅游相关信息、产品和服务的行业。

2019 年国内在线旅游市场规模首次破万亿元,2015—2019 年复合增速为 23.06%,显著大于国内旅游业收入复合增速 13.77%。2020 年受疫情冲击大幅缩水至 5728.8 亿元,同比下降 47.28%。此外,相较于欧美市场 55% 左右的旅行预订市场在线渗透率,2019 年我国旅游业线上渗透率仅约 16.7%,虽然近年来呈持续上升趋势,但仍处于较低水平,后续可挖掘空间较大。

(一)在线旅游产业商业模式创新

1. 在线交通、在线住宿、在线度假旅行"三驾马车"

在线交通、在线住宿、在线度假旅行是 OTA 领域三大核心业务,其中在线交通业务交易额占比长期高达 70% 以上,在线度假和在线住宿业务的占比分别为 10% 和 20% 左右,且在线住宿业务占比呈小幅上升态势。国内在线住宿市场在线化率持续提升,中高端化、连锁化和高集中度趋势明显。2020 年受疫情影响,交易规模降至 1208.11 亿元,同比下降 42.72%,但中国酒店业在线渗透率有明显提升,与欧美国家的差距在不断缩小。

（1）中高端化

竞争中高端市场是未来各大酒店集团的战略选择。低利润率导致经济型酒店遭遇发展瓶颈，被迫转型升级。2019年经济型酒店数同比下降3.4%，而中、高档酒店增速分别为6.9%和15.4%。2017—2019年，经济型客房数量增速从13.6%下降至2.6%，而中、高档客房合计数量增速分别为2.3%、15.3%和10.2%，扩张态势明显，且低星级酒店出租率显著低于高星级酒店。

受益于消费升级，中高端酒店发展空间更大。2020年我国酒店行业豪华、中高端、经济型的占比分别约为7%、32%、61%，中长期仍由低端经济型主导；而欧美发达国家的成熟酒店市场已呈现两边小、中间大的"橄榄型"结构，豪华、中高端、经济型的比例约为2:5:3，类似于收入阶层分布。随着中国消费的升级和经济水平的不断提高，酒店消费结构会向美国靠近。

（2）在线住宿市场呈高集中度特征，头部企业领先优势显著

OTA平台仍是酒店预订最重要的渠道。随着中国酒店业连锁化率的不断提高，酒店集团线上直销平台竞争力持续增强，Airbnb、铁路12306等具备旅行基因的搜索平台也在快速崛起，但目前线上酒店预订业务仍由携程系、同程艺龙、美团等主导，携程系月活数（月活跃用户数）远超锦江、华住等酒店集团线上直销平台。目前携程系交易金额仍居行业第一，但美团酒店业务订单数、间夜量增势迅猛，高频打低频的优势显现。

国内在线交通市场：航司直销模式深化，佣金率难提升。2019年，占OTA市场规模超70%的在线交通业务交易额达7626.68亿元，同比增速为11.8%；2020年疫情影响下交易规模为3998.02亿元，同比下降47.58%。其中，在线机票交易金额占比最大，2020年达80%左右，在线火车票活跃用户数增速最快、规模最大，火车票预订月活数近机票预订的5倍。此外，在线交通票务在线化率超50%，随着下沉市场互联网的普及，未来这一比例还将进一步提高。

2015年，国资委要求三大国有航司"提直降代"，也就是"直销比例提高至50%以上""代理费同比下降50%"。目前，在线机票代理费率从2014年的最高4.4%降至不足2%，批发商及OTA盈利空间收窄，未来该业务获利

空间有限。在线火车票月活数显著高于机票,但这部分流量大量源于铁路12306平台,随着官方直接预订平台的发展,在线火车票业务的佣金率或将压缩至1%左右,其他OTA平台竞争力逐渐被削弱。

2. OTA行业商业模式

OTA平台的主要盈利模式有3种:代理模式、批发模式以及广告模式。尽管广告模式目前收入占比平均不到10%,但随着互联网的发展,广告未来增量空间大。根据OTA平台的不同,3种盈利模式占其总盈利的比例有差异。比如Booking主要盈利来源于代理,而Expedia及携程的主要盈利来源于批发。

(1)广告模式

广告模式按收费标准不同可分为CPM、CPC和CPS等模式。CPM是按展示量收取费用的一种广告模式,这种方式只关注展示量,而不计点击、下载等,主要用于提高商品的曝光量。CPC是按点击量收取费用的一种广告模式,携程旗下的"去哪儿网"一般采用该模式。CPS则是按实际销售量收取费用的一种广告模式,也是携程常用的广告模式。

交通、酒店、旅行社数量多、竞争激烈,致使在OTA平台上的交通、酒店及旅行社等供应商销售压力大,在此情况下供应商会增加在OTA平台上的广告投入。因此虽然如今广告模式创造的收入占总收入的比例较小,但其未来上升空间大。

(2)代理模式

OTA代理模式的原理是供应商在OTA平台上销售产品,在交易成功后OTA平台从供应商处抽取一定比例的佣金。一般来说,OTA平台在酒店方面的抽佣比例在12%—30%,在交通票务方面的抽佣不超过3%。对比批发模式,代理模式可降低OTA平台的成本和风险。但由于一个供应商可在多个OTA平台上进行产品销售,因此代理模式对于OTA平台可复制性高。

Booking的现金流充沛,位列全球OTA行业的领头羊地位,其代理模式的成功实施功不可没。Booking应用的主要盈利模式为代理模式,2010年至2019年,Booking代理收入占总收入的比例平均为65%,从而获得充沛的现金流。充沛的现金流帮助 Booking 开启积极扩张战略,如在 2004 年到 2005 年间,Booking 集团分别以 1.61 亿美元和 1.33 亿美元收购了英国和荷兰的 2 家在线酒店预订企业,并将它们合并,建立了网络平台(http://Booking.com)。①

(3)批发模式

OTA 批发模式是指 OTA 平台提前从供应商手里采购部分服务,如机票、酒店等,再加价卖给消费者,从中赚取差价。批发模式下,OTA 平台可以获得稳定货源,同时可以决定加价的空间。

在批发模式下,用户需预付房费,而平台跟酒店的结算一般滞后一个月以上,因此用户预付的金额会在 OTA 平台上平均停留 45 天,在此期间,OTA 平台可利用用户的预付资金进行投资。但 OTA 批发模式也存在产品滞销的风险,从而会给 OTA 平台造成库存积压,库存积压会增加 OTA 平台的成本及现金流的压力。同时随着互联网的发展,信息的传播速度变快、透明度变高,批发模式的加价空间被压缩。

3. 疫情后期中国 OTA 市场回暖

2020 年下半年起,中国旅游业稳步恢复。2020 年 12 月,航空客运量、铁路客运量、在线旅游月活数与 2019 年 12 月相比,恢复率分别达到 74.5%、78.9%、92.1%,2020 年第 4 季度在线旅游市场规模恢复至 2019 年同期的78.8%,国内旅游人次也在不断回升,市场回暖态势明显。国内各大 OTA 平台月活数小幅上升,未完全恢复至疫情前水平,整体在线旅游平台总月活数从 2020 年 2 月的 6000 万人上升至 2020 年 12 月的 13200 万人,增速达120%。2021 年"五一"期间国内旅游达 2.3 亿人次,恢复至疫情前同期的103.2%,较 2020 年同比增长 119.7%,旅游出行热情高涨。

国内疫情得到有效控制,大部分酒店已恢复营业,市场持续回暖,特别是度假型酒店、高质量民宿产品受到市场欢迎,加速疫后住宿市场经济恢复。2021 年"五一"小长假出现"爆发式出游"现象。民宿市场复苏势头强

---

① 黄颐.2021 年盘点全球 OTA 企业,携程 VS. Booking VS. Expedia[R/OL].[2021-09-12](2022-06-10).https://download.csdn.net/download/weixin_42241611/22467642.

劲,游客对住宿品质和体验需求提升,高端民宿预订火爆;体验型乡村民宿持续走俏,红色旅游目的地成为年轻人热门打卡地。与此同时,2021年有超一半在线旅游用户有周边游计划,选择出境游的用户占比较少,目的地未定的用户数也较多,占比达20.2%。周边游、本地游、短途户外活动或将成为未来一段时间的主流。

(二)在线旅游产业新生态与年轻化、内容化、数字化发展新趋势

1. 旅游产业新业态:需求侧、场域侧和供给侧相互促进

在疫情和数字化环境下,需求侧、场域侧和供给侧相互促进发展变革。

在需求侧,消费者需求升级推动旅游产品服务迭代。随着居民生活水平的提高,消费者旅游需求逐渐发生变化。认知需求、品质需求和分享需求的涌现对产品和服务都提出了新的要求,比如在产品上游客开始追求深度了解目的地的深度游产品,满足个性化体验的个性化产品以及行程高度自由的小团游产品。在服务上,消费者开始关注多样化触达渠道、多样化信息分享方式,比如图文详情、直播、短视频等以及数字化带来的多样化便捷体验。

在场域侧,内容运营助力提升旅游供需链路触达效率。在疫情的影响下,旅游行业的内容运营方式逐渐呈现从图文到视频的发展趋势。相较于图文,短视频和直播这两种视频的内容运营方式更能推动旅游供需链路中触达效率的提升。就短视频而言,其营销门槛低、适应性强,可以灵活满足各种营销需求;且该渠道的信息承载量丰富集中,可以与用户进行深度互动和沟通,在传播声量上具有强大的肥尾效应。而就直播而言,专业主播的选品能力可以优化产品展示,减少用户产品搜索行为,提升信息触达效率。同时,限时低价降低决策成本,触发非计划性消费。直播同样可以提供给消费者实时互动,交互式购物体验。

在供给侧,疫情推动供给侧逐步开始重视私域流量运营。疫情前,旅游市场大环境稳定,资源端无生存压力,且资源端倾向将产品委托OTA等第三方分销,减轻直销压力。而在疫情后,旅游市场受疫情影响显著。资源端面临高竞争压力,直销成为刚需。因此企业开始重视用户流量的掌控权,以

推动直销比例的提升,私域流量运营意识迸发。在此环境下,企业相较以往会更加关注和重视用户流量,并渴望通过私域流量的布局和运营,更高效地实现用户拉新、用户留存及用户复购。①

2. 中国在线旅游行业未来趋势展望:年轻化、内容化、数字化

近年来,用户的年轻化趋势愈加明显,而部分旅游资源在销售渠道、旅游产品等方面还维持着传统的运营方式,这在一定程度上会削弱年轻游客对旅游目的地的兴趣。因此,在用户年轻化的趋势下,行业及企业的旅游产品服务均需适配年轻用户,整体旅游产业面临着产品模式、服务方式等多维度改革迭代的新挑战,但同时这也是疫情环境下把握市场、迎合市场的新机遇。

内容化是当下时代对旅游产业发出的转型的号召,最直观地体现在用户行为发生改变,愈加习惯直播、短视频、图文分享等内容传播方式。因此未来旅游产业和产品也需随着用户行为习惯的改变而做出应对。

数字化是当前产业发展、人民生活等多方面的转型趋势,具体体现在用户生活习惯数字化、旅游体验需求数字化以及旅游产业自身面临数字化转型。因此,企业更应该积极应对趋势浪潮,加快系统化的数字化转型步伐。

(三)携程集团:多产业布局的一站式OTA平台

携程旅行网创立于1999年,是我国最大的旅行服务平台,发展至今共经历了五个阶段,如图4-18所示。

图4-18　携程集团发展历程

---

① 资料来源:艾瑞咨询中国在线旅游行业研究报告[R/OL].[2021-12-08](2022-09-20),https://www.iresearch.com.cn/Detail/report?id=3889&isfree=0.

在萌芽阶段，梁建章、季琦、沈南鹏、范敏携手创建了"携程旅行网"，以全面的旅游资讯＋旅游电子商务进行引流，后期随着2000年并购国内最大的电话订票中心——北京现代通运，提高对下游低价酒店的谈判力，携程将核心业务定位为呼叫服务。以IT技术为支撑，标准化、精细化管理的"客服呼叫中心"成为携程日后引以为傲的护城河。在发展阶段，携程遭遇了2003年的"非典"。"非典"后的首个"十一"黄金期迎来报复性消费高潮，旅游业触底反弹，携程旅行网也借此机遇实现了美股上市。此后公司建成国内首个国际机票在线预订平台，加速布局度假旅行市场、加大在线服务技术投入，发展势头显现。利用IT和互联网技术放大这些实体的业务和盈利水平，实现了"鼠标＋水泥"模式的胜利，稳居行业龙头地位。在冲击阶段，创始人离开公司进行二次创业和学习深造，而艺龙、去哪儿网、淘宝旅行等竞争者也借此机会实现了业绩增速连续多季赶超携程，携程利润出现下滑情况。在扩张阶段，梁建章重回携程，策划了对内改革、对外争抢互联网移动市场的战略。对内，携程将原金字塔式管理模式改为矩阵式管理模式，下放权力，把业务划分为无线、酒店、旅游和机票等独立事业部门，提高决策效率和研发速度。对外，携程加速投资并购，追赶全球OTA市场龙头Booking和Expedia。在转型阶段，携程遭遇了快速崛起、高频打低频的美团和以低价票获取大量学生等年轻用户的飞猪旅行。因此，公司开始转变战略重点，提出Great Quality（高品质）＋Globalization（全球化）的思想。2020年面对疫情的冲击，携程启动"复兴V计划"，专注于转化率，运用"BOSS直播＋高星酒店预售"和垂直类直播平台"星球号"缩短下单距离，收取高毛利广告服务费。2021年4月携程集团于港股二次上市，为未来一站式旅行平台的打造募集资金。

总的来说，携程战略从最初的"水泥＋鼠标"转化为"高品质＋全球化"，实现了中高端客户服务及出境游业务的竞争优势，并正在下沉二线城市，布局线下轻资产旅行社，以作为流量补充。同时公司紧跟流量热点，创新内容营销、直播经济新形式，强化服务体验，人工客服壁垒，巩固市场地位。

1. 盈利情况

2017—2019年公司营收分别为267.80亿元、309.65亿元和356.66亿元,三年复合增速达22.87%,业务步入成熟期。2020年受疫情影响,国内旅游收入2.23万亿元,下降61.1%;携程营收为183.16亿元,同比下降48.65%,市场份额仍达40.7%。2020年酒店预订、交通票务、跟团游、商旅业务占比分别为38.92%、38.99%、6.77%和4.79%;酒店和交通票务预订始终是公司主要的盈利来源。各业务2016—2019年的复合增速分别为22.74%、16.49%、25.20%和27.32%。2020年受疫情影响,四大业务营收均出现下降,其中酒店预订和交通票务同比下降48%左右,跟团游同比下降72.63%。

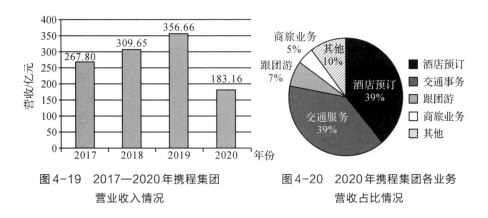

图4-19 2017—2020年携程集团营业收入情况

图4-20 2020年携程集团各业务营收占比情况

(1)酒店业务

住宿预订和交通票务是携程收入的主要来源,携程品牌住宿房源多和"星球号"的启动将为携程带来更多的稳定流量,因此住宿预订未来增长空间大。2016—2019年携程集团的酒店预订业务营收复合增速为22.74%。2020年受疫情影响,酒店业务营收同比下降47%。2021年第1季度该业务实现营收15.8亿元,同比增速达36.8%。2015—2020年集团的酒店业务佣金率从10.5%降至7.3%,成交额增速亦呈下降态势,主要系美团低价高频策略竞争到酒店业务大量订单。2017—2019年携程酒店间夜量同比增速维持在27%左右,呈稳增长态势;日均房单价基本稳定在400元左右。2020年受疫情影响,间夜量和房单价均出现大幅下降。

就旗下不同平台而言,"去哪儿旅行"以学生等年轻用户为主要客户群,具有票价低、优惠活动多的特征。而"携程旅行"作为集团旗下最大的品牌,定位于"高端化",主要为家庭和商务人士提供深度服务,更多关注品质。2020年疫情影响下,"携程旅行"和"去哪儿网"营收同比降速分别为37%和98%,其中去哪儿旅行的已售客房平均房价从258.4元直接降至84.8元的低价。后疫情时期,高端酒店因其更加完善的卫生和防护措施或将更受欢迎,"携程旅行"平台的ADR将有望进一步提升。

随着国内酒店旅游业竞争的加剧、交通直销模式的深入,携程旅行和去哪儿旅行平台的佣金率均小幅下降。去哪儿旅行在疫情期间为恢复订单量,采取大幅降价措施,2020年佣金率几乎降为0;偏向高端酒旅的携程旅行佣金率显著高于去哪儿旅行,维持8%以上的水平。

就其未来趋势而言,携程拥有较大的发展空间。携程通过持股、战略合作及签订分销协议的方式获多个品牌住宿房源。携程在全球超过200个国家和地区有酒店产品覆盖,拥有超过3000个供应商合作伙伴,140万家合作酒店。庞大的住宿房源将为携程带来更大增长空间。

住宿行业规模大、品牌及类型多样,消费者的酒店选择多且需求场景不固定,导致消费者对单一品牌的偏好较弱。这些原因使单个酒店品牌的私域流量难以沉淀。携程于2021年3月推出"星球号"平台,"星球号"聚合流量、内容、商品三大核心板块,可帮助企业搭建自己的私域流量池。如企业可在"星球号"上直播,从而吸引消费者下单。私域流量相对于公域流量更稳定,私域流量的用户忠诚度更高,因此"星球号"的启动可为企业和携程带来更多稳定的收入。同时,"星球号"可引流一部分企业自身私域流量至携程平台,为平台带来更多流量,因此住宿预订板块在未来增长空间较大。

(2)交通业务

携程的交通票务收入占总收入的比例维持在40%左右。自2015年至2019年,携程交通票务收入呈逐年上升趋势;在2020年,受疫情影响,其交通票务收入大幅下跌。尽管交通票务收入曾给携程带来巨大营收,但其产生的盈利空间较小、变现能力较差。以国内机票(国内出发,国内到达)为例,包含接送机或保险等附加服务,平均来看国内机票的变现率在1%—2%。2015—2019年集团在线交通业务复合增速达33.04%,2021年第1季度该业务营收同比下降37.1%,业绩仍未恢复,"周边游""本地游"和"云旅游"等方式的推广以及全球疫情防控仍未放松,使得后疫情时期的机票、长途高铁票预订业务短期内难以恢复至原来的水平。

2018—2020年集团在线交通业务佣金率分别为2.46%、2.31%、2.24%,呈逐年小幅下降的态势,主要受铁路12306推出手机App,转为直销模式降低客单价、飞猪等平台的低价冲击,以及机票业务"提直降代"政策影响。交通业务虽然售票量规模大但获利空间十分有限。

机票预订业务为公司营收主要来源,占比高达60%,地面交通占比约22%,Skyscanner占比约18%。Skyscanner主要做国际票务预订,受疫情影响较大,2021年一季度业绩恢复情况不佳。但在机票方面,受到国家政策影响,以携程为代表的OTA平台机票销售利润空间大幅压缩。在2015年,国资委出台"提直降代"政策,旨在降低OTA代理分销机票比例。在2016年2月,民航局下发通知,要求机票代理销售方不得额外加价、捆绑销售,或者恶意篡改航空运输企业按规定公布的客票价格、适用条件。这两项条款导致OTA分销机票数量下降,同时增值服务所产生的盈利空间被进一步压缩。在租车服务方面,尽管租车服务带来的变现率高达15%,但租车服务尚处于起步阶段,因此租车服务占营收比例较小,估算不到5%。但随着自驾游的兴起,租车服务在未来增长空间大。

尽管交通票务收入是携程主要收入来源,但交通票务业务盈利空间有限。在未来,交通票务业务的主要增长点将来源于租车服务。

(3)度假业务

2015—2019年集团度假业务营收规模呈稳定上升态势,但同比增速逐渐下降;2021年一季度仅实现营收4.21亿元,同比下降35.13%,业绩表现较差,仍未出现恢复迹象。细分集团度假业务,其中跟团游营收占比高达80%左右,2015—2019年复合增速达28.4%,商旅占比较低,营收复合增速为27.61%。跟团游业务绩效受到疫情影响更大,2020年该业务营收同比下降73%,商旅业绩下降30%。目前携程集团仍以提供2C端零售服务为主、2B端批发业务为辅,提供更加高端优质的定制化商旅服务亦是携程未来的发展方向。

集团的境外游营收高于国内旅游业务,且增速稳步上升,境外游热度的提升使携程较早布局国外业务的优势凸显;而境内跟团游营收增速明显下降。一方面,境内跟团游业务已步入成熟期;另一方面,当下年轻人更偏向于自由行。但显然全球疫情暴发后,境外游受到的影响更为明显,且目前仍未有恢复迹象,后续境外游的恢复情况决定着集团营收能否复苏。

年轻群体更倾向于自行制订出行计划,但打包游的便捷对中老年群体具有一定吸引力,因此携程旅游业务将保持缓慢增长。在2020年,携程的度假游收入占总收入的比例为7%,携程度假游自2015年以来,其收入呈逐年上涨的趋势;在2020年,受疫情影响,度假游收入大幅下跌。携程的度假游包含跟团游、半跟团游、定制游及交通、住宿打包服务。据Fastdata数据预测,选择私人团或小型旅行团的用户占比在2020年上半年为8.4%,预计到2021年上半年,这一比例将增长至17.2%;选择大型旅行团的用户占比在2020年上半年为13.5%,预计到2021年上半年,这一比例将增长至14.1%。随着时代的发展,年轻用户更倾向于自行制订出行计划,因此跟团游的增长速度较为缓慢,但打包游的便捷使中老年群体仍是其中坚力量。

商旅管理在未来发展潜力大,有望成为携程新的盈利增长点。携程商旅管理服务主要为客户提供商务访问、会议旅行以及旅行管理解决方案等服务。商旅管理收入占总收入的比例在2020年仅为5%。携程提供的商旅管理可一站式预订,为企业节省时间和决策成本。商旅管理服务还可省略企业员工支付和报销环节,可有效帮助企业提高效率。截至2021年5月,受疫情影响,该板块尚未大力发展,但在未来3年内,随着商旅管理宣传力度的加大和普及度的提高,其有望成为携程新的增长点。

2. 核心竞争优势

(1)高端市场优先布局

用户对互联网营销平台往往具有使用惯性,携程起步早、规模大、品牌优势明显,由此积累了大量黏性强的客户,2018年1月—2021年4月"携程系"App(携程旅行＋去哪儿旅行)月活数均远超其他平台,且除2020年以外,携程旅行平台月活数呈稳步上升态势,2020年受疫情影响,多数平台月活数降幅超50%,目前已逐步恢复。

携程主打高端酒店,战略投资华住、首旅、锦江等多家上游酒店供应商龙头企业,目前已有140多万家酒店入驻,充分把握高佣金率市场和高收入人群,发挥高端市场价格优势。"携程系"用户具有明显的高消费和年轻化特征,这部分人群出行更加频繁和稳定,且高消费人群对价格敏感度相对较低,展现出更高的消费潜力。

（2）客户黏性强

从2020年7月至2021年7月,在线旅游行业82个品牌,经22017个网友投票,携程Ctrip、同程旅行、去哪儿旅行、途牛Tuniu分别位列投票榜前4,受到众多网友的喜爱。携程用户的搜索转化率达38.2%,去哪儿达36.4%,领先行业;2020年12月高校学生在线旅游App覆盖率统计数据显示,去哪儿和携程均超55%,携程系App覆盖率远超其他平台。截至2020年5月的半年内,携程旅行和去哪儿旅行App的新客90日复购率分别达31.2%和32.0%,远高于飞猪的26.1%和美团的18.9%。

（3）内容营销新模式

从旅游业用户画像和消费趋势来看,旅游业开启国内大循环,Z世代新旅游消费群体崛起。2020年每人每次旅行消费774.6元,而Z世代次均消费金额达1359.7元,消费力显然更为强劲,且在疫情后更关注品质和安全问题。Z世代短内容渗透率明显高于其他群体,直播也成为新兴的旅游"种草"路径,近60%的Z世代喜欢在马蜂窝等旅游平台上寻找旅行玩乐攻略,85.09%的Z世代喜欢在网络上分享自己的旅行内容。

携程于2020年推出Boss直播,2021年上线"星球号",开启内容营销新模式。"星球号"中的内容和优惠活动由加盟商家编辑创作,携程只作为中介收取广告费,该板块可以天然利用携程3亿旅行用户的精准流量池,并通过优质内容工具、定制化私域运营工具触达精准用户。聚合内容、商品、流量三大核心板块,将商家从交易角色转变成交易＋营销运营者。商家在"星球号"上不仅可以发布官方图文或短视频、话题互动和挑战活动,还可以利用携程直播平台,通过自开播形式和达人带货让用户快速被"种草"。用户可以直接在携程的"星球号"旗舰店中向特定的酒店或景点运营商订购产品。2020年携程直播达118场,推出超过60000种产品,覆盖全球28个国家的274个城市,吸引超2亿消费者,实现商品交易总额超过50亿元。携程社区以UGC模式为主截至2020年12月用户量达3亿,内容覆盖200余万POI(Point of information)以及超过2.4万个海内外目的地。

(四)新媒体平台与文旅融合发展

新媒体多指依托互联网和移动通信等新兴技术,并以网络、手机、电视等新兴媒体为主要载体的文化创意产业重要组成部分。与传统媒体渠道相比,新媒体具有极强的及时性、交互性和超时空性。用户可以通过智能终端进行信息的发送和获取,无视传统媒体的时间限制。与此同时,传统手段下,媒体掌握了信息输出的主导权,可以决定受众接受信息的方式和所接受信息内容,且基本无视用户反馈。而在新媒体背景下,个体用户拥有了信息交流的主动权,可以自主决定信息的接受与否。通信卫星和全球联网网络的超时空性,让新媒体受众可以无视信息获取和发送的地域限制。

近些年来,中国普遍加强了对新媒体的关注,《中国新媒体发展报告No.11(2020)》的出版,互联网基础设施的完善,使得新媒体已然发展成为传媒业的主导力量。截至2022年,全球互联网用户数已超30亿,其中大约有70%的人直接通过移动互联设备访问互联网。而在中国,网民数量已达6.49亿,且其中手机用户规模达到了5.57亿,移动终端成为人们接触新媒体的主要渠道。

新媒体的诞生和发展促使了传统旅游业的升级,丰富了旅游营销的渠道,加速了受众的获取和转化,为每个游客提供了发声和分享的平台,成为如今旅游信息传播的主战场。其中抖音、快手和微博等主流新媒体平台更是为后疫情时代的旅游经济复苏做出了重要贡献。

1. 新媒体图文类平台——微信

新媒体平台主要有图文、视频和直播三大类,它们均对加速文旅融合起到了重要的推动作用。其中图文类的新媒体以微信公众号、百家号、企鹅号、知乎自媒体等为主。微信公众号作为主流媒体,具有内容开放度大、形式多样、互动性强等特点,是诸多地方政府和景区主动"走出去"的主要途径。现有旅游类的地方特色文化资源宣传大多集中在省级图书馆微信平台上,且各省间因对于旅游产业的重视度和旅游资源丰富度不同会存在差异。

相比较而言,南京、湖北、浙江三省的图书馆发表的相关推文最多,但占比仍不足25%,平台总体利用效率较低。

就推文话题而言,各省之间由于现有资源的差异而表现出明显的地域性,譬如河南省图书馆偏爱推送地方历史文化信息,青海省偏向地方自然环境,上海则多是地方风土人情。为提高线上平台的资源利用效率,形成和强化地区文化旅游品牌,微信公众号上还不定时地推送系列化话题和活动,譬如广西桂林的民族传统节日三月三"歌节"、"文游新疆"系列的美食和自然风光以及上海推出的已故作家叶永烈纪念专题。在疫情暴发期间,部分文旅活动转战线上平台,譬如福建省的"线上文旅"、吉林省图书馆的"吉林文脉"以及上海的"微阅读·行走"系列等。

就推文形式而言,除了基本的图片和文字外,公众号还根据推文内容和地域特色优化互动形式,增强受众阅读体验。譬如浙江省在推送"两浙缥缃"系列内容的时候,便在图文的基础上添加了视频和答题活动,增加受众阅读的乐趣。内蒙古"哈尼之声"项目在常见的音频基础上添加蒙古语版本,既突出了地方特色,又有效进行了地方文化的宣传,激发游客了解蒙古语言和文化的兴趣。

2. 新媒体视频类平台——抖音

视频类新媒体平台主要根据视频的长短分为短视频、中视频和长视频平台,其中最火的当数短视频平台——抖音。近些年来,抖音认证企业号已然成为旅游企业引流增收的重要渠道,截至2021年12月,共有10.47万个旅游企业在抖音上开通账号,同比增长121%。与此同时,2021年,抖音旅行兴趣人群超2.7亿,与2020年相比增长14%。其中,兴趣用户大多分布在重庆、上海和成都。

就短视频内容而言,2021年,抖音上旅游类视频量较上年增长65%,视频分享量达117%。其中最受欢迎的当数自然风光类视频和人文景观类视频,播放量分别达到了7000亿次和4200亿次。基于游客对于日常生活的分享欲望和休闲度假欲望,抖音平台出现了一系列网红打卡点,公园广场和自然景观因其设计感、地域代表性和独特性而成为最受欢迎的地方。2021年,在抖音平台推出的文旅行业年度IP项目"美好目的地"中,西安大唐不夜城、重庆万盛奥陶纪旅游度假区及上海外滩名列前3。评选活动涉及全国21个省区市,总播放量超107亿次,通过对风景名胜、特色美食、美丽乡村、民俗非遗等的短视频拍摄,短视频作为更直观的内容呈现方式,让其他地区游客和消费者以更加直接和全面的角度了解祖国的大好河山,打响各地区景点知名度,刺激观众的潜在旅游欲望。

与此同时,抖音还设计策划了"打卡美好中国"主题活动,通过POI、热门榜单、全民抖音挑战赛、平台运营活动等进一步提升文旅目的地的曝光度和影响力,助推当地旅游经济发展繁荣。并尝试依托互联网和AR技术,让城市地标建筑入驻抖音"扫一扫"功能,使得游客可以直接通过抖音看到山西太原古县城和北京三里屯等的经典建筑。

3. 新媒体直播类平台——抖音

直播是如今颇为流行的内容输出形式,主要内容有电商、游戏以及娱乐等。其中抖音不仅是短视频平台的代表,也是文旅直播平台的代表,其多元化的内容形式不仅带动了县域文旅的发展,也促进了非遗文化产业潜力的加速释放。

抖音电商直播功能促进乡村产品和消费者的直接对接,降低了营销乡村产品时对知名度和影响力的需求,节约了产品包装设计和营销成本,助推当地一、二产业可持续发展。与此同时,直播带来的知名度和卖货后带来的好评的增加将反馈给当地的第三产业,使之联动当地的乡村旅游业发展,刺激当地非农优势资源加速经济化,推动乡村振兴。

与此同时,抖音平台上对于非遗技艺的推荐和电商服务,助力非遗传承人和手艺人加速实现产品的经济效益,继而更好地保护、传承非遗。苗绣手艺人通过抖音记录胸针、福袋、香囊等苗绣产品的制作过程,为自己开拓了产品的销售渠道,也促使更多的人了解中国伟大的非遗技艺苗绣。视频浏览量和订单量的持续增长,助推苗绣制作团队的进一步扩大,从而确保该项非遗技艺影响力持续扩大,传承人数持续增长。自2019年4月推出抖音"非遗合伙人"计划后,在短短的一年内,抖音非遗视频播放量已经达到了2000亿次,内容涉及96%的国家级非遗项目,5位抖音非遗传承人的年收入超百万元。

第五章

绍兴东亚文化之都文旅融合实证研究

一、多元历史文化遗产视野下的绍兴

2020年底，中、日、韩三国联合发布2021年"东亚文化之都"名单，绍兴凭借其2500多年的深厚文化底蕴荣获此国际城市名片。绍兴，地处浙江省中北部，是首批国家历史文化名城、东亚文化之都、中国优秀旅游城市。绍兴素称"文物之邦"，有水乡、桥乡、酒乡、书法之乡、名士之乡等美誉，文化古迹和名人故居有大禹陵、兰亭、沈园、柯岩、鲁迅故里、蔡元培故居、周恩来祖居、秋瑾故居等，是名副其实的"没有围墙的博物馆"。

绍兴以千年古城为基础，通过城旅一体、文商旅融合，打造全国文旅融合样板地。绍兴文创大走廊和浙东运河文化带、浙东唐诗之路文化带、古越文明文化带共同组成的"一廊三带"文旅建设新格局，助力绍兴深入挖掘名人、书法、戏曲、黄酒等文化资源，打造和丰富绍兴特色文旅产品。

绍兴规划多主题特色研学路线，丰富研学旅游产品，打造"中国最佳研学旅游目的地城市"。绍兴精心打造王阳明学院、兰亭书法学院、枫桥学院等研学教育基地。通过发展"线上云上唐诗之路""线上博物馆""线上遗址公园"，绍兴加快数字赋能文化产业进程，并依托e游小镇、中国风动漫基地等平台发展绍兴游戏、动漫产业。

（一）浙东唐诗之路

1994年，作为一种新的大型遗产类型，文化线路概念被首次提出。

2008年,《世界遗产名录》正式将文化线路概念纳入其中。随着中国丝绸之路进入《世界遗产名录》,文化线路概念逐渐进入中国人的视角,继而促进了茶马古道、古蜀道、唐蕃古道、红军长征线路等商贸、交通和主题事件类文化线路的管理和保护章程的形成,其中就包括以诗歌为纽带的浙东唐诗之路(图5-1)这一著名文化线路。

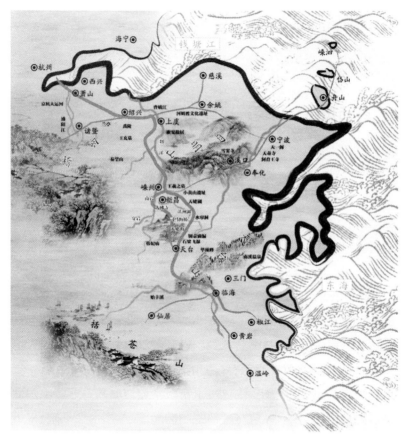

图5-1　浙东唐诗之路示意图

　　1991年,新昌学者竺岳兵提出"唐诗之路"这一概念,经中国唐代文学学会多次论证,1993年该概念得到正式命名。根据2019年浙江省诗路文化发展规划,浙东唐诗之路从钱塘江起,途经鉴湖、浙东运河、曹娥江、剡溪、天姥山最后到达天台山,全长近200千米,融合了儒学、佛道、诗歌、书法、茶道、陶艺、民俗、方言、传说等诸多内容。浙东唐诗之路途经城市有杭州市萧山，绍兴市柯桥、越城、上虞、嵊州、新昌，台州市天台、仙居、临海，宁波市余姚、奉化，舟山市普陀、定海、岱山。在唐代，共有451位诗人到访过浙东唐诗之路，其中包括诗仙李白、诗圣杜甫，"初唐四杰""饮中八仙""中唐三俊""晚唐三罗"以及崔颢、王维、贾岛、杜牧等。这些诗人依据沿路山水美景写就的1500多首诗歌，助力浙东唐诗之路成为名副其实的山水旅居之路、诗歌创作之路、思想传播之路和文化融合之路。

浙东唐诗之路的形成离不开浙东地区得天独厚的地理条件和深厚的文化底蕴。浙东地区地势多样、景色各异，其间游人既可攀登会稽山、天台山、天姥山等巍峨名山，也可远眺千佛岩、穿岩十九峰、石梁飞瀑等险峻奇峰，以及乘船游览曹娥江、鉴湖、剡溪、浣纱溪、若耶溪等秀丽江河。西晋末年至唐代，浙东成为北方士人避难时休养生息、寄情山水的绝佳选择。世家大族多于山水秀丽处建立庄园宅邸，广邀好友欣赏自然美景，饮酒作诗吟咏抒发感悟。

东晋以来，世家大族获得经济特权，江南庄园经济快速发展。八王之乱、五胡乱华、安史之乱等战乱带来了瘟疫、灾荒，使大量人民死亡，北方大量人口携带资金南迁，为江南带来大批财富和人力，进一步刺激当地的经济发展，使得越州成为当时浙东经济文化的中心。

文化底蕴既包括自古以来不断发展的地域文化，也包括唐代诗人游览沿线名山大川时留下的诗篇。在浙东唐诗之路上，佛教道教文化痕迹很多，游人既可拜访佛教东传寺庙新昌大佛寺、天童寺等，天台宗佛寺国清寺、高明寺、华顶寺等，普陀山观音道场寺庙普济禅寺等，雪窦山弥勒佛道场寺庙等，也可参观道教的三大洞天、八小洞天与十五处福地。剡纸、茶叶、鲈鱼、莼菜等地域特色十分鲜明的风物特产和越剧、绍剧、甬剧、木雕、青瓷等民俗技艺也是浙东唐诗之路上地域文化的重要组成部分，是游人们体验欣赏的主要内容。于唐诗之路上诞生且传颂至今的诗歌，往往在展现秀美山川的同时，寄托了诗人的情感、理想及体悟，成为后世考察时代背景和人物的重要参照。譬如在《梦游天姥吟留别》中，李白既描写了天姥山"天台四万八千丈，对此欲倒东南倾"的雄壮气势，又表达了自己"安能摧眉折腰事权贵？使我不得开心颜"的不屈志气。在《壮游》中,杜甫既写出了"越女天下白,鉴湖五月凉"的越中美景,又表达了"忤下考功第,独辞京尹堂"的落第失意之情。

诗歌文化线路基于文化底蕴产生了独特的名士效应,唐人在浙东追寻晋代风韵遗迹。东晋孙绰一首《游天台山赋》开中国山水诗之先河,也使天台山名扬宇内。南朝谢灵运在越中创作并形成了我国最早的山水诗派,后世李白的诗"脚着谢公屐,身登青云梯"是在向谢灵运致敬。晋代文人喜好将山水景观融入个人情趣中,继而有了永和九年兰亭雅集、谢安东山再起、王子猷雪夜访戴、任公子南岩钓鳌等诸多人文逸事。后世文人追慕魏晋风度,也纷纷效仿着寻访名山胜迹、谋求仙道佛隐。譬如孟浩然曾上天台山学习修炼长生术,贾岛上天台山访禅宗智者大师。

1. 浙江诗路

2019年,浙江省人民政府提出"以诗串文、以路串带"的文旅理念,打造浙江"一文含四带、十地耀百珠"的诗路文化空间形态,其中:"一文"指诗路文化具象形态;"四带"指四条诗路,分别为浙东唐诗之路、大运河诗路、钱塘江诗路和瓯江山水诗路;"十地"特指浙江省十个区域文化高地;"百珠"即一百个涉及文博古迹、非遗、古镇、文旅、文创、农耕及工业遗址六大类的特色文化明珠。

浙江构建省域文化旅游大景区,通过"五个强化"思路,从线路、服务、信息、品牌、产业集聚着手,发展"十个文化旅游精品主题",加速实现"历史、文化、生活、生态"四位一体有效融合。浙江立足诗路文化的原真性和包容性,对"诗路"两字内涵进行现代化解读,赋予其浙学文化和发展道路之意。

根据"四条诗路"的地理特征和文化特质,浙江因地制宜对诗路沿线实施差异化发展规划。其中,浙东唐诗之路展现"兰亭流觞、天姥留别"的文化名山和文人效应,大运河诗路主打"千年古韵、江南丝路"的文化遗产和水乡古镇历史积淀,钱塘江诗路展现"风雅钱塘、百里画廊"的古城风光和沿江海潮,瓯江山水诗路主打"山水诗源、东南秘境"的自然风光和非遗技艺。

浙东唐诗之路作为浙江诗路文化发展的领头羊,是浙江"全域旅游推进工程"的重要组成部分,位列"大花园建设十大标志性工程"之首,其发展有利于浙江文旅融合新格局的形成和深化。浙江推进沿线核心景区建设,对现有景区文化进行深入挖掘,加速文化资源转化,加快打造千万级特大景区。2020年,电视纪录片《浙东唐诗之路》在国家媒体平台展播,将浙江历史文化的脉络和魅力展露在国人面前,让国人通过影片领略"诗画浙江""人文绍兴",看到浙江践行文化自信的生动实践。

2. 唐诗之路在绍兴的发展

绍兴是"浙东唐诗之路"的首倡地和中心腹地。2021年,绍兴依托浙东唐诗之路的特色资源和文化内涵,通过谋划、研究、推动、转化4个环节,打造"五路十二景"。其中,"五路"分别为:有以万丰航空小镇为核心,以直升机为交通工具,将数座绍兴名山串联的"空中唐诗之路";有以景区民宿为核心,主打自驾徒步休闲之旅的"山间唐诗之路";有以唐诗驿站和沿路景观为核心,以自驾、新干线和高铁为交通工具的"陆路唐诗之路";有以浙东运河、曹娥江、剡溪为核心,串联绍兴五大区的"水上唐诗之路";有囊括绍兴博物馆、图书馆、文化馆三馆资源,融合VR、5G和AI前沿技术的"云端唐诗之路"。差异化唐诗之路的打造,从山水、景观、交通和技术等多方面展示了绍兴的诗路文化底蕴。"十二景"分别为府山览胜、禹陵怀古、镜湖泛舟、兰亭思贤、东山抚云、娥庙问孝、诸暨寻芳、五泄观瀑、剡溪伴月、艇湖访戴、天姥寻梦、石城礼佛。

2021年,绍兴相继完成了《浙东唐诗之路遗迹地图》绘制、《浙东唐诗之路简史》编辑、《诗路流芳》宣传片拍摄以及唐诗之路主题曲《东山隐》发布,绍兴唐诗之路建设得到有序推进。《东山隐》创作灵感取自谢安隐居东山,整首歌曲调温暖抒情,于歌词中融入上虞秀丽风光和地方历史文化,于作曲中融入RAP和越剧等传统音乐元素,现如今已在国内几大主要音乐平台上线。

与此同时,绍兴唐诗之路建设也为诗路沿线乡村的振兴计划提供了新的灵感和突破口。绍兴深挖沿线文化遗迹,谋划诗路游线,推进"浙东唐诗之路"融入文化绍兴,加速"旅游+""文化+""风情+"战略布局。绍兴全域旅游发展空间得到拓展,大批乡村小镇(譬如以秀丽风景出名的大香林村、吼山村、下岩贝村等,以特色产业出名的主题小镇黄酒小镇、越剧小镇、e游小镇、花田小镇、万丰航空小镇,以及风情古镇安昌、崇仁、漓渚等)得到发展。在未来,绍兴将继续致力于将绍兴唐诗之路打造成为浙东唐诗之路的核心区和精华地,并使其成为兼具颜值、故事、内容三大要素的生态文化旅游长廊。

(二)浙东大运河

中国大运河是世界上开凿最早、规模最大、最长的运河,主体主要包括隋唐大运河、京杭大运河和浙东大运河三部分,是体现中国古代劳动人民创造精神的伟大水利工程。

浙东大运河,又称"杭甬运河",其自杭州市钱塘江南岸起,途经绍兴市,与曹娥江相交,最后抵达宁波市甬江入海口,全长239千米。浙东运河工程最早可追溯到春秋时期,当时范蠡主持疏浚了山阴故水道,使其成为越国的交通命脉。东汉时期,会稽郡太守马臻在此基础上兴建鉴湖,构建了汉晋时期山会地区主要的水上交通线。晋惠帝时,会稽内史贺循主持修建了西兴运河,并将其与鉴湖相连。自此,浙东运河格局基本形成。唐宋时期,江南地区经济的发展以及北方民族的南迁促使经济重心南移,浙东大运河与江南运河一起成为连接临安、明州、越州等地的水运要道。

1. 浙东大运河绍兴段

浙东大运河绍兴段西起柯桥区,中途经越城区,东至上虞区,全长101.4千米。由于区域地势南高北低,且河流多为南北向,为便利水陆交通,运河一带修建有多种碶闸、堰坝以及形式各异的桥梁。而这些也成为重要的运河遗产和世界文化遗产点,譬如著名的八字桥、古纤道等。

八字桥(图5-2)位于浙江省绍兴市越城区蕺山街道,因两桥相对斜立,状如八字,故得此名。其结构主要为石梁桥,由主桥和辅桥组成,整体呈四向落坡,多方视角均成八字。八字桥整体设计参照周边街道、房屋布局,在不对沿街建筑造成拆改的基础上,完美解决居民和船只出行需求。作为古代越城主要水道之一的八字桥,是绍兴历史文化的象征之一,其既体现了南宋绍兴地区建造者的人文关怀,也因为成熟的建桥技术成为研究宋代的桥梁建筑技术和中国桥梁史的重要实物例证,被称作中国古代"立交桥"。

图5-2　绍兴八字桥

　　八字桥历史文化街区是中国大运河重要的世界文化遗产点,其依托八字桥与大运河的地域优势,在水陆交通体系的基础上形成了绍兴城市文化街区和商业区。街区面积30多万平方米,建筑风貌以绍兴传统的民居为主,内有多个特色明清老台门。街区内居民临河而居,沿街穿行,形成了特有的"桥桥相映,水屋相连"的江南水乡景观,是绍兴古城街河布局的典型代表。

　　古纤道(图5-3)西起钱清,东至曹娥,全长近75千米。其最早可追溯到山阴古水道,当时建筑材料以塘土为主,功能集中体现在挡潮、蓄淡和人工背纤上。后到了东汉时期,石质工艺逐渐出现在了绍兴新建的桥、闸中,并在唐代开始大规模采用石塘路。宋代,随着运河运输功能的提升,古纤道蓄淡能力简化,行洪排涝能力增加,航运动力功能显现。直至现代,随着交通运输事业的发展,运河上来往船只已经多为机械驱动,古纤道航运动力的功能消失,转而逐渐因为秀丽风景开拓出了游览休闲功能。

图5-3　绍兴古纤道

在外观上,古纤道主要有单面靠岸和双面临水两种形式。单面靠岸的古纤道多与周边村落相连,是村落的主要道路。双面临水的古纤道多在水宽河阔处,有"白玉长堤"之美称。古纤道也是文化承载之地,越王勾践泛舟而行、西施采莲等许多历史故事和传说都发生在山阴古水道上。坐乌篷船在水上行进,领略水乡秀丽风光,颇有"如在镜中游"之趣。许多艺术家慕名而来,或拍电影,或摄影,或写生,或体验生活。

2. 绍兴对于大运河的保护传承实践

2014年,"中国大运河(绍兴)十景"评选暨摄影大赛成功举办,比赛通过对浙东运河绍兴段的宣传,展示沿线丰富的非物质文化遗产,增强公众对运河的保护、开发与利用意识,共建美丽家园。摄影大赛吸引了绍兴市上百名摄影爱好者,累计收到参赛作品千余幅,拍摄内容涵盖了沿岸30余处具有深厚历史底蕴与秀美风光的景点。经层层筛选评比,共有15处景点的100幅作品进入第二轮评审,最终东湖揽胜、柯水人家、书圣墨华、迎岚月影等10处景点入选"中国大运河(绍兴)十景"称号。此次"运河十景"的评选,通过市民的眼睛与摄影镜头,以不同的内容,从不同的视角,展现浙东大运河绍兴段的风采和魅力,也展现了绍兴人民保护、治理与发掘运河的历史,重现了运河两岸的民风民俗与千姿百态的胜景。

为进一步保护大运河世界文化遗产,保护、传承、利用大运河文化,绍兴市政府制定了《绍兴市大运河世界文化遗产保护条例》。该条例自2020年1月1日起正式施行,为绍兴市大运河世界文化遗产保护利用提供了法治保障。

2022年,绍兴文化研究工程重大项目——"浙东运河文化研究"启动编撰工作。"浙东运河文化研究"课题主要由10个子课题构成,分别是浙东运河简史、浙东运河文化遗存、浙东运河民俗风情、浙东运河生态廊道景观、浙东运河与海上丝绸之路、浙东运河历代诗歌总集、浙东运河诗路文化、浙东运河历史名人、浙东运河传统产业、浙东运河名城古镇。该项目体现了绍兴以全球视野、多学科视角关注浙东运河全域特色,是绍兴参与和推进中国大运河文化工程的重要组成部分。

现如今,绍兴以古运河、新运河等为脉络,以中国轻纺城、柯岩、东浦、兰亭、大禹陵、东湖等为重要文化节点,构建起时尚智造链、国学文化链、养生休闲链、特色工艺链、水乡民俗链等五大文创产业价值链群。与此同时,其在运河遗产保护利用工作中体现的科学规划、古为今用、强化传承、优化布局等原则,也成为未来打造大运河璀璨文化带、绿色生态带、缤纷旅游带的主要参照。

3. 绍兴运河园和浙东运河文化园

绍兴运河园(图5-4)是中国大运河的保护示范工程,位于古运河边上,既是浙东运河的核心节点,也是唐诗之路的交会点。运河园展示了运河的历史文化和文脉,让游客感受到流淌着的江南风情。景区有诸多景点,譬如运河记事、沿河风情、古桥遗存等。

图5-4 绍兴运河园风景

运河记事记载着历史上古运河治理的主要事件,譬如贺循疏凿、孟简开塘、民间捐修等。景点内还有记载着古运河沿岸著名历史故事的《运河典故图》,有记述了古运河诗歌艺术和创作内容的《运河诗赋图》,以及其他的《名人游踪图》《治水名言》、贺循塑像、"漕魂"刻石等,是对浙东古运河历史文化的浓缩展示。沿河风情集中展示了运河沿岸风俗民情和水乡风物,内有明清绍兴台门精品和千年文物,譬如陆游世祖陆轸所创炼丹古井,以及绍兴目前发现最古老、最大的水利工程遗存"玉山斗门遗存"。古桥遗存集中展示桥乡精品,内有10余座移建的整桥,如登龙桥、承福桥、永福桥、大顺桥、方齐桥等,还有组合的10余座桥,如鉴桥、清远桥、纤道桥、景福桥等。园内纤道桥长108米,其石梁之宽大、历史之久、数量之多,在整条浙东运河上绝无仅有。

总的来说,运河园是一个大型运河文化博物馆,展示着绍兴千年水文化。游览整座运河园,不仅能了解绍兴古运河的历史地位,更能欣赏到其中各式仿古石桥、移建古桥和遗存的古桥构件,感悟古代、现代匠人传承古桥营造技艺的智慧。

2019年2月,国务院办公厅印发《大运河文化保护传承利用规划纲要》,明确要求各地政府根据大运河不同河段特点,建设一批相互衔接且各具特色的运河博物馆。为此,绍兴总投资15亿元,于2022年上半年在古运河边上建设浙东运河文化园。运河文化园主体分文博、文创和文旅三大区块,一园六景,园内不少移建的古建筑和水利遗存均对保存绍兴运河文化有着重要意义。

为进一步完善大运河国家文化公园建设,擦亮越文化金名片,2021年11月,绍兴市发改委组织召开绍兴市大运河国家文化公园建设保护规划意见征求会,提出下一步工作要处理好"四对关系"。一是处理好市级规划与国家、省级规划的关系。市大运河国家文化公园规划必须在战略高度上与国家、省级规划保持一致,在衔接过程中既要体现绍兴特色,又不能空谈目标、背离绍兴实际。二是处理好大运河文化带与浙东唐诗之路、古越文明文化带的关系。大运河文化带侧重点在"水",要以"水"为核心、以"水"为灵魂、以"水"为纽带,有针对性地将大运河典型元素纳入规划中,做好大运河"水"文章。三是处理好保护与传承、利用的关系。大运河文化带不仅是文化之河,也是发展之河、生态之河、民生之河,要明确保护、传承和开发利用的边界,在合理保护范围内,结合经济发展和民生需求,高质量开发利用,使之成为具有"烟火气"的文化带。四是处理好线上和线下的关系。要以数字化改革为抓手,充分利用数字化手段,在时间和空间维度上再现大运河历史、自然风貌。

(三)宋韵文化

宋代是中国经济文化发展的黄金时期,作为宋代优秀文化元素、内在精神以及文化价值的总结,宋韵文化已然成为中华优秀传统文化的重要组成部分。2021年,浙江省委文化工作会议作出部署,要在打造以宋韵文化为代表的浙江历史文化金名片上不断取得新突破,实施"宋韵文化传世工程"。
作为两宋文化重要承载地,绍兴肩负着让千年宋韵在新时代"流动""传承"
下去的重任。为打造宋韵文化,绍兴充分发挥三大优势:千年古城底蕴、皇
陵群南宋皇陵的考古和历史价值、代表宋韵文化精神高度的陆游文化发展。

1. 经济与文化沉淀的千年古城底蕴

南宋陪都的身份,使得绍兴成为名副其实的宋韵文化集大成者。建炎
三年,宋高宗赵构因躲避金兵追击,第一次踏上越州土地。建炎四年,宋高
宗在越州大赦、改元,敕曰:"绍奕世之宏休,兴百王之丕绪。"从此,"绍兴"成
为越州的新名字。宋高宗赵构在绍兴的居住,加速了绍兴地区经济、文化、
城市建设的发展,推动其跻身当时一线城市之列。而这段历史也为绍兴带
来了宋韵文化中"雅俗一体化"的文化特色和航海文化。

宋代经济文化格局较前朝呈现明显变化,最为突出的便是雅文化下沉、
俗文化上升以及乡村商品经济变革。科举制的发达使得两宋的士人数倍于
前代,工商业经济的繁荣进一步助推市民阶级的扩大,因此造成了宋代市井
俗文化与士大夫雅文化之间相互交汇、圆融相通的现象,形成了俗不伤雅、
雅不避俗的宋韵文化。在宋代,既有展现雅士宴游的《西园雅集图》,也有透
露市井风俗的《清明上河图》,有处处显露着"雅骚之趣"的大雅之作,更有弥
漫着"郑卫之声"的市井技艺。绍兴的农业与手工业作为当时南宋的缩影也
迎来了空前兴盛,展现出独特的魅力和韵味。古鉴湖流域一带的农村商品
经济也在这时繁盛起来。此外,南宋时期绍兴不少与航海相关的产业、文化
得到了发展,对外贸易持续进行,譬如当时的绍兴就有一条与宁波相连的对
外贸易航线,将不少特产销往了海外。

总的来说,南宋时期绍兴经济科技的空前发展,为商品经济的萌芽提供
了肥沃的土壤,为名士辈出现象的出现提供了开放包容的思想文化环境和
物质支撑,奠定了绍兴宋韵文化的发展基石。

2. 宋朝遗迹

"五音姓利"是北宋皇陵的基本准则,体现了赵宋时期的人与自然的关
系,强调的是一个王朝一个政权的延续性。绍兴至今留存着大量宋代建筑,
这些建筑设计和地名向世人展示了当时的自然地理、历史文化、社会风情、

生态环境等大量信息,让人们可以从中感悟到宋代绍兴人民的精神与情感、思想与道德、智慧与价值。其中最为典型的当数宋六陵。

宋六陵是南宋帝后陵园,位于绍兴市越城区内,其内葬有宋高宗、宋孝宗、宋光宗、宋宁宗、宋理宗、宋度宗等南宋六帝,故名宋六陵。2019年5月,浙江省政府把建设宋六陵遗址公园列入浙江特色传统文化重点提升工程。

作为江南地区现存最大的帝后皇陵、唯一的大型皇家园陵,宋六陵不但是重要的南宋历史文化遗产,更会成为推动当地文旅经济发展的一大力量。首先,在陵区选址上,宋六陵布局一反唐代帝陵模式,在宏观上以理气派的"五音姓利"为基本堪舆原则,并在微观上做形法派理论的调整,在历代帝后陵寝选址中具有独一无二性。在建筑风格上,宋六陵各陵为攒宫样式,虽也有皇家陵园的气派之象,但相较其他朝代的帝陵,却显得格外简陋和逼仄。它的建成反映了堪舆理论与实践的演变以及宋代皇家陵寝制度的演变。

对宋六陵遗址的保护利用是绍兴开展宋韵文化研究展示的一大亮点。对它的考古发掘将为游客从科学的视角解读南宋皇陵的布局设计理念,为诸多学者研究南宋时期文化提供有益引导。2022年7月15日,绍兴通过"国音承祚——宋六陵考古成果展"将10年考古成果统一展出。展览以宋六陵的考古成果为核心,通过"祖宗故事""江南无双""陵攒杂用"三大主题为观众讲述了属于宋代王朝的传奇故事,涉及出土遗物共159件/套。结合出土各类遗存以及考古人员制作的南宋皇陵整体陵园结构布局三维复原景象,游客可以真实体验南宋皇家陵园庄严肃穆的恢宏气象,欣赏南宋时期最高规格宫殿式建筑的卓越技艺,切实理解南宋皇陵的政治文化价值。

3. 以"人"为本的宋韵核心

宋韵文化的核心是宋代士大夫群体,其文化本质根基、精神内核、内在指向、多元表现均和士大夫群体密不可分(图5-5)。他们所创造的艺术、审美、爱国、风骨和忧患意识体现在他们的诗词、文章、书法、藏书上。现如今,这些记录已经成为研究绍兴宋韵文化中的民风、民情和经济时的重要参照。

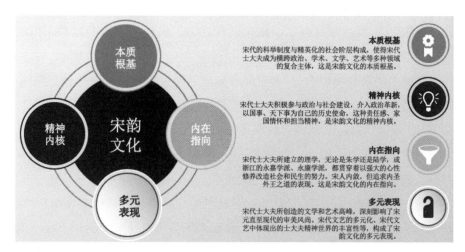

图5—5　宋韵文化"以人为本"的具体体现

在宋韵文化形成与演进的过程中,陆游作为宋韵文化精神高度的代表,用作品表达了宋韵文化的精神特质,其中联系最紧密的当数陆游的记梦诗和咏梅诗。记梦诗是陆游丰富多彩精神世界的艺术投影,是他厚植于心田的家国情怀的艺术载体。即便在老态龙钟的垂暮之年,其记梦诗依然是"铁马冰河"的抗战场面。咏梅诗是陆游高洁人格的写照,是宋韵文化中的殉道精神的最佳展示之一。他终老不忘报国,但一直到嘉定二年八十五岁的他与世长辞,都未曾看到"王师北定中原"。

陆游既是宋韵文化的精神核心,也是浙江诗路文化的缔造者之一。其晚年居住山阴期间写下的一系列描写浙东风光的作品,将风景、风情、风俗与理趣深度融合,为浙江诗路文化增添了一种独特韵致。

4. 绍兴宋韵实践

2022年6月15日,"文旅市集·宋韵杭州奇妙夜"在钱王祠—涌金公园—西湖博物馆总馆景区沿线展开。展会共分"宋·十二时辰""月下轻食记""宋画里看杭州"等15个板块,为期5天,旨在为市民游客开启一场宋韵文化的"时空穿越"之旅。在现代化的西湖,游客可以看到宋朝造纸、宋刻、装帧等科技业态,宋画宋词、琴棋书画、花酒茶衣、风雅室置等文艺美学,以及宋屋建筑、青瓷建盏、非遗技艺等百工竞巧形态。绍兴优秀文创企业也携带宋韵文创、博物馆文创等绍兴特色文旅融合产品、体验项目入驻"浙里宋韵游展区",并为游客打造了一场集观赏、体验、消费于一体的风雅宋韵绍兴展。

在属于绍兴的展位上,游客可以看到历史悠久的锡器制作技艺、会稽砖砚制作技艺、越窑青瓷烧制技艺、越红工夫茶制作技艺,独具韵味的嵊州竹编、石雕、绍兴铜雕,以及具有浓厚地方特色的绍兴黄泽戏剧服装和绍兴地方传统曲艺。展位上的每一件展品、每一种精湛的制作工艺、每一次与游客的交流都是在传达着属于绍兴的宋韵故事。

在"宋韵博物志·文创市集区",绍兴市还组织戴葆庭钱币文化博物馆、石语堂玉石文化博物馆等当地特色博物馆现场展售博物馆文创 IP 产品。其中包括宋砚拓片、钱币、越地印记"拓印墨"等折射宋文化的文创产品和供市民游客实操互动的会稽金石传拓技艺。详尽的现场演示和互动体验更能激发市民游客对于传统技艺的好奇和兴趣,并在动手体验中深刻感受传统文化的魅力。铸造于赵构绍兴年间的"绍兴元、通宝"两种钱币,是绍兴宋韵文化历史印记和博物馆文创 IP 不可或缺的重要组成部分,其以"宋韵绍兴"为主题的"绍兴元宝压岁钱""绍兴通宝·兰亭"等系列钱币文创产品便在活动现场有所陈设,是输出绍兴宋韵文化的核心元素之一。

此次绍兴文旅融合产品亮相杭州,既促进了杭绍宋韵文化和旅游的深度融合,也为打造城市文旅夜间消费新平台、探索文旅带动共富新路径、呈现城市历史文化新魅力提供了新的思路。今后,绍兴将进一步开发高质量宋韵文创 IP,满足消费群体需求,助推宋韵文化品牌的塑造与可视化传播。

宋韵文化兴于绍兴,传于绍兴,也繁荣于绍兴,绍兴与之关系紧密,不仅是积极参与者、重要贡献者,更是宋韵文化的集大成区域。绍兴有基础、有条件、有责任、有能力通过有效构建宋韵文化的挖掘、保护、提升、研究、传承工作体系,创造性转化、创新性发展宋韵文化,让千年宋韵在新时代流动起来、传承下去,为新时代文化绍兴建设注入历史智慧和人文韵味。

二、绍兴物质与非物质文化遗产研究

绍兴自古便是钟灵毓秀人杰地灵之地。在漫长的岁月长河中，无数名士和文人用他们的才华创造和传承着独具特色源远流长的绍兴文明。他们流传下来的文化印记既是绍兴城市文化遗产，也是宝贵的精神财富，为绍兴的文旅发展提供了丰富的文化资源和基础。

绍兴发展至今共经历了六个阶段，分别是远古绍兴时期（距今约10000—4000）、越国时期（前20世纪—前222年）、会稽郡时期（前221—580年）、越州时期（581—1130年）、绍兴府时期（1131—1162年）。各个阶段都涌现出一批批代表名人和代表文化，譬如远古绍兴时期的大禹、越国时期的越王勾践、东汉的马臻、西晋的王羲之和谢安、宋代的陆游、明代的徐渭、王阳明。

（一）会稽名山大禹陵

自20世纪30年代以来，考古学家在绍兴境内考古发现了大批良渚文化、跨湖桥文化、河姆渡文化和小黄山文化，这些文明留下的遗迹证明了绍兴早在数千年前，甚至上万年前就已有部落垦殖渔猎、繁衍生息。在部落发展阶段，中国流传最广的当数尧舜禹的传说。"古有三圣人，越兼其二。"绍兴境内一直都有"虞舜行孝德、大禹治洪水"的传说，还留存着关于这些传说的遗迹和纪念性建筑，其中最著名的便是大禹陵。

大禹是远古时期夏后氏部落长、夏朝创立者、古代治水英雄，为后世留下了三大历史遗存。首先，大禹接替父业治水13年，终解决洪涝，将洪水引入大海，使两岸和下游民众得以安居，并留下了流传至今的"三过家门而不入"的佳话；其次，其凭借治水的功绩被推举为领袖，得出了"水可立国"的真理；最后，其在治水与立国中体现出来的以爱民、礼贤、律己、创新为主要内容的大禹精神，成了中华民族不可或缺的巨大无形资产、生生不息的强大文化基因。

大禹的一生都与会稽和绍兴密不可分。其在涂山娶妻，在宛委山得天书，在了溪功成，在会稽大会诸侯，在绍兴刑塘斩防风氏，最后死后归葬于绍兴会稽山,其墓即如今的大禹陵。恐禹祭绝祀,在夏朝第六世少康执政期间,封庶子无余于会稽山,号于越,越国之称从这时开始。

绍兴对于大禹旅游资源的开发主要体现在禹迹图的绘制和宣传、大禹陵景区的运营以及每年一次的祭禹礼制。

1. 跨越千年的禹迹图

禹在中华文明起源阶段占有重要的位置。在中华民族的发展过程中,"禹迹"以多元的形式记录了大禹的历史,包括人类对自然灾害的抗争与多种多样的社会文化现象。绍兴从文化遗产视角对大禹历史文化进行了阐释传承,使其又有了全新的演进。

"禹迹"是根据史料中有关大禹治水及其他活动足迹传说的记载而留存至今的祭祀活动,还包括纪念建筑设施、地物表征、碑刻题刻、地名遗存物等不可移动的自然、历史物质遗存、遗址和遗迹。早在北宋时期,就曾有人绘制过《禹迹图》,当时的禹迹图内容较为单一,主要展现山川河流,但仍是当时"世界上最杰出的地图"。如今,绍兴总结以往绘制禹迹图的经验,顺利编撰《绍兴禹迹图》《浙江禹迹图》《东亚禹迹图》和《中国禹迹图》,并发起绍兴禹迹标识牌落地项目。绍兴禹迹图的编撰在以往的基础上增加了少量可移动文物和非物质文化遗产,使图版内容的丰富性和多样性远超从前,成为大禹学术研究和文化传播等方面的重大创新实践。其中《中国禹迹图》更是成为我国第一张始于夏朝以大禹文化记载、传播、考证与发展的视角绘制的禹迹历史地图,对于文化遗产的新传承和文化认同都有着代表性的作用。

而绍兴的禹迹标识牌落地项目则通过数字化的表现形式将山水、文化和远古故事融于一体,如图5-6所示。随着64个禹迹标识牌安装在绍兴大地上,该实践成功实现了地理、水利、农业、科技、文化和旅游的跨界融合,使得游客可追随禹迹标识牌,在会稽山、天姥山、四明山、鉴湖和浦阳江等各地寻访大禹遗存,感受绍兴大地上立国始祖大禹之风。

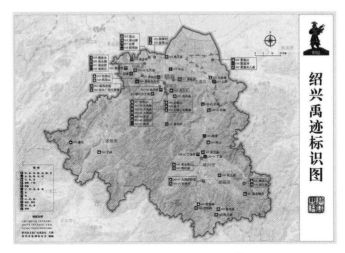

图5-6　绍兴禹迹标识图①

2. 大禹葬地——大禹陵

绍兴大禹陵景区(图5-7)由禹陵、禹祠和禹庙三部分组成。该景区不仅具有丰富的历史、人文、艺术和旅游价值,还对探寻古代陵墓的秘密、研究古代陵墓的发展演变历史和研究中国古代的历史有着无可替代的作用。其中,位于居中位置的禹陵是整个景区的核心,即大禹葬地。禹陵背负会稽山,面对亭山,前临禹池。池岸建青石牌坊一座,由通道入内,就有陵殿。

图5-7　大禹陵和大禹铜像

---

① 此图摘自绍兴市人民政府网,由绍兴市文广旅游局发布(2021-10-25).

禹祠位于大禹陵南侧,由禹的第六代子孙无余所建,后来作为供奉、祭祀大禹及其后代的宗祠。内有一尊大禹塑像,两边陈列着与大禹治水传说相关的文物图片、历史资料及绍兴姒氏宗谱。禹庙位于禹陵北侧,为历代帝王、官府和百姓祭祀大禹的地方。除了三大主体建筑外,位于石帆山顶的大禹铜像也是诸多游客必到的打卡地。建成于2001年的大禹铜像高21米、重118吨,整体造型取自大禹治水时亲躬劳作的形象,手持木耜,脚踏巨舟,气势雄伟,屹立在石帆山顶。游览者可以拾级而上,在一片清幽中一步步到达山顶平台,这既是诸多游客探索禹迹的道路,也是诸多绍兴人在周末节假日锻炼身体、放松身心之所。

3. 会稽山下拜英魂

1995年4月20日,农历已亥年谷雨日,浙江省人民政府与绍兴市人民政府联合举行"浙江省暨绍兴市各界公祭大禹陵典礼"。此次祭祀,是中华人民共和国成立后的首次公祭,标志着官方恢复了传承4000年之久的祭禹礼制。此次公祭也为绍兴带来了一定的经济效益,当年30多家企业注册了带有"禹"字的商标。2006年5月,"大禹祭典"被列入第一批国家级非物质文化遗产名录。2007年4月20日,原文化部与浙江省人民政府共同举办公祭大禹陵典礼,标志着祭禹上升为国家级的祭祀活动。从此,每年谷雨的公祭大禹陵活动,成为中华儿女和八方来宾的共同节日。

如今绍兴公祭大禹陵活动较以往有了进一步的升级,这种升级不仅体现在场地的扩建、功能的完善上,还体现在对于大禹文化的再生产和多种文化资源的融合上。

2020年,绍兴启动大禹陵景区的改扩建工程。对于景区大门,项目在保留原门阙的基础上重新整合形象,新建双层石质棂星门。广场由环形的祭禹馆围绕而成,项目将原有的广场容纳面积扩大10倍,并将中心的太极台改成更符合大禹文化的洛书台。祭禹馆的弧形墙所用的石材是250毫米厚度的高级深黑色花岗岩,采用火烧、水洗及抛光等处理手法使石材色调呈现3种深度,在色彩与质感上致敬夏朝尚黑文化,进一步提升祭禹之路的神秘感和仪式感。如图5-8所示。与此同时,祭禹馆在原有基础上新增了包括候祭室、排练房、休息厅和媒体发布室等功能性建筑,丰富游客游览体验,便于祭禹仪式的排练和举行。

图 5-8　祭禹广场和祭禹馆

除了对祭禹广场进行改造,绍兴市还新建了水上祭台、守陵村和夏禹文化园,进一步扩大公祭大禹陵的影响力,引来海外人士到绍兴寻根,并由此形成了以"大禹风"为纽带的华夏寻根情。自2007年开始,绍兴还将公祭大禹陵活动与第23届中国兰亭书法节、2007绍兴水城风情旅游节、2007中国绍兴茶文化节联动,以"四节联办"的形式举行,形成绍兴的"文化制高点"。该战略通过一节带多节整合节会资源,在传播大禹文化的同时,也积极向外界宣传当地文化。

(二)曲水流觞兰亭书法

公元前222年,秦始皇平定江南,以吴越故地置会稽郡。东汉时期,会稽太守马臻主持修建鉴湖水利工程,推动了山会平原的开发和会稽地区经济社会大发展。西晋时期,以王羲之、谢安为首的北方士大夫渡江后纷纷定居会稽,促进了中原文化的大交流和大融合,催生出了会稽文化大繁荣。

书法是中华民族的文化瑰宝,在中华五千年璀璨历史文化长河中,绍兴书法文化始终散发着独有的魅力。

绍兴一直是书法的故乡,越国的"鸟虫"文字标志着中国文字从最初的记事工具演变为书法艺术;秦朝时,越国大地上便有《会稽刻石》这一书法金石之宝,这是中国书法史上最早的有文献记载、有名有姓的书法家书写的书法作品;汉代时,绍兴便留有跳山"建初买地刻石",这堪称中国汉代书法重宝;晋代时,书圣王羲之在兰亭写下人书合一、"天下第一行书"的《兰亭集序》，从此圣地兰亭，千古流芳；唐代时，绍兴留有"龙瑞宫摩崖刻石"……历朝历代，绍兴书法名家迭出，并形成自己独特的书法美学，墨宝胜似金玉。绍兴对于自身书法文化的发掘和宣扬，主要体现在对书法圣地兰亭的运营以及兰亭书法节和书法文商旅融合的推进。

1. 书圣王羲之

王羲之善书法，兼擅隶、草、楷、行各体，精研体势，心摹手追，博采众长，备精诸体，熔于一炉，摆脱汉魏笔风自成一家，于后世影响深远。其于兰亭雅集撰写的《兰亭集序》被称为"天下第一行书"。

李志敏曾评价王羲之的书法："既表现以老庄哲学为基础的简淡玄远，又表现以儒家的中庸之道为基础的冲和。"王羲之与绍兴的缘分始于避难的渡江。在绍兴兰亭，他借由《兰亭集序》和山水美景，排解心中对于社稷不安和仕途受打压的忧愁。在嵊州金庭，他度过晚年隐居生活，死后被葬于此。可以说，王羲之在书法界的地位和他与绍兴的联系，使他成为绍兴书法的重要代表人物。而兰亭也因为他的曲水流觞宴留下了浓墨重彩的一笔。

2. 书法圣地兰亭

兰亭（图5-9）是绍兴重要的文化古迹和旅游胜地，也是东晋著名书法家王羲之的园林住所。相传春秋时期越王勾践曾在此植兰，汉时设驿亭，故名兰亭。其与禹陵、东湖并立为绍兴市郊三大著名风景点，并因书法名作《兰亭集序》和"兰亭书法节"的持续举办而名扬海外。

图5-9 兰亭

整个兰亭景区以"曲水流觞"为中心，四周环绕有"一序三碑十二景"，整体建筑精巧古朴,风景幽静。"一序"即天下第一行书《兰亭集序》;"三碑"即鹅池碑、兰亭碑和康熙、乾隆祖孙两代皇帝的御碑;"十二景"即鹅池、小兰亭、曲水流觞、流觞亭、御碑亭、临池十八缸、王右军祠、驿亭、兰亭书法博物馆、乐池、兰亭文化休闲园等。

鹅池碑,又名父子碑,相传为王羲之和王献之父子二人合写。该碑帖既能看到父子二人苍劲有力的书法造诣,也与王羲之爱鹅,甚至《道德经》换鹅的故事相呼应。曲水流觞原是一种中国古代民间传统习俗,最早可以追溯到西周初年,后来发展成为文人墨客诗酒唱酬的一种雅事,其主要作用为欢庆和娱乐、祈福免灾。每年上巳,文人雅士在弯弯的河渠上游放置酒杯,让酒杯顺流而下,酒杯停在谁的面前,谁就需要取下来喝,意为除去灾祸。这项雅风民俗也流传下来,清代乾隆帝根据该风俗建有流杯亭,热播的国产电视连续剧《知否知否应是绿肥红瘦》中也重现了以宴席的形式呈现的曲水流觞。台湾早年有间叫"串门子"的茶馆将室内设计成了流杯的水渠,而大陆茶馆则以曲水流觞为概念,借助三两金鱼,举办临时性的风雅聚会。

近年来,兰亭景区建立综合性的智慧景区管理平台,实现了对景区的智能化管理和实时监控。景区引入AR和VR技术,给予游客穿越古代和文人墨客共同赏月、饮酒、作诗的沉浸式体验。景区在微信公众号上开设线上商城,并联动多个旅游平台,将餐饮、食宿等信息整合,为游客提供购票、餐饮、住宿一站式服务。

3. 兰亭书法的文商旅融合

绍兴是全国最早以书法文化为旅游产业的城市。绍兴依托自身具备的书法文化影响力,以圣地兰亭为载体,以书法节为形式,不断创新、转化、活化书法文化,推动绍兴特有的书法产业发展。

兰亭IP是书法产业得以发展的基础。景区在高峰时,年游客量超60万人次、研学游人数达20万人次,并吸引了大批世界各地的游客,比如日本、韩国、马来西亚、美国、法国等。

兰亭书法节(图5-10)是促进书法文化与旅游、教育、培训产业融合的重要工具。自1985年起,绍兴每年上巳均会举办中国兰亭书法节。这一天,海内外书坛名家齐聚兰亭,研讨书学,泼墨挥毫,流觞赋诗,盛况空前。

兰亭书法节的举办,不仅促进了国内外书法学术的交流,更是对兰亭文化的再续和创新。现如今,兰亭书法节已经成为绍兴书法文化史上参与面最广、持续时间最久、各项活动最多、文旅融合最深、开展形式最新的文化活动,为绍兴增强文化自信、重塑文化体系、打造文化高地增添了新的动力。随着兰亭书法节成为海内外书法界的盛会,其在增强绍兴自身对于书法的兴趣和相关产业发展的同时,巩固提升了兰亭在书法文化领域的圣地地位,推动着以书法为代表的中华文化国际化传播。

图5-10　兰亭书法节

当前,绍兴市已有130多位全国书协会员,省、市级书协会员有1400余名。绍兴每年有10多万人参加各类书法培训,其中包括来自日本、韩国、美国等10多个国家的学生。书法文化与旅游产业紧密融合,并与教育、培训产业融合,显示出书法文化的生命力。

绍兴文理学院创办兰亭书法学院,为更多的国际学生学习书法提供平台,有力推动书法文化等中华优秀传统文化的对外传播。学院下设兰亭书法学堂,利用现代数字技术"互联网＋"模式和书法软件自主学习的创新性,拓宽书法的国际化视野,提升专业人才学科优势和国际竞争力,促进学生综合素质不断提高。近3年来,该学院书法专业毕业生就业率达97%、对学校满意度达92%。"兰亭书法学堂"近4年来开展大型活动10余次。如2021年11月,"兰亭书法学堂"进书圣故里社区暨开班第一课举行,市退休干部书画委员会会长骆国发及10位书法团队老师现场创作了20多幅书画作品,并将其赠送给了府山街道和书圣故里社区。

除了旅游和教育产业外,书法文化还与纺织、丝绸、黄酒等创意产业深度融合,并推动其从"专业主体"向"大众主体"扩散、从"传统节会"向"现代节会"转变、从"文化品牌"向"城市品牌"升级。从2016年开始,兰亭景区开发了七大系列兰亭主题文创产品(图5-11),其中包括"茂林修竹"竹系列、"兰亭说兰"兰系列、"羲之爱鹅"鹅系列、"兰亭集序"书法系列、"曲水流觞"雅集系列等,近千款主题产品涵盖文具饰品、家居服装、生活用品、传统工艺品等领域,并实现了线上线下向国内外同步展示与销售。除此之外,兰亭文创的"桥缘"提梁壶茶具和"一面之词"多功能茶盘还曾在"2018中国旅游商品大赛"上分别斩获银奖和铜奖。这些融合了兰亭文化的文创产品,既解决了景区文创产品同质化严重的问题,赋予了兰亭文化现代化活力,又通过文化输出,吸引更多游客来绍兴了解兰亭故事,推动当地旅游发展。

图5-11　兰亭文创

为充分挖掘书法文化的丰富内涵,进一步扩大书法文化的影响力,绍兴基于兰亭的书法特质推出了以书法为核心的研学体验,并在兰亭书法博物馆附近打造兰亭研学游营地。除传统的曲水流觞、石刻拓字、扇面描红活动外,景区新增了以"咏鹅"为主题的研学游课堂、石刻拓画、木刻版画、活字印刷、橡皮刻章、书法培训等活动,让学生在了解博大精深的书法文化的同时拓宽视野。

（三）绍兴越剧艺术

越剧是中国五大戏曲剧种之一，现主要流行于浙江、上海、江苏、福建等南方地区。其善于抒情，整体演出以唱为主，通过演员优美动听的声音和传神的表演讲述一段段真切动人的故事，于细节处彰显江南灵秀之气。

相较于昆曲和京剧，越剧诞生时间短，发展至今仅有100多年。其最初演变自嵊县"落地唱书"，清朝光绪年间更改成在农村草台演出，并有小歌班、的笃班、绍兴文戏等称呼，后在民国《申报》《新闻报》上被正式称为"越剧"。中华人民共和国成立后，越剧迅速繁荣至全国各地，并随着对外文化交流的开展，流传至国外，以典型的东方艺术特征在国际上获得"中国歌剧"的赞誉，是名副其实流传最广的地方剧种。20世纪80年代后期，文化产品的多样性和观众需求的复杂性，使得原本备受瞩目的越剧关注度开始下降，年轻一代开始追求更具时尚的文化产品，越剧传承发展受到挑战。2006年，随着越剧被纳入第一批国家级非物质文化遗产名录，政府和社会群体开始关注越剧艺术在新时代的持续创新，并推动了一系列新剧目以及官方培养戏剧机构的诞生。

1. 越剧艺术特色

越剧发展至今，其唱腔、曲调和表演形式均受其他戏剧影响，发生较大变化。起初越剧唱腔曲调单一，表演形式简单。后吸收其他剧种、曲种音乐，搬用其他剧种的动作程式和一些生活中的基本动作，越剧表现形式日益丰富，才有了如今曲调清幽婉转、优美动听的越剧表演。1942年，越剧表演艺术家袁雪芬推动完成了越剧的全面变革，将越剧唱腔艺术推进到一个新的阶段。袁雪芬将往日越剧明快跳跃的主腔改为哀婉舒缓，并学习和吸纳话剧电影表演方法和昆曲、京剧舞蹈身段，并在此基础上，逐渐形成了两大越剧流派唱腔和越剧写意与写实相结合的独特艺术风格。

越剧的舞台美术也随着时代的发展而日趋完善。起初，越剧舞台设置仅有一桌一椅，后为满足城市观众欣赏需求，越剧表演者开始为桌椅增添围帔，并放置各类装饰。20世纪30年代起，越剧开始采用带有中国画特色的立体布景，部分越剧戏班还模仿京剧搞起机关布景。演员服饰在结合剧情的基础上,融合古代仕女画和江南特色,给人以清新脱俗之感。20世纪80年代起,改革开放带领中国进入文化发展新阶段,人们开始接触来自西方的戏剧观念。越剧舞台设计在继承的基础上进行开拓性创新,关注舞台构图写意传神和戏剧表演气氛。现如今,越剧舞台美术已经成为许多其他地方剧种学习和仿效的对象,影响力日趋扩大。

在150年的发展历程中,越剧艺术积攒不少广为人知的优秀剧目,譬如《梁山伯与祝英台》《红楼梦》《祥林嫂》《西厢记》《情探》《柳毅传书》《碧玉簪》《三看御妹》《打金枝》《玉堂春》《琵琶记》《孔雀东南飞》等,并诞生了无数著名的越剧表演艺术家,比如袁雪芬、傅全香、戚雅仙、范瑞娟、徐玉兰、尹桂芳、王文娟、张桂凤、茅威涛等。

2. 越剧文旅实践

绍兴对于越剧的传承和发扬主要通过颁布相关保护条例、推动曲艺文化走进校园、制定越剧文化赏析游路线以及扩大越剧投放平台和渠道。首先,2021年,趁着纪念越剧诞生115周年暨第二十届"嵊州·中国民间越剧节"的举办,嵊州发起组建推动越剧申报人类非物质文化遗产代表作工作联盟,并向社会各界发出支持越剧发展的八个方面倡议。其次,戏剧曲艺文化进校园活动将越剧引入学校教育和课堂教学,探索出弘扬戏曲文化拓宽素质教育渠道的新路子。绍兴艺术学校开设绍剧表演、越剧表演、戏曲音乐三大专业,并聘请舞台经验十分丰富的优秀演员、越剧名家,加盟传习班,从事教学工作,积极培养绍剧、越剧传承人才。越剧文化赏析游将沈园、绍兴大剧院、英台故里、施家岙古村、越剧博物馆和越剧发源地"东王村"串成一线。游客可以在沈园欣赏古典园林,观看著名越剧《沈园情》(图5—12);可以游览家喻户晓的梁祝爱情故事发生地上虞、中国女子越剧发源地施家岙村;可以参观和研究越剧发源地嵊州的越剧博物馆,纵览越剧发展面貌,以及发展中所经历的风雨和不断改革创新走向繁荣的历程。

图 5-12 越剧《沈园情》

2021年,中央电视台戏曲频道前往绍兴大剧院录制《同唱一台戏》,其中涉及3台越剧大戏《青藤狂歌——徐渭》、尹王版《梁祝》和《鉴湖女侠》。越剧《青藤狂歌——徐渭》最初创作于徐渭诞生500周年之际,该剧在越剧表演的基础上,添加了多媒体动画和京韵大鼓唢呐等北方曲艺元素,展现了充满悲剧色彩的怪才徐渭的一生。剧团通过多媒体投影技术将盘错的青藤、人物剪影投射到舞台幕布上,光影融合的舞台效果提供给观众沉浸式观赏体验,也令这部剧大放异彩。越剧尹王版的《梁祝》再现了梁山伯与祝英台之间忠贞热烈的爱情。呼应辛亥革命110周年的主题,越剧《鉴湖女侠》突出展现了革命烈士秋瑾"舍小家,为大家"的精神,再现了鉴湖女侠满怀侠骨柔情的革命岁月。

3. 绍兴小百花

绍兴小百花越剧团成立于1984年,发展至今已成为浙江省主要越剧剧团之一,并先后应邀赴上海、江苏、广东、山东、天津、陕西、四川、湖南、湖北、福建等地演出。剧团文武兼备、团风严谨朴实,拥有吴素英、陈飞、吴凤花、张琳等著名越剧演员以及30多部优秀大戏。其中既有如《三看御妹》《吴王悲歌》《狸猫换太子》《梁山伯与祝英台》等以唱做见长的文戏,也有如《劈山救母》《陆文龙》《穆桂英挂帅》《将门之子》等对演员文武戏要求较高的剧目,折子戏中的《行路》《斩娥》更是已经成为剧团的代表作。

2019年,王者荣耀与浙江小百花越剧院展开跨界文化合作,通过传统文化与潮流文化的深度对话探索新文创边界,实现舞台艺术与数字科技的高度融合创新。通过合作,王者荣耀完成了上官婉儿越剧"梁祝"皮肤的设计,并立体塑造了越剧虚拟演员上官婉儿。在著名表演艺术家茅威涛的指导下,上官婉儿作为首位虚拟越剧演员登台亮相,并创新演绎了《梁祝》经典选段《回十八》。

2021年,在党的百年华诞之际,绍兴小百花越剧团在绍兴大剧院、蓝天大剧院、绍剧艺术中心等地上演了一系列主旋律剧目。其中既有开创"新故事""新形象""新创意""新追求"的当代都市题材越剧《云水渡》,又有传承创新的《何文秀》《梁祝》以及原创剧目《一钱太守》《王阳明》(图5-13)。6月28日在百花剧场正式公演的晚会更是以时间为轴、以党史为纲、以越剧为形式,串联起党的百年辉煌征程。

图5-13　原创剧目《一钱太守》《王阳明》

受疫情影响,绍兴小百花2021年下半年的不少演出受阻,但剧团利用这段时间复排经典大戏,以老带新,以练促艺。吴凤花、吴素英、陈飞、张琳"四朵梅花"不遗余力地将自己多年的艺术经验传授给年轻一代。在第七届舟山群岛新区越剧节上,绍兴小百花优秀青年演员陈雯婷、屠少桦为观众带去了传承版《穆桂英挂帅》。区别于原来的《穆桂英挂帅》,传承版因为加入了青年演员而显露出了独有的青春魅力,一出场便征服了各路专家以及广大戏迷,还为剧场吸引了职场白领、高校师生等年轻戏迷。

2021年,为进一步深化越剧小百花的影响力,剧团在百花剧场开展16场惠民演出,并在景区为广大游客和市民朋友提供了24场精品折子戏专场。在元旦、春节、国庆节假日期间,剧团抓住旅游高峰期,在柯桥、安昌、柯岩鲁镇三大古镇开展"柯桥好戏进古镇"小百花精品巡演活动,受到一致好评与喜爱。除线下渠道外,剧团还关注线上渠道的信息输出,"百花剧场"精选

《狸猫换太子》《情探》《李慧娘》3部经典越剧电影参与惠民电影展演,并通过旅行社等第三方交易平台,提供富有吸引力的游客专享免费电影专场,提升绍兴越剧的知名度和影响力。

2021年以来,绍兴柯桥区坚持"十四五"规划的戏曲振兴工程,通过"政府主导+市场引导"的发展模式,传承创新越剧戏曲文化。绍兴柯桥区创新推出"戏曲+旅游"的文旅模式,以绍兴小百花为核心,通过越剧名角的旅游代言以及举办"跟着小百花·享游金柯桥"系列活动,提升"老绍兴·金柯桥"城市品牌和影响力,促进文旅融合。随着"跟着小百花·享游金柯桥"活动的持续推进,绍兴越剧和柯桥小百花品牌影响力从江浙沪扩至全国,成为推动"融杭接沪联甬"的重要文艺力量。

(四)绍兴黄酒文化

黄酒是中国最早发明的发酵酒、世界酒之鼻祖,源于中国且仅中国有。黄酒起源于谷物酿酒,采用双边发酵法,即通过多种产酶微生物淀粉糖化和酵母酒精生产同时进行的特点,赋予黄酒独特的风味和功能,这也是中国酿酒物质起源的根本所在。曹操的"何以解忧,唯有杜康"、李白的"兰陵美酒郁金香,玉碗盛来琥珀光"以及苏东坡的"百钱一斗浓无声,甘露微浊醍醐清"等流传至今的历史名句形容的均是黄酒。

中国黄酒历史源远流长,最远可追溯到9000年前,河南舞阳县贾湖遗址出土了那时的大米酿酒所需的相关器具。夏商周时期,原始农业进入发展阶段,人工酿酒逐渐形成规模,酒也成为人们礼仪和宴饮的必需品,甚至出现了酗酒和纵酒等现象。为此,周代初期《酒诰》发布,民间开始禁止私酿,酿酒行为得到规范和管理。秦汉时期,经济文化的发展推动酿酒技艺进一步提高,饮酒文化兴起。越国鉴湖的开发为越地酿酒提供了得天独厚的条件,标志着越酒的起源。魏晋南北朝时期,美酒频出,酒技趋于成熟。酒为诸多士大夫所喜爱,并出现了诸多关于酒的趣事和典故,譬如羲之醉墨、雪夜访戴以及竹林七贤诸多饮酒故事。隋唐五代时期,酒政得以改良,文人墨客之间饮酒成为风尚,并形成了浙东唐诗之路。该时期,越酒成名。宋元时期,官民同酿,酒肆林立。明清时期,黄酒酿造技术更加成熟和完美,江东地区尤其是绍兴成为黄酒业的主产区。与此同时,各地的酿造坊大批出现,字号品牌兴起,越酒开始远销国外,呈现出"越酒行天下"的景象。民国时期,绍兴黄酒多次获奖,声名远扬,生产和销售规模得以不断扩大,中外影响力不断增长。在中华人民共和国成立的开国宴上,绍兴黄酒、山西汾酒和竹叶青酒成为宴会的主要用酒。

饮酒自古便是饮食文化乃至祭祀中不可或缺的内容。早在远古时期,人们便形成了一系列礼节。自西周时期开始,礼仪逐渐规范,影响了后世的酒礼酒德。如祭祀时要用"五齐""三酒"共8种酒,还规范了古代饮酒礼仪,拜、祭、啐、爵,即在饮酒开始前,以拜表达敬意,酒一点在地上表示祭谢大地,然后品尝美酒并赞美,最后一饮而尽。酒不但使用在祭祀和军国大事上,还影响了社会的各个方面。譬如每个地方都有独特的酒俗,且几乎都与人生的重要阶段相联系:庆祝孩子满月的剃头酒,小孩一周岁的得周酒,人生逢十为寿的寿酒以及婚礼时的交杯酒等均是将酒与人们的喜乐相联系的酒俗。

1. 黄酒行业发展趋势

从整体上看,当前黄酒行业市场化程度高、地域性明显,产量和覆盖面相对其他酒类较小且毛利空间不足。

当前黄酒企业的竞争品牌和企业客户群体都主要集中在苏浙沪地区。黄酒企业有浙江省的会稽山、古越龙山、塔牌,上海的金枫酒业,江苏省的张家港酿酒有限公司和江苏丹阳酒厂。黄酒产量占酿酒行业的4%左右,收入规模占比不足国内酒行业收入的2%。与其他酒类相比,黄酒整体产量小,收入规模小,消费业绩整体不突出。酿造过程中较高的人工成本压缩了黄酒的毛利空间,造成黄酒发展缓慢、行业利润率低下。

然而近几年,黄酒行业的产品供求关系、市场和产业发展方向均发生了变化。在产品供求关系方面,虽仍呈现供大于求的现状,但消费棘轮效应下,消费升级迭代并逐渐由单纯地重视品牌和符号,转向更加注重品质消费。上市公司古越龙山的"金五年"系列和会稽山的"纯正五年"系列对于消费者养生和健康的关注,使得其认可度和销量得到增长,为企业后续的连续提价打下坚实的基础。在市场方面,虽然黄酒行业长期处于低价竞争状态,但浙江省黄酒产业的"十三五"和"十四五"规划在宏观层面给予了黄酒行业整体发展以支撑。在产业发展方向方面,2020 年发布的《振兴黄酒五年行动宣言(2021—2025 年)》中,明确了黄酒"高端化、年轻化、时尚化"的产业发展方向。顺应号召,古越龙山推出了国酿 1959 青玉版、国酿 1959 白玉版两款定位高端、超高端的黄酒产品,塔牌推出了本原酒等高端产品,尝试突破现存的黄酒是低端酒的市场认知"天花板"。

未来,虽然黄酒产业还会遭遇地域壁垒、高端消费领域竞争力弱等因素的影响,但整体有望呈现出非传统区域快速增长、产品升级趋势明显和借助健康消费、文化消费扩大消费群体这三大特点。

2. 绍兴黄酒概况

绍兴黄酒是中国黄酒的典型代表,其代表品牌有古越龙山、女儿红、状元红、鉴湖和沈永和。追溯历史,春秋时期的《吕氏春秋》中便有关于绍兴酒的记载。后至清代,饮食名著《调鼎集》对已风靡全国的绍兴酒进行了历史演变、品种和优良品质等方面的详细阐述。现如今,加拿大学者在世界发酵食品分类中,甚至专门将绍兴酒单列为一类,与伏特加、威士忌、葡萄酒、白酒、清酒并列。

绍兴酒"味甘、色清、气香、力醇",其优良的品质是品牌闻名于海内外的核心所在。其酒主要呈琥珀色,透明澄澈,凑近时可闻到馥郁芳香,且香气随时间的久远而变得尤为浓烈。美酒的酿造成功也离不开绍兴独特的生态系统。绍兴位于北纬 30 度左右,地处世界优质美酒纬度带,其农场生态系统和森林生态系统孕育了复杂的酿酒微生物群落,为黄酒的酿造提供了得天独厚的条件。2021 年颁布并实施的《绍兴黄酒保护和发展条例》进一步保障了绍兴黄酒历史文化的弘扬,传承绍兴黄酒酿制技艺,促进绍兴黄酒产业高质量发展。

3. 绍兴黄酒三大创新途径

近年来,绍兴黄酒一直致力于通过创新实现"四个突破"。首先,突破黄酒消费过度依赖中老年群体格局,打开青年群体消费市场;其次,突破现在以江浙沪地区为主传统销售区域,推动品牌迈向全国乃至世界市场;再次,突破黄酒就是低端酒的错误市场认知,深挖黄酒价值;最后,突破传统经营理念,引入现代化科学管理模式和数字化智能科技。

　　产品创新是企业开拓市场的新路径,多元化的创新产品是绍兴黄酒走向更大市场的必要支撑。绍兴黄酒集团开发的"不上头"黄酒,成功克服了"酒后上头"的痛点,提升了产品附加值,实现对于低端酒市场认知的突破。黄酒集团打破原有客户群体年龄限制,从年轻消费者的需求出发,打造多元化、年轻化、个性化黄酒消费场景,如酒吧渠道的"青梅酒"、夜场渠道的"鸡尾酒"、夏季冷饮的"清爽黄酒"、商务场合的"年份酒"、冬天与生姜或其他滋补材料组合的"养生酒"。最后,黄酒企业推行黄酒跨界营销IP整合,从注重品牌和符号过渡到注重品质消费,打造黄酒雪糕、黄酒甜品和黄酒奶茶等,实现了品牌跨界1+1>2的效果,如图5-14所示。

图5-14　黄酒产品创新

　　产品的创新不仅体现在产品和品牌内核上,还体现在同样创意四起的包装上。灯笼式的酒器、竹篾制作的酒瓶、清新的"兰亭风"、卡通风格的曲水流觞场景,红点设计与绍兴黄酒设计开展共创计划用传统符号书写绍兴黄酒的现代魅力,聚焦绍兴黄酒包装升级、品牌传达、产品设计、空间设计等领域,让传统包装在植入文化、戏曲等元素后产生能量裂变,推动绍兴黄酒走向大市场。

　　在渠道方面,绍兴黄酒突破传统销售区域,与"天猫"签订战略合作协议。绍兴黄酒依托天猫超市"基础硬件设备+大数据",开启全场景服务的新模式以及覆盖全国483个城市的"小时达"配送服务,助力线下传统黄酒门店提档升级,推动绍兴黄酒迈入新零售时代,使绍兴成为名副其实的中国数字黄酒之都。

在营销方面,绍兴黄酒依托博览会、马拉松、亚运会等活动热度,潜移默化地进行产品和品牌推广。黄酒嘉年华将黄酒与旅游、文化、音乐、戏曲、美食等众多时尚元素融合,线上主要采取同步直播和抖音、快手、天猫、京东等各大线上平台链接传播,突破影响力区域限制,线下则主推热门的大唐美人不倒翁、汉服秀、极光幻境秀等网红主题演绎,通过这些年轻化的营销形式,增加年轻消费者对黄酒的兴趣,继而突破中老年消费格局,进一步发挥绍兴黄酒影响力。

4. 花雕工艺

绍兴花雕制作工艺是一种以酒坛为载体,运用沥粉、堆塑、彩绘等绍兴古老的技艺进行装饰的酒坛装饰艺术,如图5-15所示。因其融合了越地传统美术、婚俗文化与黄酒文化三大因素,具有浓郁的地域特色,在2007年被列入第二批浙江省非物质文化遗产代表性项目保护名录,并在2020年入驻绍兴非遗客厅。

图5-15 绍兴花雕的基本工艺(部分)

明清时期,绍兴人多以陈年老酒做嫁妆,那时新人会请画师在嫁妆酒坛上做平面彩绘,讨个彩头。清代中晚期,花雕酒坛技艺得到发展,沥粉彩绘成为主要绘制材料,"龙凤呈祥"花雕酒坛出现在光绪皇帝大婚现场;同时以酒坛绘画为生的民间画师群体也在绍兴逐渐成形。民国时期,酒坛装饰开始引入油泥堆塑工艺,直至中华人民共和国成立初期,在绍兴花雕制作工艺师蔡阿宝的推动下,以油泥堆塑为主材料、沥粉为装饰的新型彩绘装饰风格最终形成。改革开放以来,该工艺得到进一步发展,花雕酒坛规格的多样性,题材的丰富性以及产量都得到了提升,成为当地企业出口创汇的主力产品、钓鱼台国宾馆馈赠外国元首的国礼。目前,绍兴花雕制作工艺在绍兴各大酒厂得到有序传承,共有4家企业从事该项工艺品设计制作。其中,中国黄酒博物馆更是设立大师工作室进行花雕技艺的保护、传承与创新,相关作品在各级工艺美术、非遗相关博览会中荣获大奖。

绍兴花雕制作工艺较为复杂,共有选坛、灰坛、打磨、上漆、图案打样、沥粉、油泥堆塑、副图着色、正图彩绘、勾金、题款、包装等12道基本工序,累计耗时约1个月。画师以陶制酒坛为载体,以矿物粉、矿物颜料、桐油等为原材料,使用铲刀、铁砂、刷帚、描笔、调色盘等制作工具进行绘制。其中,沥粉漆艺、油泥堆塑和彩绘装饰作为花雕制作工艺的三大关键步骤,非常考验画师功底。现如今,花雕制作的表现形式以浮雕为主、沥粉为辅,题材集中在人物、山水、花鸟等,整体色泽明快,寓意吉祥。代表作品有《卧薪尝胆》《励精图治》《喜临门》《兰亭序》以及一系列私人定制款,如图5-16所示。

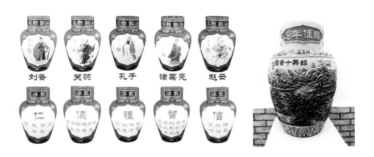

图5-16　代表作品

5. 会稽山绍兴酒

会稽山绍兴酒有限公司创建于1973年,是目前我国最大的黄酒生产企业之一。260多年的酿制技术与经验,赋予企业精心酿制的"会稽山"牌绍兴酒以优良品质,使其成为营养丰富,具有修身养性、延年益寿功效的滋补型低度酒,当之无愧的"东方名酒之冠"。为突破黄酒市场现有错误认知,在激烈的市场竞争中突出重围,企业一直坚持技术创新和产品研发,近几年相继成功开发了"八年陈""十年陈""二十年陈""五十年陈酿"等精品珍藏系列加饭酒,以及适应世界健康潮流的"帝聚堂""稽山清""水香国色"等具有营养保健功能的新型黄酒。

（1）代表黄酒的传承与创新

十年前，会稽山以中国传统"天圆地方"理念为设计核心，将稳重大气、品质纯正的经典玻璃方瓶造型会稽山"纯正五年"绍兴酒推向市场，开了传统文化赋能老字号民族品牌的先河。十年后，基于现今消费者对产品的颜值佳、精神愉悦、社交实用等需求，会稽山对原有产品外观进行升级，推出了更新颖、更具观赏性的圆形玻璃瓶"会稽山1743"黄酒新品。

"会稽山1743"是会稽山绍兴酒的代表之一，其内含会稽山百年老字号的人文历史与情感烙印，承载着老字号的品质信仰、历史敬畏、匠心传承，让消费者只需看一眼就可以回忆起百年会稽山品牌城店，形成并强化现有品牌记忆和品牌文化认知。

"会稽山1743"新品既传承了绍酒醇和甘润的特质，又迎合年轻一代消费者需求，降低了酒精含量。瓶标采用底蕴深厚的东方版画，展示了江南水乡诗意的酿酒场景，在江南水乡和黄酒文化融合的氛围中，实现了民俗技艺的延续与创新。瓶身用光瓶和牛皮纸简化包装，积极践行了"节约环保、绿色简约"的企业理念。在营销方式上，"会稽山1743"产品也积极创新，引入二维码扫码互动和领红包服务，优化消费者消费体验，增强产品吸引力和客户黏性。

2022年，会稽山突破传统封坛形式，采用数字封坛技术，把充满情感、个性化的心愿寄语以文字内容"云"的形式植入坛盖二维码中，赋予产品营销数字化能力。未来，消费数字化的转变不仅能帮助企业实现精准分销和精准动销，更能大幅提升消费者的购物体验，真正开启黄酒数字化消费新时代。

（2）酒旅融合实践

2021年7月29日，会稽山绍兴酒积极打造酒旅融合的新业态，通过将绵延千年的黄酒文化与时下国潮相结合，推出全新产品项目"1743黄酒吧"（图5-17）。该酒吧以会稽山公司创始时间为名，整体设计风格融合了地方特色和黄酒文化。

图5-17　1743黄酒吧

酒吧共两层，一楼设有吧台区、休闲区、手绘花雕区等，区域间以富有禅意的白沙枯景作为装饰过渡，体现黄酒深厚的历史底蕴。在酒吧的一角还可以看到用会稽山1743黄酒瓶做成的墙壁装饰和吊灯。二楼一侧墙面上装饰了王羲之的《兰亭集序》书法，这是越地文化的典型代表；另一侧的品鉴馆则装饰古朴典雅，既适合雅集小叙，细细品味黄酒滋味，也适合热爱古风文化的二次元爱好者们打卡拍照。

在酒吧内，伴着驻场歌手优美的嗓音，游客可以品鉴充满历史积淀的正宗黄酒，也可以小酌一杯调酒师以黄酒为基酒特别制作的鸡尾酒、气泡米酒、果酒，感受古老酒种清爽纯粹的新魅力。对于不爱喝酒的游客，酒吧内的黄酒奶茶、黄酒棒冰、黄酒巧克力也是不错的选择，花式的黄酒创意产品均是对黄酒文化和传承的重新定义。

（3）跨界体育营销

会稽山将体育营销作为营销战略的重要一环，并通过赞助或冠名体育赛事彰显会稽山绿色、健康的品牌形象，提升品牌认可度和顾客的忠诚度，增强消费黏性。譬如：2006年赞助第三届FIBA世界女篮联赛，2019年赞助"2019绍兴国际马拉松"。

跨界营销是会稽山对体育营销战略的一大突破。在传播媒介层面，会稽山选择央视体育作为营销主力渠道。专业、知名的央视体育频道有利于加速品牌传播的系统升级，推进和巩固体育营销成果，并进一步将目标市场从浙江一带拓展至江苏、上海等华东市场，最后辐射至北京、成都、河南等全国市场。在营销融合层面，会稽山有效借助体育赛事宣传黄酒的健康养生文化,进一步强化会稽山品牌绿色、健康的形象;另一方面,会稽山深入探索"互联网+"模式,将企业文化、党建文化和黄酒文化高度融合、深度营销。譬如借助线上商铺,如天猫、京东商城的会稽山旗舰店等来为体育赛事做推广,提高客户群体的关注度,以此获得营销效益。在系统化管理层面,会稽山积极探索在线管理,稳步推进线上线下的市场突破与深度体育营销。在信息化的时代,它运用了 CRM 系统成功构建了集销售人员、消费者与产品等数据于一体的平台,做好体育营销过程中的有效分析。

(4)新年营销:多渠道

2021 年初,会稽山打响了新年营销第一枪。会稽山与浙江卫视的体验式乡村漫游综艺节目《宝藏般的乡村》合作,通过与国家级黄酒评委、会稽山绍兴酒股份有限公司总经理傅祖康,绍兴黄酒非遗传承人孙国昌、鲁长华等工匠的互动,艺人们亲眼见证、亲身体会了绍兴黄酒酿制技艺,重拾对国粹黄酒的那份好奇之心,并引领广大消费者感知绍兴黄酒酿制技艺之神秘内涵,实现艺术和黄酒的跨界碰撞。该营销手段把百年老字号品牌文化、绍兴黄酒非遗文化融入年轻人喜爱的明星与综艺栏目中,并通过当前流行的艺术语言和形象传递方式,助力国粹绍兴黄酒文化传承,让广大消费群体更加直观地感受到会稽山的品牌活力和文化魅力,极大地提升了百年老字号品牌的知名度与美誉度。

与此同时,会稽山结合新年饮酒聚会等特性,以酒为媒,以"和自己人,喝好点,喝少点"亲近自在的饮酒文化为出发点,精准把握受众深层次的春节情感需求,推出亲朋、老友、同学、翁婿等不同受众在不同场景下的新春短视频,并通过抖音、头条、微博号等社交媒体进行故事分享。会稽山这波新春短视频通过巧妙的情节设计、真情实意的情感流露、分区域的定点投放以及对于潜在客群的心智抢占,使得产品与目标群体之间形成了情感关联与场景化共鸣,有利于推动顾客完成对产品从喜爱到购买的一键式转化。此外,配合新春佳节的短视频传播,会稽山还发布了与年轻消费群体的审美偏好和价值取向相契合的情感话题海报,通过带有国潮感与民族自信的文化底色以及真情流露的口语化文案,潜移默化地带动会稽山 1743 黄酒走进大众心智,加强会稽山 1743 黄酒与春节团圆相聚的情感联系。

最后，融合春节年味，会稽山携手网红品牌古茗奶茶，开展了突破行业壁垒和品类界限的"黄酒＋奶茶"跨界合作，即"酒香沁乌龙，有爱味更浓"。通过"牛年寻牛人、发抖音打卡视频、会稽山经典黄酒溯源、自媒体亲情话题征集"等创新活动，两大品牌实现线上线下互动，跨界双向渗透，在给受众带来新鲜感的同时，衍生出全新的场景消费，为双方品牌推广都带来了更高的价值和利益。

6. 古越龙山

浙江古越龙山绍兴酒股份有限公司是中国最大的黄酒生产经营出口企业、行业内最大的上市公司，其拥有国内一流的黄酒生产工艺设备和全国唯一的省级黄酒技术中心，聚集多名国家级评酒大师，黄酒年生产能力高达13万吨。公司产品行销全国，甚至远销日本、东南亚、欧美等30多个国家和地区，享有"东方名酒之冠"的美誉。经过十余年的努力，现如今企业已经建立了遍及全国省会城市和直辖市的国内最大黄酒销售网络。

（1）古越龙山营销战略

古越龙山的营销战略主要是通过文化类节目和影视来讲"黄酒故事"，以此促进品牌营销创新。自20世纪90年代起到2019年，古越龙山不断在讲好黄酒故事方面做表率。2022年，故宫博物院、中国东方演艺集团和人民网共同推出的作品《只此青绿》在春晚舞台上出圈。该剧通过"展卷、问篆、唱丝、寻石、习笔、淬墨、入画"7个篇章，讲述了一位故宫青年研究员"穿越"回北宋，从"展卷人"视角"窥"见画家王希孟创作《千里江山图》的故事。节目以中国优秀传统文化为切入点，通过"舞绘"《千里江山图》展现了宋代美学的特征和服饰样式，剧中的"青绿腰"更是成为出圈的标志形象。2022年4月9日，中国诗剧舞蹈和中国黄酒两大品牌在京携手推出《只此青绿》与古越龙山"只此青绿 只此青玉"联名款（图5-18），实现中国文化和民族品牌相互赋能。《千里江山图》是中国的十大名画之一，而绍兴黄酒则是中华千年国酿，两者有着相似的气质和神韵。此次联合是绍兴黄酒集团与东方演艺集团两个行业标杆的强强联手，是跨界融合、文化赋能，深挖文化IP的核心价值，探索黄酒与现代消费者更多的情感连接的积极实践，有利于共同推进传统优秀文化深入生活，开创国货经典新浪潮。2022年，古越龙山"只此青

绿　只此青玉"联名款产品在谋求已布局市场中更深入发展的同时,开始全国化推行,升级搭建"二维空间",加速全国市场多点开花。

在关注时事热点的同时,古越龙山借助微信、公众号等新兴媒体宣传黄酒文化,并以开发剧情产品的形式扩大销售。2016年,它借助《国家地理》宣传古酒文化;2017年,它承办绍兴黄酒节;2018年,它承办绍兴音乐节;2019年,它直播"黄酒宴"。古越龙山在营销层面,适应时代需求与消费需求的发展,创新营销的方式,从赞助广告到冠名节目,到投资影视或承办文化节,再到互动营销或直播,始终以文化促进销售,以黄酒故事促进品牌发展。

总的来说,古越龙山完善的营销体系使黄酒故事立体化。古越龙山利用"互联网+"以创新营销方式讲黄酒故事,创建线上线下一体化销售网络体系,进一步将黄酒故事立体化,有效促进营销。

图5-18　古越龙山"只此青绿　只此青玉"联名款

(2)古越龙山酒旅融合

古越龙山作为黄酒龙头,以"越酒行天下"活动进一步深化全国布局,打造头部竞争优势,带动黄酒行业整体升级。

在高端化方面,古越龙山聚焦国酿1959、好酒不上头、青花醉三大高端系列产品的市场开拓,从业绩报告看,公司中高端产品系列已经成为市场销量的主要承担者;从年轻化来看,古越龙山设置了绍兴品鉴馆,同时在中央酒库、鉴湖酒坊、工艺浮雕厂等设置打卡点,培育网红直播基地,与更多的年轻人互动。与此同时,古越龙山还与专业媒体运营机构合作,"玩赚"抖音;做全球化、体验式传播,通过黄酒馆建设、讲好中国故事、餐饮搭配等途径,加强文化输出;数字化方面,古越龙山积极按照"一个中心、五个平台"(即建设数字化管控中心、资产数字化管理平台、营销管理数字化平台、生产数字化管理平台、企业管理数字化协同平台和产业园数字化平台)建设思路,扎实推进公司数字化改革,实现传统产业向智能制造、数字工厂迈进。

　　古越龙山以中国黄酒博物馆(图5-19)、传统酿造基地、中央酒库为核心,打造中国黄酒酒旅融合样板。与此同时,古越龙山邀核心消费者参与回厂游,体验古越龙山主题酒旅路线,拉近与消费者的距离,增加客户品牌归属感。

图5-19　中国黄酒博物馆和绍兴黄酒馆

　　截至当前,古越龙山已在全国开出30家品鉴馆。作为古越龙山品牌布局市场最重要的线下载体,绍兴酒品鉴馆将绍兴黄酒文化与当地菜品相结合,以"文化＋酒＋美食"的形式呈现,系统展示黄酒历史和文化,带给消费者沉浸式的体验。品鉴馆的开设是古越龙山走向高端化和全国化战略进一步实施的信心所在。

　　从外在表现看,绍兴黄酒品鉴馆通过知识普及和文化宣传,有利于加深顾客对产品和企业的认知,拉近黄酒与消费者之间的距离,减少消费者购买产品时的抵触感,增加顾客对品牌的忠诚度。从市场发展的角度看,沉浸式绍兴黄酒品鉴馆通过对消费者视觉、触觉、听觉和嗅觉的不断刺激,激发消费者主动参与,增强消费者对产品品牌及价值的认识,有利于提高购买率和成交率。从品牌推广的角度来说,绍兴黄酒品鉴馆所具备的"高颜值""重体验"的特点,有利于形成和强化品牌印象,实现品牌大V和发烧友的培育。

7. 女儿红

始创于 1919 年的女儿红,是浙江省绍兴市的地方传统名酒、中国黄酒知名品牌,由糯米发酵而成,含有大量人体所需的氨基酸。江南人常在冬天空气潮湿寒冷的时候饮用此酒来御寒。

女儿红是中国文化的符号,它的故事自晋代便开始流传。相传女酒、女儿红酒为旧时富家生女嫁女必备之物。女儿出生后,每一个父亲都会用三亩田的糯谷酿成三坛子女儿红,仔细装坛封口深埋在后院桂花树下。待到女儿十八岁出嫁时,用酒作为陪嫁的贺礼,恭送到夫家。按照绍兴老规矩,从坛中舀出的头三碗酒,要分别呈献给女儿婆家的公公、亲生父亲以及自己的丈夫,寓意祈盼人寿安康、家运昌盛。南宋著名爱国诗人陆游住东关古镇品饮女儿红酒后,曾写下了著名诗句"移家只欲东关住,夜夜湖中看月生"。

女儿红的营销主要集中在影视文化和潮流文化的融合上。2016 年,电视剧《女儿红》的推出,实现了讲述黄酒故事的新突破。这部电视剧通过跌宕起伏的情节,展现了"女儿红"的文化内涵、人性力量以及古越千年不衰的绍兴黄酒文化。企业通过投资电视剧这种营销途径,将产品文化、品牌文化与影视文化巧妙融合,有效促进了女儿红品牌的营销。近年来,女儿红不断创新潮流营销,推动传统与时尚相融合,比如:举办"父爱如山"为主题的"女儿红首届封藏文化节";策划全国"招募百位老爸""百人百城共封一坛酒"等面向消费者的活动;创新推出"女儿红酒调制鸡尾酒,打卡品饮模式",并特邀知名主播抖音直播,用"颜值+口感"打开年轻消费者的记忆;推出"国酿+茶饮"全新创意模式;设计"进界""仟挂"等年轻化的酒体,与更多消费者产生情感连接与共鸣。2022 年 5 月 28 日上午,女儿红携手绘璟文化打造国内黄酒行业第一家黄酒主题小酒馆——温渡酒馆(beta),活动以线上线下相结合的方式,让百名网红走进女儿红暨绍兴黄酒短视频创作基地,驻足参观并品尝温渡酒馆限定款——仟挂冰淇淋,记录中国黄酒年轻化的全新探索。

女儿红还发布了"女儿红·进界杯短视频创意大赛",这是中国黄酒行业第一次以具体产品为依托的短视频创作赛事。赛事以"进有度 心无界"为主题,依托新品"女儿红·进界"的品牌张力和新媒体短视频内容创作的传播力,进一步丰富品牌与产品内涵,增强消费者的参与感、获得感,激发更多年轻人关注女儿红、关注中国黄酒。

(五)陆游、唐琬与沈园

陆游,字务观,号放翁,越州山阴(今浙江绍兴)人,是南宋著名的文学家、史学家、爱国诗人。其一生笔耕不辍,60年间创作了万首诗。其诗文早年追求恢宏奔放,充满战斗气息及爱国激情;晚年因蛰居故乡山阴,诗风趋向质朴沉实,充满清旷淡远的田园风味和不时流露出的苍凉人生感慨。最著名的代表作当数那句"王师北定中原日,家祭无忘告乃翁"。为充分挖掘陆游文化,推动陆游文化基因解码及转化,绍兴大力挖掘沈园和千古绝唱《钗头凤》,并计划打造"陆游祖居",建设陆游书院、诗圣殿、陆游蔬圃、风情宋街等陆游文化带,将陆游的诗歌以不同形式植入乡村土地上,打响"陆游祖居"乡村振兴文旅IP,为游客呈现"陆游的乡村世界"。

沈园(图5-20)始建于宋代,是一座典型的古典江南园林,整座园占地57亩,分北苑、东苑和南苑三部分,3个"园中之园"均以水为主体,水体周围则以假山或游廊环绕。园中多用山石营造咫尺山林的意境。湖光山色,参差错落,体现了园林对"道法自然"的艺术追求。

图5-20　沈园

沈园闻名于世,不仅在于结构之精巧,更因南宋词人陆游的凄美爱情故事,以及那曲千古绝唱《钗头凤》。相传南宋爱国诗人陆游初娶唐琬,伉俪情深,后被迫离异。公元1151年,两人邂逅于沈园,陆游感慨万千,在沈园园壁题下《钗头凤》一词,书写离愁别恨;唐琬见之,万千感慨,终因愁怨难解,郁郁而终。陆游晚年数访沈园,赋诗抒怀,表达他对前妻唐琬的思念。正因为如此,人们总是将沈园与陆游联系在一起,使它成为人们追思这份至死不渝的真挚爱情的千古名园。

如今的沈园在考古的基础上进行修建,又融入陆游和唐琬爱情故事的主题,形成"孤鹤之鸣""春波惊鸿"等十处胜景。身临"孤鹤轩",如闻陆游一生壮志难酬又痛失爱侣的悲鸣;踏足"问梅槛",于遍地梅花间,感受诗人以梅自喻的心境。各景点互为映衬,充满了诗情画意。独特的设计突出了沈园爱情之园的特点,也使它成为"诗文造园"的典型园林。

为打响沈园爱情文化品牌,沈园展开了一系列以爱情为主题的活动和赛事。譬如"沈园杯"全国爱情诗词大赛、"沈园杯"全国青年爱情诗大赛、七夕汉文化活动和一系列相亲活动,将沈园和爱情文化牢牢挂钩。以陆游和唐琬爱情故事为主线的"沈园之夜"自2008年开演以来,已成为绍兴夜游文化的标志性品牌。在营销方面,沈园和浙江卫视综艺节目《青春环游记》进行取景合作,拍摄了越剧戏曲电影《钗头凤》和微电影《樱为爱情》系列,通过影视剧来输出品牌形象。

2022年7月14日,沈园举办了以宋韵为主题的"穿越宋朝,沈园寻宋"沉浸式体验活动,国风KOL达人餐商、鹤川和落落大魔王以及汉服达人妮妮超甜、冰冰、敏慧等也参与其中。游客步入北广场可在念奴娇板块欣赏南宋服饰、首饰品展,并与身着宋时服饰、首饰的真人模特合影留念,还可请书法老师题写瘦金体祝福语并挂于行廊上。作为活动中唯一室内体验区,在画春堂板块游客可以体验宋韵雅集(焚香、点茶、抚琴、插花)等活动,欣赏宋韵舞蹈表演及说书演绎。在孤鹤轩的渔歌子板块,沿途摊贩重现了宋朝集市热闹之景,绍兴棕榈叶编结工艺、会稽砖砚制作技艺/拓片、绍兴花雕制作工艺、剪纸、王星记扇、绍兴面塑、凉茶、宋式点心等均被陈列出来供游客挑选。想体验深度互动游戏的游客还可以参与宋潮运动会,和其他游客一起进行捶丸、蹴鞠、木射、投壶,并兑换精美伴手礼。

（六）徐渭艺术文化

徐渭，初字文清，后改字文长，号青藤道士、天池山人、田水月等，浙江绍兴人，是明中叶文学家、书画家、戏曲家和军事家。徐渭诞生于青藤书屋，年少时便才名远扬，及长，与解缙、杨慎并称"明代三大才子"；但他一生命途多舛，晚年近万卷藏书被变卖殆尽，在凄凉孤苦中离世。

纵观其一生，徐渭是中国历史上少有的复合型传奇人物。他不仅是划时代的书法大师，还是诗文大家和戏曲巨匠，其在绘画上更是开宗立派，创立了名垂青史的"青藤画派"。徐渭生于绍兴，长于绍兴，最终逝于绍兴，可以说，他一生的奇闻逸事、书画作品都与绍兴息息相关。绍兴在开发和挖掘其文化的时候依靠的正是丰富的历史积淀。

绍兴对于徐渭文化资源的开发主要集中在以青藤书屋为核心的"一廊三带"建设。"青藤书屋"，原名"榴花书屋"，为徐氏古宅，是绍兴一处具有园林特色的中国明代传统民居古建筑。因徐渭10岁时曾亲手种了一棵青藤，陈洪绶见青藤枝干盘曲，大如虬松，覆盖方池，于是挥毫手书"青藤书屋"匾。此后，"榴花书屋"就更名为"青藤书屋"。

2020年，绍兴市成立青藤书屋周边综合保护项目，新建徐渭艺术馆、绍兴师爷馆、青藤广场和其他配套设施（图5-21），最终形成以徐渭故居青藤书屋为核心的综合文化区域，这也是推进绍兴文创大走廊、浙东运河文化带、浙东唐诗之路文化带、古越文明文化带等"一廊三带"的建设，彰显绍兴千年古城文化底蕴的文化工程和民心工程。

徐渭艺术馆位于绍兴古城后观巷中段、青藤书屋北侧，它融入周边原住民的日常生活中，东接鲁迅故里，西衔仓桥直街，地理优势十分明显。该景点的建立使得3个景点有机结合，优化游客旅游体验和路径。建筑一共分为两层，一楼主要用于回望徐渭跌宕起伏的一生。为优化游客体验，还设立了数字化展厅，游客在立体投影技术的加持下，和徐渭与凡·高两位艺术家跨越时空进行对话。二楼是全新布展的"又见青藤——徐渭高仿书画艺术展"，分为前徐渭时代、徐渭时代、后徐渭时代3个单元展出，帮助游客深入了解和挖掘徐渭文化及其影响力，多方面认知徐渭的艺术灵魂，感悟他艺术的创新精神和内涵。在出口处还设置有徐渭特色文创产品购物区,产品内容包括明信片、徽章、帆布袋、徐渭书画册、茶具套装等。

图5-21　徐渭艺术馆和青藤广场

青藤广场设计借鉴徐渭《山水图》的墨韵笔法,如一幅水墨画,抽象画出黑山白水的生动肌理。总的来说,青藤书屋、老台门、古巷、徐渭艺术馆、绍兴师爷馆,已构成古城新的艺术空间,使徐渭文化"活"起来,也使徐渭故里成为绍兴文旅融合新地标,激活、带动周边街区的发展,让市民和游客有获得感。现如今徐渭故里已成为古城保护、文化创新活化利用、文旅融合的新样本。

(七)幕府文化绍兴师爷

绍兴是中国越文化的发祥地和中心地,被誉为名士之乡,其中也包括数以万计的绍兴师爷。该群体在明清官僚治理舞台上活跃了300多年,并逐渐形成"无绍不成衙"的历史文化现象。在徐渭诞生500年之际,绍兴在徐渭故里新建绍兴师爷馆,集中展示中国特色的师爷文化。

1. 绍兴师爷的缘起和演变

师爷是旧时官署中幕友的俗称,并无官衔,与主人属于雇佣关系。该词在明代已经出现,源自春秋战国时期的家臣制、幕友制和幕僚制。

绍兴师爷是明清时期封建官制与绍兴人文背景相结合的产物。我国自秦汉时期便开始逐渐形成了一项独特的政治制度——幕府制度。他们所从事的工作都是出谋划策、协调帮助主人家处理一切事务,同时这种制度也是"师爷"这个职位产生的基础。等到了清朝,统治者和被统治者存在民族方面的差异。在清朝前期,统治矛盾频繁发生,满族统治者不清楚汉族的文化传统和管理方式,再加上一些满族人只会骑马打仗不懂得如何管理政事,因此,为了缓解民族矛盾和更好地治理国家,师爷被正式列为国家官员,享受着国家俸禄。这一政策的出现使得大批师爷走向权力舞台中央,对这个行业起到了不可忽视的作用。这个地域性、专业性极强的幕僚群体,肇始于明,盛行于清,没落于辛亥革命前后,自始至终,在我国封建统治机构中活跃了三四百年,声名扬及国内外,成为中国封建官衙幕僚阶层的重要组成部分。他们与各级地方行政官吏、绅士、商人等群体,共同操纵封建社会的政治、经济、军事、司法等诸多层面,成为封建专制统治不可或缺的工具,在封建官僚政治的实施过程中作用显著。从此业者大抵为家道中落、无缘取仕之士。

2. 天下师爷出绍兴

绍兴具有培养与造就师爷特有的历史、地理环境与经济、文化条件。首先,绍兴2500多年的历史积淀使其拥有浓郁的文化氛围和诸多名人墨客作品,在该环境下长久熏陶的人,其自身的文化水平和个人能力往往远胜其他地域的。其次,绍兴与江南其他地方一样具有经济繁荣的优势,繁荣的经济促进了地域间的文化和民众流动,促进了地域文化的进一步融合和发展,从而赋予了绍兴人以更高的眼界和更多的见识。

2021年国庆假期,绍兴师爷馆正式开放,整个绍兴师爷馆总建筑面积7620平方米。场馆展陈以绍兴师爷为主题,分成5个单元,从绍兴师爷的缘起与演变、类别与特点、学幕与游幕以及"无绍不成衙"的文化现象入手,选用了一批谕禀、告示、刑案、驿函、衙账、杂记等师爷手稿,对绍兴一批名幕如娄心田、王汝成、骆照、王立人、邬思道、汪辉祖等进行了重点介绍。

绍兴师爷馆与青藤书屋、徐渭艺术馆、陈家台门等融为一体,形成了以徐渭文化为核心的独特文化旅游休闲板块。该场馆还与鲁迅故里景区遥相呼应,成为绍兴激活历史文化、重塑文化体系的重要载体。

3. 绍兴师爷出安昌

如果说"天下师爷出绍兴",那么可以说"绍兴师爷出安昌"。200年间从安昌出去的师爷据说不下1万人,今天的河道两侧还星罗棋布地分布着众多的师爷故居。师爷馆依托娄心田师爷故居,展示"绍兴师爷"这个中国封建社会晚期历史上特殊的社会群体、特殊的政治文化现象及其在安昌的深厚根基。在师爷馆内有一组彩塑作品,表现了清代地方衙门的官员升堂审案时的情景,原告、被告跪在堂前,三班衙役持棒伺候。明镜高悬、正襟危坐,惊堂木一敲威风八面,喝令一声地动山摇,但是且住,真正的"主心骨"却是坐在堂后的师爷,因为没有官方身份,所以师爷只能坐在后面听审,一旦发现当事人的证供有问题,就差人递条子,遇到大老爷意气用事,更要及时提醒。

4. 有关绍兴师爷的影视戏曲

挖掘和弘扬优秀传统文化是当代文艺创作的重要方向,而师爷无疑是其中的一座文学宝库。无论是影视剧、戏曲,还是民间故事、动漫,绍兴都多有佳作。

1999年,《绍兴师爷》在北京电视台六套播出。该剧以清代绍兴师爷为题材,讲述了一位匡扶正义、睿智精明、清正廉洁的绍兴师爷方敬斋富于传奇色彩的一生,以及他周围一群师爷的人格行为及非官而官、寄人篱下、弄权幕后的复杂心态。

2010年,绍兴首部原创动画片《少年师爷》(图5-22)在央视少儿频道等40多家国内电视台热播,并成功登录美国ICN电视联播网公司,收获"2010年度优秀国产动画片""2010中国精品动画"等荣誉。该动画片以水乡绍兴为背景,主人公一改以往将着胡子、摇着扇子的老者形象,反而形象可爱、善恶分明、足智多谋。动画片将所有江南才子的聪明故事都浓缩到了剧本中,使"少年师爷"成为智慧和正义的化身。与此同时,片中浓郁的绍兴文化,小桥、码头、乌篷船、臭豆腐、黄酒坛等,众多绍式符号勾画出一幅绍兴的《清明上河图》,打响了绍兴师爷这个品牌IP创造的第一步。

图5-22　《少年师爷》动画片

2020年7月22日,绍兴首档普法类访谈栏目《师爷说法》,在千年古镇安昌正式开录。该栏目由市司法局和市新闻传媒中心联合多方力量倾力打造,充分利用"律行慈舍"律师队伍优势,发挥"绍兴师爷"品牌效应,在安昌设置栏目场地,针对法治建设的热点、难点问题,邀请律师、政府工作人员、学者、社会民众等做客栏目,通过互动问答、法律宣传,帮助群众理解法律、运用法律,依法保护自己的合法权益,把法治节目形式做到与时俱进、生动形象。

"无绍不成衙"的现象,带来的不仅是师爷声名的流传,更增添了绍兴名士乡的光彩,弘扬了绍兴地域文化,打造了中华文化中"幕学"的标杆,辐射广泛、影响深远。

三、绍兴名人故居文化与研学旅游

(一)绍兴名人故居文化

名人故居是一种以名人文化为载体的旅游产品,其依托历史发展过程中产生的各类名人,赋予普通的传统民居特殊意义。其不仅是见证名人辉煌历程的物质遗产,更因为呈现出了与当地特色联系紧密的景观特点,而作为一个城市甚至是地方的名片,丰富了城市历史文化的内涵,提升了城市形象。

近年来,绍兴深挖名士资源。2020年初,"绍兴名人馆"正式开馆,馆中聚集了5000多年来绍兴最有名的150位名人,生动诠释了越地"士比鲫鱼多"的名人文化。与此同时,绍兴发布《绍兴市名人故居激活三年行动计划(2021—2023年)》,计划在保护绍兴市现存名人故居100余处的基础上,实施调查、维修、整治等保护措施,全面加大名人故居保护力度。在2023年,绍兴计划进一步健全全市名人故居档案资料,对现有名人故居及周边环境进行持续修缮、保养和安防,保存的文物类名人故居,并计划根据名人资源进行挖掘,新增开放名人故居20处以上,丰富绍兴名人印记。

2021年3月31日,"东亚文化之都·中国绍兴活动年"启动。在这次活动上,绍兴再次梳理了其走向世界的"文化矩阵",以"文脉千年,寻梦绍兴"为主题,围绕大禹、王阳明、鲁迅、黄酒、书法等文化特色,推出公祭大禹陵典礼、兰亭书法节、纪念徐渭诞辰500周年、纪念鲁迅诞辰140周年、阳明心学大会、中日韩工商大会、元培峰会、纪念《故乡》发表100周年系列活动等重大主题活动,加速绍兴文化与世界文化融合。

名人故居的保护不仅体现在对民居建筑的维护上,更是对传统文化的深度挖掘、整合开发和维护继承。对此,绍兴鼓励名人后代居住在名人故居或者附近,以便更好地实现呈现和讲解名人故事。与此同时,为提升名人故居品牌附加值,绍兴计划推出一系列文创设计产品,实现"文化主题＋创意转化＋市场价值"共鸣,发展文化旅游经济。

1. 绍兴名人馆

2020年初,位于绍兴市区胜利西路的绍兴名人馆正式开放。绍兴名人馆在爱国主义、社会主义核心价值观的价值导向下,确立了以绍兴历史地域范围内的150位历史名人作为基本展陈内容,并以多媒体方式进行展示。馆内陈设按历史名人的生卒年顺序进行排列,共分"文明初现定九州——远古绍兴时期""卧薪尝胆铸越魂——越国时期""会稽天下本无俦——会稽郡时期""山阴道上尽风流——越州时期""绍祚中兴写春秋——绍兴府(路)时期""群星璀璨耀华夏——近现代绍兴时期""继往开来誉全球——当代绍兴名人"7个部分。

(1)名人馆陈设特色

绍兴名人馆以"励精图治、薪火相传"为主题,通过文字、图片、实物、音频、视频、美术作品、模型等凸显名士文化,向观众展示绍兴历代名人为绍兴经济、文化、社会发展所做出的杰出贡献,以弘扬爱国主义,特别是向青少年传达励精图治、奋发图强的精神。

绍兴名人馆共4层,展陈总面积4564平方米。展览运用现代展陈手段突出教育性、趣味性和互动性,使观众可看、可听、可触、可参与。人物展陈手段的创新是该展览的亮点。绍兴名人馆选取了王羲之、陆游、王阳明、鲁迅、竺可桢和中国稀土之父徐光宪的事迹,做了多种互动设计来打破时空界限、增加观展体验,使观众从艺术、文学、哲学、思想、科学及现代高科技等方面,亲身体验、感受绍兴名人的成就及绍兴名人对中华文明的贡献。例如,展厅设置的王守仁碧霞池内"天泉证道"场景之再现、中国物候现象总览——气象大师竺可桢物候学研究的内投球展示系统、"中国稀土之父"徐光宪稀土科技创新之路的互动墙等,都利用了新媒体、新技术让观众对人物的成就有更深入和多维的感受。

在展示历史名人的思想和建设成就时,传统的文字加图版展示已无法满足观众深入了解的需求。第三部分"会稽天下本无俦——会稽郡时期"重点展示王充、马臻、王羲之,采用了二维动画和手机扫码的方式,为观众提供更丰富的背景信息和展览内容。第七部分"继往开来誉全球——当代绍兴名人",设置了巨型触摸屏互动魔墙,在独立的独立空间,观众可以参与"跨越时空来见你——我与名人在一起"的合影活动,还可以即时扫码、在朋友圈发表观展体验、传播名人文化,实现了扩大传播展览的功效,把"展览"带回家。

(2)名人馆文旅融合战略定位

筹建绍兴名人馆,利用绍兴名人的资源优势为文旅融合和绍兴的发展助力,这是绍兴市委市政府高瞻远瞩的战略决策,是观众和游客了解绍兴优秀传统文化的关键点和便捷的途径。

基于文旅融合的战略定位,绍兴名人馆实施了以下措施:一是搭建网络智慧平台,形成以绍兴名人馆为中心的游览线路集群,为外地游客提供完备而精准的服务信息;二是认真分析"吃、住、行、游、购、娱"旅游六要素,在名人馆内重点关联"游"和"娱"的文化支撑,使"吃""购""住""行"的文化体验得到相应提升。例如,绍兴名人馆在挖掘名人历史文化方面,鼓励分散各处的名人故居、名人景区联合企业与绍兴名人馆共同开发特色商品,实现资源共享;利用绍兴官媒和自媒体鼓励文创开发开放式的特色文化旅游线路;利用平台优势加强人才队伍建设,实现"文商旅"的融合发展等。

名人文化是绍兴历史文化的核心,而绍兴名人馆的建设是绍兴重塑文化体系的重大举措之一。它既是绍兴文旅融合的样板工程,也将成为绍兴名人文化的传承地和文化创意的新高地。其建成和开放不仅促进绍兴城市文化体系的重塑,更有利于进一步弘扬传统优秀文化,提升城市文化品位,推动绍兴市经济社会的高质量发展。

2. 周恩来祖居

周恩来于1898年出生于江苏淮安,原籍浙江绍兴。1921年,其加入中国共产党后成为伟大的马克思主义者,无产阶级革命家、政治家、军事家、外交家,并和以毛泽东同志为核心的党的第一代中央领导集体建立了中华人民共和国,成为党和国家主要领导人之一,中华人民共和国的开国元勋。周恩来一生严于律己、关心群众,被称为"人民的好总理"。1976年周恩来逝世,生前他曾多次说"我是绍兴人",并将绍兴视为自己的故乡。

周恩来祖居(图5-23)位于浙江省绍兴市越城区,整体由周恩来祖居"百岁堂"、周恩来纪念馆风范园、纪念广场3个部分组成,是国家3A级景区、省级爱国主义教育基地。祖居"百岁堂"是周恩来先辈们世居之地,建筑坐北朝南,是一座典型的三进院落的明代砖瓦建筑。建筑外观古朴庄严,并建造富有传统特色的黑色竹丝台门。祖居里陈设着周总理用过的餐具、穿过的衣物、周氏家谱、和妻子的合影以及一些历史事件的描述,生动地展现了周恩来总理与故乡绍兴的密切关系,以及当时周氏家族的生活场景。

1998年,在周恩来诞生百周年之际,纪念馆扩建了纪念广场,并于广场中心摆放周恩来铜像,铜像身后镌刻着周恩来手书的巨型汉白玉照壁,上有"努力学习,精益求精"八个鎏金大字。2001年6月,周恩来祖居东侧又建成风范园,主要由展览厅、缅怀厅、党课室、留言壁四部分组成。展厅陈列以"风范垂青史"为主题,生动详细地介绍了周恩来一生爱国、爱民、勤政、廉政的丰功伟绩,并设有"不朽的旗帜——党风楷模周恩来""我是绍兴人——周恩来与故乡绍兴"等主题展览。在丰富展陈内容的基础上,馆区打造"宣一次誓言、看一次展览、听一堂党课、作一次交流、读一本书籍"的主题党日"五个一"活动品牌,为广大基层党组织和党员群众搭建丰富多样的学习平台。同时,为传承红色精神、强化党史教育,纪念馆结合时代主题,策划与举办了"为民、务实、清廉党风楷模周恩来""周恩来与元帅们""周恩来家风展""世纪伟人腾飞梦——周恩来与两弹一星"等系列活动。

图5-23　周恩来祖居和纪念馆

现如今,周恩来纪念馆已经成为浙江大学首批学生党建与思政现场教学基地之一,自2019年开始,浙江大学药学院每年都会组织党员学生前来开展思政现场教学。与此同时,随着红色研学游的不断升温,周恩来祖居和纪念馆每天都会迎来10多批省内外研学团队。

3. 秋瑾故居

秋瑾,号"鉴湖女侠",是中国近代杰出女权主义诗人和革命家,终其一生都在为推翻数千年封建统治、推动妇女解放运动而奋斗,被誉为中国的"圣女贞德"。

秋瑾故居是一座典型的社会科学类名人专题纪念馆,位于绍兴越城区塔山南侧和畅堂,是少年时代的秋瑾习文练武以及后期从事革命活动的重要场所。故居为清晚期典型的绍兴中上层人家住宅样式,共五进,最后一进有门通往墙外的河埠头和河道,交通方便,是典型的江南沿街建筑布局。秋瑾所居住的二进房屋内设有客堂、会客室、餐厅、卧室,是秋瑾接待革命同志、商议起义事宜的重要场所。卧室后墙设有夹墙,其内的密室收藏着大量秋瑾的武器和相关文件。第三、四进由原先的卧室改建为秋瑾史迹陈列室,陈列藏品有55件。

秋瑾烈士纪念碑(图5-24)位于绍兴轩亭口。1907年,由于徐锡麟在安徽起义失败,秋瑾不幸被清兵抓捕。在敌人的严刑逼供下,她坚贞不屈,于7月15日凌晨慷慨就义于轩亭口。为纪念秋瑾为革命事业做出的贡献,后人集资在秋瑾就义的轩亭口建立纪念碑,并在碑上刻"秋瑾烈士纪念碑"七个金色大字。自纪念碑建成以来,此地便成了绍兴民众缅怀和追念秋瑾的纪念场所,每年的秋瑾就义日和清明节都有人在轩亭口纪念碑前进行纪念活动。

图5-24　秋瑾烈士纪念碑

4. 蔡元培故居

蔡元培出生于1868年,浙江绍兴人,是中国近代史上著名的革命家、教育家、政治家、民主进步人士,被毛泽东同志誉为"学界泰斗,人世楷模"。1917年至1927年,在任职北京大学校长期间,蔡元培开"学术"与"自由"之风,革新北大。1928年,蔡元培创办国立艺术院,即如今的中国美术学院,促使其发展成为近代中国第一所实施本科教育等的最高美术教育机构,中国美术学院是联合国教科文组织唯一承认学历的中国美术类大学。民国初年,他主持制定了中国近代高等教育的第一个法令——《大学令》,奠定了中国近现代资产阶级大学教育的基础。1940年,蔡元培病逝于中国香港,并留下"科学救国,美育救国"的嘱托。

蔡元培对近现代中国教育、革命做出了不可磨灭的贡献。蔡元培推动了中国资产阶级教育思想体系和教育制度的形成。其"思想自由,兼容并包"的主张,为中华民族培育和保护了一批批思想先进、才华出众的学者,并促使北大成为新文化运动的发祥地,为新民主主义革命的发生创造了条件。基于其成就,联合国教科文组织将其纳入1993—1994年评选出的世界100位著名教育家、哲学家、政治家、记者、心理学家、诗人、宗教家之列。

绍兴蔡元培故居(图5-25)位于书圣故里笔飞弄,是一个典型的社会科学类名人专题纪念馆。故居坐北朝南,为砖木结构,共三进,左右两边均辟为"蔡元培生平事迹陈列室"。陈列室内容根据时间维度划分为三大部分,分别是"从刻苦攻读到教育救国""中国近代教育和科学事业的奠基人"以及"志在民族革命,醒在民主自由",系统、详尽地展示了蔡元培先生的一生功绩,并展出其清朝中进士的文章、教育总长的任命状以及生前所使用的一些物品。

图5-25 蔡元培故居

(二)研学旅游

研学旅游是学校或者组织根据区域特色、学生或者组织成员年龄特点和教学内容需要,以培养学生或者组织成员综合素质为目的的校外体育活动。其继承和发展了我国传统游学"读万卷书,行万里路"的教育理念和人文精神,成为当代素质教育的新文化形式和生活模式,增强活动参与者创新实践能力以及与自然和文化的亲近感,增加对集体生活方式和社会公共道德的体验。

按产品类型分,研学旅游可以分为游学式和营地式两种。前者多在旅游过程中开展益智科普活动,场所多集中在博物馆、知名学府、著名景点等,譬如兰亭和鲁迅故里的研学旅游项目。后者多开展于固定场所,以野外生存、动手实践和艺术体验为主,代表项目是米果果小镇研学。

中国的研学旅游发展自1950年开始共经历了三大阶段,分别是1950—1999年的探索阶段、2000—2015年的起步阶段,以及2016年至今的快速发展阶段。

1950年,中国政府派第一批少先队员前往苏联参加黑海夏令营,这是中国学生首次参加夏令营项目。而后在1991年至1993年,中日合办了草原探索夏令营,其中中国学生和日本学生的表现引发了社会热议,促使中国社会逐渐意识到青少年素质教育的重要性。

2000年起,伴随着素质教育的兴起和教育理念的进步,夏令营的组织者不再局限于教育部门和学校。社会资本,譬如旅行社、教育机构等的加入进一步丰富了现有的夏令营项目,也使得消费者群体不断扩大,年龄段呈现明显的下降趋势。2009年,中国的夏令营已经形成较为明显的三大类别,分别是学习类、素质拓展类和游学类。其中学习类以语言学习为主要形式,最为常见的当数英语夏令营;素质类多以户外活动为主;游学类则主要包括海外游学和名校游学,并逐渐成为诸多学生感受名校氛围、踏入理想高校的重要途径。

2016年,随着教育部颁布《关于推进中小学生研学旅行的意见》,研学旅游得到正式定义。自此,多方资本开始融入研学旅游产业,产品种类日趋多元化,营地类研学开始兴盛,研学旅游整体渗透率快速提高。现如今,研学旅游产品体系已经得到进一步完善,六大研学旅游目的地深受追捧,其中红色研学、博物研学和科技研学更是直接成为爆品项目。

绍兴是十大"中国研学旅游目的地"之一,其2500多年的历史积淀下丰富的文旅资源,这些资源具有分布广、种类多、IP强等优势。近年来,绍兴市积极推进研学旅游发展,将研学范围从大中小学的学生群体拓展到全年龄段群体,研学形式逐步实现了从"跟着课本游绍兴"到"跟着书本去旅行",以及从研学游跨越到研学旅行的进阶转变。

绍兴地处浙江东北部,辐射范围广,3小时的车程范围圈内拥有上海、杭州、宁波、苏州、无锡等知名研学旅行目的地和人口聚集区,集群效应突出。绍兴交通干线完善,高铁、地铁、高架串联全城,耗时1小时以内即可到达杭州机场。城区内设置有专门的旅行大巴和观光大巴,便利游客和市民乘坐出行。

绍兴研学旅游资源分布广泛且种类丰富,从自然风光到非遗技艺,从建筑、戏曲到黄酒、茶叶,遍布在绍兴各县(市)内。在资源质量上,绍兴拥有鲁迅、兰亭、沈园、大禹、黄酒等高影响力的文化IP,且这些文化内容还被引入中小学课本,具有极高的社会学术认可度和研学价值。与鲁迅相关联的景区鲁迅故里,入选了首批全国研学旅游示范基地。2020年,鲁迅故里、兰亭、东方山水乐园被浙江文化和旅游总评榜授予"十佳研学旅游目的地"称号。2021年1—5月,绍兴研学旅游创造营业收入1.23亿元。

绍兴研学旅游发展离不开前瞻性和创新性的政策支持。2003年,绍兴市就先人一步打出"跟着课本游绍兴"品牌,成为当时"旅游＋教育"跨界融合的典范,为后续绍兴研学旅游发展打下了良好的市场基础。在此基础上,绍兴持续推进供给端基地、营地的建设,并在2020年将研学旅游作为"十四五"期间文化和旅游融合的重要抓手和重点工作,启动了《研学战略专项规划》,再次将政策的步伐走在了全国前列。

1. "翰墨飘香"书法研学之旅

2021年,绍兴发布10条研学旅游线路,体验项目涵盖全市各区著名景点,内容涉及书法、戏曲、黄酒、名人等多个元素。游客既可选择"走进课堂"鲁迅研学之旅、"文脉千年"唐诗之路研学之旅、"翰墨飘香"书法研学之旅、"曲韵芳华"戏剧研学之旅等,也可以体验包括古越水乡风情游、巧夺天工手艺游和寻味人生茶乡游在内的"技艺传承"匠心研学之旅,感受匠心坚守和文化传承。

书法是绍兴文化的代表性缩影,从春秋时期勾践剑上的"鸟虫文",秦代"会稽刻石",东晋时期王羲之"兰亭书法"再到近代书法界"扫地僧"徐生翁,绍兴贡献了书法史上重要的历史链环。众人初识绍兴,大多是王羲之的《兰亭集序》,手执笔墨的王羲之不仅带来了书法,还为绍兴带来了魏晋风骨。

绍兴根据王羲之留下的印记,规划了一条"翰墨飘香"的书法研学之旅,从兰亭风景区出发,游经书圣故里、柯桥云门寺,最终到达王羲之的晚年隐居之所嵊州金庭。游客可以在兰亭体验"曲水流觞"习俗、御碑识"之"、描红、拓印课程;在书圣故里听王羲之为老妪题扇的善行故事,见证笔飞弄与躲婆弄里是王羲之"不轻易送字"典故来由,于戢山书院体验国学;在云门寺赏王献之洗砚池、陆游草堂遗迹,听诸多名人逸事,品味禅茶与书法的艺术;在儒释道三教合流的文化圣地——金庭观瞻仰、拜谒书圣之墓,品味书画艺术。

总的来说,整条书法研学路线的规划以弘扬中华优秀传统文化为目的,坚持优秀传统文化的创造性转化和创新性发展,秉持"游""学""研""思"交融并举的思路,坚持"书法滋养"和"深度体验"的并行方针。其结合各景区自身主题定位,体验度强的特点,做到了学校教育和校外教育的有效衔接,推动绍兴文旅与教育的深度融合与发展。

2."走进课堂"鲁迅研学之旅

绍兴文化对鲁迅的思想、品格、情怀、精神的形成以及文学创作产生了重要影响。绍兴文化中对于家国天下的注重培育了鲁迅"我以我血荐轩辕"的爱国情怀;绍兴文化中蕴含的战斗精神培育了鲁迅"横眉冷对千夫指"的革命情怀;绍兴文化中以民为本的思想培育了鲁迅"俯首甘为孺子牛"的人民情怀。在绍兴文化浸润下,鲁迅始终怀有浓烈的爱国精神、保持坚强的战斗品质、饱含深厚的人民情怀、秉持高度的文化自觉。

绍兴以鲁迅的生活和作品为脉,串起一条学习鲁迅精神、铭记民族历史的"走进课堂"鲁迅研学之旅(图5-26)。从鲁迅故里出发,途经孙端的鲁迅外婆家和闰土与鲁迅幼年玩耍的树童部落,最后到达以鲁迅等人为核心的绍兴名人馆。在鲁迅故里,游客可以进百草园、看风情社戏、赏祝福大典、听三味早读、坐水乡乌篷船、上辛亥一课;在孙端外婆家,游客可以诵读《三字经》、体验"祝福文化"、观看水乡社戏;也可以去树童部落感受鲁迅笔下的童年,体验闰土的乡土生活,区别于前几个鲁迅研学活动,在这里,游客主要体验珍稀蔬果采摘、植物嫁接、走农作物迷宫、摸鱼钓虾、素质拓展等,可以拓宽他们的视野,使他们更加亲近自然;最后一站的名人馆"聚集"了2500多年来绍兴最有名的150位名人,向游客展示了"海岳精液,善生俊异"的越地和灿若群星的名人文化。

图5-26　鲁迅研学之旅

　　近年来,绍兴高度重视弘扬鲁迅文化,紧密结合新时代新要求,把鲁迅文化作为新时代绍兴文化工程的重要内容,切实担当起传承鲁迅文化、弘扬鲁迅精神的责任使命。在未来,绍兴仍将继续加强鲁迅文化资源的保护利用,不断深化对鲁迅文化的研究阐释和推广普及,奋力打造鲁迅文化高地,让更多游客和市民学习鲁迅文化、传承鲁迅精神,也为率先走出争创社会主义现代化先行省市域发展之路提供强大的精神力量。

　　3. "曲韵芳华"戏剧研学之旅

　　江南水乡的婉约多情与诸多名士的铮铮傲骨,共同孕育出婉转悠扬的越剧和激昂高亢的绍剧,奠定了绍兴曲艺特色基调。绍兴以体验感悟弘扬这两大剧种为核心,规划了一条"曲韵芳华"越剧研学之旅(图5-27)。

图5-27　越剧研学之旅

　　研学旅程自中国女子越剧诞生地——嵊州越剧小镇出发,游客可以在小镇的戏迷馆体验声韵教学,在古戏楼听戏,并体验嵊州小吃、竹编。旅程的第二站将会到达东王村,这里是111年前第一次越剧正式演出的地方。在这里游客可以聆听越剧基本唱段,探寻越剧陈列馆,体验越剧教唱课程。下一站便是"越剧艺术家的摇篮"和越剧艺术人才教育基地——嵊州越剧艺术学校,游客可以在精美设计的校园内,享受匠心独具的美景,跟着专业老师学越剧。对绍剧感兴趣的游客可以前往浙江绍剧艺术研究院,跟随剧团了解绍剧历史,观看经典绍剧猴戏,学习绍剧基本功。最后一站宋代名园沈园,在这里,游客可以欣赏《沈园情》堂会表演,亲历一次古韵悠长的古典夜游,感叹陆游唐琬凄美的爱情故事。间或地,沈园还会开展游宋代集市、品味宋街小吃的活动,给游客带来沉浸式的宋朝穿越之旅。

4. 绍兴红色旅游案例:诸暨"枫桥"经验

红色旅游是指以与中国共产党领导的人民革命和战争相关的纪念地和标志物为载体,以其承载的革命历史和精神为内涵,主要用于组织和旅游者进行缅怀学习、参观游览的主题性旅游活动。红色研学是以红色旅游景点为基础,通过深挖红色旅游资源,学习红色革命文化,继承发扬红色革命精神,培养学生和组织成员爱国爱家、勤劳勇敢、吃苦耐劳等品质的主题旅行。其中,诸暨枫桥镇便是绍兴红色研学的重要基地。

"枫桥经验"发展至今共经历了四个阶段。起初,它是由20世纪60年代初浙江省宁波专区诸暨县枫桥区创造的一种"发动群众、对阶级敌人加强专政"的经验。该经验自1963年得到毛泽东的批示之后,便被浙江省历届省委、省政府重视学习并推广。第二阶段发生在"文化大革命"后期至结束后,发展为依靠群众加强对四类分子专政的"枫桥经验"一度被用于加强社会治安、减少犯罪,后又迅速随着四类分子摘帽完成而归于沉寂。20世纪80年代,枫桥区率先提出"社会治安综合治理"的口号,同时根据实践经验总结出融"打、防、教、管"于一体的社会治安综合治理经验。

在社会矛盾日益增多的20世纪90年代中期,诸暨市的警民继承创新"枫桥经验",凭借"组织工作走在预测前、预测工作走在预防前、预防工作走在调解前、调解工作走在激化前"的"四前"工作法,预防化解社会矛盾,促成了"矛盾少、治安好、发展快、社会文明进步"局面的形成。21世纪,在时任中共浙江省委书记习近平的调研指导下,诸暨枫桥建立了综治工作中心,推动了综治进民企、和谐劳动关系创建等各项工作的完成,并在原有基础上发展出了"以人为主,构建和谐社会"的新时代枫桥经验。

为让"枫桥经验"等优质资源实现有效的市场化运营,成为一个全新的旅游产业精品,市文旅部门和枫桥镇政府从市场化运营模式和政策扶持入手,加紧发展枫桥文旅产业经济。

2018年,市文旅集团和枫桥镇共同注册成立了枫溪文化旅游开发有限公司,以"枫桥经验"和"枫桥三贤"文化为核心,以"枫桥经验"红色主题研学游为载体,推动枫桥乡村旅游和红色旅游的深度融合,促进枫桥旅游经济和红色文化发展。2019年,绍兴诸暨出台了加快推进全域旅游发展的若干政策意见,鼓励企业因地制宜发展旅游经济,并在企业的旅游项目投资建设、旅游产品品质提升、旅游特色产品开发、旅游市场开拓、旅游公共服务设施完善、旅游人才队伍建设等六个方面给予重点政策支持。

2020年,枫桥经验陈列馆(图5-28)建设完成,成为绍兴市中小学生研学实践教育基地,"枫桥经验"的文旅品牌影响力得到进一步提升。2021年,为优化红色研学游路径,市文旅部门将枫桥经验陈列馆和周恩来抗日演讲旧址枫桥大庙列入"红动诸暨　初心之旅"五大红色游线,红色枫桥影响力进一步在全省传播,并日渐辐射到省外。2021年上半年,公司以旅行社为主要宣传渠道,共接待各类"枫桥经验"考察团近300批次,累计人数超万人次。与此同时,公司将新时代"枫桥经验"与青少年教育工作结合,丰富"枫桥经验"研学课程,打造基地高校,上半年累计接待研学游学生5000余名。

图5-28　枫桥经验陈列馆

枫桥经验文旅项目是绍兴诸暨基层社会治理和红色研学的核心,主要在枫桥学院和枫桥古镇进行。枫桥学院建成于2021年,主要用于接待各类培训学员,是未来全国性"枫桥经验"参观交流、学习培训、研究实践的核心基地。枫桥经验陈列馆位于枫桥古镇,是一座典型的现代化江南水乡建筑。陈列馆紧扣"枫桥经验"主题,通过艺术造景、微电影、全息影像、人物采访、电子互动等新型布展方式,生动地呈现"枫桥经验"发展历程和与时俱进的时代价值。当前,作为首批浙江省党员教育培训基地、绍兴市以及诸暨市中小学生研学教育基地、诸暨市青少年"枫桥经验"传承基地等,陈列馆每年接待各类考察团和研学团的团员达16万人次以上。

未来,枫桥学院将成为诸暨枫桥镇下一个发展重心,其将以"枫桥经验"为文化核心,针对公职人员、企业家、中小学生等目标客群,开发多样化的基层治理、红色文化教育产品。与此同时,枫桥将加速大枫桥文化旅游板块规划建设,打造提升紫薇山景区和三贤馆,维护提升枫桥古镇风貌,并依托枫桥三贤和古镇文化底蕴,打造书画枫桥研学项目,实现小镇文旅市场化运营。

四、山水秘境新昌县域文旅融合发展创新实践

新昌县,地处浙江省东部、绍兴南部,是一个典型的"八山半水分半田"的山区小县。其自然景观和人文景观多达300处,景区面积占全县总面积的十分之一,达到120平方千米。诗路明珠天姥山旅游区、禅意风度大佛寺——鼓山公园景区以及十九峰景区均是其中代表。丰富的自然资源引来历史上无数名士的赞誉,继而形成丰富的人文资源。李白的一首《梦游天姥吟留别》让天姥山成为中国的文化高山,并由此逐渐形成了中国文人的山水走廊——唐诗之路。

20世纪80年代,新昌县制定了第一个县域总体发展规划,正式举起了旅游发展的大旗。其凭借第一阶段的原始积累,不断拓宽旅游业态,调整产品结构。影视文旅方面,新昌已经成为中央电视台挂牌的外景拍摄基地。张纪中版的《笑傲江湖》《射雕英雄传》《天龙八部》《神雕侠侣》等电视剧均在新昌采景,导演陈凯歌的《和你在一起》、陈家林导演的《王昭君》、张国立导演的《济公新传》都在此拍摄。除了"山水游""佛教游",新昌还开发推出了

"生态游""文化游"等旅游品牌,把市场办成景点,并建设茶叶博物馆、茶文化展示厅等。

近年来,新昌县紧扣浙东唐诗之路发展主题,以生态为基、文化为魂、民生为本,实施百村成景、百业增效、百姓致富措施,高质量推进全域旅游发展,着力打造全域旅游示范区、文旅融合样板地、休闲度假目的地,建成生态花园、休闲乐园、幸福家园,形成"一核三线三片多点"的网络化空间结构。

(一)诗路明珠——天姥山

"一座天姥山,半部全唐诗。"天姥山是"浙东唐诗之路精华地"的标志性景区,是名副其实的文化名山。其得名来自"王母",由主峰北斗尖和拨云尖、细尖、大尖等群山组成,山峰连绵起伏,气势磅礴。李白、杜甫、白居易等唐代诗人追慕前贤足迹,寻访天姥山并留下了《梦游天姥吟留别》《壮游》等千古绝唱,使天姥山成为诗人追求精神自由的乐园。新昌以"诗画风景·李白天姥"为主题,以"江南名山·诗路明珠"为形象,以山水文化、青山绿水为特色,以风景游赏、文化体验、研学旅行、康养度假为主导,在天姥山景区打造四大爆点项目、十大引擎项目,一带五片旅游空间结构,将李白的"梦游地"建成诗画江南、中国山水文化、浙东唐诗之路黄金旅游带的龙头景区。

景区强调诗画山水卷天姥山风景游径体系、唐诗精华路古道胜迹巡礼、望幽惆怅溪剡溪风景画廊、梦游天姥山沉浸式光影秀四大爆点项目;大力发展逐梦星汉安基星空营、诗路光影儒岙风情小镇、非遗百工剡东乡村生态博物馆、悠然南山研学实践大本营、空山新雨山水田园艺术季、沃洲雅集研学精舍、飞渡沃洲低空飞行游览、东岕禅居养生度假谷、石磁花溪户外运动谷、霞客探秘自然研究营十大引擎项目;从大草坪集聚区、太白山庄中心项目集聚区以及云之台、星月台主体项目集聚区三大集聚区建设入手,将景区山顶区域建设成为天姥山旅游目的地和核心区;大力推广拨云揽胜、古道遗踪、天姥烟霞、桃源仙境、沃洲梦寻、东岕云栖、剡溪蕴秀、龙潭云瀑、剡山夜月、南山牧歌"天姥十景",赋予各景点深厚的诗路意境。

天姥山的营销手段主要以线下的旅行社主题推广、节庆活动以及线上的新媒体营销为主,通过持续性的营销,促使品牌规模化、影响深远化。譬如,2022年6月的"行走唐诗路 寻梦天姥山"浙江省旅行社协会疗休养专委会前往新昌实地考察,体验了"新昌十二时辰"产品和天姥唐诗宴,欣赏了李梦白茶艺,了解了天姥红茶的魅力。为拉动新昌旅游消费,天姥山景区启动"中秋"及"秋季游"旅游市场营销,大胆尝试自媒体营销模式。景区大力推广"赏鼓山夜月,听新昌调腔,住天姥山居,品天姥唐诗宴,游新昌十二时辰"。

新昌天姥唐诗宴是新昌菜的代表,其每道菜、汤、主食、点心等都以唐诗命名,让食客体悟舌尖上的诗意新昌。如名为"剡溪一醉十年事"的笋干菜蒸河虾,其诗句出处为许浑的《对雪》"剡溪一醉十年事,忽忆棹回天未明";名为"飞流直下三千尺"的新昌汤榨面,出自李白的"飞流直下三千尺,疑是银河落九天"。

"十四五"期间,天姥山旅游景区着力实现"风景线、文化线、历史线、故事线"的有机融合,从整体上实现天姥山游览功能、旅游设施和旅游环境建设提升。景区开展多场主题文艺演出、诗词赛会和创作笔会,深挖唐诗之路沿线名人古迹旅游资源,并通过活化古诗词和古遗址的形式进行展示。景区计划新增一批诗路驿站、研学旅游实践教育基地、"数字诗路e站"体验中心、森林古道等,并开通天姥山旅游专线,加强旅游交通的规划。

(二)东南佛国——新昌大佛寺

"僧过不知山隐寺,客来方见洞开天",闻名海内外的石城古刹——新昌大佛寺是(图5-29)绍兴地区唯一一座全国重点开放寺院,也曾是我国佛教汉化研究和般若学传播的中心地和茶禅一味发源地,在佛教界享有极高的地位。

图5-29 新昌大佛寺

　　区别于一般寺庙,新昌大佛寺坐西朝东。大门后是观景步道,左侧有双林石窟、千佛院及佛心广场,右侧主要有射雕村、木化石林恐龙园、天然圣境、佛山圣境、五百罗汉洞、般若谷及栖光禅院,寺院最后则为南朝古刹。

　　大佛殿是新昌大佛寺最有标志性的地点,大佛殿主要用以保护内部供奉的雕凿于悬崖绝壁之中的弥勒佛石像。石像历时约30年才全部雕成,距今已有1600年历史,是江南早期巨型石窟造象的代表作。其融天竺风格与民族风格于一体,体现了南朝士大夫信仰与思辨相结合的精神世界,后人称为"江南第一大佛"。般若谷始建于2001年,其内部幽静而空旷,有"江南敦煌"之称。其景观搭建以石水为主,形成独特的七级悬瀑、石雕、砖雕、洞宫、石门坎等,石壁上的浮雕和彩绘巧妙地展示了佛教发展历史,是当代开发新景点的典范。

　　大佛寺也是新昌主要的影视文旅目的地之一。自20世纪大佛寺景区被《西游记》选为拍摄地以来,至今已有近百部影视剧在此取景,当中就有广为人知的《天龙八部》《射雕英雄传》《宝莲灯》等剧。当初新昌作为中央电视台影视拍摄基地,在大佛寺景区内建设有射雕村(即剧中的牛家村),如今该村已经发展成供游客参观游览、娱乐休闲的旅游地。游客可以在村内看到郭啸天和杨铁心的院落、东邪黄药师住处、文君酒肆、枫林客栈、瑛姑院等景点,并在游览之余品尝新昌风味的农家饭。2020年,大佛寺又因极具南北朝风格的建筑,成了热播剧《周生如故》中青龙寺的采景地。在剧集播出后,无数观众纷纷前往拍摄地打卡,作为西州城外青龙寺和中州城外白马寺取景地的新昌大佛寺,也成为主要的打卡地点之一。

(三)生态文旅——十九峰景区

　　"穿岩之峰高苍苍,峰峦十九摩天光。"十九峰风景名胜区(图5-30)由穿岩十九峰、千丈坑、台头山、倒脱靴四个景区组成,是我国壮丽的丹霞地貌景区之一。景区以自然风光取胜,适宜游览、度假、登山、探险、水上活动等多种特色旅游。

图5-30　穿岩十九峰风景名胜区

穿岩十九峰位于镜岭镇雅庄村,是十九峰风景区的核心景观。其耸立在雅庄村后,共计十九座山峰,因主景马鞍峰顶部有一穿山巨洞,故被冠以穿岩之名。千丈坑景区在穿岩十九峰的东面,景色以险、幽、奇著称,从北向南,怪石异洞互为映衬。台头山景区在千丈坑景区东边,因其悬崖之上有一玄武岩台地,故名台头山。大圆墩观景台是该景区的代表景点,游客站在此处,即可纵览穿岩十九峰,鸟瞰千丈坑,将万千景色尽收眼底。倒脱靴景区则位于县城西南里白岩村石门坑峡谷中,以奇岩怪石、跌流飞瀑著称。峡谷中有一座孤崖突起,因酷似戏曲舞台演员穿的长筒靴倒立,故名"倒脱靴"。

2021年,集吃、住、养、娱、赏于一体的一站式度假区狐巴巴探索星球开幕。游客可以白天在摩卡森林无动力园区里搭乘新晋网红小火车"十九峰观光火车",沿线游览穿岩十九峰、狐巴巴星球乐园、安缇缦生态旅游度假区、重阳宫景区、千丈幽谷景区、飞龙栈道等多个重要景区节点,在怀旧的铁轨轰鸣声中欣赏沿线美景;也可以在宽阔的草坪上自由地奔跑,或是举办浪漫的草坪婚礼,或是和三五好友来一场"跑跑卡丁车"比赛。游客可以在洛克吧尽享美食,感受VR科技的沉浸式体验,可以在晚上探秘"森林奇幻夜",沉浸式体验森林中的魔法世界。小朋友们可以走进"光影剧场",在贝壳一样的户外剧场里感受艺术的魅力,也可以去"室内淘气堡"释放儿童天性,和父母在游玩中探索亲子互动新形式,增强彼此间的默契。

未来,十九峰景区将以"长三角轻度体验休闲旅游景区"为目标,依托十九峰地形地貌,深度挖掘其文化内涵,继而有序推进十九峰景区功能性和服务性提档升级,力争在"十四五"末建成"长三角标杆、国家级样板"轻度体验旅游景区。

(四)旅游风情小镇——东茗、镜岭

1. 东茗小镇

"东茗小镇"(图5-31)以下岩贝、后岱山为核心区,以白岩、后金山、东丰坑、石下坑4个村为拓展区,全乡茶叶种植面积1.5万余亩,森林覆盖率达76%,获得了"中国最美乡村旅游目的地"等荣誉称号。小镇地理位置优越,与国家4A级风景区穿岩十九峰连为一体,是百里丹霞观光道的重要节点,拥有倒脱靴、韩妃江、大岩岗等知名景点。

图5-31 东茗(茗香)小镇

"小镇有风情,六看戏中人。"区别于传统的茶文化小镇,茗香小镇以万亩茶园为核心,以旅游休闲为主导,通过深入挖掘小镇茶文化和景色资源,形成了一条"下岩贝看雾、白岩看星、后岱山看戏、后金山看花、东丰坑看桥、石下坑看水"六看茶乡风情景观带。

"村下是岩石,村居山背(贝)上",故村名"下岩贝"。下岩贝就是东茗的明珠,风光秀丽,四季多有云雾缭绕,故有"下岩贝看雾"一说。在下岩贝,游客既可鸟瞰茶筛湾峡谷,远眺穿岩十九峰,又可在周边近5000亩有机茶园内拍照、跑步骑行,享受度假的休闲快乐。晚上还可在云上平台露营,与好友一起观赏星空、期待日出。

古色古香的后岱山,拥有众多故居和古建筑,建于清代的张家、赵家、大堂前等大台门,还有民国二十七年的下张家台门等,雕梁画栋,是近代重要的建筑。流传百年的市级非遗文化布袋木偶戏更是后岱山的特色,泡上一杯茶,坐在礼堂看一下午都不会腻,越品越有味道。

除了六看,风情小镇还有3条经典远足线路:第一条是从下岩贝水库至后岱山明德庙,一路上领略千亩茶园绝美风光的"茶香绿道";第二条是从倒脱靴至石下坑,一路上风光优美、山水相伴的最经典旅行线路"韩妃古道";第三条是从天灯盏至重阳宫,一路在乡村古驿道间感悟厚重文化底蕴的"寻茶问道"线路。

东茗民宿也是小镇的一大特色,集餐饮、娱乐、休闲、住宿于一体,在这里游客可欣赏穿岩十九峰,俯瞰韩妃江,民宿背靠千亩茶园。有主打传统中式风格的起云居,小院里搭配茶吧、摇椅、秋千,给游客鸟语花香的舒适感受。也有背靠穿岩十九峰,堪称"浙江天空之境"的"山中来信"民宿,云雾升腾之际,整座民宿俨然成梦中仙境。

"十四五"期间,小镇将借力"三百工程"提升乡村景观,进一步挖掘小镇非遗文化,充实风情内容,梳理乡村特色,打造主题村落,完善配套旅游设施,多样化产品业态,打造数字化茶园。

2. 镜岭旅游风情小镇

镜岭镇(图5-32)作为第三批全国特色景观旅游名镇,兼有"漓江之美、桂林之秀、雁荡之奇",被誉为"江南小桂林""浙东张家界"。小镇区位优势明显,毗邻国家4A级景区穿岩十九峰景区,并辐射到"清官第一"的甄完故里、国家硅化木地质公园、外婆坑村等热门景点。其中西坑村和外婆坑村被纳入第五批中国传统村落名单。镜岭镇坚持"绿水青山就是金山银山"的发展理念,全镇森林覆盖率达到74.79%,拥有200年以上的古树名木近百棵,PM2.5常年优级,是名副其实的天然氧吧。2018年镜岭镇被评为小城镇环境综合整治省级样板镇。

镜岭镇依托"浙东唐诗之路精华地"的品牌名片优势,进行各景区村之间交通路网建设,促成"一路联主城、一路融周边、一网全覆盖"的立体格局,为全域旅游发展提供交通保障。小镇坚持"镇村一体、主客同享"思路,以"十三个民族、十九座峰"为核心,将各景点串联成面,聚焦旅游资源,继而打造"民族文化游""红色研学游""丹霞风情游""清风廉旅游""古村寻迹游"等精品旅游线路,促进"一村一景点"的全域旅游图景形成。

图 5-32　镜岭镇

（1）镜岭镇主要景点

安山村、安山古道（图5-33）和外婆坑村是镜岭镇全域旅游图景中较为著名的景点。安山村历史悠久，始建于北宋天禧年间，距今已有1000多年历史。山村整体建筑依山而建，用青石板铺成的"十里天梯"将全村连起来，间或可见用石头垒起的老房子，整体布局错落有致，故而有"江南小重庆"之称。百家宴是安山村的旧有习俗，每逢村中有喜事，乡亲们便会带着自己最好的食物赴宴，庆祝这欢喜的时刻。明朝永乐年间，百家宴逐渐形成规格，出现八大碗十大盆的说法，后又渐渐演变成了如今的十八灶。茶是安山村另一特色。过去，无数商人通过安山古道进入安山村采购茶叶，如今的安山村也是新昌县首个炒制龙井茶、开龙井茶交易市场的村落，其山龙井茶名声在外。近年来，安山村完善村庄基础配套设施，建设"安山十八灶""安山小院""到安山喝茶去"系列茶吧和"丁阿姨手磨豆腐"情景作坊，推广安山"晒秋"等项目，推动村庄发展成为游客争相前往的网红村。

安山古道全长5千米，其间经过小泉溪村、安山村和建国村，其既是过去商贾往来的必经之路，也是如今的村落通往镜岭集市的重要道路。古道由青石台阶和山间小路交替构成，沿线可欣赏独特的丹霞地貌、沧桑的百年古桥古树和清澈见底的溪水，红军挺进师曾途经此地，是一条名副其实的红色之路。

图5-33 安山古道和安山村

外婆坑村是镜岭省级旅游风情小镇核心区,有300多年历史,村内生活着白族、苗族、傣族等13个民族,是著名的少数民族文化村。近年来,外婆坑村以民族特色为核心,建成了民族风情园,推出了赏民族风、吃民族菜等具有民族特色的农家休闲体验活动。与此同时,村庄根据自身历史和民俗,建设红色足迹长廊、古村寻根纪念馆、民俗博物馆等旅游景点,丰富乡村休闲旅游项目,成为远近闻名的休闲娱乐"江南民族村"。

镜岭老街是原新昌西片区重要的商业贸易中心,始建于宋,发展于明清,一直以来都是周边乡民采购物件的首选地,但随着周边道路桥梁建设的日趋完善,老街渐渐失去了原有的商贸功能。为再次盘活老街,镜岭镇投资打造蜂巢艺术街区、城市书房、网红菜场等特色区块,并引入"青藤里""门木工穴""时光邮舍"等商户,致力于将老街打造成集娱乐、休闲、住宿于一体的新时代街区。

(2)镜岭镇文旅融合新实践

镜岭镇积极推进文旅融合新实践。面对全省首批民宿助力乡村振兴改革试点工作,镜岭镇抓住机遇,利用小镇风景和民俗等优势,培育特色民宿产业,推动小镇民宿产业集聚。现如今,镜岭4A级景区内餐饮的规格、结构、档次和种类丰富多样,既有时尚现代的都市餐饮,又有本地乡村特色餐饮。住宿业态多样且风格迥异,有星级酒店、主题酒店、民宿、营地、旅舍等,涉及风格有民族风情、古色古香、现代简约、工业风格等。其中归园田居、归园桥居、归园山居、发现溪居、隐峰麓栈等5家特色民宿都达到了省级银宿以上标准。

镜岭镇精心打造镜岭IP,进行文创产品和农创产品的研发设计。小镇以镜岭山水、民俗和民族风情等元素为灵感,设计开发特色文创产品21个,其中"十九峰造型笔架""小罐茶""玉米饼"获得2020年绍兴市伴手礼大赛金奖。为满足游客线上线下购物体验,一方面,小镇利用新媒体进行直播带货,全面铺开销售网络;另一方面,小镇投资建设"镜岭味道主题馆",让顾客在游玩体验中进行特色文创产品的购买。与此同时,小镇依托民族文化和传统民俗,在景点观光中加入"晒秋""茶叶炒制""蓝染"等传统手艺元素,并周期性开展"少数民族家宴""安山慈孝文化节""三月三"等特色节会活动,打造小镇"永不落幕"的风俗体验。小镇还联动唐诗之路IP,连续三年举办天姥山唐诗之路国际越野挑战赛,提高小镇在国内外的知名度,扩大其影响力。

近年来,镜岭镇依托丹霞风貌和山水美景发展全域旅游。在"十四五"规划期间,镜岭镇更是充分利用外婆坑民族风情村区位优势,深挖民族风俗文化,维护提升村庄精致村落村域风景,加快建设"风情风景·民族故事"特色主题旅游村落。

(五)工业旅游——达利·丝绸世界

达利·丝绸世界旅游景区(图5-34)是全国首家以丝绸文化旅游为特色的4A级旅游景区,景区以蚕桑丝绸文化为核心,通过丝绸产品展示、丝绸文化传播等形式,将丝绸工业和文旅观光融为一体,打造全新旅游模式,也为如今中国纺织行业转型升级提供新的蓝本。

图5-34　达利·丝绸世界旅游景区

自 2007 年创建以来,景区以万年乌沉木雕、亿年木化石、百年石磨群、千年桑树园为亮点,先后引进 400 多棵古桑树,并对 300 多棵珍稀硅化木进行收藏与展示。为建设集多种旅游元素和形态于一体的综合性生态旅游景区,达利·丝绸世界根据各景点特点,赋予景区科普教育、农业体验、园林观赏、产品展示、旅游购物、休闲娱乐等多项功能,在景区内建设形成了百年古石磨、千年桑树园、丝绸文化博览馆、亿年木化石林、生态体验园等十大景点。

千年桑树园是全国独一无二的古桑树最为集中的主题园林,其中的古桑树树龄从几百年到上千年不等,其中一棵魏晋南北朝时期的古桑树树龄达 1600 多年,是中国第二大古桑树,被誉为"镇园之宝"。

中国丝绸文化博览园以中国 5000 年丝绸历史为主线,展现了浙江作为"丝绸之府"的特色地位,种类繁多的历史资料、桑蚕丝帛、古代织机、各年代丝绸制品,是游客感受非遗文化的传承魅力,了解丝绸起源发展的最佳窗口。丝绸世界购物中心以桑蚕丝织为载体,打造一系列极富特色的产品,满足游客购物体验需求的同时,也为丝绸文化工业园带来一定的经济效益和广告效应,现已成为对游客最具吸引力的内容之一。达利生态体验园是利用独特的地理条件、自然生态和文化内涵优势打造的特色休闲体验区,由各种动物组成亲子游天堂,桑葚节、葡萄节让游客体验采摘乐趣,生态酒店提供另类桑蚕宴席,并为游客提供内容丰富、形式多样的活动。

近些年来,达利·丝绸世界旅游景区致力于实现文化创意产业与传统丝绸工业产业的融合,以丝绸文化为核心,赋予工业以历史性、故事性和创新性。与此同时,景区还尝试打造丝绸文化旅游精品项目,将文旅项目与丝绸工业相结合,推进丝绸工业文旅的发展和融合。"十四五"期间,达利·丝绸世界依托"一带一路"资源和政策环境,加大对丝绸文化的挖掘力度,并提升整体园区的故事性和可游览性,将达利·丝绸世界推往全国乃至世界。

五、绍兴佛教文化主题旅游景区

绍兴境内多种宗教并存,且历史悠久。深厚的宗教历史底蕴为绍兴带来多样的历史遗存,其中最为著名的佛教旅游景点当数兜率天宫、香炉峰及柯岩风景区。

(一)弥勒信仰兜率天宫

　　兜率天宫景区(图5-35)位于浙江绍兴会稽山脉,南毗邻书法圣地兰亭,东与海天佛国普陀山遥相呼应,西临杭州市区。整体景区由兜率天宫(天上净土)和会稽山龙华寺(人间净土)两大建筑群组成,是国内首创以"包容、和谐、快乐"为理念的佛教文化旅游景区。

　　西有布达拉,东有兜率天。"兜率天"是佛教宇宙观的欲界第四层天,是欲界最为殊胜的净土。兜率天宫建筑从上到下依次为紫金莲花、观景平台、善法堂及七重宝垣。紫金莲花位于天宫顶部,是大乘佛教的象征,也是周边莲花山峰的浓缩。顺着可以遥望到杭绍平原及绵延起伏的会稽山脉的观景平台而下,便是内供世界第一高室内"露天"大佛的善法堂。七重宝垣内为佛教艺术博物馆及讲堂等,外雕刻着长达4000余米的诸天罗汉菩萨及佛造像。

　　每逢晴朗夜间,兜率天宫便会在天宫广场上上演一场大型佛教山水实景情境灯光秀。灯光秀通过现代声光电技术,营造"佛光、云雾、钟声、鼓声、梵音、佛乐"浑然一体的佛境氛围,带给游客独一无二的沉浸式体验。

图5-35　兜率天宫

　　会稽山龙华寺(图5-36)依山而建,整体建筑清净庄严、气势恢宏,是目前国内单体最大的皇家风格佛教寺院。寺院风格既包含了皇家的大气恢宏又内含归属于绍兴的那份江南园林的婉约灵动,红墙金瓦与江南民居风格的白墙、木柱、黛瓦完美融合,是一处融皇家寺院和江南特色的建筑典范。

图5-36 会稽山龙华寺

(二)越中佛国炉峰禅寺

香炉峰(图5-37)位于绍兴市稽山门外,与大禹陵所在的会稽山相连,是会稽山诸峰之一。因其形似香炉,故名为"香炉峰"。相传山上有"金简玉字之书",夏禹发之,得"知山河体势",终于治平洪水。

图5-37 香炉峰

山峰四周景色十分壮观,登临山顶,绍兴古城风貌可尽收眼底。极目远眺,南有稽山回峦,逶迤起伏;北有鉴水碧波,古城新貌;西有绿野平畴,乡村美景;东北麓,更有大禹陵庙、宛委山阳明洞天和若耶溪等古迹胜景。每逢云雨天气,山顶烟雨迷蒙,云雾缭绕,故有"炉峰烟雨"之称,该胜景也被称为越中十二胜景之一。香炉峰高354米,拾级而上也不是件容易的事,但在周末和节假日,绍兴市民往往会相约一起爬香炉峰,既欣赏美景也锻炼身体。山腰处有一两座亭台和一家便利店,供游客中途休息。

香炉峰不仅是山水佳境,也是进香圣地。炉峰禅寺是佛教建筑群,整体依山而建,是香炉峰规模最大的建筑。山脚建有大雄宝殿、天王殿、放生池、三门殿等,山腰建有四面观音殿、焚香房,山顶有观音宝殿、三圣佛殿、大悲楼等。"中国·绍兴千人素斋宴"也会在越中佛国——炉峰禅寺五观堂举行。在这个时候,香炉峰会邀请环卫工人代表,热心慈善工作的爱心人士和义工代表,以及檀越信众和社会各界朋友参加素斋宴,在弘扬勤俭节约和感恩的社会风气的同时,打响炉峰禅寺素斋乃至香炉峰的名号,吸引更多游客和香客。如今,香炉峰已成为越地百姓礼佛、健身、休闲的一大胜地。

(三)稽山鉴水柯岩风景

柯岩风景区是国家4A级旅游景区,其建造始于汉代,距今已有1800多年历史。整个风景区以古越文化为内涵,以古采石场景为特色,并融绍兴水乡风情、山林生态于一体,形成了包括柯岩、鉴湖和鲁镇三大景区在内的绍兴规模最大、功能最全的大型旅游景区。

1. 主要景区

柯岩是整个风景区的核心。其以石景闻名,石储量大,石质优良,采石自魏、蜀、吴割据时期便已发端,历史超过400年。在长久的采石过程中,柯山从乱石纷飞的采石场逐渐变为人们览胜的"绝胜"之地,至清代已经形成了著名的"东山春望""镜水飞瀑""情人谷""石室烹泉""剑辟石""蝙蝠洞"和"清潭看竹"等"柯岩八景"。现如今,柯岩已经形成了石佛(图5-38)、镜水湾、越中名士苑三大景区,并建设了诸如天工大佛、七岩观鱼、三聚同源、越女春晓、镜水飞瀑和仙人洞桥等20多个代表景点。

图5-38　柯岩石佛

越中名士苑设中心区、古代区、近代区、现代区和一个名士馆。整体景点以石文化为中心，以雕塑、建筑、书法、园林等为艺术展现形式，展示了绍兴从大禹、勾践、王羲之、陆游、徐渭，到近现代的秋瑾、周恩来、鲁迅、竺可桢等的名人风采，是一处文化内涵极深的爱国主义教育基地。

鲁镇（图5-39）是鲁迅的重要文化符号，也是一处独特的再现型文化主题景区。整个景区以鲁迅小说中的故乡为核心，融入绍兴的水、桥、酒、石、建筑、民俗、戏曲等诸多文化元素，形成一个典型的百年前的绍兴水乡。如今鲁镇景区已经形成了相对完整的五大功能分区：传统餐饮区、传统商铺区、休闲展示区、传统民居区、水上游览区。五大区域以河相隔，以桥相连，集参观、餐饮、购物、住宿、休闲、娱乐于一体。串联各区的是独具绍兴特色的粉墙、黛瓦、台门、店铺，以及千姿百态的石桥、栏杆，纵横交错的小河、水巷。游客可以在鲁镇参与诸多颇具绍兴特色的互动游戏，譬如押宝讨彩、俏扮船娘、坐盘称人、嫁娘乘轿、乌篷划渡、水上三轮车，并与阿Q、鲁四老爷、孔乙己、祥林嫂等人物共同演绎鲁迅笔下的风情故事。

2021年，历经3年斥资过亿的大型实景影画剧《鲁镇社戏》在绍兴上演。该剧目以鲁迅小说中的鲁镇和人物为背景，讲述了一个小学生偶然穿越到百年前的鲁镇，想要逃离却找不到出路的故事，真实再现了百年前闰土、阿Q、祥林嫂、孔乙己、狂人等经典人物在旧社会和封建礼教压榨下跌宕曲折的命运。全景式音响、VR虚拟实时建模等科技手段的应用，在专业演员的现场表演配合下，完美还原了民国时期江南水乡的特有风貌，为观众打造了一场沉浸式艺术盛宴。该剧目的推出,进一步弘扬了鲁迅精神,增强了文化辐射力。

图5-39　鲁镇与《鲁镇社戏》

鉴湖(图5-40)是绍兴的"母亲湖",是绍兴黄酒的重要酿造原材料,自古便因其湖光山色而获得许多文人赞颂。坐落在柯山脚下的鉴湖景区是鉴湖的一个主要部分,其以水乡泽国为核心,融绍兴越文化、酒文化、桥文化、水文化于一体,是一个提供游客文化体验和休闲度假等功能的省级湖泊型风景名胜区。东汉笛亭、南洋秋泛、五桥步月、葫芦醉岛等均是鉴湖主要景点。

图5-40　鉴湖景区

　　汉朝笛亭是鉴湖上一处具有汉朝风格的古建筑,据传其命名源自东汉文学家蔡邕的一根竹椽。此竹笛制作于柯桥,后被书圣王羲之五子用于演奏乐曲《梅花三弄》,使得此地成为许多后世文人心中的文化圣地。笛亭内有东汉文学家蔡邕的雕像及一系列诸如竹画、竹刻、竹雕、竹描等竹工艺品。

　　五桥步月位于汉朝笛亭与葫芦醉岛之间,其由5座姿态各异的绍兴古桥构成,形成了湖面一线牵的绝妙景观。湖中的葫芦醉岛上有一座壶觞酒楼,游人可以在此了解黄酒文化,浅品绍兴黄酒。

　　近几年,鉴湖景区休闲度假旅游目的地的形象日趋鲜明。为进一步推进景区从观光型向休闲度假型转变,鉴湖度假区深入挖掘鉴湖特色文化,构建综合多元业态,推动度假区旅游高质量发展。"十四五"期间,鉴湖旅游度假区致力于打造"城在景中、景浮水中、水融诗中"的景城融合旅游新体验。景区以"文化＋商业＋旅游"融合发展为核心战略,推动艺术体验、文创体验、时尚旅游体验三大核心群落的形成。艺术体验主要由越文化展示、艺术品创作和供游客参与的艺术培训等活动组成,文创体验主要是向游客展示绍兴非遗传承、手工设计以及创意研发产品等,时尚旅游体验则提供了水上旅游、精品民宿、特色餐饮、茶艺演艺等游客休闲娱乐的必备业态。园区还重点打造了绍兴十大风情,即水乡社戏、鉴水乌篷、稽山酒韵、太守祈福、水乡集市、台门遗韵、山阴古道、龙舟竞渡、茶馆听书、花雕嫁女,为游客创造沉浸式绍兴风情体验之旅。

2. 柯岩风景区营销实践

　　景区的营销主要分为线下和线上两部分。线下营销主要依托旅行机构、学校和社区等,景区凭借鲁迅IP推出"千人学生团",凭借景区美景,推出"社区老年团"等优惠旅游套餐。以点带面,从省会城市覆盖全省。与此同时,景区与其投资建造的鉴湖大酒店联手推出"住店赏景"优惠旅游项目,将酒店住宿和度假休闲相结合,强化吸引力。现如今,"住鉴湖大酒店,游柯岩风景区"套餐已经逐渐成为颇具市场影响力的旅游产品特色品牌。

　　景区的线上营销渠道主要依托市门户网、电视台等新兴媒体传播。景区与线上购票平台合作,实施"秒杀抢票"等网络营销手段,吸引众多旅游团队和"自驾游"等散客纷至沓来。电视台的典型传播案例是《青春环游记》的拍摄。"青春旅行团"来到柯岩风景区,跟着戏曲老师认识戏曲服装、道具、行当,学习戏曲唱腔唱段,在欢声笑语中感受绍兴地方戏曲的魅力与内涵。用这种形式推广,有利于扩大越剧的影响力,吸纳更多年轻群体,促进越剧的传承和发展。

近年来,柯岩、鲁镇、鉴湖风景区渐渐成为受热捧的影视拍摄基地,已先后接待了如《大唐双龙传》《白蛇传》《朱元璋》《熊出没,注意》《我的命谁作主》《水客》《醉公主》《中国古文明》等10余部影视作品的拍摄剧组。在此基础上,2019年,绍兴计划在鉴湖打造集影视培训、影视产业、影视娱乐、影视文旅于一体的具有自身特色的影视文化娱乐综合体。

六、文旅融合视野下的绍兴特色小镇

特色小镇是一种新经济社会产业分类,源于浙江,概念最早在2014年杭州云栖小镇被首次提及,是一种创新性的供给侧结构性改革浙江实践。

2016年,随着中国城镇化率达到57.4%,中国进入城镇化的第二阶段,并逐步形成了都市圈、城市群以及环核心城市的卫星城等。为寻找新的经济增长点,中国区域经济发展模式从"城镇化"过渡至"大城市+特色小镇",政府持续推进小镇配套基础设施建设,通过将过剩产能从城市引入有市场需求的村镇,提升村镇经济活力,为经济发展提供新引擎。

特色小镇的"独特性"是小镇发展的核心竞争力,其根据各地的经济发展、文化底蕴和历史传统形成差异。产业是特色小镇的核心,是人口合理聚集、城镇健康发展的基础,政府往往会基于小镇的自然资源、人口结构、产业基础等条件,因地制宜地确定小镇发展的特色产业和旅游产业的发展架构。在功能上,小镇致力于实现"生产+生活+生态"的产城乡一体化功能聚集区;在形态上,小镇集中体现本身具有的独特风貌与风情;在机制上,小镇发展整体以政府为主导、以企业为主体,并鼓励全社会共同参与。目前,特色小镇选址主要集中在城镇、景区、高铁站及交通轴沿线等适宜集聚产业和人口的地域。

差异化是特色小镇的发展核心。根据小镇自身资源,特色小镇中最常见的是以产业为依托,通过转型升级和以新经济发展为核心的特色小镇以及以文化软资源开发为主的文化特色小镇。

　　文旅特色小镇从城市人群的休闲、养生、亲子、摄影等需求出发,通过秀丽风景、新鲜果蔬、特色产业、风味美食、传统建筑等资源,创造多样化的互动体验活动,实现和加快小镇资源的经济转化。与此同时,在游客参与体验活动时,大量农民或者工人直接或间接参与到了第三服务产业中,形成三大产业的联动效应,有利于促进小镇及周边地区富余劳动力的就业,推动小镇及周边地区三大产业的持续发展。

　　由于小镇并非传统行政镇,其可以且适合市场化运作和以专业为导向。小镇发展可以采用PPP模式,让政府以委托、特许经营、基金等方式提供政策和资金支持,让专业公司和团队对小镇进行市场化开发,实现主体的多元参与。如图5-41所示,PPP模式下,项目公司以自身为主体对建设特色小镇进行融资,降低了政府部门的负债压力。当政府有资金余力且也渴望对小镇规划拥有话语权时,政府部门也可以考虑参股PPP项目公司。当小镇发展进入成熟期且产生稳定收入后,企业可以根据小镇下一步的发展方向发行资产证券化产品进行进一步的融资。

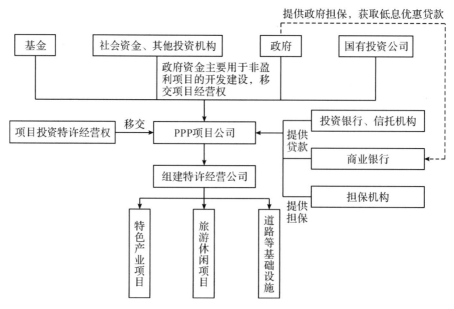

图5-42　特色小镇的PPP模式

2016年,中央各部委及主要金融机构出台多份文件,提出利用金融支持小镇建设。虽然如今特色小镇开发及金融支持已成为政府意志,但社会资本不足、小镇发展过度依赖政府、融资方式过于单一等问题仍制约着小镇的开发和进一步发展。

(一)绍兴越剧小镇

越剧小镇坐落于中国女子越剧诞生地——浙江省嵊州市甘霖镇施家岙村,是国内第一个以戏剧剧种命名的文旅小镇。小镇崇尚"越戏剧·越生活"的理念,通过营造优美风光里的文化景象,传导品质生活下的精神体验,着力构建当代人向往的"梦里桃源"。嵊州位于浙江省核心地带,是全国第一批沿海经济开放县(市)、全国综合实力百强县(市)。嵊州交通便利,辐射圈内经济发达城市众多,高速至杭州、金华、宁波、台州约1.5小时车程,至上海、温州约3小时车程。2021年,杭绍台高铁建成后,越剧小镇与杭州的车程缩短至半小时,到上海只需1小时,进一步扩大辐射范围。

越剧小镇把剧场规划作为演艺产业的重要支撑,为游客提供各类艺术的观演场所。整体艺术规划由六大板块组成,分别是古戏楼、经典剧场、晚宴剧场、越剧工坊、歌舞工坊和儿童剧场。

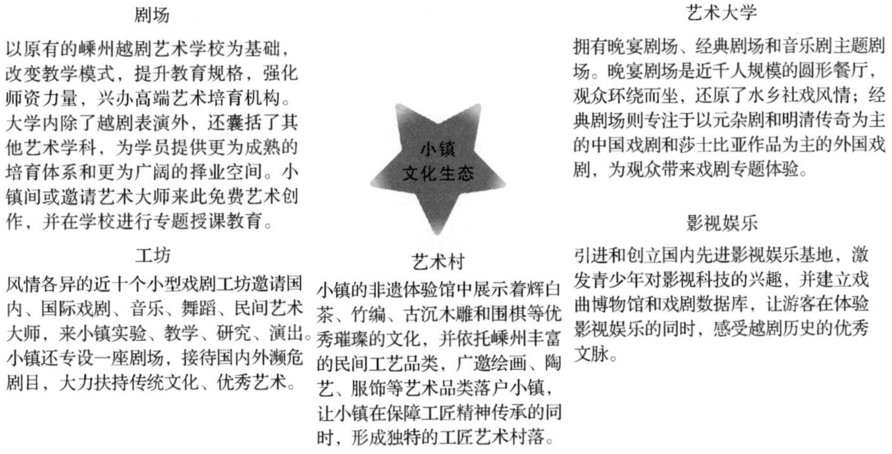

剧场
以原有的嵊州越剧艺术学校为基础,改变教学模式,提升教育规格,强化师资力量,兴办高端艺术培育机构。大学内除了越剧表演外,还囊括了其他艺术学科,为学员提供更为成熟的培育体系和更为广阔的择业空间。小镇间或邀请艺术大师来此免费艺术创作,并在学校进行专题授课教育。

工坊
风情各异的近十个小型戏剧工坊邀请国内、国际戏剧、音乐、舞蹈、民间艺术大师,来小镇实验、教学、研究、演出。小镇还专设一座剧场,接待国内外濒危剧目,大力扶持传统文化、优秀艺术。

艺术村
小镇的非遗体验馆中展示着辉白茶、竹编、古沉木雕和围棋等优秀璀璨的文化,并依托嵊州丰富的民间工艺品类,广邀绘画、陶艺、服饰等艺术品类落户小镇,让小镇在保障工匠精神传承的同时,形成独特的工匠艺术村落。

艺术大学
拥有晚宴剧场、经典剧场和音乐剧主题剧场。晚宴剧场是近千人规模的圆形餐厅,观众绕场而坐,还原了水乡社戏风情;经典剧场则专注于以元杂剧和明清传奇为主的中国观众和莎士比亚作品为主的外国戏剧,为观众带来戏剧专题体验。

影视娱乐
引进和创立国内先进影视娱乐基地,激发青少年对影视科技的兴趣,并建立戏曲博物馆和戏剧数据库,让游客在体验影视娱乐的同时,感受越剧历史的优秀文脉。

图5-42 越剧小镇整体文化结构

　　游客在小镇不仅可以体验戏剧艺术和非遗实践,还可以享受小镇舒适温馨的旅居体验和地道的嵊州小吃。农庄是小镇最基本的生活单元,民宿也暗藏其中。游客可以在青山绿水间、鸟语花香里聆听袅袅越音。小镇有完善的商业休闲配套设施,包括茶吧、酒吧、咖啡馆、电影院等等,以满足客人休闲度假之需。游客闻到那诱人的香味,可以在街头巷尾寻访到嵊州小吃的店铺。

1. 小镇非遗项目

　　嵊州独特的民俗风情和人文底蕴为孕育非遗提供了深厚的文化土壤。嵊州非遗具有历史跨度大、分布空间广、项目类别多、代表性强、地方特色突出等特点,内容涉及民间演艺、民间工艺、民间文学、民俗风情等等,总计96项。其中包括越剧、民间吹打乐、竹编、目连戏这4项国家级非遗项目。

　　为积极开展"非遗＋旅游"的文旅实践,越剧小镇开设了辉白茶馆、竹编馆、古沉木雕馆、剡藤纸＋书法馆等,让丰富多彩的非遗文化以"展示＋体验"的形式得到活态传承与光大,也让游客在观赏、体验的同时享受到游、购、娱的乐趣,如图5-43所示。

嵊州博物馆、越剧博物馆、非遗展示馆（三馆合一）　　　　辉白茶　　　　　　　　　剡藤纸

竹编馆　　　　　　　　　　根雕馆　　　　　　　　　围棋馆

图5-43　小镇非遗项目

2. 主题活动营销

　　越剧小镇的营销自2017年开始,主要手段是各大主题活动的举办。2017年底,在国家大剧院,越剧小镇得到了长达12秒的品牌植入,该晚会最

终将越剧小镇"创新发展传文脉、越剧小镇在民间"的理念借由中央一台、二台、四台、十一台等4个频道向全球进行了直播,实现了越剧小镇第一次最大规模的成功营销实践。2018年8月的"剡溪古韵"朗诵会,借由濮存昕、陈铎、童自荣、张凯丽、茅威涛等国家级表演艺术家的朗诵,将越剧小镇千百年来文人墨客的咏剡名篇再现于世。2019年,越剧小镇以"越戏剧·越生活"为主题迎来开园大典,并推出一系列越剧演出及户外嘉年华活动,如图5-44所示。

开园期间越剧小镇集中展示了包括评弹、木偶、皮影及越窑青瓷瓯乐、嵊州吹打、干漆夹苧在内的多项国家、省市级非遗表演、工艺项目等。五大国际团队也来华献艺,展示了五米高空旋转舞蹈、俄罗斯竖琴王子的深情《梁祝》、神奇水幕电影越剧新版《梁祝》、民间越剧《剡溪泛舟》湖景演出等,吸引了无数游客,打响了越剧小镇的名头。

越剧小镇开镇后,更是根据中国主要节日衍生出一系列主题活动,并将其常规化。如正月十五的闹元宵,在这一日,越剧小镇古戏楼将会特别演出非遗剧目婺剧、绍剧和莲花落。游客们可以在这一天在越剧小镇猜越剧灯谜,欣赏"蔬果梁祝"花灯,邂逅非遗戏剧。又如越剧小镇联系时事热点唐诗之路,在剡溪江畔设下一场春日雅宴,与游客一起共享一场琴、棋、书、画、诗、歌、酒、茶的文化之宴。5月1—3日的五乐天,越剧小镇邀请非遗音乐南音、呼麦、京剧音乐、青瓷瓯乐的传统音乐家,为游客带来一场文化音乐之旅。六一儿童节,越剧小戏迷们在古戏楼演绎《打金枝·闯宫》《红楼梦·黛玉葬花》《梁祝·十八相送》等经典折子戏。游客在小镇里可以看到奥地利神奇泡泡、德国茸茸大鸟、意大利街头魔术,还有Q版的蔬果娃娃、恐龙展和稻草人。多样化的主题活动不仅能丰富游客体验,延长游客的滞留时间,还有利于形成文旅IP,为未来的衍生文创和消费打下受众基础。

而今,越剧小镇将在百年越剧之乡、千年唐诗之路得天独厚的嵊州山水中孕育、成长,未来小镇也将继续传承文化,利用"一带一路"的政策优势,携手国际戏剧小镇联盟进一步向全世界推广越剧和中国戏曲。

图5-44 越剧小镇开园庆典

(二)绍兴黄酒小镇

东浦古镇,又称黄酒小镇,位于绍兴市越城区内,是绍兴黄酒的发祥地。

小镇历史悠久,集镇格局在南宋就已形成,成为当时的绍兴酿酒中心之一,素有"越酒行天下,东浦酒最佳"之说。小镇风光独特,沿河老街遍布酒坛状的街灯,店铺外挂满红灯笼,商铺内销售着当地黄酒,使人一走进去便感到浓浓的酒乡韵味。

起初,小镇主要依托千年古镇的历史文化底蕴,发展古镇文旅。后根据小镇特色,绍兴市政府推行"一镇两区"模式,将湖塘也纳入小镇版图中,形成"黄酒酿造"湖塘+"酒乡古镇"东浦双核格局。为打造黄酒特色产业集群,"黄酒酿造"湖塘区集聚会稽山、塔牌、鉴湖等多家黄酒知名企业,积极打造智能化黄酒生产线,推动黄酒企业从传统型向科技创新型转变。2019年,绍兴黄酒小镇黄酒产量已超过20万吨,占绍兴市黄酒产量的50%以上,在全省黄酒市场占有率达36.04%。黄酒小镇已然成为名副其实的中国绍兴黄酒生态产业基地、黄酒产业集聚中心。与此同时,小镇依托"互联网+"平台,积极引入线上线下营销、电子商务、个性化定制等新兴营销模式,打造"产业+文化+旅游+社区"四位一体的特色小镇格局。以黄酒文化和产业为核心的旅游业态形成后,小镇发展古镇生态游、传统文化游和智慧品质游等多种旅游业态,累计接待游客超过130万人次,成为浙江省第一批37个特色小镇之一。

2020年4月,越城区政府与融创中国、深融文旅签订绍兴黄酒小镇开发建设战略合作协议,围绕花雕里、越红里、溇台里三大板块进行开发建设。

就其商业配套而言,黄酒小镇与洲际集团达成合作,英迪格酒店即将落户。商业地块整体建设仿照北京打卡潮流地之一的"三里屯village"。在耶溪路上,除了商场+酒店,还有小镇的另一核心商业——民国风情街,以及黄酒小镇的停车楼。民国风情街以民国风情特色餐饮、服饰、音乐、造物及辛亥文化为主题,打造集文创、文化娱乐、零售餐饮、住宿、演艺等业态的复合型街区。停车楼占地面积3.38万平方米,容纳量极大。

黄酒小镇将通过越红里、溇台里、花雕里三大板块的联合开发建设,推动小镇文商旅融合场景的革新升级。在"越红里"和"溇台里"板块,黄酒小镇将以黄酒为主要故事线,呈现各种特色黄酒相关产品。板块内建设有沉浸古镇文化体验区、黄酒会客厅、民国风情黄酒商业区、黄酒养生度假区、欢喜田园亲子度假区、黄酒生活体验游览区六大主题体验区。"花雕里"板块作为中国黄酒产业综合体,其功能根据南北划分有所不同。南区以工业为主,主要进行企业办公、众创孵化、数字营销、行政服务等,北区以消费体验为主,主要进行周边文创的开发、场景消费、互动文化体验、创意休闲等。

2022年,黄酒小镇娄台里与晓酒馆(越小久IP馆)、享绍·汤源元酒坊、越酿工坊、栖越咖啡4个品牌商家达成战略合作共识。黄酒小镇管委会还积极引入知名文旅创新科技服务企业,从2022年9月开始打造沉浸式夜游产品,弥补现在黄酒小镇夜游经济的不足,丰富游客的观影互动体验。此外,依托古镇特有的历史风貌以及水上婚礼的特色民宿,黄酒小镇管委会还将引入大型婚咖、知名喜铺、旅拍团队、国风婚纱拍摄基地、中式宴会厅等商业业态,在景区红妆坊内重点打造国风婚庆产业街,为游客提供一站式婚礼定制服务,重现独具东浦古镇水乡特色的水上婚礼场景。

住宅部分,黄酒小镇项目中,排屋、洋房、叠墅、高层一应俱全。从整体看,住宅部分整体排布南低北高,东低西高。从南侧黄酒小镇的古色古香,从商业过渡到传统的排屋、叠墅、洋房等物业形态,再到北侧城市感十足的高楼。另外,为符合水乡特色,住宅周边的水景资源极其丰富,水系甚至占到了板块的1/3。

黄酒小镇除了项目本身的商业和配套设施外,还拥有着丰富的城市配套设施。交通层面,黄酒小镇所在区块的交通类型多样,交通路网发达,是自带流量的交通枢纽。周边拥有绍兴文理学院元培学院、越秀外国语学院这两大院校,常年固定人群多达数万人,共同构成了黄酒小镇的流量基础。

未来,在黄酒产业方面,绍兴黄酒小镇将坚持巩固黄酒龙头地位,在积极引导会稽山、塔牌两大酒厂现代化、智能化发展的同时,推进"古越龙山"等行业龙头企业的引入和产业集聚,完成三大黄酒酿造酒厂本部入驻的重任。小镇还将进一步补充完善黄酒产业链细分领域,引进并培育相关企业,为后期产业链和产品的升级优化作补充。最后,小镇将要凭借"抓大不放小"的原则,以企业独特形式壮大品牌集聚,培育对全国乃至全世界有影响力的产业集群,打响绍兴黄酒名号。在黄酒古镇旅游方面,为打造世界级黄酒文化旅游目的地,小镇将积极营造"醉里水乡、戏里水乡、梦里水乡"三大主题场景,激活"酒经济、旅经济、夜经济"三大特色经济,实现古镇文旅经济的全面升级。

七、绍兴美丽乡村旅游

乡村旅游指以旅游度假为核心,多发生在村庄野外的观光、体验、消费住宿等的村野旅游形式。与国内乡村旅游现状相比,国外乡村旅游发展模式较为成熟,已经形成包括农产品生产基地、动物农场、花卉园艺、乡村旅游购物、乡村体验以及乡村度假类的乡村旅游体系。虽然中国乡村旅游发展较晚,但其旅游发展速度超过国外,且产品类型也在随着经验的累积和资源的挖掘日趋多样化。现如今已经形成六大类,分别是农业观光游、休闲度假游、研学度假游、乡村土特产购物游、健身疗养游、乡村美食文化游。

如图 5–45 所示,近几年来,乡村旅游接待量总体呈上升趋势,但在2020 年 1—8 月中国休闲农业与乡村旅游人数减少了 60.9%,为 12.07 亿人。该急剧降幅主要源于突如其来的新冠疫情,随着后期疫情管控效果逐渐显露,各地有序重启乡村休闲旅游市场,不少地方乡村旅游基本恢复。随着未来生产生活秩序的逐步恢复,城乡居民被抑制的需求将持续释放,山清水秀、生态优美的乡村比以往任何时候都有吸引力。

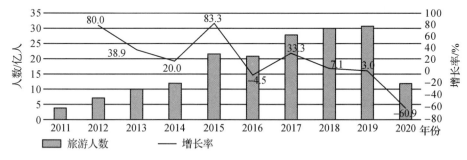

注:图中 2020 年的数据为 1—8 月份的数据。

图5-45　2012—2020年中国乡村旅游接待人数及增长率

口耳相传和社交媒体成为如今乡村旅游宣传的重要方式。根据图5-46可知,朋友推荐和社交媒体均占消费者信息获取渠道的 50% 以上。因此,随着短视频、直播迎来风口期,各乡村旅游景点可借用平台流量优势进行营销。与此同时,各乡村旅游景点也不可以忽视口耳相传的作用,可以用好熟客推荐和拼团等方式,充分利用现有客源拉动新客源,以实现旅游人数和知名度的上升。

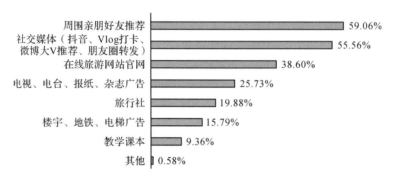

图5-46　2020年中国乡村旅游消费者获取信息的主要途径

如今,在乡村旅游产品的选择上,农家乐、蔬果采摘等形式仍然是最大的热门,占比达45.61%。生态风光型旅游产品和健康养生型旅游产品在近几年很受欢迎,已成为当前受欢迎产品类型的第二、三名,占比分别为39.77%和30.99%。现如今,中国乡村旅游已进入个性化休闲时代,农家乐作为传统旅游经济模式因为过于简单和产品单一,失去了竞争力,急需向观光、休闲和度假复合型进行转型升级,创意化、精致化和个性化成为乡村旅游产品的新趋势。

自然景观、民俗文化、乡村特产是乡村旅游发展的三大核心资源。近年来,随着乡村改造进度的不断推进,乡村基础硬件设施建设得到改善,促进地区乡村旅游经济升温。但是,现如今,我国乡村旅游发展的软实力仍有较大提升需求,经营理念低俗化、乡土文化城市化、品牌定位趋同化、产业组织自发化四大问题仍制约着地区的服务提供和市场竞争力的形成,不利于游客悠闲度假体验服务的完善和升级。

未来,我国乡村旅游发展有望呈现两大趋势,分别是乡村旅游消费的多元化升级以及旅游产业链各环节的完善和智能化。近年来,我国GDP以及居民收入消费水平不断提高,交通网络的日趋完善缩短了城乡空间距离,单一且重复度高的初级乡村旅游产品并不能解决人们日益增加的物质精神需求,产品精品化、多样化和高端化改革迫在眉睫。

中央及地方各政府纷纷发布政策指导发展乡村休闲旅游,新媒体注入直播这一方式的产生和传播推进了农村电商发展,推动乡村品牌和产品的持续输出,乡村旅游发展进度快速提升。与此同时,智能化科技的发展解锁乡村旅游更多可能,为未来发展"旅游＋""互联网＋"等产品和休闲旅游、旅游电子商务、城镇旅游等业态打下基础,拓展延长乡村旅游产业链、价值链。

(一)绍兴美丽乡村——棠棣村

棠棣村位于浙江省绍兴市柯桥区漓渚镇西北部,其植兰的历史超千年,最早可追溯到越王勾践时期,故又称为"千年兰乡"。村庄以花闻名,以花致富,已经成为"中国花木之乡"漓渚镇的一张金名片。棠棣人依托兰花种植传统优势,培育发展形成全国知名的花木产业,是柯桥区最具特色的花卉专业村(图5-47)。其在长期的发展中逐渐形成"三个95%"现象,即全村95%以上的土地种植花卉苗木、全村95%以上的劳动力直接或间接从事花卉业、村民95%以上的收入来自花卉产业。近年来,为支持发展兰花产业,棠棣村建成绍兴市棠棣乡村振兴实训基地,并以"人勤春早"的棠棣精神为内涵,发展培训、宣讲、参观、展览等诸多旅游功能,逐步探索出一条兰文化传承、花木产业培育和美丽乡村建设三者融合发展、互相促进的乡村旅游发展道路。

图5-47 棠棣村之花木产业

1. 农研＋亲子

在亲子游刚需升温的背景下,棠棣村依托花木产业、区位优势,以亲子教育＋农旅研学为架构,建成覆盖300余亩山田、3600平方米研学大本营的研学基地,配套建有13个教学点,已推出与中小学研学教育相关的8门课程,正在积极申请国家级研学实践基地资质。同时建成彩虹滑道、萌宠乐园、星空露营等17个网红趣玩胜地,增强游客黏性。2021年5月试运行以来,棠棣村已成功举办花young五月系列活动,亲子大地艺术、暑期研学等培训31批次,吸引4100余人次参训、1.5万人次入村游览。

2. 数字乡村V3.0

棠棣村将数字科技引入兰花全产业链,以数字化培育、管理和销售,推动特色产业做大做强。新建总面积4600平方米的兰花数字工厂,实时监测兰花生长环境、培育苗种、经营情况等数据。扶持发展直播电商8家,引入抖音大V直播团队,通过"线上引流＋实体消费",让直播带货成为销售转型新突破,预计花木产业销售额同比增长15%以上。建立整村全覆盖、无死角的"数字天网",通过系统集成管理,打造集智慧安防、环境卫生、疫情防控、党务村务、民生服务等于一体的村级AI智治模式。已安装监控点位59处、视频监控智能识别预警系统30余处。5月试运行以来,已成功调解矛盾纠纷33起、解决村民诉求9件。

3. 人才吸纳和培育

棠棣村打造柯桥区首个乡村人才创业园,发挥漓渚花木产业优势,集聚引育一批高素质乡村人才,推动乡土、乡贤、乡创人才全面激活乡村创业、创新、创意。通过内育外引,加强乡村振兴人才梯队建设。内育,即依托现有乡村振兴实训基地,借力中央文化和旅游管理干部学院等院所,通过直播课程等远教技术,深化乡村振兴人才一站式培养模式,打造本土人才孵化高地。已邀请12名专家学者前来授课、视频授课6次,覆盖学员2000余人。外引,即搭建校地合作平台,与省内外7所高校达成合作,成立数字乡村、新媒体直播、艺术创作、志愿服务等4个定向实践基地,吸引优秀高校学生到乡村干事创业,为乡村振兴储备"源头活水"。

(二)绍兴农业综合体——米果果

农业综合体是一种以传统农业为主导,融合观光旅游、休闲度假、商贸会展等多项功能的复合型创新泛农业产业集聚区。其通过市场运营和产业链配置,形成产业功能互动的农业综合开发项目,继而产生具有强集聚效益和强辐射能力的区域经济磁力,最终起到农业产业功能载体和农业区域经济中心的作用。

近年来,农业综合体发展迅速,现代农业产业园、田园综合体、农业嘉年华等综合体层出不穷,不仅推动了农业经济的转型发展,也提高了农民的就业率及生活水平,成为经济发展新的增长点。

1. 农业综合体发展现状

农业综合体的快速发展,在农业文创、农业产业生产加工、创意园区、休闲娱乐等方面促进了农业经济的发展。当地独特的地理优势、科技人才、创意农业等软实力与农业品种资源及生产加工相融合,对农业综合体发展起到极其重要的推动作用。

全国农业综合体多种多样,创意类特色农业蓬勃发展。2015年开始农业嘉年华在数量和建设规模上均呈现一个快速增长的发展趋势,尤其是2016—2017年,场馆设施建设面积快速增加,举办地点也从最初的南京和北京南北两大代表性区域快速发展到全国近20个省区市,目前最北到了吉林,最南延伸至广西,最东到上海,最西延伸至新疆,这些地方均已有在建或已建成的农业嘉年华,未来农业嘉年华会遍布全国。

各地区依托自然条件、人文资源优势,开发具有特色的农业综合体,品牌市场竞争力不断增强,市场份额不断扩大。在农产品品牌开发方面,在完成"三品一标"申请认证基础上,利用品牌效应,积极提高品牌影响力,创造出高附加值农产品。农业综合体要想赢得国内市场并走出去,必须打造具有国际品牌的高质量农产品和农业综合体园区。

2. 绍兴农业综合体实践:米果果小镇

米果果小镇(图5-48)位于绍兴诸暨东北部,根据功能分为种养区、种养废弃物资源高效利用区、农副产品深加工区、休闲旅游区、农特产品展销区、青少年农业科普教育区六大板块,是一个集商贸、养殖、研学、休闲等功能于一体的农业综合小镇。小镇区位优势明显,其紧邻中国最大的淡水珍珠市场——华东国际珠宝城,并与风景秀丽的白塔湖国家级湿地公园隔湖相望,消费点和景点间的联动效应可为小镇拉动更多客流,同时促进当地旅游经济发展。小镇距离杭州60千米,距离萧山机场45千米,交通便捷且辐射范围内人口众多,客流量潜力巨大。

图5-48 米果果小镇

小镇创建于2013年,最初是一个以葡萄种植为主的农业种植园。2015年,其引入火龙果,并将小镇发展成四季鲜果采摘园。意识到旅游经济对小镇农业的促进作用后,2016年米果果以农商融合的经营模式重开米果果小镇,并将其发展成为长三角地区休闲度假、农技培训、亲子研学的理想场所。

作为浙江米果果生态农业集团有限公司董事长,陈照米先生根据米果果小镇的经营情况得出了手掌理论,其将土地比作手掌,将农业种植、农产品深加工、休闲旅游、研学培训、产业创新视作五大发展理念。农业种植是农业发展的基础,是土地得以利用的首要保证;农产品深加工是对农产品生命线的有效延长,有利于提升农产品效益,提升整体农业价值;休闲旅游是对农业产业链的延长实践,通过农旅经济的结合,拉动农产品的销量,并依托小镇的优质农产品赢得游客口碑,继而刺激二次消费;研学培训利用小镇的农业和土地资源,聘请专业技术人才进行授课,满足中小学综合实践和研学旅行活动需求;产业创新着重对小镇历史民俗的深度挖掘和文化创新,企业通过开发民俗体验活动和文创产品,提升小镇品牌价值。

小镇遵循农业＋旅游＋差异化发展理念。在农业发展方面,小镇以火龙果为主导产业,共规模化种植火龙果1200亩,是如今浙江最大的火龙果种植基地。小镇发展四季采摘业务,草莓、蓝莓、红心猕猴桃、葡萄等可采摘蔬菜瓜果四季轮换,现已成为绍兴市最大的精品水果现场采摘基地。小镇主张产学一体,通过与科研院校合作,已开发产品面食、冰激凌、糕点、果汁等深加工食品和面膜、口红、乳液等日用品,并拥有了13个专利。为推动产品销售,在小镇内部售卖之余,企业成立专门的销售和地推团队,开拓农贸市场和大型超市等销售渠道,挖掘团购客户。企业还建立电商平台,并通过策划相关网络节目提高品牌知名度和影响力,实现线上销售。

在文化产业发展方面,小镇将绍兴文化融入景点设计中。譬如在紫藤长廊中,游客们可以看到介绍诸暨方言的展板;在乡村记忆馆,游客可以看到鱼米之乡的传统农耕器具。小镇在夏季休闲农业淡季之时,推出塑造青少年意志力的主题夏令营活动,有效盘活闲置资源。在晚间,小镇打造冰雪项目吸引游客纳凉消夏。在体验教育区内,小镇设有农业科普馆、开心大农场、水果采摘区、学生田间实验基地、火龙果加工观光区等景点。小镇通过景点的科普教育功能,教授游客农作物识别、果蔬种植以及农产品加工相关知识,并给予游客农作劳动和手工艺品制作等体验机会。

早在2015年,米果果小镇便引入了青少年研学旅行业务。小镇建设成立了青少年素质教育学校,并聘请了实践经验丰富的教育团队。在与华中师范大学合作期间,小镇开发了一批符合新时代特色的研学课程,让学生通过学习和活动感受农村生活,真正认识"三农"。近几年,米果果素质教育基地累计已开发100多门特色课程,并设置有80多个田间教室,做到了真正的寓教于乐。2019年,在浙江省教育厅启动中小学生研学旅行活动后,米果果凭借之前积淀的品牌底蕴,成了学生参与研学旅行活动的首选。

这些年来,米果果小镇的创新发展道路得到了社会的广泛关注和认可,其"创造价值、服务社会"的宗旨和推动一、二、三产融合发展的举措与国家乡村振兴发展趋势相吻合,成为其他农业综合体发展的范本。

八、绍兴历史文化街区与古镇文旅融合

历史文化街区是指经省级政府核定的具有丰富内涵的文物、历史建筑,并且能够较为全面和代表性地反映传统格局和历史风貌的综合文化遗产形态。历史文化街区的概念最初形成于20世纪60年代。1986年,中国正式提出历史文化街区的保护理念,并在2008年起开始实施《历史文化名城名镇名村保护条例》。2015年,国家文物局公布第一批中国历史文化街区名

单,其中就有绍兴书圣故里历史文化街区。

历史文化街区具有三大特征,即具有特定的历史文化背景,具有一定的生活真实性以及具有完整的历史风貌。但在对现存的历史文化街区进行开发改造时遇到不少问题。首先,居民缺乏历史文化街区保护意识。生活在街区当中的部分居民习惯于自身的生活方式,其部分危害街区环境的行为习惯很难因听到相关宣传保护知识就立刻杜绝。其次,空间格局遭到不同程度的损坏。城市的规划尤其是改造和扩建都有可能影响到街区的空间格局和环境。最后,政策体系不健全,资金投入不足。部分地区在历史街区运营上缺乏经验,在保护初期可能会出现措施不够因地制宜或者资金规划不合理等问题。与此同时,部分街区破损较严重,需要高额的维护费和改善服务资金,可能会对城市其他建设项目造成经济压力。

在寻求古城保护与城市创新开发的平衡点上,绍兴以文商旅深度融合为导向,重点推进"越子城、阳明故里、鲁迅故里、书圣故里"一城三故里古城项目群建设,发展黄酒养生、台门民宿、夜演夜游、商街夜市等新型文旅业态,将其作为绍兴文化的重要基因片段,融入城市和文脉发展,打造"绍兴式"的历史文化街区样板。

(一)鲁迅故里

鲁迅故里(图5-49)是绍兴最具代表性的文化地标和文化遗存之一,位于绍兴古城文化核心区,是保护和延续绍兴古城传统风貌、体现江南风情历史街区保护的范例。鲁迅故里接待游客量每年多达300余万人次,影响力辐射全球。其建筑风格以明清为主,穿插有绍兴特色的台门、古桥、老街、小巷,一砖一瓦均印刻着城市历史痕迹,彰显绍兴江南水乡风情和深厚文化积淀。

鲁迅的"家"由好几部分组成,其核心的是周家老台门(鲁迅祖居)、周家新台门(鲁迅故居)、百草园、三味书屋及长庆寺、土谷祠等地。在绍兴市政府的维护下,鲁迅故居的主要建筑至今仍保存完整。游客可以进入游览鲁迅故居,参观充满童趣的百草园、安置在三味书屋内刻有"早"字的书桌以及鲁迅拜师的长庆寺和鲁迅笔下的土谷祠、咸亨酒店;也可以乘坐着门前张马河上的悠悠乌篷船，于咿呀声中赏绍兴风情。

图5-49　鲁迅故里

　　除了基本的旅游功能外，景区还凭借着IP的影响力和知名度大力发展研学实践教育活动，其中最具代表性的当数"三味书屋·鲁迅故里"研学游课程。课程主要分三部分，分别是"鲁迅作品展示课""历史文化体验课""三味早读情景课"。在鲁迅作品展示课上，学生可以前往百草园，寻找文中提到的皂荚树、何首乌；在历史文化体验课中，学生可以品读了解鲁迅笔下的"绍俗祝福"，欣赏水乡社戏，并制作水乡绍兴特有的交通工具乌篷船；在三味早读情景课上，学生可以重温鲁迅儿时的求学经历，譬如诵读《三字经》、学对课、习大字、影描绣像、拓"早"字等。

　　2018年，鲁迅故里整合革命文物资源，融合展览、特色党课、红色研学活动，推出"红色记忆——鲁迅与共产党人"主题研学教育活动。展览以鲁迅的生平事迹为线索，回顾了鲁迅与李大钊、许广平、陈延年、瞿秋白、左联五烈士、方志敏、陈赓、冯雪峰等的革命友谊，并融合革命文物元素制作文创产品。譬如"鲁迅与共产党人"党课专用笔记本、孺子牛签字笔和"不忘初心"手袋等（图5-50），让党员离开景区后仍能感受到这份红色记忆。

　　2020年初，为提升接待研学游团队的能力，鲁迅故里升级研学游产品，并在鲁迅纪念馆后面开辟研学游互动区。互动区共分五大功能板块，分别是鲁迅家训临摹习字区、研学游闯关区、乌篷船拼装区、鲁迅作品阅读区以及鲁迅特色木刻拓印区。多样化的功能区设置满足研学差异化需求，既通过学习鲁迅相关知识，临摹鲁迅家训培养学生对鲁迅的兴趣，又通过组装乌篷船，制作木刻锻炼了学生的动手能力，实现了寓教于乐的研学根本目的。

图5-50　鲁迅故里革命文创产品

　　2021年4月,鲁迅故里高品质步行街(图5-51)正式开街。该街区是浙江省第一批13条省级高品质步行街之一,其与鲁迅故里、沈园融合成一体,又毗邻周恩来祖居、秋瑾故居、徐渭纪念馆等一批绍兴著名名人故居和历史文化景点,成为绍兴古城文化景点之间重要纽带、绍兴古城文商旅融合的重要展示窗口。步行街全长1130米,主要有3个功能分区,即由鲁迅故里、创意工坊、绍兴特产等业态构成的鲁迅文旅区,由绍兴美食新天地、咸亨酒店、非遗小吃等业态构成的市集美食区,以及由社戏水陆体验区、文创书店、乡情民宿等业态构成的古越风情区。

图5-51　鲁迅故里步行街

　　一开始,步行街实施较为传统的运营方式,仅开发了街道的基本拍照吃饭功能,单一的消费产品难以满足大批游客和市民的消费欲望,也使得街区客流和消费力严重不足。为此,浙江明道商业从视觉改造、业态升级和推陈出新三个维度对老街进行改造,致力于将老街打造成绍兴特色摩登民国风主题的新国潮街区,并通过新国潮文化与老街文旅的融合,塑造一个新的受年轻群体欢迎的人文网红胜地。

在视觉改造维度,浙江明道商业在尊重老街原有风格的基础上,维护加固老街建筑,并打造“宋韵国潮”景观,以解决老街主题模糊、商业氛围欠缺的弊端。在业态升级方面,老街围绕“一站式”全域旅游及文化服务理念,内设国潮零售、咖啡馆、沉浸式古越剧场等文化特色突出的优质业态,并组织品牌开展特色文化互动活动,譬如艺术展、文创市集、戏剧舞台等。游客和市民有时还可以看到受邀参加活动的当地知名艺术家,并有机会和他们进行近距离互动。街区以咸亨酒店为依托,拉动周边绍东家等新生代餐饮品牌创新发展,继而将街区打造成绍兴菜的创新地和大本营。与此同时,为解决绍兴现存的夜间经济消费力不足的问题,老街通过“抖IN绍兴 越潮夜”、夜间潮玩市集等活动,吸引游客夜游观赏打卡,为绍兴其他地区发展夜间经济提供范本。在推陈出新方面,浙江明道商业深挖绍兴和鲁迅故里特色文化,并通过二次衍生打造孵化专属IP,运用IP的故事化表达能力和创新呈现效果为“Z世代”带来不一样的新体验。

未来,鲁迅故里将会进一步提升周边区域尤其是老街的综合服务能力,加强与周边沈园和青藤书屋等景点的连接,优化游线。同时,其水上娱乐项目乌篷船游线也将得到进一步完善,从而使得鲁迅故居和其他传统名人故居游览体验区别开来,成为宜居宜游、主客共享的文化休闲旅游空间的典范。

(二)阳明故里

王守仁,号阳明,是我国明代著名的思想家、军事家、心学集大成者。他一生平定思田、诸瑶、宁王之乱,剿灭南赣盗贼,创立“阳明心学”,留下无数功绩,无愧为“立德、立言、立功”三立才。其创立的“心学”体系,冲破了当时程朱理学的传统藩篱,强调个人能动性,呼吁思想和个性解放,被学术界评价为中国封建社会后期出现的最早的启蒙哲学。其门徒众多,学术思想不仅培养出钱德洪、王畿、邹守益、冀元亨、王艮等思想家,还对后世徐渭、冯梦龙、黄宗羲、曾国藩、梁启超、蔡元培等人的思想和实践产生指引作用,堪称学界巨擘、"百世之师"。

1. 阳明心学在绍兴的发展

阳明心学以心即理、知行合一、致良知、生态智慧等理念为主旨。其文化魅力不仅体现在对儒家"讲仁爱、重民本、守诚信、崇正义、尚和合、求大同"主流思想的融会贯通,更揭示了人的价值的不可限量性,以及培养潜力所需的致良知之途径。党的十八大以来,王阳明思想更是被习近平总书记多次在不同场合提及,足见其现实意义对于古今中外都有很高的参考和借鉴意义。譬如,"知行合一"思想鼓励人们将理论与实践做进一步结合,以此提升自身实践能力;"致良知"强调人的道德自由,鼓励人们顺应内心的良知与本善。在现代社会,"致良知"就是响应社会主义核心价值观,反抗当下社会存在的拜金主义、权力崇拜、享乐主义和虚无主义,以拯救信仰危机和道德伦理危机,继而实现当代民众自我修养的提升、社会风气的净化,塑造风清气正的社会环境。

相较于其他城市和王阳明的缘分,绍兴是王阳明生活时间最长、讲学时间最久,并且亲选墓葬的地方。作为阳明学传承的大本营,绍兴有足够的理由引领和发展全世界阳明学。2016年,随着王阳明研究院在绍兴的成立,阳明学核心回到绍兴,中国文化重镇绍兴扛起了阳明文化传播和发展的大旗。伯府文化旅游公司以阳明文化为核心产品,依托浙江省王阳明研究院、阳明故居、王阳明纪念馆、稽山书院、阳明洞天、阳明圣冢等王阳明文化遗址遗迹以及绍兴博物馆、越王台等绍兴文化资源点,结合国学传统文化精髓,旨在引导青少年传承思想精髓,通过PBL问题式学习法,提升学生综合素养。

2021年,绍兴打造全省首个以阳明文化为主题的数字平台,通过数字化形式实现阳明心学相关史料、历代心学研究成果、阳明行迹旅游等资源的在线保存和阅览,助力阳明文化走近寻常百姓。绍兴实施"文化基因解码工程",梳理了阳明文化元素170个,推动阳明文化脉络和谱系的基本形成。除此之外,绍兴还积极建立阳明文献古籍高仿复刻、阳明文献数据库和名家访谈纪录片,并由此打造阳明文化数字文献馆,助推阳明文化文脉流传。绍兴依托阳明文化,开发"少年心学馆""企业研修班""大众知行课"等一系列特色研学课程,丰富绍兴数字研学游产品内核,增加研学游项目数量,提高其质量。为满足游客在线游览和学习的需求,绍兴数字化集成阳明文化资源,开发音频版《东亚阳明文化旅游地图》、视频版《人物访谈纪录片》、为阳明遗迹遗存制作二维码。

2. 阳明文旅实践

除去对阳明文化的持续挖掘,绍兴还推动了一系列阳明景区的建造和与王阳明相关的产品的开发,其中最具代表的便是阳明故居(图5-52)和纪念馆的建造,以及系列文创产品的开发。

图5-52　阳明故居和碧霞池

2019年,绍兴投资80亿元正式建设阳明故居综合保护项目。该项目由文化、文商旅融合以及综合保护三大部分组成。文化部分集中建造基于对"新建伯府第"遗址进行考古发掘的阳明故居及纪念馆、吕府、阳明论坛永久会址;文商旅融合部分主要集中在西小路和上大路片区;综合保护地域为越城坊片区。建成后的阳明故居及纪念馆工程将以最大的本真性还原当年伯府的中轴线,重现伯府大埠头、古坊残基、碧霞池、石门框、饮酒亭和观象台等绍兴心学祖庭的历史面貌。该地将成为一条阳明"心学之路"和一个多层次的核心文化地标,并成为绍兴市阳明心学圣境展示的又一新地标。现如今,绍兴吕府已经被改造成"王阳明纪念馆",碧霞池景观和伯府遗存三柱石门槛的建设复原工作也顺利完工,整片阳明故里充满了阳明遗存和古城历史文化融合的气息。

绍兴对于阳明文创的开发是持续且紧跟时代的。2017年,绍兴博物馆首次举办了"阳明文化周"系列活动,包括《圣贤之道——阳明的故事》特展。展览以阳明先生的生平和思想解读为主线,以其书法作品及拓片展示为辅线,集中展示阳明先生不负初心的一生及其"知行合一"的心学理念。展会上除了有20余家文博单位收藏的阳明先生的相关文物外,还有广博集团与绍兴博物馆联合设计并开发的阳明系列文创产品(图5-53)。

图5-53 知行合一笔记本和《何陋轩记》胶带

2022年5月,绍兴市文化广电旅游局与网易手游《忘川风华录》联动,开辟了"传统文旅×国风游戏"的数字IP新文创合作。首先,绍兴充分利用《忘川风华录》的数字化内容,以现实历史人物为原型,在游戏中投放了王阳明的角色及其相关剧情,让有关王阳明历史、文化以更符合当下年轻人的形式,在更多的受众里进行传播。其次,绍兴还与游戏方共同制作了与"阳明文化"相关的科普纪录片,并邀请国家一级演员、著名绍剧表演艺术家章金刚先生参演。影片以跨时空的交谈为主要表现形式,以一名热爱阳明文化的女学生的视角,来探索阳明故居、阳明中学、阳明文化园等绍兴阳明文化纪念地。最后,《忘川风华录》与绍兴文化广电旅游局联动推出王阳明主题曲《破云来》,以国风音乐为主要表现形式,弘扬中国传统文化,并邀请知名虚拟偶像歌手(星尘infinity)进行演唱,如今已经在哔哩哔哩中拥有5700万多次播放量及72万多粉丝。此次成功合作,创作了一系列有关"阳明文化"的优秀作品,也吸引了大批年轻观众,开辟了传统文化与数字IP新文创合作的新局面。

未来,在学术研究上,绍兴将积极利用"东亚文化之都"的金名片推广绍兴阳明文化,提升其在世界上的认知度和影响力,力争获得绍兴市东亚阳明文化数字传播中心荣誉这一称号。在故居文旅融合上,绍兴将促进阳明故居与周边古越文化、黄酒文化和商旅文化的融合,将绍兴古城塑造成拥有阳明故里、鲁迅故里、书圣故里三足鼎立的朝圣故里。绍兴还将依托阳明故居,串联阳明墓与阳明洞天等阳明遗存,形成主题鲜明的阳明文化研学游路线,推动阳明故居成为绍兴继鲁迅故里、书法圣地兰亭之后的又一个世界研学游目的地。

(三)书圣故里

绍兴书圣故里历史街区(图5-54)是绍兴市区历史风貌保存最完整的区域。景区整体布局为前街后河,在条条街巷里藏着众多名胜古迹,如笔飞弄的蔡元培故居、西街的戒珠寺、蕺山街的题扇桥、肖山街的探花台门等,共同沉淀出景区浓郁的历史文化气息。这里既是"书圣"王羲之和"学界泰斗"蔡元培的故里,也是刘宗周、黄宗羲等历代名士的求学圣地。青砖黛瓦、里弄小巷、青石板路,以及主街上地道的绍兴美食和民俗产品让景区充满了浓郁的江南水文化、桥文化、酒文化、街市文化,是绍兴历史文化古城的缩影。

图5-54　书圣故里历史街区

书圣故里的诸多景点都与书圣王羲之息息相关。蕺山街上有题扇桥,名字源于王羲之为帮一老婆婆卖扇而在其扇上题字这一故事。而躲婆弄则是题扇典故的后续,老婆婆为了卖扇又找上了王羲之,为躲过老婆婆,王羲之躲进了这个弄堂。戒珠寺是王羲之故宅,相传王羲之住在此宅时,曾失落一颗自己非常喜爱的明珠,并怀疑是一个与他过往甚密的老僧所窃。老僧得知自己的友情被怀疑后,郁郁寡欢而死。事后,在王羲之家中白鹅的肚里发现了明珠,王羲之追悔莫及。为纪念老僧,王羲之亲题"戒珠讲寺"匾额,并将住房改建成"戒珠寺"表示戒绝玩珠之癖的决心。位于躲婆弄旁边的越酿工坊是一个旅游、购物和学习酿酒知识的好去处。工坊一共两层,一层主要负责卖酒,二层负责展示绍兴独特的酒文化工艺。

(四)仓桥直街

仓桥直街历史街区(图5-55)是绍兴古城的重要历史遗产之一,其以古城风貌为特色,以传统民居为主要载体,集旅居、商贸于一体,被称作"中国遗产活生生的展示地"。仓桥街道全长2.2千米,主要由河道、民居、石板道路构成。自北而南依次架有仓桥、龙门桥、宝珠桥、府桥、石门桥、酒务桥、西观桥、凰仪桥等绍兴传统古老石板桥,是绍兴桥文化的重要集中展示点之一。河道两旁多建有民居,且依据建筑风格和历史痕迹判断多是清末民初建筑。街道内有各式台门43座,每家后院都建有小河埠,是典型的绍兴"一河五街"格局,集中反映了绍兴的传统建筑特色与民情风俗。相较于其他的旅游复古街,仓桥直街还留有世代居住在这里的居民,街道两旁开设有很多传统商店与餐馆,这里已成为游人了解和体验绍兴风情习俗的重要窗口。如今的街道中还开设了越艺馆、黄酒馆、戏剧馆与书画馆等游客体验游览中心,丰富游客游览途中的文化体验。

图5-55　仓桥直街景色和美食

在这里,游客还可以品尝到地道的绍兴特色美食,比如臭豆腐、木莲豆腐、醉蟹、蒸三臭、茴香豆、奶油小攀、江南米糕等等。精心制作的小吃配上古镇水乡的画风,让人不知不觉中似乎回到那个鲁迅所描述的童年。仓桥直街的十字路口还有一家既能听戏又能吃到绍兴特色菜的孔乙己酒家,是诸多游客游玩的必经之所。阿丘十碗头作为仓桥直街名店,给游客们提供了绍兴最正式、最隆重的宴席之一——十碗头,地道的美味和高性价比使得这里成为游客打卡特色餐饮的重要地点。

(五)安昌古镇

安昌古镇拥有百年以上的历史,且镇上有完整保留历史风貌的古代居住性建筑。我国古镇旅游的发展自20世纪80年代开始,陈逸飞先生于1984年做的《故乡的回忆》成功开创了江南水乡古镇品牌,也使得江苏周庄成为中国古镇旅游发展的开拓者。在那段时间,江苏昆山周庄和安徽黟县西递村是国家古镇发展主要的保护和开发对象。20世纪90年代,古镇开始往休闲度假方向发展,湘西的凤凰古镇、江西的婺源古镇以及云南的丽江古镇在这时凭借美丽的景色、颇具特色的当地文化以及历史文化遗留凸显出来。1999年,随着西递、宏村两处古民居被列入世界文化遗产名录,我国古村古镇保护开发热潮开始兴起,浙江乌镇也于这时开始发展旅游业,并被誉为"最具文化气息的水乡古镇"。2003年,中国历史文化名镇名村评选活动将这种热潮进一步推高,部分古镇由于缺乏正确的运营战略指引,纷纷开始效仿和复制,逐渐涌现了诸如四川洛带、江南千灯等古镇。这些古镇拥有一定的自身特色,但因为资源特征不够明显,且周边环境相对恶劣,其未来的发展潜力受到制约。

当前,我国古村古镇群主要分布在太湖流域、皖南、川黔渝交界处、晋中南、粤中等,种类多样,有乡土民俗型、传统文化型、革命历史型、民族特色型、商贸交通型等。总体来看,古镇旅游发展迅速,尤其是以周庄、同里为代表的江南水乡古镇,已经形成具有自身特色的客源市场。但古镇旅游基本以地域资源驱动和观光为主,未能实现对古镇历史的深度挖掘,尤其是江南水乡古镇,存在大量的模仿和复制,同质化现象较为严重。就旅行方式而言,休闲和文化体验是古镇旅游的核心业务。因此,在年龄结构上,青年和中老年人是主要的消费群体。

安昌古镇是浙江省绍兴的四大古镇之一,位于绍兴市柯桥区,与杭州萧山相接,交通便利,辐射范围内人流量巨大。古镇建筑风格体现了典型的江南水乡特色,小镇依河而建,河之北是街市,河之南则是民居,以多座古桥联通两岸。小镇并没有被过度地商业开发,镇内建筑多是明清以来的,使得古镇保留着近乎原生态的样子,充满了人间烟火气。

1. 古镇主要景点

沿河而建的老街是古镇风情的重要代表,其长 1800 米,两侧布满了当地特色店铺、斑驳古旧的老作坊、古色古香的楼阁、幽静蜿蜒的小巷。穿梭其中,可以看到河中摇荡的乌篷船,听到两岸各种买卖的吆喝声,仿佛人被这水乡风情所笼罩。

高桥位于东市油车溇口,原为石梁小桥,建于明代。相传,宋时原系木桥,建炎三年(1129)金兵南下,宋高宗逃难路经安昌,靠人搀扶走过木桥。明朝中期,人们把木桥改建为石桥,因追怀宋高宗徒步过桥往事,将此石桥定名为高桥。1982 年,为航运需要,改为水泥平梁桥。桥两侧放水泥栏椅,供行人小坐休憩。靠坐桥上,清风徐来,闻柳树沙沙,望小桥美景,好不快哉。

安昌桥位于老街入口处,为三孔石拱风雨廊桥,上悬"清风第一廊",对联"大明弘治开街市""盛唐乾宁名安昌"。整座桥是一条走廊,又似画舫。两旁朱栏,掩映生姿,天色郁郁,坐之赏景;天色清明,自得其乐。水阁桥,即安昌桥的前身。桥上有阁殿,供奉着马太守、汤太守"二圣"塑像,为了纪念马太守东汉永和年间建鉴湖水利工程、汤太守明嘉靖年间造应宿闸。此桥集交通、祭祀等功能于一体。阁殿三面红墙,融青瓦、石桥、圆柱于一体,古色古香,气势雄伟。现在里面供奉着大禹,相传大禹娶妻涂山氏,13 年内治水三过家门而不入,而"家"便在安昌古镇。

颖安桥,又叫东安桥,在东市局弄口,原为石梁桥。1990 年向东移建,为半圆形拱桥,俯视呈"工"字形,更名为"颖安桥"。《安昌镇志》记载:桥南北两岸均有东西向分岔台阶,桥上立有石狮四只,栏板上有浮云松鹤、双鲤嬉戏雕刻。拱肩附有四根半圆柱,刻着"圆月彩虹状石桥胜景,长街小河呈水乡秀姿""碧水贯街泽两岸居民,清风沐人宜四方游客"的对联,把桥的特色描绘得一览无遗。颖安桥的精湛雕工,不仅增添了桥本身的魅力,也为古镇平添了几分风采。

风情馆位于安昌镇老街尽头的临水处,是了解安昌古镇风情的必去之所。馆内设有15个展览室,内陈列着12幅清乾隆时期的御题锦织图,以及详尽、趣味十足、丰富多彩的安昌风情旧俗。

2. 古镇风情与习俗

水上婚礼是安昌民俗中最吸引人的。其程序严格,根据传统习俗,在婚礼的前一天,男方需要将彩礼用木船送到女方家中。第二天早上,新娘将穿上婚服,头戴凤冠和红盖头,等迎亲的队伍到达后,在家人的护送下,登上红色的轿子,迎着一路的鞭炮、锣鼓赶到新郎家中。那时,沿路都是热闹的迎亲队伍。

伴随着旅游业的开发,每年的一月成为安昌古镇的腊月风情节(图5-56)。风情节期间,游客可以接触各种各样的民俗活动,如杂技表演、乌篷游、各式游览、品味小吃等。此外,游人还可以看到古镇真实迎新年的传统:包粽子、做年糕、扯糖丝、制腊肠……透着醇厚的水乡民俗味儿。为了更好地展示古镇风貌,安昌古镇依托物联网技术,通过数台无人机对风情节进行全方位全流程航拍,并邀请"网红"主播带领游客探寻古镇腊月风情。

图5-56　古镇腊月风情节

3. 古镇智慧化

实现吃、住、行、游、购、娱全面智慧化是如今安昌古镇改造提升的一个重要方向和目标。近年来,安昌街道不断夯实数字景区化的基础,打造智慧文旅新样本。2021年9月底,古镇在智慧景区一期建成的基础上,正式启用智慧古镇二期系统,完善与深化景区服务与内部管理,构建起线上线下联动的全方位、立体式监测预警系统。其中热成像吸烟警告系统全天候、全方位"监管"古镇安全,并对游客在禁烟区吸烟等不文明行为做出提醒。全景AI鹰视系统对古镇全局进行高空实时探查,一旦有突发消防事故,能立刻为全局指挥提供最佳视角。

另外,古镇以产业数字化构建智能制造新模式,赋能美好生活。街道内涌现出一批先试先行的领军企业,积极引入工业互联网、工业大数据、云计算等数字技术。目前,东盛慧谷产业创新服务综合体内的数字化平台即将完工。据园区相关负责人介绍,项目投资1000万元,建成后以直播带货、网红孵化的模式,进一步服务园区企业、辐射柯桥产业。此外,"欧博特家纺"投资500万元打造数字化工厂,实现产销链上下游"数字上云",大大提升了生产效率和产品质量。

新一代信息技术正与经济发展、社会民生、基层治理深度融合。积极抢抓数字经济变革的时间窗口,深入推进数字经济建设,逐步迈向数字产业化二次攀升之路,将有助于安昌古镇以数字赋能高水平全面小康,稳步探索数字村庄,挖掘安昌幸福宜居的新密码,助推高质量发展,为柯桥"领跑竞跑"贡献安昌力量。

(六)崇仁古镇

崇仁古镇(图5-57)位于绍兴嵊州西部,距今已有近千年的历史。崇仁古镇原名杏花村,在北宋熙宁年间,受皇帝敕封的义门裘氏从婺州分迁此地,因裘氏崇尚仁义,故名其地为"崇仁"。

图5-57　崇仁古镇

崇仁古镇保留着庞大的古建筑群,虽然历经千年但风貌依旧。古建筑连片成群,具有宋朝遗风、明清特色。群内庙宇、祠堂、古戏台、民居、牌坊、药铺、店房、桥梁、池塘、水井一应俱全。以玉山公祠为中心,保存完整的老台门就有100余座,台门之间用跨街楼连接,既珠联璧合,又独立成章,体现了先人"分户合族、聚只一家"的遗风。明清建筑多为封闭式的三合院或四合院,其屋脊、出檐、马头墙有砖雕装饰,气势雄伟,典雅庄重。其中敬承书屋照壁的砖雕堆塑,数量之多、工艺之精、构思之巧妙堪称一绝。建筑工艺精美、规模宏大、用材考究,代表清中后期地方民居建筑设计和施工的高超工艺水平,在建筑历史及传统民居建筑等领域有着较高的研究价值。尤其是其建筑装饰精工细作,石雕、砖雕、木雕、灰塑、题刻、书法、彩绘技艺熟练、工艺水平高超,具有较高的艺术价值和观赏价值。

崇仁以古镇为中心,布局"旅游＋文化""旅游＋小吃""旅游＋农业"等模式,打造具有崇仁地域特色的立体式美丽风景线。规划的众多旅游项目中,嵊州剡溪农旅休闲康养度假村项目格外引人注目。该项目围绕崇仁镇五龙潭村的大峡谷、油菜花基地和茶亭岗村的茶园基地,打造一个集农业旅游、康体运动、休闲度假和生态观光于一体的"农旅＋健康"乡村旅游目的地。此外,白水墩瀑布、瞻山湿地公园、温泉湖环湖大道等项目的开建,以及嵊州(崇仁)农业经济开发区的远期建设,都将为崇仁镇的旅游业发展锦上添花。

近年来,崇仁镇注重保存古镇的"原真性"。古镇有150余座保存较为完整的老台门,每年会根据损坏程度和文保级别等进行修缮。800余米长的街面全部铺上老旧的青石板,增添了古朴风情。一地古建筑代表一种地方文化,崇仁古建筑群属于典型的江南风格。为了更好地保护古镇建筑,崇仁镇提出要把古镇打造成"江南民居博物馆"。

"敦孝友、睦宗族、尚清廉"和"孝义为本、仁让在先、清廉为根"是崇仁古镇内留存的家风古训,这让清廉文化在古镇内生根发芽。2019年,绍兴市提出"切实推进清廉细胞标准化创建,突出加强'一镇一品'清廉文化品牌建设,推动清廉文化向基层浸润"的要求,将全市15个乡镇打造成各具特色的"清廉"示范点。其中,对崇仁古镇1700多年的历史积淀、文化传承中的清廉元素进行了一次全新演绎,发掘了"感动玉山公祠的清风""感恩廉井清水的魅力""感悟仁义台门的文化""感受裘氏家庙的故事""感恩伟镇古庙的荷塘"等5个特色单元,精心打造了"廉""景"互动的古镇清风之旅,并开发了"崇仁·清旅"在线观光体验,通过线上线下的互动,将古镇美景和清廉教育基地串联起来。2019年,"崇仁·清旅"清廉旅游专线正式上线。该专线通过建设"廉""景"互融的美丽古镇清廉路线,成为全国首个清廉古镇品牌。专线不但将为清廉嵊州建设再添"金名片",而且将为清廉绍兴、清廉浙江建设提供新样板。

九、绍兴当代城市体育与古城文旅融合

体育旅游是体育与旅游相结合产生的新兴业态,指以体育资源和体育设施为条件,为旅游者提供集健身、娱乐、休闲、交际等于一体的服务。

从空间、功能和资源等方面可以将体育资源进行分类,以促进体育旅游行业精细化经营。就空间而言,旅游可分为海、陆、空三类;就体育旅游功能而言,旅游可分为观光、健身和休闲等类型;就资源而言,旅游资源可分为地文体育旅游资源、水域体育旅游资源和体育旅游生物资源。不同维度的体育资源划分,有利于体育旅游行业分门别类地进行有针对性的开发和建设。

随着体育旅游行业的不断发展成熟,体育旅游业态逐步丰富多样,赛事节会、体育馆参观、运动公园和运动俱乐部等体育旅游形态先后涌现,在体

育旅游需求不断提升的背景下,体育旅游服务能逐渐获得提升。预计未来体育旅游行业将出现户外运动游发展步伐加速、科技创新加速体育旅游智慧化发展等趋势,如图5-58所示。

户外运动游将加快发展步伐
新冠疫情下,公众健康意识增强,户外运动逐渐成为一种生活方式,运动形式不断丰富。如传统的跑步运动已衍生出公益跑、马拉松、街头夜跑、垂直跑等丰富多样的场景

科技创新加速体育旅游智能化发展
5G技术的普及促进万物互联时代加速到来,体育旅游将与最新技术充分融合,加速向智慧化发展方式转变。2020年以来智慧旅游和智能体育的发展已成为政府工作目标

新潮时尚将成为体育旅游的新特征
"80后"和"90后"年轻群体消费能力逐步走向主流。该群体很认可新潮时尚的旅游服务。霹雳舞、滑板、攀岩和冲浪进入2024年巴黎奥运会赛事清单,进一步激发年轻群体在这方面的消费

体育旅游IP化更加明显
体育旅游消费者通常希望在体育旅游过程中获得身份认同,主体性明确的旅游产品更受消费者喜爱。知名赛事和热门体育娱乐活动等IP化运作可满足游客多样化旅游需求

图5-58　体育旅游行业发展趋势

绍兴马拉松简称"越马",其以"最有文化味的马拉松赛"为赛事定位,以树立"文化越马"品牌形象为办赛宗旨。近几年来,绍兴马拉松规模不断扩大,从2017年的15000余人上升至2019年的25000余人。2020年在疫情防控常态化下,来自全国各地的20000名跑者奔跑在千年古城,用速度和激情给这座城市带来了别样的活力。

CCTV 5连续4年的青睐,海南卫视、澳门卫视、北京冬奥纪实、上海五环体育、江苏休闲体育、浙江教科频道,以及央视频、央视网等众多新媒体和网红大咖,为越马共同打造了一个全方位的直播矩阵,开创马拉松直播的"新纪元"。在4个小时的直播里,除了赛道上串起的绍兴古城与现代美景,更有黄酒、戏剧、乌篷船、古桥等数不尽的水乡镜头,实现了绍兴古典元素与现代体育的完美结合。"越马"与多家媒体大咖和专业自媒体互动;还与央视网、新华网、中国日报网、澎湃新闻、网易新闻、今日头条、越牛新闻、绍兴观察等近30家新闻客户端等新媒体建立合作关系,通过报纸、电台、电视、网站和App等全媒体平台,对赛事各方面进行了重点报道。

绍兴马拉松举行4年来,吸引和收获了众多合作伙伴和赞助企业,他们深耕文化,企业形象和品牌与越马共成长。"2020越马"让绍兴获得的城市综

合效益达 2.64 亿元,"2020 越马"投入与城市综合效益产出比达到 1∶11。在越马提供的多元化、多维度的场景中,马拉松为赞助企业带来了独特的、真实的、可触碰的社交体验,为赞助商提供了以激情、梦想、欢乐等情感为情景与目标群体对话的机会。4 年来,赞助商的一路相伴,也让我们在越马平台上看到了许多创新、暖心、打动人心的营销宣传。事实上,绍兴这座城市的最好资源,都可以在越马这个平台上盘活、营销,并在赛会经济的撬动中形成"共振意识"。成千上万的跑者为绍兴的旅游、交通、食宿、餐饮带来上亿元的收入,马拉松的营销互动场景也将为更多优质的赞助商提供体育营销空间。

1. 2020 年马拉松越马路线图

与 2019 年相比,2020 年越马起终点仍在市奥体中心,其中北门为起点,南门设为终点。起跑后沿适南路—洋江西路—袍江中路—二环北路—迪荡湖路前行,全马、半马在轩亭口分流,全马左转经过府横街穿越府山公园,半马经过轩亭口往北左转光明路,右转至仓桥直街再左转至胜利西路,直到环城西路再右转。全马回程要经过凤林大桥,全马、半马的后程均要经过新开通的官渡大桥,全马终点与 2019 年一致,半马终点计时柱在离全马终点门 276 米处,新建的绍兴体校将作为赛前物资发放和赛后服务区。2020 年 9 月 8 日启动预报名后,2000 个全马、2800 个半马名额 9 分 48 秒内抢完,到 10 月 8 日报名截止,全马报名超过 10000 人,半马超过 15000 人。据阿里云后台统计,越马报名网站瞬间请求数据 37.8935 万人,超过以往任何一个马拉松比赛的报名人数。另外,赛事主题继续沿用"千年古城行,如在镜中游",体现绍兴悠久的历史文化和水乡特色风貌,2020 年的越马继续深化"文化越马"品牌。赛事赞助结合绍兴的黄酒、纺织等优势产业,借助越马平台重点宣传绍兴品牌企业。

2. 马拉松效益

2021 年,《举办地城市综合效益评估报告》出炉,强调了"2020 喜临门绍兴马拉松"为举办地绍兴带来了显著的经济社会效益、积极的文化传播效应和极高的城市认同感。

2020 年 11 月 8 日鸣枪开跑的绍兴马拉松人数达 2 万。这场马拉松不仅是一场赛事,更是一个重要的城市事件。从投入产出比看,"2020越马"投入共计2351万元,为绍兴带来的可货币化的经济和社会效益共计达2.64亿元,投入产出比达到1∶11。其中城市经济效益1.49亿元,赛事支出拉动3781.81万元,运动员参赛消费拉动9892.32万元,绍兴本地运动员备赛消费拉动1200.45万元,城市社会效益1.15亿元。在各项产出中,最值得关注的是赛事对绍兴的城市营宣效果,精心设计的直播内容、全面铺开的电视和网络直播,使绍兴的城市名称、自然景观和文化魅力都得到了极大的体现,曝光价值近1.1亿元。

从文化传播力上看,"文化越马"是越马创办之初就定下的品牌理念。经过4年的培育,"文化越马"赛事所蕴含的城市文化、黄酒文化和鲁迅笔下的人文风情不仅给参赛运动员留下了深刻的印象,绍兴市民也产生了强烈的共鸣,绍兴市民的文化自信因此得到极大的提升。在城市认同感方面,多维度的满意度、支持度和城市影响评价数据表明,绍兴通过举办"2020越马",在参赛运动员和绍兴市民中获得了极高的认同感,其中有95%的运动员"对绍兴这座城市产生了更多的好感",97%的绍兴市民认为"越马让绍兴这个城市更加充满了活力"。

十、网络大城市背景下的文旅发展

网络大城市是综合要素网络发达背景下的新产物,是现代城市群发展规律下的新模式,也是以要素统筹、协同来实现城市可持续发展的新路径;绍兴置身于长三角一体化、迈入杭州湾时代、拥抱全球化数字化的新阶段,这将是实现突破的新路径。

2022年,在浙江省绍兴市召开的第九次党代会上,绍兴市委、市政府提出要将绍兴建造成以互联互通、共治共享为理念,以数字化改革为牵引,以高质量发展、共同富裕为目标,以区域一体化、城乡一体化为基础,以交通、信息和市政公共设施等有形网络和产业、治理等无形网络为支撑,以要素功能各具特色、有机联系、优势互补为动力,多主体互动、多层次和谐、多特色互补、多空间拓展的内聚外联网状结构形态城市。

绍兴要构建的高水平网络大城市由5个关键词组成,包括"创新之城"

"开放之城""生活之城""品质之城""善治之城"。产业驱动的"创新之城"是核心,内聚外联的"开放之城"是基础,温暖幸福的"生活之城"是目的,绍兴要坚持以人为本的全生命周期美好生活需要为导向,突出扩中提低、城乡协同、全域均衡,构建高水平一体化的公共服务体系。此外,"品质之城""善治之城"是保障。这两者分别侧重于提升城市品质品位,打造文化文明高地,擦亮稽山鉴湖颜值;推动数字化改革,打造一流营商环境,提升市域治理现代化水平,建设更高水平的法治绍兴和平安绍兴。

网络大城市的新定位也昭示着绍兴确立了发展新目标、新指标:万亿生产总值、千亿财政收入、十万元人均可支配收入,常住人口城市化率达到75%以上,产业数字化、数字产业化水平跃居浙江全省第一方阵;杭甬"双城记"金扁担作用更加突出,"融杭联甬接沪"格局更加优化,城市综合能级实现跃升……一幅拾级而上的发展图景正在展开。

在区域协作方面,绍兴正加速融杭联甬建立区域合作。对接杭州,两地规划建设杭绍临空经济一体化发展示范区,加快实施一批临空产业项目,打造长三角开放门户、国际临空智造区;对接宁波,两地规划建设"义甬舟嵊新临港经济发展区",重点协同宁波打造生命健康、智能智造、新材料、文化旅游等产业集群,联动浙江自贸区宁波片区、杭州片区和义乌国际陆港,打造嵊新内陆"无水港"。其中,作为列入浙江省"十四五"规划纲要的重点区域合作平台,杭绍临空经济一体化发展示范区绍兴片区目前已完成发展规划编制、正在加快实质性启动。

在区域交通方面,绍兴完善干线客、货运铁路体系,推动城际铁路网络体系构建,实现市域重要节点轨道快联。譬如绍兴风情旅游新干线的项目修建。绍兴布局高规格的高速公路网,打造高标准的国省干线路网,建设高品质的"四好农村路"。继而强化农路交通功能,实现农路+文旅融合,促进农路+产业运输优化,保障农路+安全管理,打造农路+休闲"越道"。在水运体系建设方面,绍兴有序推进高等级航道网完善前期工作,继续强化内河港口码头建设。在综合交通枢纽方面,绍兴打造"三主三辅"客运枢纽体系,构建"一枢纽一园区三中心"货运枢纽体系。在城市交通网络方面,绍兴优化现有轨道交通,构建城区快速通勤系统主骨架、"六横三纵"城市快速路、城市主次路,强化三区合一,改善内部连通,缓解老城拥堵,助力三区一体化发展。

地铁不仅是城市交通的重要一环,也是城市文化的一张名片。2022年5月3日上午,伴随着地铁站的广播,崭新的绍兴地铁1号线列车缓缓驶来。绍兴地铁站的修建融入了绍兴文化因素。如古城区的城市广场站、火车站站、鲁迅故里站的装修主题为"文艺博览·星河画卷",站内提取书画诗词等文化元素,装饰了王羲之的书法作品等,以此呼应古城文化;而新城区的黄酒小镇站、奥体中心站、梅山广场站装修主题则是"赤心筑梦·未来画卷",这几站的设计多运用富有科技感的金属材料,体现了现代绍兴的律动和发展。与此同时,在列车的外观设计上,设计师融入了绍兴市花兰花、"王羲之白鹅"等体现水乡、桥乡、书法之乡特色的绍兴元素,车厢内借由印刻着绍兴市花兰花挡风板和扶手杆,组合成一只曲颈昂首、优雅游弋的大白鹅,呼应王羲之的白鹅。

在规划引导方面,绍兴正加速推进各类规划编制。围绕全域协同重点启动曹娥江两岸风光带规划研究,加强市域交界融合区域规划编制,重点完成柯诸板块融合、嵊新组团协同,以及福全兰亭、章镇三界等联动发展区规划。围绕古城保护,越城区还将推进台门活化利用,加快"一城一桥三故里"项目群建设,推进名人故居保护利用,启动国家级全域旅游示范区、5A级景区城创建,打响龙瑞宫记、鲁迅外婆家等"唐诗十景""一村一景",不断擦亮以稽山鉴水为主轴的大花园"耀眼明珠"。

现如今,网络大城市建设作为绍兴构建品质之城的战略之举和关键一招,正在融入长三角一体化,发挥杭绍甬"金扁担"作用。绍兴也凭借"五个之城"战略的实践,努力实现综合实力争先进位、发展格局争当节点、共同富裕争树标杆、人文生态争做样板、发展环境争创一流的"五争目标",奋力把"五个率先"答卷写在绍兴大地上。

参考文献

[1]王秀伟.从交互到共生:文旅融合的结构维度、演进逻辑和发展趋势[J].西南民族大学学报(人文社会科学版),2021,42(5):29-36.

[2]任冠文.文化旅游相关概念辨析[J].旅游论坛,2009,2(2):159-162.

[3]郑自立.文化与"夜经济"融合发展的价值意蕴与实现路径[J].当代经济管理,2020,42(6):57-62.

[4]易军.文旅融合下的博物馆文创共享平台创新:以博物馆参观护照为例[J].长江文明,2020(4):83-88.

[5]曹晋彰.文旅融合的底层逻辑[J].人文天下,2020(19):35-37.

[6]吴理财,郭璐.文旅融合的三重耦合性:价值、效能与路径[J].山西师大学报(社会科学版),2021,48(1):62-71.

[7]熊海峰,韩浩月.践行文旅融合的路径探析[J].中国国情国力,2020(12):19-21.

[8]范周.文旅融合的理论与实践[J].人民论坛(学术前沿),2019(11):4-5.

[9]王建芹,李刚.文旅融合:逻辑、模式、路径[J].四川戏剧,2020(10):182-184,200.

[10]李茜燕.吉林省文旅融合发展的基础与模式研究[J].江苏商论,2020(12):56-60.

[11]宗祖盼,蔡心怡.文旅融合介入城市更新的耦合效应[J].社会科学家,2020(8):38-43.

[12]刘治彦.文旅融合发展:理论、实践与未来方向[J].人民论坛·学术前沿,
　　2019(16):92-97.

[13]李宇军.中西部民族地区的文旅融合发展:现状、问题与对策分析[J].贵
　　州民族研究,2020,41(7):121-125.

[14]王笑宇.经济新发展格局下中国文化旅游投资变化及趋势[J].旅游学
　　刊,2021,36(1):7-9.

[15]黄永林.文旅融合发展的文化阐释与旅游实践[J].人民论坛·学术前沿,
　　2019(11):16-23.

[16]马鑫艺.文旅融合背景下城市品牌形象传播探究[J].当代旅游,2020,
　　18(36):69-70.

[17]裴超.文旅业的潮流——新时期文旅业发展新趋势[J].中国会展(中国
　　会议),2020(24):48-51.

[18]钟栎娜.科技赋能文旅高质量融合发展[N].北京日报,2020-09-
　　28(14).

[19]王志刚,宋薇."讲故事"助力文旅融合[N].山西日报,2020-12-
　　22(12).

[20]任国才.基于市场主体的文旅融合方法与路径[N].中国旅游报,2020-
　　11-18(3).

[21]范玉刚.文旅融合:塑造"文旅体验新场景"[N].社会科学报,2020-
　　11-05(6).

[22]周慕超.构建乡村文旅融合全产业链[J].民生周刊,2020(25):74-75.

[23]苏自兵,罗洁."短视频+"创新文旅扶贫模式[J].中国广播电视学刊,
　　2021(2):127-129.

[24]王雄青,胡长生.文旅融合背景下红色文化旅游高质量发展路径研
　　究——基于江西的视角[J].企业经济,2020,39(11):100-107.

[25]林溪,廖若兰.以熊猫文化为核心的成都文旅IP塑造与推广[J].四川戏
　　剧,2021(1):165-168.

[26]张继焦,侯达.民族传统节日:结构遗产的"传统—现代"转型与文旅融
　　合发展[J].贵州民族研究,2020,41(12):140-147.

[27]邹驾云.“沉浸式”体验助力文旅消费提质升级[J].人民论坛,2020
　　(15):84-85.

[28]王列生.创意时代“沉浸”概念所指化与“沉浸”功能技术化(下)[J].内
　　蒙古艺术,2018(2):4-10.

[29]徐开阳.试论横店影视城影视旅游消费中的图像迷恋现象[J].电影文
　　学,2020(5):46-50.

[30]张婧文.“十二时辰长安秀”文化IP赋能城市新消费模式[J].当代旅游,
　　2021,19(31):16-18.

[31]严钰帆,杨靖源,马倩怡.文旅融合时代下我国研学旅行的发展和展
　　望——以上海市为例[J].地理教学,2020(11):60-64.

[32]柳国伟,赵旎娜.浙东唐诗之路文化创新实践路径探索[J].佳木斯大学
　　社会科学学报,2022,40(3):164-168.

[33]李飞,宋金平.廊道遗产:概念、理论源流与价值判断[J].人文地理,
　　2010,25(2):74-77,104.

[34]邱德玉.基于浙东“唐诗之路”的剡溪山水文化旅游产品开发 [J].宁波
　　大学学报(人文科学版),2010,23(6):67-71.

[35]张朝枝,朱敏敏.文化和旅游融合:多层次关系内涵、挑战与践行路径
　　[J].旅游学刊,2020,35(3):62-71.

[36]谭娜,万金城,程振强.红色文化资源、旅游吸引与地区经济发展[J].中
　　国软科学,2022(1):76-86.

[37]项迪燕.文旅融合视角下绍兴名人文化IP开发策略研究[J].旅游与摄
　　影,2022(2):82-85.

[38]马遵平,谢泽氡,艾晓玉.基于一致性假说的争议名人故里旅游行为意
　　向——以四川江油“李白故里”为例[J].资源科学,2021,43(8):1700-
　　1710.

[39]张中华.全域旅游视角下曲阜儒家文化资源整合与创意开发[J].济宁学
　　院学报,2018,39(5):40-45.

[40]HERBERT D T.Artistic and literary places in France as tourist
　　attractions[J].Tourism Management, 1996, 17(2): 77-85.

[41]肖良武.阳明文化品牌构建与价值提升研究[J].王学研究,2017(2):353-365.

[42]李国庆.名人故里:独具魅力的旅游景观[J].人民论坛,2019(5):128-129.

[43]庞羽.名人故居旅游传播研究[J].新闻战线,2015(2):77-78.

[44]刘晓曼.关于如何发展我国户外旅游的探讨[J].当代旅游,2019(11):78-79.

[45]BERGER R.Therapeutic aspects of nature therapy[J].Therapy through the Arts—The Journal of the Israeli Association of Creative and Expressive Therapies, 2004(3): 60-69.

[46]卫银栋,徐英,谢彦君.西藏徒步旅游中的情境体验与人际互动:一种通过仪式[J].旅游学刊,2021,36(9):28-45.

[47]杨妮.文旅融合背景下新疆巴州文化旅游深度发展对策研究[J].农村经济与科技,2020,31(19):102-104.

[48]唐代兴.文化自信走向文化认同的逻辑[J].深圳大学学报(人文社会科学版),2022,39(4):26-36.

[49]张吕,李小旭.文旅古镇的空间重塑与媒体旅游——以湘江古镇群为例[J].长沙大学学报,2022,36(3):39-45.

[50]王勇,朱雅琴.行动者网络视角下江南水乡古镇空间演化路径——以周庄古镇为例[J].人文地理,2020,35(6):76-84.

[51]贾云龙.凝固的艺术之周庄古镇[J].中国国情国力,2017(5):2.

[52]邵昕月,张芳.周庄阿婆茶文化旅游发展对策与路径[J].旅游纵览,2022(8):191-193.

[53]姜辽,李甜甜.旅游目的地外来艺术的地方成长机理——周庄古镇三毛文学案例[J].旅游学刊,2016,31(2):109-115.

[54]李新.西塘镇:保护历史遗存　建设现代城镇[J].城乡建设,2012(12):7-8.

[55]白霞,赵振江.文旅融合背景下山西古城旅游的发展[J].旅游与摄影,2022(3):64-66.

[56]尹政威,陈军.绍兴古城保护与利用的探索及思考——兼以孙清简祠为例[J].中国名城,2021,35(12):88-92.

[57]孔令怡,吴江,魏玲玲,等.旅游凝视下凤凰古城旅游典型意象元素分析——基于隐喻抽取技术(ZMET)[J].旅游学刊,2018,33(1):42-52.

[58]王焯,张继焦.潜在与现实:文化记忆视角下文化遗产传承与建构的三个特性[J].思想战线,2022,48(3):87-95.

[59]王玺.文旅融合发展背景下非物质文化遗产旅游开发——以南京市秦淮河流域为例[J].市场周刊,2022,35(8):52-55.

[60]亓逸晨.文旅融合视域下潍水流域非物质文化遗产品牌赋能路径研究——以杨家埠文化为例[J].美术教育研究,2022(13):54-56.

[61]莫非.文旅融合背景下非物质文化遗产的保护与发展——基于文化认同视角[J].齐鲁艺苑,2022(3):114-119.

[62]胡宏东,邹愿,张宇琪,等.价值共创视角下体育非物质文化遗产与旅游资源融合研究[J].科技和产业,2022,22(6):84-89.

[63]王峰,王华,史千云,等.山丹汉明长城的文化价值与旅游开发思路研究[J].旅游与摄影,2022(8):36-41.

[64]王颖梅,陶长江,胡家镜,等.基于游客认同的文化遗产景区安全标识系统研究——以青城山—都江堰景区为例[J].地域研究与开发,2017,36(2):78-82,112.

[65]王旭瑞.道教的养生思想及其时代价值[J].中国宗教,2021(11):78-79.

[66]辛雪红,蒋力生,王琨翎子.浅析道教独特的养生观与中医养生的关系[J].陕西中医药大学学报,2021,44(3):53-55.

[67]舒梦蓉.宗族聚落建筑活化研究——以福州永泰县白云乡陈家村祠堂修缮为例[J].美与时代(城市版),2020(4):13-14.

[68]黄健元,骆旭峰.闽南农村宗族互助养老:内在基因、现实困境及功能发挥[J].长白学刊,2022(3):120-129.

[69]张佑周.血缘聚居与宗族管理:永定土楼客家传统宗族社会[J].地方文化研究,2017(5):74-80.

[70]陈施敏.空间视域下台山侨乡文化景观与华侨文化认同的建立[J].广东省社会主义学院学报,2022(2):98-101.

[71]龚崧源,翁飞帆,周恬仪,等.探析华侨文化视阈下的城市视觉形象更新策略——以厦门集美区为例[J].美与时代(城市版),2021(2):90-91.

[72]卢泽楷.鼓浪屿华侨文化传承研究[D].厦门:华侨大学,2020.

[73]宋建晓.文化自觉视野下的妈祖文化与"一带一路"建设[J].福建论坛(人文社会科学版),2018(6):171-177.

[74]吴丹.主题乐园场景化营销策略研究——以上海迪士尼乐园为例[J].经济研究导刊,2021(16):70-72.

[75]蔡敏瑜.迪士尼文化的心理认同机制探究——基于迪士尼乐园的经营之道[J].现代商业,2019(29):22-23.

[76]宋楚乔.IP视域下迪士尼娱乐产业的实践与探索[D].长沙:湖南师范大学,2019.

[77]杨洋.新消费时代下商业地产创新发展思路[J].现代商业,2021(36):6-9.

[78]黄婧婷.基于触媒理论的历史街区保护与更新的城市设计实践探究——以合肥老十字街区、台儿庄古城、上海新天地与太平桥地区、旧金山"渔人码头"片区为例[J].旅游纵览,2021(13):128-130.

[79]王丰慧."城市触媒理论"指导下的古城保护策略研究[D].济南:山东建筑大学,2014.

[80]麻卡阿芝.城市触媒视角下的城市更新——以成都远洋太古里为例[J].建筑与文化,2020(4):151-152.

[81]刘彬,陈忠暖.权力、资本与空间:历史街区改造背景下的城市消费空间生产——以成都远洋太古里为例[J].国际城市规划,2018,33(1):75-80,118.

[82]塔依尔江·力提甫.文旅融合背景下的博物馆公共服务创新研究[J].文化产业,2022(19):100-102.

[83]张磊玲.基于旅游体验价值的博物馆旅游研究——以苏州博物馆为例[J].中国市场,2022(10):31-34.

[84]蒋菡,郁颖莹.IP授权模式下博物馆发展文化传播新业态的探索——以苏州博物馆为例[J].博物院,2021(2):47-51.

[85]茅艳.基于聚合媒体的博物馆线上服务创新与实践——以苏州博物馆"再造·云课堂"为例[J].东南文化,2020(4):177-182.

[86]刘静,曹艳英.文化旅游数字化建设价值共创模式研究[J].鲁东大学学报(哲学社会科学版),2021,38(4):85-90.

[87]李珏,鲁娜.文旅元宇宙将会走向何方[N].中国文化报,2022-02-17(7).

[88]李慧玫,肖建红.民间音乐文化与数字文旅产品开发——以山东民间音乐为中心的考察[J].东方论坛,2022(3):137-146.

[89]周柏希,隋欣.新媒体在文旅融合中的应用——以铁人纪念馆为例[J].艺术研究,2022(4):139-141.

[90]崔凤军,陈旭峰.机构改革背景下的文旅融合何以可能——基于五个维度的理论与现实分析[J].浙江学刊,2020(1):48-54.

[91]廖秉宜,任凯伦.城市品牌国际传播的策略创新[J].对外传播,2020(2):48-50.

[92]俞荣标,何湉.城市品牌形象视觉化研究——以绍兴为例[J].工业设计,2019(4):82-84.

[93]陈琦.图书馆+旅游:绍兴图书馆"走读人文绍兴"案例研究[J].图书馆研究与工作,2019(9):13-15.

[94]张怡.粤港澳大湾区背景下珠海文旅融合发展研究[J].老字号品牌营销,2019(5):4-6.

[95]郭雅洁,王颖.基于传播理论分析相声艺术的现代化传播——以德云社为例[J].艺术科技,2021(8):128-129.

[96]李金来.困惑与突围:文旅融合的发展模式探析[J].社会科学家,2020(2):82-86.

[97]方梦阳."文旅融合"与"媒体融合"背景下交互艺术的创新研究[J].艺术百家,2020,36(2):103-108.

[98]郑陈柔雨,杨存栋,任雯星.民族地区文旅产业融合的时空演变及影响

因素分析:以内蒙古自治区为例[J].世界地理研究,2022,31(3):
613-623.

[99]周林兴,张笑玮.以文促旅,以旅彰文:地方特色档案资源赋能文旅融合研究[J].档案管理,2022,(3):34-38.

[100]邬江.数字化视域下文旅融合推动智慧旅游创新研究[J].经济问题,2022(5):75-81.

[101]马立,刘巍.文旅融合背景下生态旅游可持续发展创新策略[J].环境工程,2022,40(3):269.

[102]芦人静,余日季.数字化助力乡村文旅产业融合创新发展的价值意蕴与实践路径[J].南京社会科学,2022(5):152-158.

[103]冯学钢,梁茹.文旅融合市场主体建设:概念体系与逻辑分析框架[J].华东师范大学学报(哲学社会科学版),2022,54(2):130-141,177.

[104]于秋阳,王倩,颜鑫.长三角城市群文旅融合:耦合协调、时空演进与发展路径研究[J].华东师范大学学报(哲学社会科学版),2022,54(2):159-172,178.

[105]潘宝.旅游社会建构过程中民族文化的解构与重构[J].北方民族大学学报,2022(2):88-94.

[106]陈丽慧."贩卖童话"还是"延续童话"——上海迪士尼乐园的消费空间展演与游客体验[J].中国青年研究,2022(3):105-112.

[107]华正伟.体育特色小镇:新经济空间的赋能、融合与优化[J].学术交流,2022(2):86-96,191.

[108]舒伯阳,徐其涛.中国旅游产业的演化与后疫情时代的发展转型[J].中南民族大学学报(人文社会科学版),2022,42(2):73-80,184.

[109]戴学锋,杨明月.全域旅游带动旅游业高质量发展[J].旅游学刊,2022,37(2):6-8.

[110]赵迎芳.文旅融合背景下我国夜间经济高质量发展探析[J].山东社会科学,2022(2):102-109.

[111]汪逢生,王凯,李冉冉.体育产业与文旅产业融合发展机制、模式及路径[J].体育文化导刊,2022(1):85-91.

[112]刘中华,焦基鹏.文旅融合背景下海派传统工艺美术 IP 资源开发策略研究[J].浙江大学学报(人文社会科学版),2022,52(1):126-135.

[113]李任.深度融合与协同发展:文旅融合的理论逻辑与实践路径[J].理论月刊,2022(1):88-96.

[114]聂丽清,王永鸿.文旅融合视阈下非遗传承与发展的产业机制研究:江西非遗产业发展存在的问题及对策建议[J].南方文物,2021,(6):268-271.

[115]黄月玲,刘梓汐.基于可视化分析的民族文化旅游产业化研究综述[J].广西民族研究,2021(6):172-180.

[116]张魏.云南少数民族非物质文化遗产保护与旅游利用关系的系统分析[J].系统科学学报,2022(4):78-83.

[117]胡海燕,经渊.文旅融合的数字化变革——基于国际视野的文献回顾[J].图书馆学研究,2021(22):2-8.

[118]王琴,李肇荣.海洋文旅创新发展——以广西为例[J].社会科学家,2021(11):72-77.

[119]傅才武,王异凡.场景视阈下城市夜间文旅消费空间研究——基于长沙超级文和友文化场景的透视[J].武汉大学学报(哲学社会科学版),2021,74(6):58-70.

[120]任瀚,张怡.新冠疫情冲击下旅游相关研究的进展与展望[J].资源开发与市场,2022,38(2):231-238.

[121]杜欢.论少数民族乐器在文旅结合中的保护与传承[J].贵州民族研究,2021,42(5):122-125.

[122]夏权威,卢元昕,张敏.建构主义视角下民族文化旅游资源的开发模式探析——以黑龙江省为例[J].黑龙江民族丛刊,2021(5):48-52.

[123]鲁宜苓,孙根年,刘焱,等.区域旅游双核结构与川渝地区旅游协同发展[J].资源开发与市场,2021,37(11):1388-1393.

[124]周锦,王廷信.数字经济下城市文化旅游融合发展模式和路径研究[J].江苏社会科学,2021(5):70-77.

[125]李锐.激活影视动能促进文旅融合发展[J].人民论坛,2021(27):

105–107.

[126]李武玲.论乡村旅游核心竞争力的提升路径——基于文旅融合的视角[J].农业经济,2021(9):54–56.

[127]向云发."内卷化"与"去内卷化":民族旅游村寨治理的结构、困境与路径[J].云南民族大学学报(哲学社会科学版),2021,38(5):107–114.

[128]黄小刚,靳柯.我国影视文旅融合模式解析与困境突围[J].电影评介,2021(16):98–103.

[129]徐苇苇,李忠斌.少数民族特色村寨建设与旅游产业交融互促研究[J].广西民族研究,2021(4):171–179.

[130]何荣.特色小镇红色文化形象IP设计探讨——以东宣童话镇为例[J].装饰,2021(8):128–129.

[131]唐佩佩,石晶.后疫情时代公众对北京文旅融合发展的新期待[J].人民论坛·学术前沿,2021(13):136–142.

[132]闫钰琪,常荔."互联网＋"视域下物流特色小镇发展的影响因素与现实路径[J].商业经济研究,2021(14):123–126.

[133]石映昕,杨尚勤.传统文化观与现代生态旅游的融合发展价值及路径[J].社会科学家,2021(5):45–50.

[134]黄先开.新时代文化和旅游融合发展的动力、策略与路径[J].北京工商大学学报(社会科学版),2021,36(4):1–8.

[135]王世伟.高质量视域下文旅融合实践的忧虑与思考[J].图书馆建设,2021(4):12–19.

[136]张建中.转向流媒体:迪士尼的数字化转型与创新[J].中国电视,2021(7):101–104.

[137]宋长善.江苏文化产业和旅游产业融合发展研究[J].艺术百家,2021,37(4):84–91.

[138]李响.红色文化和旅游产业:文旅融合的困境与路径[J].学术交流,2021(7):119–129.

[139]李宇军.文旅融合发展中的"文化—旅游""政府—市场""中央—地方"三大关系[J].贵州民族研究,2021,42(3):171–175.

[140]张继焦,侯达.民族地区历史文化名镇的"传统—现代"转型与"文旅融合"发展[J].贵州民族研究,2021,42(3):153–159.

[141]章牧.非物质文化遗产活化研究——基于文旅融合的视角[J].社会科学家,2021(6):15–20.

[142]周洁.区域协调发展战略下的全域旅游——粤东城市群联动范式探索[J].社会科学家,2021(6):50–55.

[143]杨耀源.文旅融合背景下少数民族非物质文化遗产保护性旅游开发[J].社会科学家,2021(4):64–69.

[144]张振家.后疫情时代我国国内旅游价值链重构路径分析[J].企业经济,2021,40(5):103–109.

[145]魏众.特色小镇经济分析的开拓与创新——评《特色小镇的经济学分析——以浙江湖州的特色小镇为例》[J].生态经济,2021,37(5):228–229.

[146]何璇.文旅融合与乡村振兴衔接问题研究[J].中国行政管理,2021(5):155–157.

[147]李祥虎,袁雷,丁晓梅.全域旅游视域下我国冰雪运动小镇发展研究[J].体育文化导刊,2021(4):72–78.

[148]刘益,滕梦秦.基于旅游数字足迹的夜间旅游流网络结构研究——以广州市为例[J].西北大学学报(自然科学版),2021,51(2):279–286.

[149]杜彬.文旅融合背景下文化遗产资源推动旅游空间建设的思考[J].文化遗产,2021(2):32–41.

[150]刘中华,焦基鹏.场景理论下上海文化记忆机构"非遗＋旅游"融合发展新路径[J].文化遗产,2021(2):126–134.

[151]李海杰,展凯,张颖.数字经济时代运动休闲特色小镇智慧化建设的逻辑、机理与路径[J].武汉体育学院学报,2021,55(2):5–12.

[152]何建民.世界各国疫情防控主要模式及文化和旅游恢复发展路径[J].旅游学刊,2021,36(2):6–8.

[153]蔡尚伟,丁锦箫.产业融合视阈下文旅产业与数字经济融合发展现状与对策——基于对成都的考察[J].广西社会科学,2021(1):118–123.

[154]孙镇,王茜.文旅融合背景下乡村旅游核心竞争力的形成与提升研究
　　　[J].农业经济,2021(1):55-57.

[155]张继焦."文旅融合发展"专题研究[J].贵州民族研究,2020,41
　　　(12):139.

[156]姚爽,崔莹."一带一路"背景下文旅融合戏剧创作研究[J].戏剧文学,
　　　2020(11):4-8.

[157]郭晓勋,李响.文旅融合背景下黑龙江旅游特色小镇建设路径[J].学术
　　　交流,2020(11):19-28.

[158]左晶晶,唐蕙沁.智慧旅游建设对游客满意度的影响——基于上海迪
　　　士尼乐园的研究[J].消费经济,2020,36(5):79-89.

[159]程小敏.中国城市美食夜间经济的消费特点与升级路径研究[J].消费
　　　经济,2020,36(4):11-21.

[160]罗东霞,刘敏.日韩"东亚文化之都"文旅融合经验及其启示[J].旅游学
　　　刊,2020,35(7):9-11.

[161]肖怀德.文旅融合视角下北京建设世界文化之都的思考[J].旅游学刊,
　　　2020,35(7):11-12.

[162]杜彬,李懋,覃信刚.文旅融合背景下旅游第三空间的建构[J].民族艺
　　　术研究,2020,33(3):152-160.

[163]叶小瑜."体旅文商农"产业融合发展的时代价值与推进策略[J].体育
　　　文化导刊,2020(4):79-84.